研究生教学用书

道面设计原理

翁兴中　编著

人民交通出版社股份有限公司
China Communications Press Co.,Ltd.

内 容 提 要

本书全面系统地阐述了机场道面工程结构理论，全书共十一章，主要内容包括道面结构特点，飞机荷载和喷射气流的作用，交通量分析与换算，温度状况和气候分区，土基与基层，沥青与沥青混凝土，水泥与水泥混凝土、水泥混凝土道面板应力分析，沥青道面荷载应力分析和道面可靠度设计理论和方法等。本书重点介绍道面结构的设计理论和方法，体现了国内外在道面结构方面的研究成果，具有内容全面、体系完整的特点。

本书可作为"道路与铁道工程"二级学科硕士研究生的必修学位课程和"交通运输工程"一级学科其他二级学科的选修课程教材，也可供从事机场工程、公路与城市道路的设计、施工、管理人员及高校师生学习参考。

图书在版编目(CIP)数据

道面设计原理 / 翁兴中编著. — 北京 : 人民交通出版社股份有限公司, 2017.8

ISBN 978-7-114-13564-4

Ⅰ. ①道… Ⅱ. ①翁… Ⅲ. ①道路工程—路面设计—高等学校—教材 Ⅳ. ①U416.02

中国版本图书馆 CIP 数据核字(2017)第 000793 号

研究生教学用书

书　　名：道面设计原理
著 作 者：翁兴中
责任编辑：李　喆
出版发行：人民交通出版社股份有限公司
地　　址：(100011)北京市朝阳区安定门外外馆斜街 3 号
网　　址：http://www.ccpress.com.cn
销售电话：(010)59757973
总 经 销：人民交通出版社股份有限公司发行部
经　　销：各地新华书店
印　　刷：北京盈盛恒通印刷有限公司
开　　本：787×1092　1/16
印　　张：16.75
字　　数：404 千
版　　次：2017 年 8 月　第 1 版
印　　次：2017 年 8 月　第 1 次印刷
书　　号：ISBN 978-7-114-13564-4
定　　价：45.00 元
(有印刷、装订质量问题的图书由本公司负责调换)

前　言

“道面设计原理”是道路与铁道工程二级学科研究生培养计划中的主要学位课程。空军工程大学自1985年开始招收研究生以来，“道面设计原理”课程一直是研究生的主要学位课程，其教学内容和教学方法经过近二十年总结提高，目前已形成较为完善的教学内容和教材体系。在此基础上，编著完成了《道面设计原理》，作为道路与铁道工程二级学科研究生教材。

本书全面系统地阐述了机场道面工程结构理论，重点论述了道面工程的土基、基层、面层的结构理论分析和计算方法，综合反映国内外在机场道面方面的研究成果，突出了我国军用和民用机场方面的研究成果。从结构的理论高度深刻阐明道面结构的设计理论和方法，研究生通过本教材的学习，能系统、深刻地理解和掌握道面结构的设计理论，具备道面结构分析和研究的能力。

本书共十一章，第一章介绍了道面结构的特点；第二、三章论述了飞机荷载和喷气流的作用；第四章论述了交通量分析与换算；第五章论述了道面的温度和气候分区；第六章论述了土基与基层；第七章论述了沥青与沥青混凝土；第八章论述了水泥与水泥混凝土；第九、十章论述了水泥混凝土和沥青混凝土道面的应力计算方法；第十一章论述了道面结构的可靠度设计理论和方法。

全书由翁兴中编著并负责统稿。鉴于编著者的水平有限，错漏之处在所难免，恳请读者批评指正。

编著者

2017年5月

目　　录

第一章　道面结构特点 …… 1
第一节　道面结构的特性 …… 1
第二节　道面结构的分类 …… 1
第三节　道面结构要求 …… 2
第四节　道面结构的设计方法 …… 4
思考题 …… 7
第二章　道面上作用飞机荷载分析 …… 8
第一节　起落架构型和轮印 …… 8
第二节　飞机竖向静荷载 …… 13
第三节　飞机直线滑行时荷载 …… 14
第四节　飞机起飞时荷载 …… 17
第五节　飞机转弯滑行时荷载 …… 20
第六节　飞机着陆时荷载 …… 25
第七节　当量单轮荷载 …… 30
第八节　推导单轮荷载 …… 39
思考题 …… 42
第三章　飞机喷气流对道面的作用 …… 43
第一节　飞机喷气流的特点 …… 43
第二节　飞机尾喷气流温度场分布规律和温度应力 …… 44
第三节　飞机尾喷气流对道面的作用 …… 49
思考题 …… 51
第四章　飞机荷载交通量分析与换算 …… 52
第一节　飞机荷载在道面上的分布 …… 52
第二节　运行次数与重复作用次数 …… 53
第三节　飞机起落架构型的表示方式 …… 57
第四节　交通量的预测 …… 59
第五节　交通量的换算 …… 61
思考题 …… 70
第五章　道面体系的温度状况和气候分区 …… 71
第一节　道面的温度状况及计算 …… 71
第二节　沥青路面温度场随各因素变化的规律分析 …… 78
第三节　气候分区 …… 86

思考题 …… 91
第六章 土基与基层 …… 92
第一节 土基的强度 …… 92
第二节 土基的干湿类型 …… 97
第三节 土基的压实原理和作用 …… 99
第四节 对基层的技术要求 …… 101
第五节 基层材料的力学特性与要求 …… 107
思考题 …… 112
第七章 沥青与沥青混凝土 …… 113
第一节 沥青组成与结构 …… 113
第二节 道路石油沥青的技术性能 …… 117
第三节 沥青混凝土 …… 126
第四节 沥青混合料组成设计 …… 139
第五节 改性沥青 …… 149
思考题 …… 156
第八章 水泥与水泥混凝土 …… 157
第一节 水泥的种类与组成 …… 157
第二节 水泥的特性 …… 161
第三节 水泥石的性质 …… 164
第四节 水泥混凝土 …… 169
第五节 水泥混凝土道面的疲劳特性 …… 183
思考题 …… 186
第九章 机场水泥混凝土道面板应力计算方法 …… 187
第一节 弹性地基上无限大板理论 …… 187
第二节 威斯德卡德计算法 …… 197
第三节 弹性地基板的有限元分析 …… 200
第四节 水泥混凝土道面板温度应力分析 …… 210
第五节 考虑夹层作用的双层道面板的计算方法 …… 221
思考题 …… 225
第十章 沥青道面的荷载应力计算理论 …… 226
第一节 弹性层状体系理论 …… 226
第二节 流变材料的黏弹性特性 …… 235
思考题 …… 239
第十一章 道面结构可靠度设计理论和方法 …… 240
第一节 可靠度理论的基本概念 …… 240
第二节 可靠度的计算方法 …… 248
第三节 机场水泥混凝土道面可靠度设计方法 …… 254
思考题 …… 260
参考文献 …… 261

第一章　道面结构特点

第一节　道面结构的特性

机场道面是供飞机起飞、着陆、滑行、停放和维护之用。与公路上行驶的车辆相比，它具有其特殊性。作用在道面上的荷载主要是飞机荷载，飞机荷载的特点是荷载范围大（表1-1），大型飞机的一个主起落架荷载可达800kN以上（如B747-200B飞机的一个主起落架的荷载达833kN，而汽车的后轴载在30～130kN之间）；大部分飞机的胎压在1.0MPa以上，高的可达1.5MPa，一般汽车的胎压在0.5～0.7MPa之间。机场道面在其使用寿命内承受飞机荷载的重复作用次数在几万至几十万次之间，而高速公路在其使用寿命内承受汽车荷载的重复作用次数在几百万次以上。因此，作用在机场道面上的飞机荷载具有质量大、胎压高、重复作用次数较少的特点。在这样的荷载作用下，道面结构具有其相应的特点，表现为道面结构具有更高的承载能力，要求面层材料有更高的强度，以抵抗飞机高胎压的作用。由于现代飞机采用的是喷气式发动机，飞机的起飞、着陆速度很大，因而还要求道面表面有更好的平整度、抗滑性能。同时，还要保持道面的洁净，防止道面上的杂物被吸入发动机内造成发动机的损坏，引起飞行事故。由于不同类型飞机的荷载变化范围大，对于供不同飞机使用的机场道面，不可能采用某一标准的荷载进行道面结构设计，只能采用所使用的飞机中某一种飞机作为设计飞机进行道面结构设计。

飞机起落架荷载情况　　表1-1

机　　型	最大起飞质量（kg）	一个主起落架上质量（kg）	胎压（MPa）
J7	8 824	3 909	0.98
J8	16 538	7 004	1.27
H6	75 800	35 095	0.88
B747-200B	352 893	83 276	1.37
B737-200	52 616	23 940	1.10
MD-82	68 266	32 495	1.27
Airbus A 300	157 000	73 001	1.41

第二节　道面结构的分类

道面结构的力学特性决定了道面结构在设计时采用哪一种力学计算模型。按照道面结构的力学特性，道面结构可分为刚性道面、柔性道面和复合式道面。

一、刚性道面

刚性道面的特点是面层的刚度大，在荷载作用下，其产生的变形小。道面结构的强度主要是靠面层来承担，道面结构可以用弹性地基上的板的力学模型来表示。道面板的抗弯拉强度往往作为道面结构设计的依据，其代表性的道面结构是水泥混凝土道面。

二、柔性道面

柔性道面的特点是面层刚度较小，在荷载作用下道面结构产生的变形大；道面结构的本身抗拉强度较低，它通过各结构层将飞机荷载传递给土基，使土基承受较大的单位压力；道面结构的强度表现为整体的强度。道面结构的力学特性常用弹性层状体系力学模型来表示，其代表性的道面结构是沥青混凝土道面。

三、复合式道面

复合式道面是指面层由水泥混凝土复合板或水泥混凝土板（CC）及板上沥青混凝土层（AC）所组成的道面结构。水泥混凝土包括：普通水泥混凝土（PCC）、碾压水泥混凝土（RCC）、钢筋混凝土（JRC）和连续配筋混凝土（CRC）。这里复合式道面主要是指在水泥混凝土道面上加铺沥青混凝土面层，分为 PCC-AC 和 RCC-AC 复合式道面结构。PCC-AC 复合式道面结构主要是由在旧水泥混凝土道面进行沥青混凝土加铺形成的，采用沥青混凝土在旧水泥混凝土道面上加铺可在飞机不停航条件下，利用飞行间隙进行施工，因此，广泛应用在军用和民用机场的水泥混凝土道面翻建中。RCC-AC 复合式道面结构中，沥青混凝土面层在一定的厚度范围内可以改善飞机滑行的舒适性。因此，随着沥青混凝土厚度的增加，下层的 RCC 板的平整度可适当放宽，这样便于不同类型 RCC 道面的施工。这种道面结构对下层的 RCC 材料要求也可适当放宽，如掺加适量粉煤灰或利用强度等级低的水泥、当地非规格集料等材料，并可不考虑抗滑、耐磨性能，使造价得以降低。同时，由于面层采用了沥青混凝土，复合式道面结构的表面性能（如抗滑、耐磨、平整度等）较容易恢复。

复合式道面结构，由于混凝土板的刚度远大于沥青混凝土的刚度（两者的弹性模量值可相差一个数量级以上）。复合式道面结构中底层的水泥混凝土存在着接（裂）缝，这些接（裂）缝会在沥青混凝土中形成反射裂缝，造成沥青混凝土面层的损坏，最后造成整个复合式道面的破坏。因此，反射裂缝是 RCC-AC 和 PCC-AC 复合式道面的主要破坏形式，必须采取有效措施防止和延缓反射裂缝的产生。

第三节　道面结构要求

由于不同类型的道面结构在飞机荷载作用下表现出的力学特性不同，所要求的结构层次和各层次所起的作用也不同。

对于水泥混凝土道面结构，由于水泥混凝土板的刚度远大于基（垫）层和土基刚度，在荷载作用下，它具有良好的整体性和扩散荷载能力，所产生的弯曲变形很小，使得基层和土基所承受的压力较小。又由于水泥混凝土道面板的刚度很大，属于脆性材料，导致板断裂时所产生的挠度较小，要求道面板下的基础产生的变形要小。否则，过大的基础变形会引起道面板的断裂。对于水泥混凝土道面板要求基础有较高的变形稳定性。

机场沥青混凝土道面结构，一般由面层、基层、底基层、垫层和压实土基组成。沥青道面抵抗弯曲变形的能力弱，各层材料的抗拉强度均较小，在机轮荷载的作用下表现出相当大的变形性。因此，从上部传递上来的轮载压力只能传布到较小的面积上。为了保证土基承受合理的压力，需要有较厚的结构层次。由于机场道面所承受的飞机具有荷载大、胎压高，重复作用次数少的特点，要求沥青混凝土道面的结构具有足够的强度。机场沥青混凝土道面结构，必须要有足够的强度，保证飞机大荷载的作用。飞机的高胎压又要求沥青混凝土的面层具有较高的高温稳定性，避免沥青面层出现车辙和沉陷。

除荷载作用外，道面结构还承受冷热变化、干湿变化、冻融和地表水及地下水等自然因素的作用。为了保证道面结构的各种功能，道面结构必须满足以下要求。

1. 强度和刚度

飞机在道面上滑行或停放，不仅把竖向压力传给道面，还会把水平荷载传给道面。此外，道面内的温度变化也会引起温度应力。如果道面结构整体或某一组成部分的强度或抗变形能力不足以抵抗这些应力时，道面就会出现断裂、沉陷、波浪或车辙，使道面使用性能下降。

刚度是指道面结构抵抗变形的能力。若道面的整体或某组成部分的刚度不足，即便是强度够，也会在机轮荷载作用下产生过大的变形，造成道面的破坏。因此要求道面结构整体及其组成部分都要具有与设计飞机荷载相适应的承载能力。

2. 稳定性

道面结构暴露在自然环境中，受各种自然因素（如温度、湿度等）的影响道面结构的性能会发生变化。沥青道面结构的稳定性，包括高温稳定性、低温稳定性和水稳定性。

在炎热的夏季，由于气温高，会造成沥青道面温度过高，沥青道面会软化，在机轮荷载作用下产生永久变形，在道面上形成车辙。在冬季，由于气温低，沥青道面和半刚性基层会因低温产生大量的收缩裂缝，使沥青道面出现开裂。

大气降水和地下水的影响，会使道面结构层内部的湿度状态和水压状态发生变化。由于水分的侵蚀，会引起道面结构的强度降低。对于水泥混凝土道面会引起唧泥、板边和板角等损坏；对于沥青混凝土道面则会引起沥青面层的松散、剥落等，以及道面结构强度的降低，产生沉陷。

3. 耐久性

道面结构受机轮荷载和自然因素长期、反复的作用，其各项性能随着使用时间的延长而逐渐下降，最后出现损坏。要提高道面结构的耐久性，保证道面结构的各项性能指标在设计使用年限内满足使用要求。

4. 表面平整度

道面表面的平整度会影响飞机滑行的舒适性和安全性。不平整的道面会增加飞机的颠簸，影响飞机的驾驶；增加飞机的附加振动力，对道面结构产生冲击力，从而加剧道面结构的损坏和飞机机件的损坏以及机轮轮胎的磨损。因此，道面表面的平整度应符合一定要求，以减少对道面的冲击和对飞机产生振动，保证飞机的安全性和舒适性。

5. 表面抗滑性

光滑的道面会使机轮与道面之间的摩擦力减小,导致飞机着陆时制动距离过长而冲出跑道,引起飞行事故。因此要求道面表面具有合适的抗滑性能,通常用摩擦系数来表示道面的抗滑性能。若摩擦系数小,则抗滑性能低,容易引起滑溜。若摩擦系数过大,则会加速机轮的磨损,增大飞机的起飞距离。沥青道面的抗滑性能主要是通过采用坚硬、耐磨、表面粗糙的粒料和合理的级配来实现的。道面表面的干湿状态、积雪和污染等都会影响道面表面的抗滑性能。如在湿跑道上滑行时,飞机容易产生水上漂滑而失去控制,引起飞行事故。

6. 表面洁净

道面表面,应洁净,无砂、石和碎块,以免打坏飞机发动机,或引起机轮的爆裂,危及飞行安全。这要求加强对道面表面的清扫和养护。

第四节　道面结构的设计方法

目前,机场道面常用的结构为水泥混凝土道面和沥青混凝土道面。由于这两种道面结构在荷载作用下表现出的力学及组成材料的特性的不同,所建立的结构设计方法也不尽相同,形成了水泥混凝土道面和沥青混凝土道面的设计方法。

一、水泥混凝土道面结构设计方法

水泥混凝土道面属于刚性道面,其特点是水泥混凝土面层具有较高的弹性模量和较高的力学强度。水泥混凝土道面可分为素(不配筋)混凝土道面、配筋混凝土道面、钢筋混凝土道面、预应力混凝土道面和纤维混凝土道面。在水泥混凝土道面中加入钢筋主要有两种作用:一是保持道面结构不变,增大板的尺寸,如配筋混凝土道面;二是加强道面板的强度,即提高道面板的抗拉强度,如钢筋混凝土道面、预应力混凝土道面。为了提高混凝土的耐久性和混凝土的抗磨耗性,在水泥混凝土中加入纤维,形成纤维混凝土,并把它作为道面结构的面层,成为纤维混凝土道面。目前,在混凝土加入的纤维分为两大类:一是钢纤维;二是高分子聚合物纤维(如聚丙烯纤维)。由于现代飞机采用高胎压机轮,在道面混凝土中加入钢纤维可能会危及高速滑行的飞机机轮,而采用高分子聚合物纤维则可以避免混凝土中的纤维可能对飞机机轮产生的危害。这些道面有一个共同的特点,即道面板的强度作为水泥混凝土道面结构设计的控制指标。因此,水泥混凝土道面结构设计方法的发展主要表现在两个方面:一是道面板的强度表示方法;二是荷载作用下道面板的应力计算方法。道面板的强度最初采用允许应力来表示,即混凝土的设计强度除以安全系数。为了反映交通量对道面结构设计的影响,道面板的强度采用疲劳强度。道面混凝土的疲劳方程,从考虑荷载单应力疲劳方程发展到了考虑荷载和温度共同作用的双(低、高)应力疲劳方程。

最早的道面结构的应力计算理论是根据材料力学理论建立起来的,它把道面板看作是板角脱空的悬臂梁。1926 年威斯特卡德(H. M. Westergaard)在室内道面板的试验结果的基础上,建立了以文克勒(Winkler)地基上薄板为力学模型的应力计算公式,并给出荷载作用在板中、板边中点和板角三个位置上的应力计算公式。该计算公式至今还被广泛应用。霍格(A. H. A. Hogg)于 1938 年最先提出了以弹性半空间地基上薄板为力学模型的应力分析方法。

1939 年,舍赫捷尔(О. Я. Щехтер)提出了以弹性地基上有限尺寸圆板为力学模型的分析方法。此外,1943 年波米斯特(D. M. Burmister)和 1953 年柯岗(Б. И. Koran)等人,在水泥混凝土道面荷载应力研究方面都做出了重要贡献,他们的研究成果为水泥混凝土道面荷载应力分析和建立道面结构设计方法奠定了基础。由于道面应力的解析分析仅能求解一些特殊情况下的应力解(如无限大板,有限尺寸圆板等),20 世纪 60 年代发展起来的数值分析方法被广泛应用到道面结构的应力分析中。这些数值分析方法包括有限元法、半解析法、边界元法等,其中应用最广泛的是有限元法。由于数值分析法能分析各种条件下不同板形和板的边界条件等道面结构,以及在不同荷载和温度作用下的应力,因此,被广泛应用到机场水泥混凝土设计方法中的应力求解。数值分析法的采用使得水泥混凝土道面的应力分析达到一个新的阶段。目前,国内机场和公路水泥混凝土道面设计方法中均采用有限元法分析荷载应力。

由于水泥混凝土是一种温度敏感材料,在周围环境温度的变化下,道面板会产生温度应力。因此,需要对道面板的温度应力状况进行分析。1927 年,Westergaard 采用 Winkler 地基板,提出了混凝土路面翘曲温度应力的分析方法,后来,Bradbury 根据 Westergaard 温度应力计算公式绘制了温度应力系数曲线。目前被广泛采用的仍然是 Westergaard 于 1927 年提出,后经 Bradbury 发展的这一计算理论。1940 年,Thomlinson 假设路顶面温度随时间呈正弦变化,导出了温度沿板厚呈非线性变化时的温度应力计算公式。而后,Ghosh 在 1960 年提出了一种新的计算方法,考虑 Winkler 地基上的矩形板在正温度梯度(顶面温度高于底面)作用下中部拱起时,由于板的自重约束所引起的翘曲应力。Hanna 也于 1971 年提出了类似的方法,采用刚性地基上圆板的假设,导出了正温度梯度作用下因自重约束而产生的翘曲应力计算公式。1993 年,Fwa 利用经典薄板理论,得出了 Pasternak 地基上水泥混凝土板的温度应力解,研究表明 Winkler 地基上的解只是 Pasternak 地基上的解的特例,且后者的假定比前者更符合实际情况。20 世纪 60 年代中期以来,有限单元法被用于公路水泥混凝土路面的温度翘曲应力的计算。有限单元法分析了 Winkler 地基和弹性半空间体地基上混凝土板的温度翘曲应力,分析时考虑了自重约束和板同地基部分脱空的影响。有限元的应用解决了弹性半空间体地基上板的翘曲应力计算,并采用 Westergaard 用于 Winkler 地基板的翘曲应力的公式形式。

目前,国外机场水泥混凝土道面结构代表性的设计方法有波特兰水泥协会(PCA)的机场水泥混凝土道面设计方法,美国联邦航空局(FAA)设计方法,美国陆军工程兵法,日本机场水泥混凝土道面设计方法等。绝大部分的设计方法只考虑荷载应力,对于温度应力忽略不计。其荷载应力的计算是以 Westergaard 理论公式为基础,采用允许应力法进行道面板厚度计算。

二、沥青混凝土道面设计方法

沥青道面设计方法的发展随着沥青道面技术的发展而发展。目前在世界范围内,沥青混凝土道面的设计方法很多,可以归结为以下几种。

1. 经验法

经验法以美国陆军工程兵 CBR 设计方法为代表。CBR 的概念是在 1929 年最初由美国加利福尼亚州公路局提出,其主要特征是路面的厚度是由土基的 CBR 值所决定的,建立了路基 CBR 值与路面厚度的关系。第二次世界大战期间,美军为修建机场的需要,对各种柔性路面设计方法进行了广泛调查,最后决定采用 CBR 设计方法作为机场沥青道面的设计方法,并对公路路面的 CBR 法进行了修正。其修正的依据是认为飞机质量大于汽车,所需的道面厚度要大一些。美军工程兵首先将 CBR 设计法引用到机场道面设计中,CBR 设计法对后来机场沥青道面方法的发展影响很大,美国联邦航空局(FAA)法、日本民航机场沥青道面设计法等都是在 CBR 设计法的基础上发展起来的,国内的民航沥青混凝土道面也是基于 CBR 的设计方法。CBR 设计法是目前国外广泛应用且具影响的一种沥青混凝土道面设计方法。

CBR 设计法的优点是能够在实验室用简单的方法确定设计所需的土和各种材料的计算参数,即 CBR 值,同时由于长期、广泛被采用,积累了丰富的工程实践经验。值得指出的是,CBR 作为一个强度指标,在本质上同弯沉是一样的,它们都是表征道面抵抗垂直变形的能力,不同点只是表达方式有差别:前者以产生一定变形的荷载来表示路面的抗垂直变形能力,后者则以一定荷载下的变形来表示路面的抗垂直变形能力。这两种指标中的任何一个都不比另一个更完善。除此以外,CBR 法的经验性重些,而弯沉则可与理论相联系,所以 CBR 法同以弯沉为指标的方法是相一致的,能在大多数场合保证道面的质量。然而,这个方法存在一个重要缺点,即无法对结构组合的合理性进行比较,对道面各结构层特别是上层传布荷载的能力没有充分反映出来。用 CBR 法设计对于防止沉陷、变形是有效的,对于防止开裂则是不可靠的。有些道面按 CBR 法设计,强度即使达到了高标准,却仍较早地出现开裂损坏。

2. 标准结构图法

采用标准结构图法的有英国、法国、德国和加拿大等国家。这种方法是大量的现场试验、长期的实践经验与层状体系理论分析相结合的产物。它最大的优点是能将设计计算工作量减小到最低限度,因而使用极其方便。但是,对复杂多变的交通和环境条件做出了标准化的归并以后,在设计中要充分体现因地制宜、就地取材的原则就有困难,设计方案也不容易达到经济合理。因此,这种方法在幅员广大的国家采用不一定合适。

3. 解析法

路面力学和计算技术的发展,为沥青混凝土道面设计创造了很好的条件。国外的机场沥青道面和国内公路沥青路面出现了以弹性层状体系理论为基础的设计方法,称为解析法或理论法。国外的代表性方法是壳牌石油公司(SHELL)提出的方法。该方法将道面结构当作多层线弹性体,各层材料特性用弹性模量和泊松比表征。假设轮载为圆形均布荷载,编制了弹性多层体系位移和应力的计算程序。设计标准为沥青混凝土层的水平拉应变和路基表面的压应变,其他标准包括任何结合料基层中的允许拉应变以及各层变形导致的路表累积永久变形。针对温度对沥青混凝土性能的影响,提出了劲度模量的概念。劲度模量反映了沥青混合料的黏弹性性质,它由集料体积、沥青含量和沥青的劲度来确定;其中沥青的劲度可根据荷载作用时间、温度和针入度指数来确定。SHELL 的研究成果对沥青路面的研究产生了很大的影响,SHELL 设计法也成为一种国际设计方法在世界许多国家应用。我国交通运输部《公路沥青路面设计规范》(JTG D50—2006)也是将路面看作一双圆垂直荷载作用下的多层线弹性连续体系,设计标准为路表的回弹弯沉,对高速公路及一、二级公路还要验算面层和半刚性基层、底基层底部的拉应力。路表回弹弯沉实际反映了路面结构的综合强度。

解析法克服了前两类设计法的局限性,能对任何交通及环境条件做出切合实际的设计,同时关于材料性质方面的最新研究成果能够予以考虑。解析法的关键在于要精确地确定各结构层的应力、应变和位移的容许值,要有确定土和材料弹性参数的可靠方法,要有高精度的多层体系计算方法。目前,国内军用机场沥青混凝土道面的设计方法就是采用解析法,它是以弹性层状体系理论为基础建立起来的设计方法。FAA 和我国民用机场沥青混凝土道面也开始采用解析法建立道面结构设计方法。

三、基于可靠性理论的设计方法

解析法或经验法等都是采用定值设计法。所谓定值设计法是指设计参数的取值都是不变的定值,或者只在某些参数上(如材料强度、设计荷载等)部分考虑了其变异特性,采用统计的结果。由于机场道面结构的各参数和荷载受各种偶然因素的影响,都是时间和空间上的随机函数。而定值设计法中取的参数定值不能反映这些参数的随机分布,也就不能反映出道面结构可靠度的本质。以可靠性理论为基础的设计方法,承认和揭示了道面结构参数中存在着不确定性,并在结构设计中充分考虑了施工技术和管理水平的影响,使设计、施工和管理形成一个有机的整体,是机场道面设计方法的发展方向。

思 考 题

1. 简述机场道面结构的特点。
2. 简述刚性道面和柔性道面所具有的力学特性。
3. 机场道面结构的要求包括哪些方面?
4. 综合分析水泥混凝土道面结构设计方法的发展历史和特点。
5. 综合分析沥青混凝土道面结构设计方法的发展历史和特点。

第二章　道面上作用飞机荷载分析

飞机在机场道面上停放、滑行、着陆、转弯和制动等,会对道面产生各种作用。停放时会对道面产生竖向压力;滑行时会对道面产生竖向压力、水平力和冲击力;制动和转弯时会产生竖向力和侧向力。在进行道面结构分析时,首先要了解这些作用力的特性和掌握荷载的计算方法。

第一节　起落架构型和轮印

飞机主起落架的构型与飞机的质量和用途直接相关。现代飞机的胎压有逐渐增大的趋势。歼(强)机、歼击轰炸机由于要求飞机机动性好,往往采用单轮起落架,并且为了减少起落架的尺寸,采用高胎压机轮;民用客机为了提高其效能,也采用高胎压机轮,如表 2-1 所示。

飞机胎压　　表 2-1

机　型	J-6	B737-200	B737-300	B737-500	B-737-600	B-737-900
胎压(MPa)	1.08	1.26	1.40	1.28	1.34	1.47
机　型	B767-200	B767-300	B777-200	B777-300	A340-200	A330-500
胎压(MPa)	1.24	1.38	1.28	1.48	1.42	1.42

运输机为了适应各种类型道面的起降,如为保证在土跑道起降,往往采用多轮多轴起落架,且为低胎压机轮,如表 2-2 所示。

军用运输机的胎压　　表 2-2

机　型	Y-7	Y-8	IL-76	C-5
胎压(MPa)	0.59	0.78	0.52	0.765

大型、特大型运输机、客机和重型轰炸机由于飞机质量大,为了满足飞机荷载的需要或适应不同道面条件的起降,其起落架构型多变且形式复杂。

飞机的主起落架的形式可以分为单轮、双轮、三轮、四轮、单轮双轴、双轮双轴、三轮双轴、四轮双轴、单轮三轴、双轮三轴、三轮三轴、四轮三轴等,如图 2-1 所示。

a)单轮　b)双轮　c)三轮　d)四轮

图　2-1

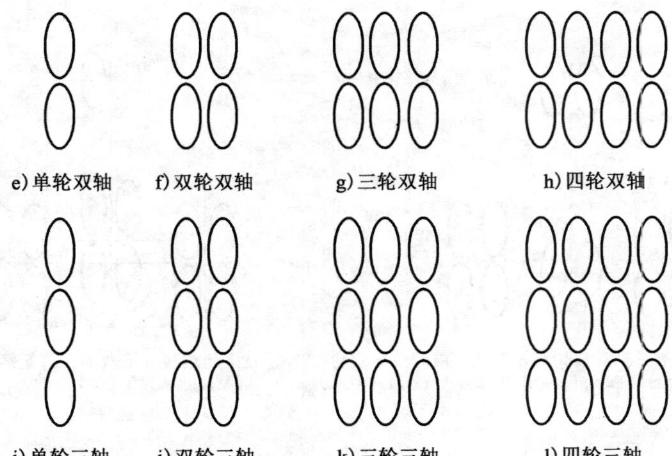

图 2-1　通常起落架形式

现有飞机的起落架典型形式如图 2-2 所示。

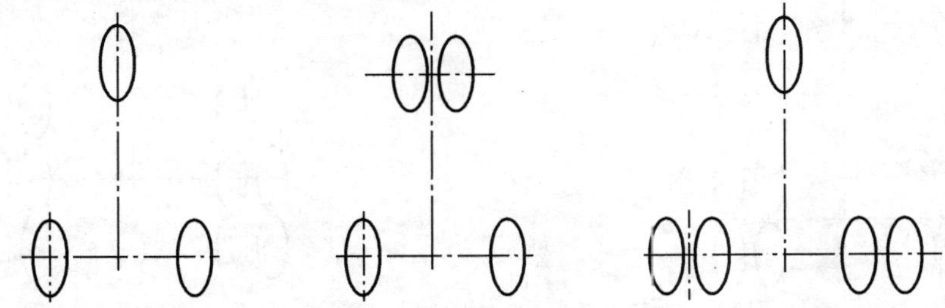

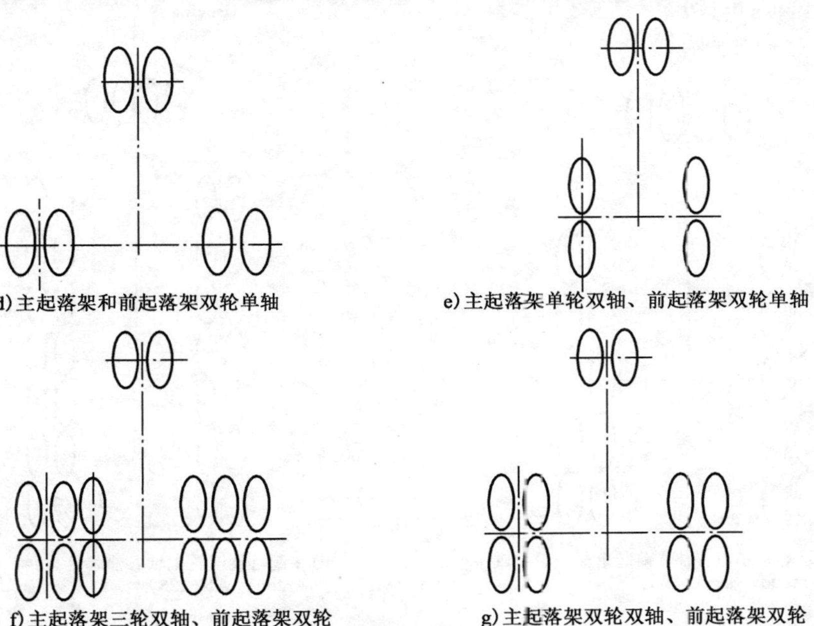

图　2-2

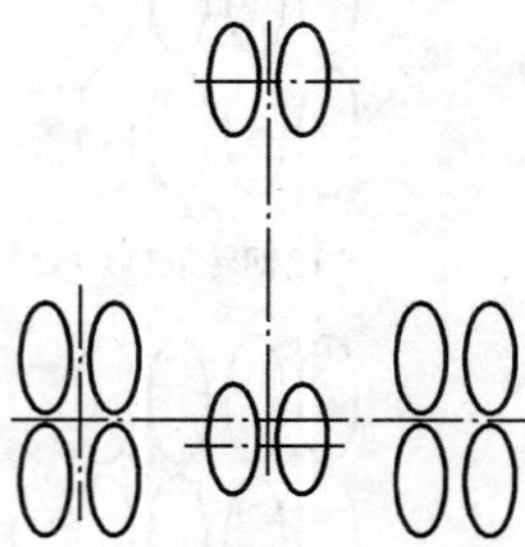

h）主起落架三轮双轴和双轮单轴、前起落架双轮
（McDonnell Douglas DC-10, Lockheed L-1011）

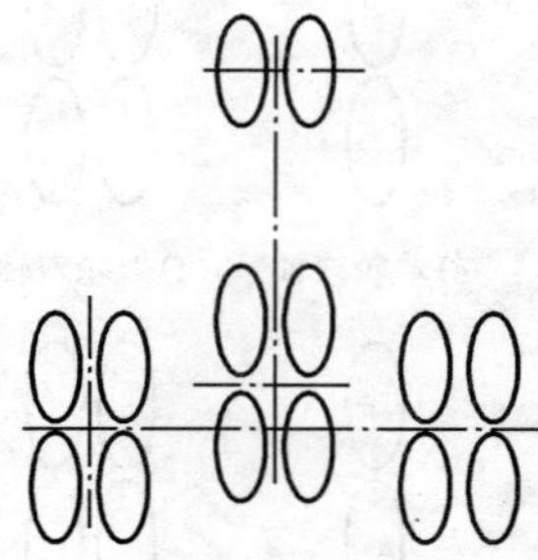

i）主起落架双轮双轴、前起落架双轮
（Airbus A340-600）

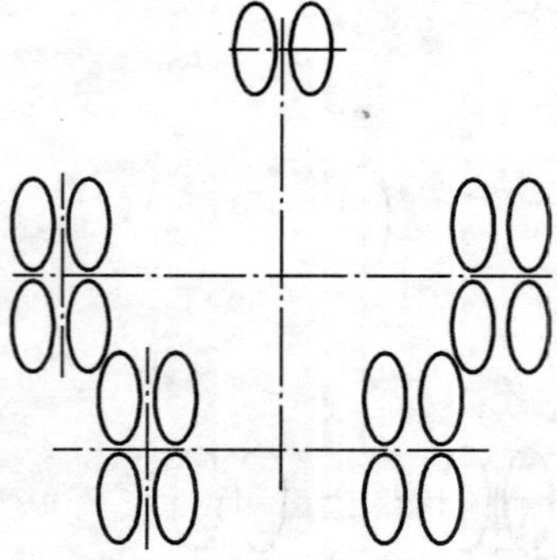

j）主起落架双轮双轴、前起落架双轮
（Boeing B-747）

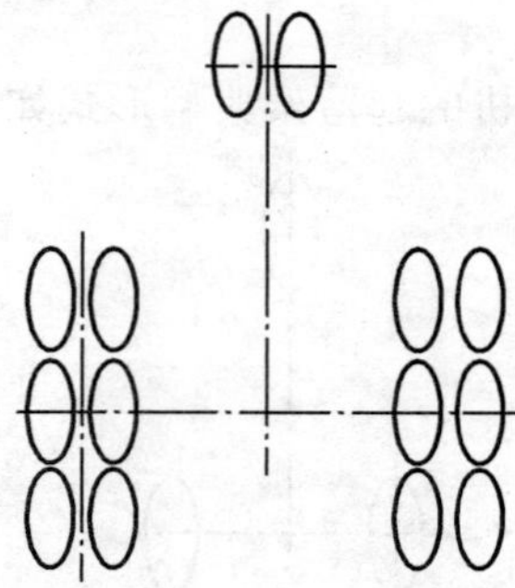

k）主起落架双轮三轴、前起落架双轮
（Boeing B-777）

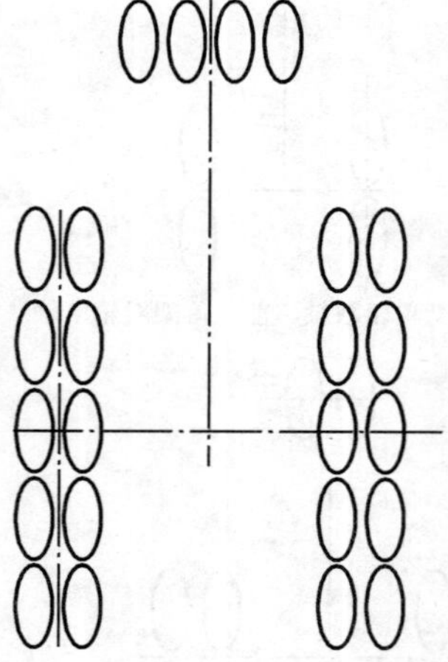

l）主起落架双轮五轴、前起落架四轮单轴
（Antonov AN-124）

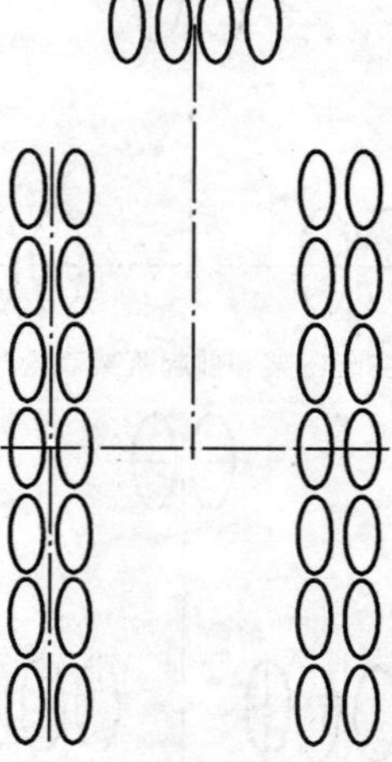

m）主起落架双轮七轴、前起落架四轮单轴
（Antonov AN-225）

图 2-2

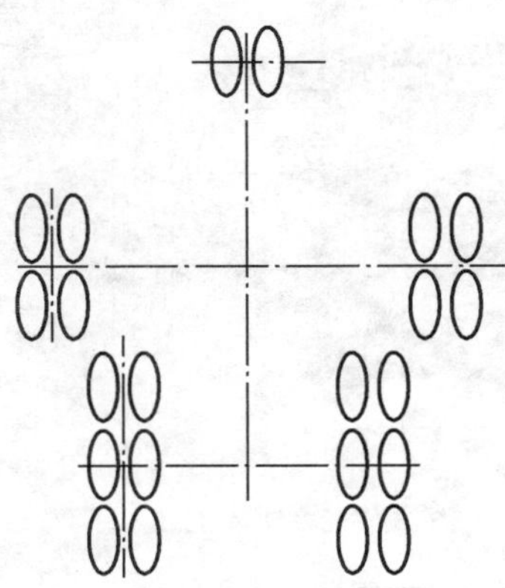

n)主起落架双轮双轴和三轮双轴、前起落架双轮单轴（Airbus A380）

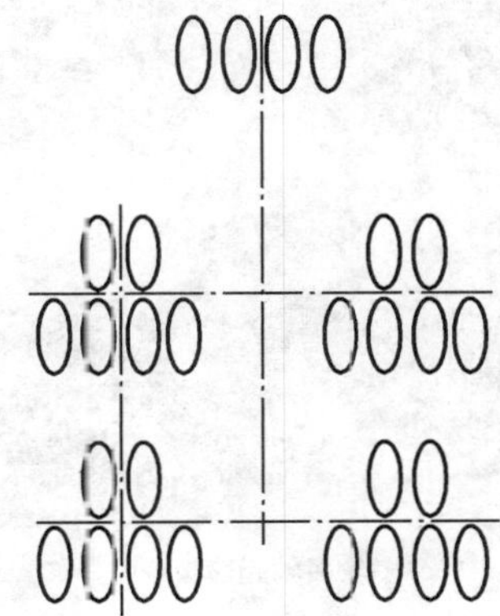

o)主起落架双轮和四轮单轴、前起落架四轮单轴（Lockheed C5 Galaxy）

图 2-2　现有飞机起落架典型形式

飞机主起落架的实际结构如图 2-3 所示。

a)单轮单轴起落架

b)双轮单轴起落架

c)双轮双轴起落架1

d)双轮双轴起落架2

图　2-3

e）多轮多轴起落架1

f）多轮多轴起落架2

g）多轮多轴起落架3

h）多轮多轴起落架4

图2-3　起落架的构造

飞机的绝大部分质量是由主起落架来承担的。主起落架承担的质量所占的比例随飞机的类型不同而有所变化，在90%～95%之间。主起落架上的荷载对道面的作用还与飞机的主起落架个数和主起落架上的轮数有关。每个机轮对道面作用的荷载按式(2-1)计算。

$$P_j = \frac{P_Z}{MN} \tag{2-1}$$

式中：P_Z——主起落架上承受的荷载(MN)；

P_j——主起落架上每个机轮的荷载(MN)；

M——飞机上主起落架个数；

N——单个主起落架上的机轮数。

由于飞机的机轮采用的是充气轮胎，轮胎内充气压力的大小会对道面产生不同的影响。这个充气压力称为轮胎压力。充气轮胎在荷载作用下会产生压缩变形。因此，机轮传给道面的荷载是分布在一定的面积上，这个面积称为机轮与道面的接触面积，或称轮印面积。轮印的形状为近似椭圆形，其两半轴之比 a/b 在1.25～2.0之间。随着机轮荷载的增大，接触面积也增大。接触面积上的荷载集度称为接触压力。计算时通常不计轮胎侧壁的约束作用，认为轮胎与道面之间的接触压力等于轮胎压力。

为了便于不同设计方法所采用的计算理论，现有的设计方法对机轮轮印形状进行了假定，主要有圆形、椭圆形，中间为矩形，两边各为半圆形或矩形。

当机轮轮印形状采用圆形假设时，当量圆的半径 r 按式(2-2)计算。

$$r = \sqrt{\frac{P_j}{\pi q}} \tag{2-2}$$

式中：r——当量圆半径(m)；

q——轮胎压力(MPa)。

当机轮轮印形状采用椭圆形假设时，FAA 的 LEDFAA 和 COMFAA 则假定长边与短边之比为 1.6∶1。

当机轮轮印形状假设中间为矩形、两边各为半圆时，其形状如图 2-4 所示。轮印的长和宽的关系为：

$$W = 0.6L \tag{2-3}$$

$$L_l = \sqrt{\frac{A}{0.5227}} \tag{2-4}$$

式中：W——轮印宽度(m)；

L_l——轮印长度(m)；

A——轮印面积(m^2)。

为便于有限元矩形单元荷载列阵计算，对图 2-4 的荷载形式进行简化，将中间为矩形、两边各为半圆形的机轮轮印形状改换成等面积的矩形，如图 2-5 所示。此时，假定机轮轮印形状的宽度仍为 W，只是将机轮轮印形状的长度改为 L'_l。于是有：

$$W = 0.830\sqrt{A} \tag{2-5}$$

$$L'_l = 1.205\sqrt{A} \tag{2-6}$$

式中：L'_l——轮印长度(m)。

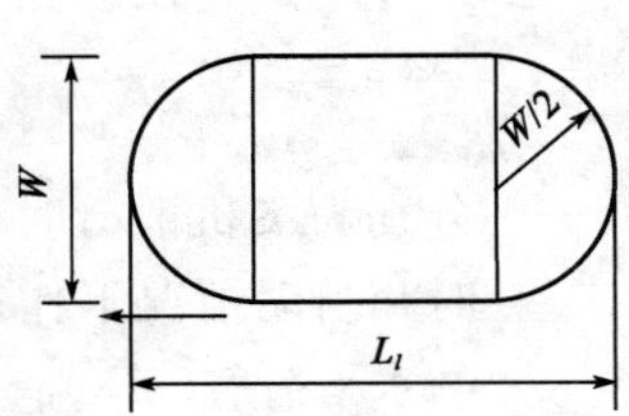

图 2-4　中间为矩形、两边各为半圆形的轮印形状图

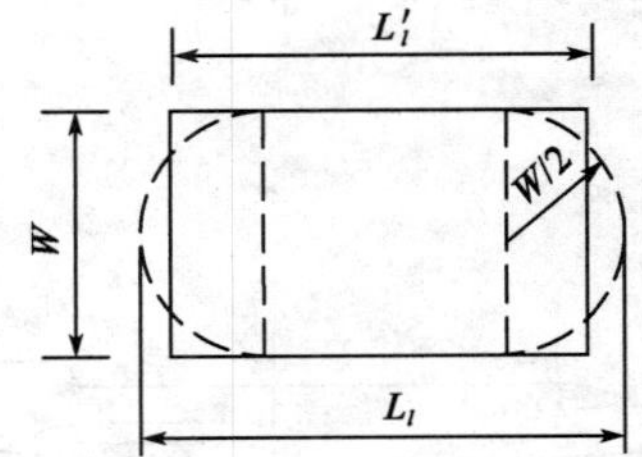

图 2-5　矩形轮印形状图

第二节　飞机竖向静荷载

飞机停放在道面上时，其对道面的作用如图 2-6 所示，其荷载在主起落架和前起落架之间的分配，可按力系平衡原理进行求解，由式(2-7)计算。

$$\begin{cases} P_Z = G\dfrac{L_2}{L_1 + L_2} = K_Z G \\ P_F = G\dfrac{L_1}{L_1 + L_2} = K_F G \end{cases} \quad (2\text{-}7)$$

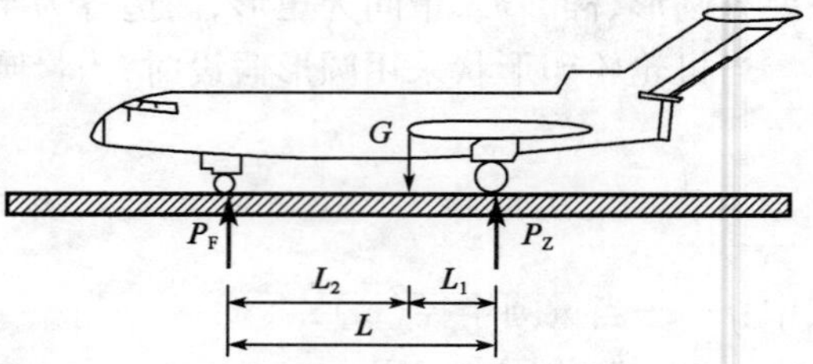

图 2-6　飞机停放时荷载图

式中：G——飞机总荷载(MN)；

P_Z——主起落架上承受的荷载(MN)；

P_F——辅助(前)起落架上承受的荷载(MN)；

L_1、L_2——分别为飞机主起落架和前起落架的中心到飞机重心的距离(m)；

K_Z——机荷载在主起落架上的分配系数，其表达式如式(2-8)所示；

$$K_Z = \frac{L_2}{L_1 + L_2} = \frac{L_2}{L} \quad (2\text{-}8)$$

K_F——飞机荷载在前起落架上的分配系数，其表达式如式(2-9)所示；

$$K_F = \frac{L_1}{L_1 + L_2} = \frac{L_1}{L} \quad (2\text{-}9)$$

L——飞机主、辅起落架的间距(m)。

第三节　飞机直线滑行时荷载

当飞机在道面上滑行时，除竖向荷载外，作用在道面上的力还有水平力，如图 2-7 所示。飞机滑行时机轮与道面之间的摩擦力会引起水平荷载，机轮经过道面不平整处因撞击也会引起水平荷载。飞机在道面滑行不制动时，作用在道面上的水平荷载由式(2-10)确定；当机轮制动时，水平荷载由式(2-11)确定。

$$T_1 = fP_d \quad (2\text{-}10)$$

$$T_2 = \mu P_d \quad (2\text{-}11)$$

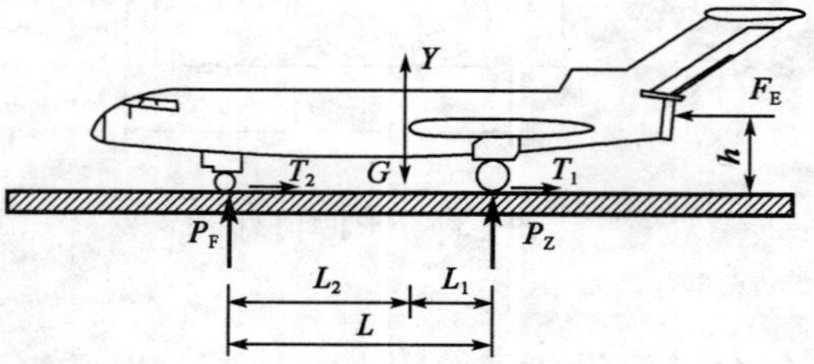

图 2-7　飞机滑行时荷载作用图

式中：T_1、T_2——分别为飞机滑行时机轮不制动时和制动情况下作用在道面上的水平荷载(MN)；

f——滚动摩擦系数；

μ——滑动摩擦系数；

P_d——机轮的竖向荷载(MN)。

滚动摩擦系数 f 和滑动摩擦系数 μ 的大小取决于道面结构形式、道面表面的状态、飞机的运动速度、轮胎花纹及磨损程度。f 和 μ 的值可参考表 2-3 和表 2-4 确定。

滚动摩擦系数f值 表2-3

表面类型	f
平整的水泥混凝土和沥青混凝土道面	0.01~0.02
有机结合料处治的平整的碎石或砾石道面	0.02~0.03
沥青混凝土道面有轮辙、裂缝	0.04~0.05
黏土表面	0.05~0.15
泥泞季节的土跑道	0.15~0.30

系数μ值表 表2-4

表面类型	μ	表面类型	μ
干燥而粗糙的道面	1.0~0.7	泥泞的道面	0.2
干燥平滑的道面	0.5	冰覆盖的道面	0.1
潮湿的道面	0.5~0.3	潮湿的草皮道面	0.1

由于飞机在滑行时要产生升力，道面不平整也会引飞机的振动，此时机轮上的竖向荷载为静荷载、升力和附加的振动力之和；若不考虑道面结构变形和道面不平整对飞机产生的动力效应，根据力系平衡条件可计算出主起落架和前起落架的竖向荷载，计算公式见式(2-12)。

$$\begin{cases} P_Z = \dfrac{(G - Y)L_2 - F_E h}{L} \\ P_F = \dfrac{(G - Y)L_1 + F_E h}{L} \end{cases} \tag{2-12}$$

式中：Y——飞机滑行时所产生的升力(MN)；

F_E——发动机产生的推力(MN)；

h——发动机喷口中心距地面高度(m)。

飞机滑行时所产生的升力可按式(2-13)计算。

$$Y = C_y S \frac{\rho_a v^2}{2} \tag{2-13}$$

式中：Y——飞机滑行时产生的升力(MN)；

v——飞机滑行速度(m/s)；

C_y——升力系数；

S——机翼面积(m^2)；

ρ_a——空气密度(kg/m^3)。

飞机的升力系数C_y在飞机滑行过程中是随着飞机的运动状态和飞行员的操作不断地变化的。为了简化计算，假定飞机的升力在飞机滑行过程中是不变的。当飞机离地瞬间，飞机的升力等于飞机的质量。因此，飞机的升力系数C_y可由飞机的离地速度推算出来。当飞机滑行速度为v时，产生的升力可由式(2-14)计算。

$$Y = G_q \left(\frac{v}{v_l} \right)^2 \tag{2-14}$$

式中：G_q——飞机的起飞重量(MN)；

v_l——飞机的离地速度(m/s)。

由飞行力学原理可知，飞机的离地速度与飞机的质量、飞机力学特性、空气密度、风速及飞行员驾驶动作等有关。在机场跑道尚未确定的情况下，飞机的离地速度是难以确定的。飞机滑行对道面作用的最不利状态是在飞机低速滑行时产生的；飞机高速滑行时，由于升力较大，飞机对道面作用的力减弱且对某一点而言作用时间减少，因此其对道面的作用效果不如飞机低速滑行时。为了研究不同飞机滑行时对道面的作用，飞机的离地速度按标准大气条件下(气温15℃，气压101.325Pa)，相应于某飞机起飞质量 m_{q0}，按标准驾驶动作得出相对于空气的离地速度 v_{q0} 选取。不同飞机的离地速度 v_{q0} 如表2-5所示。

飞机的离地速度 表2-5

机型	H-6	JH-7	Q-5	J-6	J-7	J-8	Su-27
v_{q0}(m/s)	77.78	93.90	90.56	84.72	87.50	99.44	86.1

飞机滑行时所产生的升力使得飞机作用在道面上的荷载减少。由式(2-13)可知飞机的升力大小与飞机滑行速度的平方成正比。因此，速度越大，飞机产生的升力急剧增大，这使得作用在道面上的荷载大大减少，在道面内产生的应力也相应减少。

当飞机匀速滑行时，则有：

$$F_E = (P_Z + P_F) f \tag{2-15}$$

将式(2-15)代入式(2-12)，则得：

$$\begin{cases} P_Z = \dfrac{(G_q - Y)L_2(L - fh) - (G_q - Y)L_1 fh}{L^2} \\ P_F = \dfrac{(G_q - Y)L_1(L + fh) + (G_q - Y)L_2 fh}{L^2} \end{cases} \tag{2-16}$$

当飞机加速滑行时，则有：

$$F_E - (P_Z + P_F) f = ma \tag{2-17}$$

式中：a——飞机滑行加速度(m/s²)；

m——飞机的质量(kg)。

将式(2-17)代入式(2-12)，则得：

$$\begin{cases} P_Z = \dfrac{(G_q - Y)L_2(L - fh) - (G_q - Y)L_1 fh - maLh}{L^2} \\ P_F = \dfrac{(G_q - Y)L_1(L + fh) + (G_q - Y)L_2 fh + maLh}{L^2} \end{cases} \tag{2-18}$$

由式(2-16)和式(2-18)可以得出，飞机在滑行时起落架上产生的竖向荷载与飞机的滑行速度、加速度和机轮与道面间的摩擦系数有关。竖向荷载随飞机的滑行速度、加速度和机轮与道面间摩擦系数的变化如图2-8～图2-10所示(图中 P_Z 为主起落架竖向荷载，P_F 为前起落架竖向荷载)。从图中可以看出，飞机滑行速度对主起落架上的竖向荷载影响较大，使其迅速减少；对前起落架上的竖向荷载影响较小。飞机滑行加速度的增大会使主起落架上的竖向荷载减小，而前起落架上的竖向荷载则增大，并逐渐使主起落架和前起落架的竖向荷载接近相等。主起落架的竖向荷载随摩擦系数的增大而减少，而前起落架的竖向荷载随摩擦系数的增大而增大。

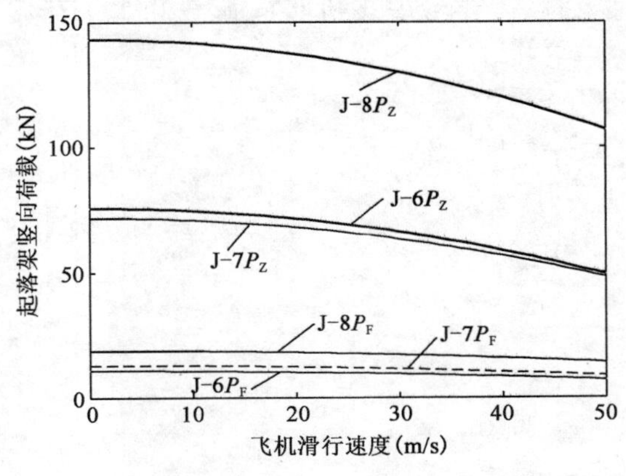

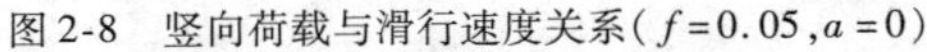
图 2-8　竖向荷载与滑行速度关系（$f=0.05,a=0$）

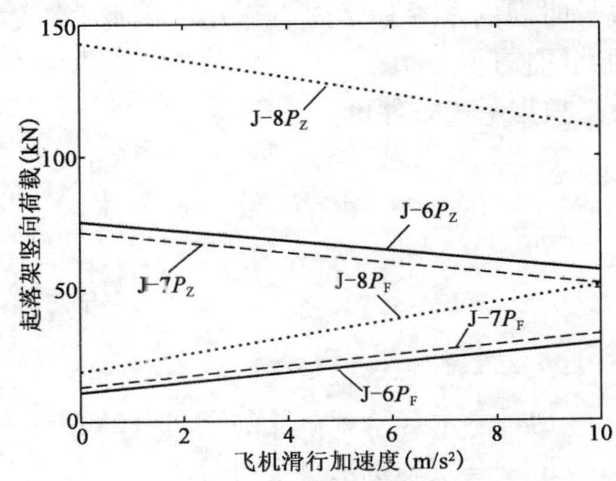

图 2-9　竖向荷载与滑行加速度关系（$f=0.05,v=5\text{m/s}$）

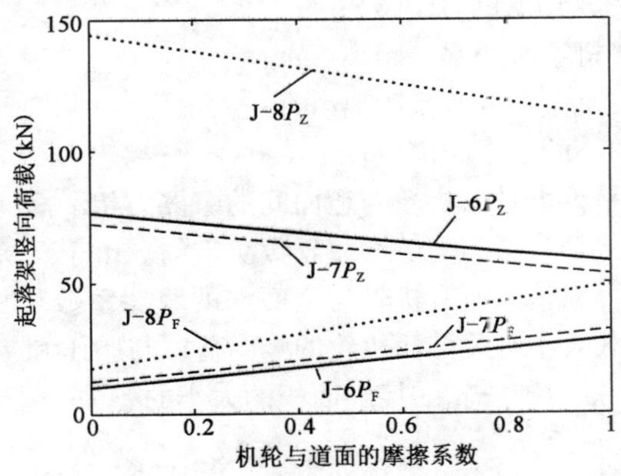

图 2-10　竖向荷载与摩擦系数关系（$v=5\text{m/s},a=0$）

第四节　飞机起飞时荷载

飞机在起飞时，为了缩短飞机的滑跑距离，需要在起飞线等待起飞。此时，飞机发动机转速逐渐增大到最大转速，发动机处在最大推力状态，而机轮仍处于制动状态，飞机保持不动。由于飞机发动机产生的水平推力大，机轮会对道面产生较大的水平推力，如图 2-11 所示。另外，飞机还进行编队起飞，如两机起飞、四机起飞、甚至八机起飞。为了保证飞机编队，先行进入跑道的飞机需要在跑道面上等待后续飞机，等飞机在跑道上编队完后，飞机发动机转速逐渐增大到最大转速，然后开始起飞。这一过程会对道面产生较大的水平力作用，作用的时间较长（2～3min），且飞机是静止不动的。由于飞机发动机的推力存在，导致整个飞机荷载的重新分布，引起前后起落架竖向荷载的变化，

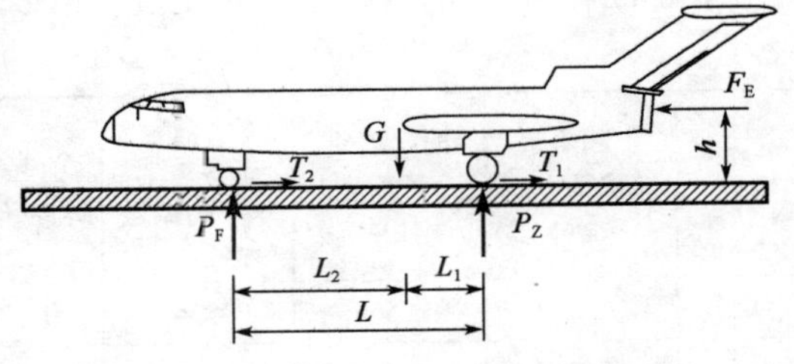

图 2-11　飞机在等待起飞时受力分析

前起落架的荷载较飞机静止停放时的荷载增大，而主起落架则相反，且对道面的某一点有较长时间的水平和竖向力作用。因此，在飞机起飞时，需要考虑飞机竖向荷载和水平荷载的共同作用。

根据平衡条件可知：

$$\begin{cases} P_{\mathrm{Z}} = G_{\mathrm{qmax}}L_2 - \dfrac{F_{\mathrm{E}}h}{L} \\ P_{\mathrm{F}} = G_{\mathrm{qmax}}L_1 + \dfrac{F_{\mathrm{E}}h}{L} \end{cases} \tag{2-19}$$

式中：P_{Z}——主起落架承受的竖向力（MN）；

P_{F}——前起落架承受的竖向力（MN）；

F_{E}——发动机水平推力（MN）；

h——发动机喷口中心距地面高度（m）；

G_{qmax}——设计飞机的最大起飞重力（MN）；

L_1——主起落架距飞机重心的水平距离（m）；

L_2——前起落架距飞机重心的水平距离（m）；

L——前主起落架中心的水平距离（m）。

飞机发动机产生的水平推力是由机轮与道面间的摩擦力相平衡的。机轮与道面间的摩擦力是由机轮的竖向荷载和机轮与道面间的摩擦系数决定的。由于飞机的前后起落架轮胎的构造、花纹等是相同的，因此可以认为所有机轮与道面间的摩擦系数是相同的，每个机轮所承受的水平力与机轮的竖向荷载大小有关。而机轮的竖向荷载与胎压和接触面积的大小相关。因此，每个机轮所承受的水平推力与机轮的接触面积的大小的有关。

$$Q_i = \mu q_i A_i \tag{2-20}$$

式中：Q_i——第 i 个机轮承受的水平力（MN）；

μ——滑动摩擦系数；

q_i——第 i 个机轮的胎压（MPa）；

A_i——第 i 个机轮的接触面积（m^2）。

为使竖向力和水平力建立联系，定义水平力系数 f_{q} 为机轮承受的水平力 Q 与竖向力 P 的比值，即：

$$f_{\mathrm{q}} = \frac{Q}{P} \tag{2-21}$$

飞机的水平力、水平力系数和密度，如表 2-6 所示。

飞机水平力、水平力系数和密度　　表 2-6

机型	主起落架水平力（kN）	前起落架水平力（kN）	主起落架水平力系数	前起落架水平力系数	主起落架机轮面积（m^2）	前起落架机轮面积（m^2）	主起落架机轮水平力密度（MPa）	前起落架机轮水平力密度（MPa）
Q-5	16.359	7.568	0.374 7	0.374 7	0.044 5	0.020 6	0.367 2	0.367 2
J-6	15.749	8.561	0.463 3	0.463 3	0.031 5	0.017 1	0.500 3	0.500 3

续上表

机型	主起落架水平力(kN)	前起落架水平力(kN)	主起落架水平力系数	前起落架水平力系数	主起落架机轮面积(m^2)	前起落架机轮面积(m^2)	主起落架机轮水平力密度(MPa)	前起落架机轮水平力密度(MPa)
J-7	10.812	6.050	0.326 3	0.326 3	0.033 3	0.018 9	0.319 7	0.319 7
J-8	25.485	11.391	0.384 8	0.384 8	0.052 2	0.023 3	0.488 7	0.488 7
H-6	17.812	11.027	0.221 5	0.221 5	0.091 4	0.113 1	0.195 0	0.195 0

从表2-6可看出，对歼击机，水平力系数f一般在0.25～0.5范围内，平均值可取0.375，对轰炸机，其水平力系数较小，一般取0.25即可。

飞机发动机产生的水平推力会使飞机对道面产生的竖向荷载与静止停放在道面上产生的竖向荷载相比发生变化，其变化值如表2-7所示。

飞机发动机产生的水平推力引起起落架竖向荷载的变化　　表2-7

机型	重量(kN)	L(m)	L_1(m)	L_2(m)	Q(kN)	h(m)	P_Z(kN)	P_F(kN)
Q-5	107.506	4.010	0.506	3.504	40.286	0.66	87.310 93.941 *	20.196 13.565 *
J-6	86.475	4.398	0.509	3.889	40.060	0.93	67.996 76.467 *	18.479 10.008 *
J-7	84.819	4.807	0.692	4.115	27.674	1.10	66.276 72.609 *	18.543 12.210 *
J-8	162.072	7.337	0.790	6.547	62.361	1.430	132.467 144.621 *	29.605 17.451 *
H-6	742.840	10.913	0.82	10.093	164.567	2.90	643.291 687.023 *	99.549 55.817 *

注：带 * 为飞机静止停放在道面上前起落架和主起落架产生的竖向荷载。

因飞机起飞时导致飞机前起落架和主起落架竖向荷载的变化率如表2-8所示。前起落架竖向荷载增大，而主起落架竖向荷载减少。因主起落架承受飞机质量的90%左右，虽然起飞时由于发动机的推力导致前起落架竖向荷载的增大，但还是小于主起落架上机轮所承受飞机的竖向荷载(表2-9)。因此，在进行道面结构设计时，应以飞机主起落架上的机轮荷载作为设计荷载。

飞机起飞时起落架竖向荷载与静止停放时竖向荷载之比　　表2-8

机型	Q-5	J-5	J-6	J-7	H-6
前起落架	1.489	1.846	1.519	1.696	1.783
主起落架	0.929	0.889	0.913	0.916	0.936

飞机起飞时机轮承受的荷载(单位:kN)　　表2-9

机型	Q-5	J-5	J-6	J-7	H-6
前起落架一个机轮	20.196	18.479	18.534	29.605	49.775
主起落架一个机轮	43.655	33.998	33.138	66.234	85.878

第五节　飞机转弯滑行时荷载

飞机在地面低速滑行阶段，为进行地面机动运动，由飞行员操纵偏转前轮，偏转角由零增到某一偏角，随后飞机前轮在该偏转角不变条件下，绕某一瞬时转动中心转动，进入定常转弯运动，或转弯半径为 ρ_0，前轮偏角 α 为常数、$\dot{\alpha}$ 为 0 的定轴转弯运动，如图 2-12 所示。

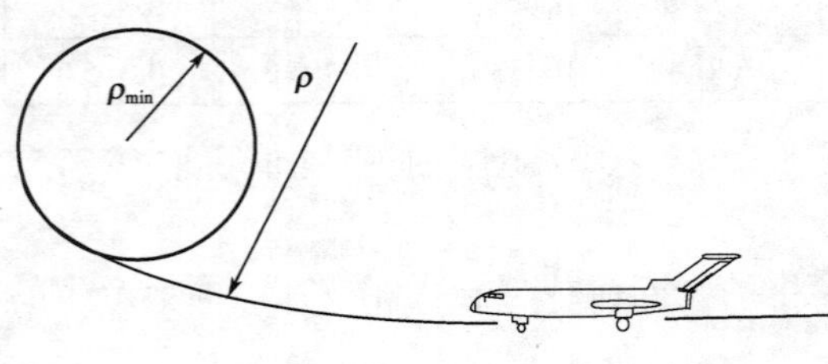

图 2-12　飞机由直线运动转入定常转弯

实现飞机定常转弯运动的条件是：

(1)前轮和主轮不会引起侧滑(个别情况下前轮少量侧滑是允许的)。

(2)飞机不会引起翻倒。

(3)起落架结构不破坏。

处于转弯时飞机机轮受到的力，如图 2-13 所示。除竖向荷载和沿着滑行方向的摩擦力外，还有沿着法线方向的侧向力。侧向力的大小与飞机的滑行速度和转弯半径密切相关，往往会在道面上产生较大的水平力。当飞机的转弯半径较小，在竖向和水平力的综合作用下，沥青道面会产生轮辙和破坏。图 2-14 为飞机在跑道上掉头时，在沥青道面上产生的轮辙。因此，有必要分析飞机转弯滑行时对沥青道面产生的作用，作为沥青道面结构和材料组成设计的依据。

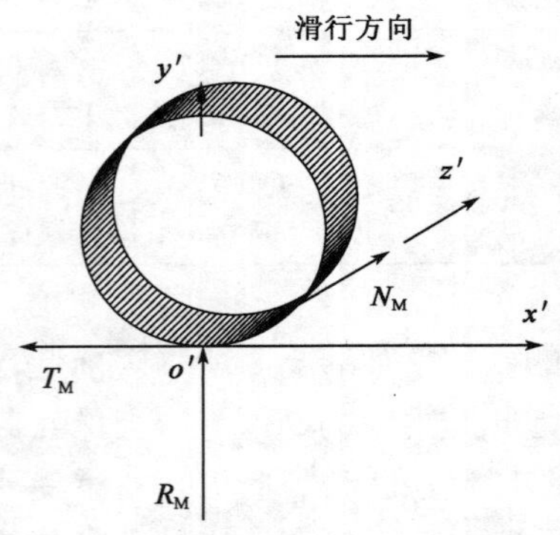

图 2-13　飞机转弯时机轮受到的力

图 2-14　飞机转弯时在道面上产生的轮辙

一、计算假定

为了简化计算，在进行飞机转弯受力分析时，忽略了轮胎的弹性影响，即认为飞机地面运动时，轮胎和机轮处于同一平面内，这种简化计算方法大大减少了计算工作量。具体假设如下：

(1)用飞机重心运动的轨迹代替飞机运动轨迹。

(2)计算中用飞机运动的瞬时中心代表飞机轨迹的曲率中心，忽略瞬时中心自身加速度影响。

(3)飞机轮胎为刚性轮胎。

飞机地面运动可认为是飞机保持重心高度不变，做平行于地面的平面运动。飞机的这种平面运动可简化为转动和平动两种运动的合成运动（图 2-15），即：

（1）飞机在动参考系 $o'x'y'z'$ 中绕其基点 A（瞬时转动中心）的转动运动（相对运动）。

（2）基点 A（瞬时转动中心）所做的平动运动（牵连运动）。

在飞机地面运动过程中，上述平面运动的速度瞬心是随前轮偏角变化而变化的，而且这种变化关系受前轮偏角、飞机几何、轮胎特性、道面摩擦系数、人—机操纵特性和操纵控制率等多方面因素影响，其关系极其复杂，理论上精确求解飞机地面运动阶段速度瞬心的速度和加速度是相当困难的。但飞机地面运动大多属于沿重心的射线运动（高速直线滑行），处于前轮小偏角（不大于 5°左右纠航）或近似定点转动或瞬时转动中心加速度变化不大的状态。

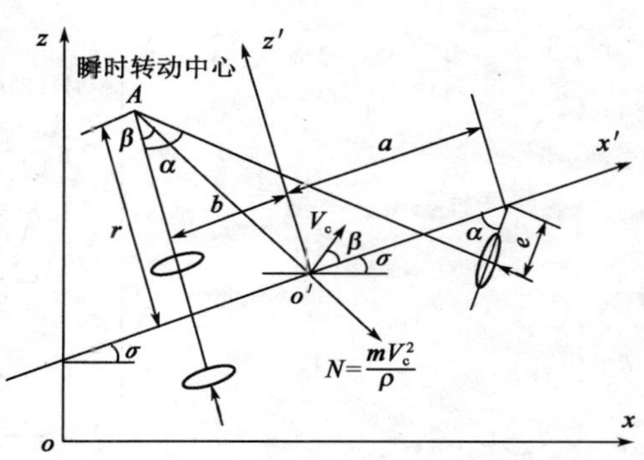

图 2-15　飞机地面运动瞬时状态

二、动力学方程

当飞机沿地面做不变高度的平面运动时，操纵中作用于飞机的力、速度、加速度，如图 2-16 所示。

1. 作用于飞机上的力

G：飞机起飞和着陆重量。

Y：飞机升力（近似认为作用点通过重心），$Y=C_yS\frac{\rho_a v^2}{2}$。

R_N：前起落架竖向反作用力，$R_N=\frac{(G-Y)b}{L}+\frac{T_xH_{CG}}{L}$（$T_x$ 为轮胎摩擦力在 $o'x'$ 轴的投影，$T_x=N_N\sin\alpha+T_N\cos\alpha+T_M$）。

R_M：主起落架竖向反作用力，$R_M=\frac{(G-Y)a}{L}-\frac{T_xH_{CG}}{L}$。

2. 运动学和动力学方程

对于选定的动坐标 $x'o'z'$ 和固定坐标 xoz，并考虑轴 $o'x'$ 与机身重合，轴 $o'z'$ 沿翼展方向。

（1）外力在 $x'y'z'$ 坐标系投影分量

外力在 $o'x'$ 轴和 $o'z'$ 轴上投影总和为：

$$\overline{F}=F_E-F_G-T_M-N_N\sin\alpha-T_N\cos\alpha \tag{2-22}$$

$$\overline{N}=N_M+N_N\cos\alpha-T_N\sin\alpha \tag{2-23}$$

外力对 $o'y'$ 轴的力矩总和为：

$$\overline{M}=N_N(a\cos\alpha-e)-T_Na\sin\alpha-N_Mb \tag{2-24}$$

（2）飞机在地面运动的动力方程

沿 ox 的速度、加速度为：

$$V_x = \frac{\mathrm{d}x}{\mathrm{d}t} = V_c\cos(\beta + \sigma) \tag{2-25}$$

$$\frac{\mathrm{d}V_x}{\mathrm{d}t} = \frac{\mathrm{d}^2 x}{\mathrm{d}t^2} = \frac{\mathrm{d}V_c}{\mathrm{d}t}\cos(\beta + \sigma) - V_c\sin(\beta + \sigma)\left(\frac{\mathrm{d}\sigma}{\mathrm{d}t} + \frac{\mathrm{d}\beta}{\mathrm{d}t}\right) \tag{2-26}$$

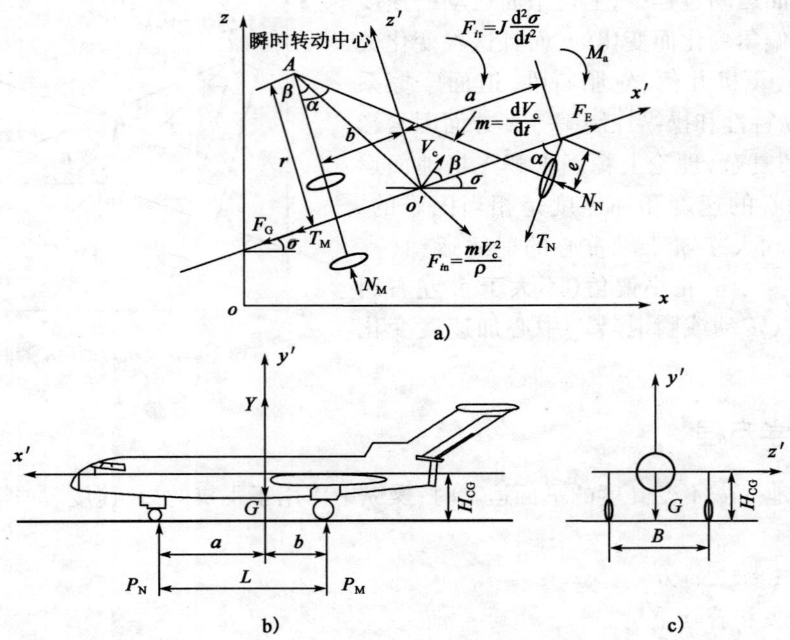

图 2-16　飞机地面运动受力图

F_E-发动机推力（作用力通过飞机重心）；F_G-飞机迎面阻力（作用力通过飞机重心）；N_N-前轮胎侧向力；N_M-主轮胎侧向力；T_N-前轮胎滚动摩擦力；T_M-主轮胎滚动摩擦力；F_{in}-飞机转弯法向惯性力（离心力），$F_{in}=\frac{mV_c^2}{\rho}$；$V_c$-飞机重心的速度矢量；$\rho$-飞机转弯半径；$F_{ir}$-飞机转弯切向惯性力，$F_{ir}=J\frac{\mathrm{d}^2\sigma}{\mathrm{d}t^2}$；$\sigma$-飞机偏转角，定义为飞机中心线与 x 轴的夹角；t-时间；M_a-与飞机旋转方向相反作用的空气阻尼力矩，在速度不大时，可以忽略不计

沿 oz 的速度、加速度为：

$$V_z = \frac{\mathrm{d}z}{\mathrm{d}t} = V_c\sin(\beta + \sigma) \tag{2-27}$$

$$\frac{\mathrm{d}V_z}{\mathrm{d}t} = \frac{\mathrm{d}^2 z}{\mathrm{d}t^2} = \frac{\mathrm{d}V_c}{\mathrm{d}t}\sin(\beta + \sigma) + V_c\cos(\beta + \sigma)\left(\frac{\mathrm{d}\sigma}{\mathrm{d}t} + \frac{\mathrm{d}\beta}{\mathrm{d}t}\right) \tag{2-28}$$

飞机转弯角速度、角加速度为：

$$\frac{\mathrm{d}\sigma}{\mathrm{d}t} = \frac{V_c}{\rho} = \frac{V_c\sin\beta}{b} \tag{2-29}$$

$$\frac{\mathrm{d}^2\sigma}{\mathrm{d}t^2} = \frac{\mathrm{d}V_c}{\mathrm{d}t}\frac{\sin\beta}{b} + \frac{V_c}{b}\cos\beta\frac{\mathrm{d}\beta}{\mathrm{d}t} \tag{2-30}$$

相对于固定坐标 xoy，飞机地面运动动力方程组为：

$$m\frac{\mathrm{d}^2x}{\mathrm{d}t^2}=\overline{F}\cos\sigma-\overline{N}\sin\sigma \tag{2-31}$$

$$m\frac{\mathrm{d}^2z}{\mathrm{d}t^2}=\overline{F}\sin\sigma+\overline{N}\cos\sigma \tag{2-32}$$

$$J\frac{\mathrm{d}^2\sigma}{\mathrm{d}t^2}=\overline{M} \tag{2-33}$$

(3)几何关系

$$\rho=\frac{b}{\sin\beta} \tag{2-34}$$

$$r=\frac{b}{\tan\beta} \tag{2-35}$$

$$r=\frac{a+b-\dfrac{e}{\cos\alpha}}{\tan\alpha} \tag{2-36}$$

$$\tan\beta=\frac{b}{a+b-\dfrac{e}{\cos\alpha}}\tan\alpha \tag{2-37}$$

(4)倾斜角 β 变化率

通过对运动、动力方程组联合求解,可得到倾斜角 β 随时间的变化率为:

$$\frac{\mathrm{d}\beta}{\mathrm{d}t}=\frac{b}{V_{\mathrm{c}}}\left(\frac{\overline{M}}{J\cos\beta}-\frac{\overline{F}}{bm}\sin\beta-\frac{\overline{N}}{bm}\frac{\sin^2\beta}{\cos\beta}\right) \tag{2-38}$$

(5)前轮偏转角速度

根据几何关系求解前轮偏转角速度 $\mathrm{d}\alpha/\mathrm{d}t$ 的关系式,由几何关系可近似认为:

$$a+b-\frac{e}{\cos\alpha}\approx L \tag{2-39}$$

由式(2-37)可推出倾斜角 β 的时间变化率为:

$$\frac{\mathrm{d}\beta}{\mathrm{d}t}=\frac{b}{L}\frac{\cos^2\beta}{\cos^2\alpha}\frac{\mathrm{d}\alpha}{\mathrm{d}t} \tag{2-40}$$

$$\beta=\arctan\left(\frac{b}{L}\tan\alpha\right)\approx\frac{b}{L}\tan\alpha \tag{2-41}$$

将通过式(2-40)建立的 $\mathrm{d}\alpha/\mathrm{d}t$ 与 $\mathrm{d}\beta/\mathrm{d}t$ 关系代入式(2-38),可求得前轮转角速度 $\mathrm{d}\alpha/\mathrm{d}t$ 随飞机质量、惯矩、前进速度、起落架布置几何、转弯半径大小、外力等参数变化的函数关系式如下:

$$\frac{\mathrm{d}\alpha}{\mathrm{d}t}=\frac{L}{V_{\mathrm{c}}}\frac{\cos^2\alpha}{\cos^2\beta}\left(\frac{\overline{M}}{J\cos\beta}-\frac{\overline{F}}{bm}\sin\beta-\frac{\overline{N}}{bm}\frac{\sin^2\beta}{\cos\beta}\right) \tag{2-42}$$

(6)求解前轮和主轮胎的侧向力

建立只含有前轮胎侧向力 N_{N} 和主轮胎侧向力 N_{M} 与 $\mathrm{d}\alpha/\mathrm{d}t$ 的关系式,寻找出侧向力 N_{N} 或 N_{M} 随飞机质量、惯矩、前进速度、起落架布置几何、转弯半径大小、外力等参数变化的函数关系式。

前轮侧向力 N_N 为：

$$N_N = \frac{V_c \frac{d\alpha}{dt}}{L\cos^2\alpha\varphi_1(\alpha)} + T_N \frac{\varphi_2(\alpha)}{\varphi_1(\alpha)} + F_0 \frac{\varphi_3(\alpha)}{\varphi_1(\alpha)} + F_{in} \frac{\varphi_4(\alpha)}{\varphi_1(\alpha)} \tag{2-43}$$

式中：$\varphi_1(\alpha) = \frac{a\cos\alpha - e + b}{J} + \frac{\sin\beta\sin\alpha}{bm} + \frac{\sin^2\beta}{bm}(1-\cos\alpha)$；

$\varphi_2(\alpha) = \frac{a\sin\alpha + b\sin(\alpha-\beta)}{J} - \frac{\sin\beta\cos\alpha + \sin^2\beta\sin\alpha - \sin^2\beta\sin(\alpha-\beta)}{bm}$；

$\varphi_3(\alpha) = \frac{b\sin\beta}{J} + \frac{\sin\beta}{bm} + \frac{\sin^3\beta}{bm}$；

$\varphi_4(\alpha) = \frac{b}{J} + \frac{\sin^2\beta}{bm}$。

主轮侧向力 N_M 为：

$$N_M = F_0 \frac{f_3(\alpha)}{f_1(\alpha)} + F_{in} \frac{f_4(\alpha)}{f_1(\alpha)} - T_N \frac{f_2(\alpha)}{f_1(\alpha)} - \frac{\frac{d\alpha}{dt} V_c}{L\cos^2\alpha f_1(\alpha)} \tag{2-44}$$

式中：$f_1(\alpha) = \frac{b + a\cos\alpha - e}{J} + \frac{\sin\beta}{bm}\sin\alpha + \frac{\sin^2\beta}{bm}(1-\cos\alpha)$；

$f_2(\alpha) = \frac{a\sin\alpha - \sin(\alpha-\beta)(a\cos\alpha - e)}{J} - \frac{\sin\beta\cos\alpha + \sin\beta\sin\alpha\sin(\alpha-\beta)}{bm} - \frac{\sin^2\beta\sin\alpha - \sin^2\beta\cos\alpha\sin(\alpha-\beta)}{bm}$；

$f_3(\alpha) = \frac{\sin\beta(a\cos\alpha - e)}{J} - \frac{\sin\beta}{bm}(1 - \sin\beta\sin\alpha) - \frac{\sin^2\beta}{bm}\sin\beta\cos\alpha$；

$f_4(\alpha) = \frac{a\cos\alpha - e}{J} + \frac{\sin\beta}{bm}\sin\alpha - \frac{\sin^2\beta}{bm}\cos\alpha$；

$F_0 = (F_E - F_G - T_M)$；

$F_{in} = \frac{mV_c^2}{b}\sin\beta$。

从上述分析过程可以看出，影响飞机转弯时侧向力的主要因素为飞机转弯时的速度、前轮操纵角和前轮操纵角速率。飞机转弯时侧向力是对道面表面作用的水平力，其水平力除以机轮的面积定义为侧向力密度 N_q。

对 H-6、J-7、J-8 和 JH-7 飞机随转弯时的滑行速度、前轮操纵角和前轮操纵角速率的变化所产生的侧向力的计算分析如下：对侧向力影响最大的是前轮操纵角，其次是转弯时的滑行速度和前轮操纵角速率。侧向力与前轮操纵角关系呈直线关系，控制前轮操纵角对减少飞机产生的侧向力至关重要。飞机前轮最大操纵角与飞机的机型有关，不同机型的飞机的最大操纵角如表 2-10 所示。不同类型的飞机，其最大操纵角也不同，一般歼（强）击机的最大操纵角较大，轰炸机和运输机则较小。实际飞机转弯滑行时，为防止飞机侧翻，飞机所允许的操纵角受飞机的滑行速度、转弯半径的影响较大，要小于表 2-10 的规定。

不同类型的飞机的最大操纵角　　表 2-10

飞机类型	H-6	Q-5	J-6	J-7	Y-7	Y-8
最大操纵角(°)	40	50	50	50	45	35

根据根据飞机的前轮操纵角 α,可以计算出飞机的转弯半径。转弯半径 ρ 与操纵角 α 存在下列关系:

$$\rho = \frac{b}{\sin\left[\arctan\left(\frac{b}{L}\tan\alpha\right)\right]} \tag{2-45}$$

式中:b——飞机重心距主起落架中心距离(m);

L——前、后轮水平距离(m)。

不同飞机的前轮操纵角 α 与转弯半径 ρ 的关系,如图 2-17 所示。在同一前轮操纵角 α 下,不同飞机的转弯半径是不同的,主要是与飞机的尺寸有关。飞机的尺寸即飞机重心距主起落架中心距离 b 和前、后轮水平距离 L 增大,其转弯半径也相应地增大。不同飞机的前轮操纵角 α 与转弯半径 ρ 的关系是一致的,飞机的尺寸越小,其转弯半径随飞机的前轮操纵角 α 变化的幅度也越小,反之亦然。

飞机在转弯滑行时,飞机作用在道面表面的荷载有竖向荷载,按式(2-12)计算;沿着滑行方向的滚动摩擦力,按式(2-10)计算;垂直于滑行方向的侧向力,按式(2-43)和式(2-44)计算。飞机的侧向力主要与飞机随转弯时的滑行速度、前轮操纵角和前轮操纵角速率的变化有关,其值会大于沿着滑行方向的滚动摩擦力。

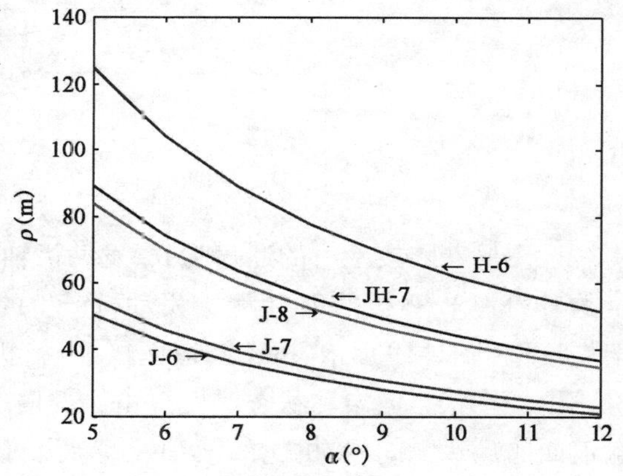

图 2-17　飞机的前轮操纵角 α 与转弯半径 ρ 的关系

第六节　飞机着陆时荷载

飞机着陆过程如图 2-18 所示。从图 2-18 可以看出,飞机在着陆接触道面过程中,飞机的下滑速度可以分为水平和竖直方向。水平方向的速度在机轮接触道面后,由于机轮与道面的摩擦力的存在,使飞机的速度逐渐下降,最终使飞机停止。有阻力伞的飞机,在飞机的滑跑过程中,还会放出阻力伞,利用阻力伞的阻尼作用,使飞机的滑跑距离缩短。飞机竖直方向的速度在机轮接触道面后,会出现两种情况:当飞机的飘落高度掌握得比较好时,飞机的竖直方向速度比较小,机轮与道面接触后不会出现反弹;当飞机的飘落高度掌握得不好时,飞机的竖直方向速度比较大,机轮与道面接触后就会出现反弹,飞机在道面上会出现跳跃,引起较大的竖直方向荷载。飞机竖直方向速度的变化主要是由机轮与道面间的相互作用决定的。

为了分析飞机着陆时对道面的荷载作用,将飞机着陆时的受力采用如图 2-19 所示的分析模型。根据牛顿第二定律可以建立起动力学方程。

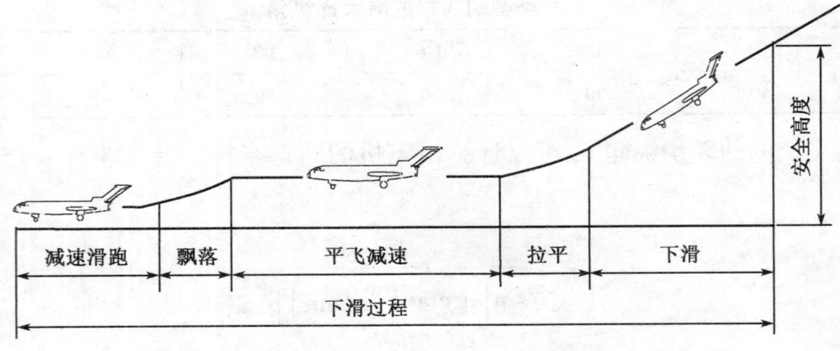

图 2-18　飞机着陆过程

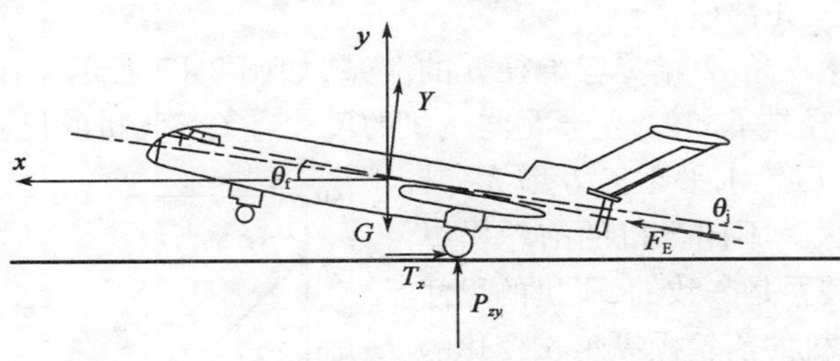

图 2-19　飞机着陆时的受力模型

设飞机着陆接地时的迎角为 θ_{f}，发动机轴线与飞机轴线的倾斜角为 θ_{j}，飞机着陆接地时产生的升力为 Y，飞机的重力为 G，发动机产生的推力为 F_{E}。在飞机着陆接地过程中，其主起落架先接地（图 2-19）。当机轮与道面接触后，机轮与道面产生摩擦作用。在摩擦力的作用下，机轮由静止状态向滚动状态改变。由于此时飞机的速度很大（50 ~ 80m/s），在机轮刚开始接触道面的短暂时间内，机轮的滚动速度跟不上飞机的滑行速度，导致机轮处于连滚带滑的状态。图 2-20 显示在跑道着陆段出现的机轮痕迹就是机轮在道面上滑动造成的。经过一段时间后，机轮的滚动速度与飞机的滑行速度相一致，机轮处于完全滚动状态。从飞机着陆过程来看，机轮与道面的摩擦系数由滑动摩擦系数向滚动摩擦系数转变。机轮刚接触道面时，机轮与道面的摩擦系数可以认为是滑动摩擦系数。然后，机轮连滚带滑，此时的摩擦系数在滑动与滚动摩擦系数之间变化，最后逐渐减少到滚动摩擦系数，并保持到飞机滑行停止为止。

a)

b)

图 2-20　飞机着陆时产生的轮迹

根据运动学方程,在飞机刚接触道面时,可建立运动方程。

$$\begin{cases} Y\cos\theta_f - G + F_E\sin(\theta_f + \theta_j) + P_{zy} = ma_y \\ -Y\sin\theta_f + F_E\cos(\theta_f + \theta_j) - T_x = ma_x \end{cases} \tag{2-46}$$

式中:a_y——飞机在 y 方向上的加速度;

a_x——飞机在 x 方向上的加速度。

在上述方程中,影响最大的因素是 P_{zy},即飞机对道面的冲击力。P_{zy} 的大小是由飞机的下滑速度决定的。下滑速度取决于飞机的飘落状态。飞机的飘落状态与飞行员的驾驶水平和天气密切相关。

飞机的着陆荷载与飞机的下沉速度 $v_{y.sy}$ 密切相关。着陆设计质量和最大着陆设计质量下的使用下沉速度可按表 2-11 选用。

使用下沉速度 $v_{y.sy}$ 表 2-11

质量 / 机型	着陆设计质量情况的使用下沉速度(m/s)	最大着陆设计质量情况的使用下沉速度(m/s)
陆基教练机	3.6~4.0	2.6
歼击教练机和所有其他类型陆基飞机	3.0	1.8

飞机在着陆接触道面时,飞机的机轮由静止状态向滚动状态转变。假定机轮的竖向荷载随时间成正弦变化,起转期间机轮与道面之间的滑动摩擦系数为 μ,则最大起转荷载为:

$$\begin{cases} F_{y\cdot qz} = F_{y\cdot max}\sin\left(\dfrac{\pi}{2t_y}t_{qz}\right) \\ F_{x\cdot qz} = \mu F_{y\cdot max}\sin\left(\dfrac{\pi}{2t_y}t_{qz}\right) \end{cases} \quad (t_{qz} < t_y) \tag{2-47}$$

式中:$F_{x\cdot qz}$——最大起转时的阻力荷载(MN),平行于地面;

$F_{y\cdot max}$——最大竖向荷载(MN);

$F_{y\cdot qz}$——在时间 t_{qz} 时的竖向荷载(MN);

t_{qz}——机轮圆周线速度达到飞机地面速度所需的时间(s);

t_y——从触地瞬间达到最大竖向反力所需的时间(s)。

t_y 和 t_{qz} 可用下式求得:

$$t_y = \frac{v_y - (v_y^2 - 9.08d_y n_y)^{0.5}}{4.54n_y} \tag{2-48}$$

式中:d_y——在时间 t_y 时的总压缩量,$d_y = x_1 + 0.5x_h$,其中,x_1 为机轮轮胎压缩量(m);x_h 为起落架缓冲器的总行程(m);

n_y——地面竖向过载系数,即地面对起落架总反力的竖向分量与该起落架静反力竖向分量的比值;

v_y——飞机下沉速度(m/s)。

$$t_{qz} = \frac{2t_y}{\pi}\cos^{-1}\left(1 - \frac{v_x I_1 \pi}{1.1t_y F_{y\cdot max} r_j^2}\right) \quad (t_{qz} < t_y) \tag{2-49}$$

或

$$t_{qz}=\frac{v_x I_1}{0.55r_j^2 F_{y\cdot\max}}+0.363t_y \quad (t_{qz}>t_y) \tag{2-50}$$

式中：r_j——机轮滚动半径（m）；

I_1——机轮转动组件质量的转动惯量（kg·m²）；

v_x——所研究状态飞机着陆水平速度（m/s）。

从上述分析中可以看出，飞机着陆瞬间的荷载是由飞机的竖向荷载确定的，已知竖直方向荷载就可以计算出起转荷载。由于飞机着陆瞬间竖直方向荷载与飞机的飘落高度、飞行员的驾驶水平、天气状态等因素密切相关，其波动的范围是相当大的。

飞机的着陆质量因受飞机结构的限制，有最大着陆质量限制。一般来讲，飞机的着陆质量小于飞机的起飞质量。定义飞机的最大着陆质量和最大起飞质量之比为陆起质量比 W_{tl}，W_{tl} 随不同军用飞机类型的变化如表 2-12 所示。

飞机最大起飞质量与最大着陆质量 表 2-12

机　型	最大起飞质量（kg）	最大着陆质量（kg）	最大着陆质量与最大起飞质量之比 W_{tl}（%）
H-6	75 800	50 000	66.0
JH-7	28 295	21 130	74.7
Q-5	10 970	8 400	76.6
J-6	8 650	7 300	84.4
J-7	8 500	6 800	80.0
J-8	16 538	11 000	66.5
Su-27	33 000	21 000	63.6
Y-7	21 800	21 000	96.3
Y-8	61 000	58 000	95.1
IL-62	161 600	105 000	65.0
IL-76T	171 000	83 800	49.0

从表 2-12 中可知，飞机的最大着陆质量与最大起飞质量之比 W_{tl} 在 0.650～0.963 之间，普遍高于民用飞机的最大着陆质量与最大起飞质量之比 W_{tl}（表 2-13）。歼（强）击机的 W_{tl} 在 0.636～0.844 之间，变化幅度较小。轰炸机和运输机的 W_{tl} 在 0.490～0.963 之间，变化幅度较大。

飞机最大起飞质量与最大着陆质量 表 2-13

机　型	最大起飞质量（kg）	最大着陆质量（kg）	最大着陆质量与最大起飞质量之比（%）
B707-320B	148 778	64 764	43.5
B727-200	84 277	44 270	52.6
B737-200	58 332	29 138	50.0
B747-200B	352 893	172 886	49.0
B747-300	379 200	174 850	46.1
B767-200	143 800	79 800	55.5
MD82	68 266	35 629	52.2

由式(2-47)可知,飞机着陆时沿着滑行方向的水平荷载直接与飞机机轮之间的滑动摩擦系数μ有关。英国工程索引(English Science Data)7120 提供的资料表明(图 2-21 和图 2-22),滑动摩擦系数μ是滑动速度、道面状态、轮胎花纹、轮胎压力的函数。当轮胎压力增至 1.1MPa 以上,最大滑动摩擦系数都在 0.55 以下或更小一点。最大摩擦系数取为 0.55 是对应飞机滑行速度为零的情况,实际上飞机着陆起转速度至少在 200km/h(55.6m/s)以上,其真正滑动摩擦系数μ远小于 0.55。所以,对目前使用和新研制的歼击机、轰炸机、运输机或国际上的使用和新研制的歼击机、轰炸机、运输机,无疑最大滑动摩擦系数取 0.55 是很安全的。可以规定着陆起转水平荷载的滑动摩擦系数为 0.55。该值可作为进行道面结构设计时,计算飞机着陆时沿航向所产生水平荷载的滑动摩擦系数。

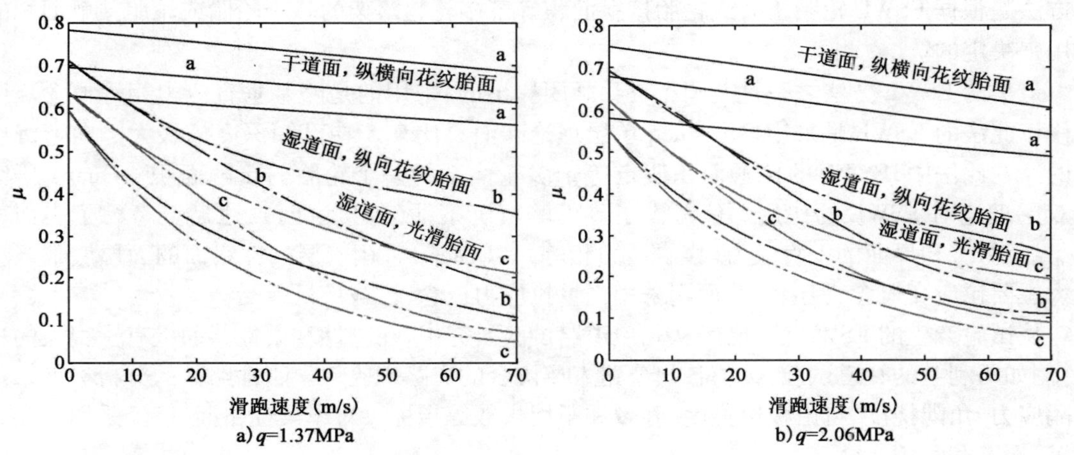

图 2-21　机轮滑动摩擦系数试验曲线(较光滑水泥混凝土道面和少量沥青混凝土道面)

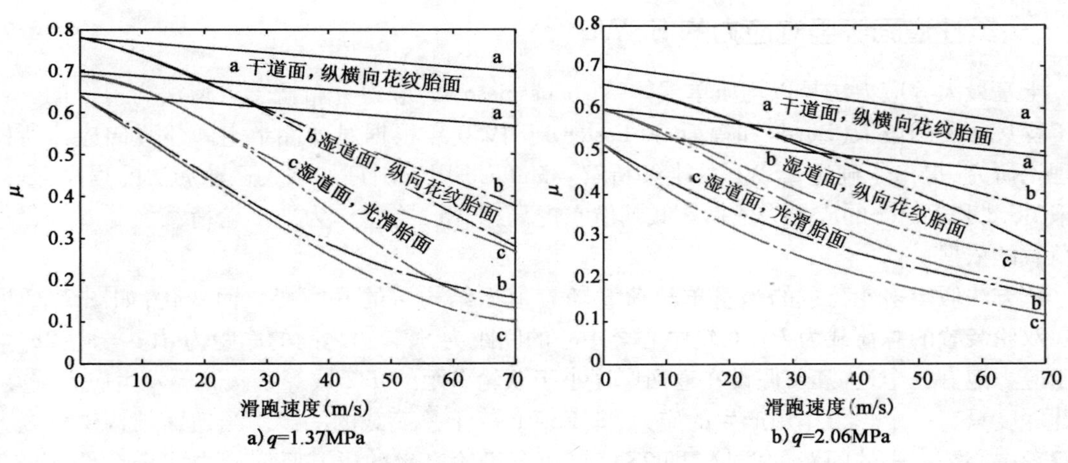

图 2-22　机轮滑动摩擦系数试验曲线(浅纹道面刻痕和少量沥青混凝土道面)

飞机着陆时,对道面所产生的动力荷载是短历程的冲击荷载。飞机着陆时的峰值荷载过程历时不到 0.1s。由于沥青道面结构在动力荷载作用下表现为黏弹性性质,在飞机的冲击荷载作用下,只对道面表面层产生较大的应力。对于水泥混凝土道面,由于飞机着陆时的作用荷载是短历程的,对道面结构的作用范围也是有限的。可以认为,飞机着陆时对道面所产生的动力荷载,只对道面表面层产生作用,而对道面结构内部基本不产生作用。

第七节　当量单轮荷载

由于机场道面作用的飞机种类不同,对道面的作用也不同。为了比较各种不同类型飞机对道面相对作用的大小,可以按照一定的规则将其换算成当量单轮荷载。当量单轮荷载 ESWL(equivalent single wheel loading)的定义是:在一定道面体系的指定位置上,单轮荷载产生预选参量的量(应力、应变、位移或损坏)与多轮荷载在道面结构同样位置产生相等的量。选用的方法是根据 ESWL 轮胎压力或轮胎接触面积等于多轮起落架的一个轮胎或轮胎接触面积的作用来决定的。

最早的 ESWL 方法之一是美国工程兵师团提出的,采用的是路基垂直应力相等概念。以后修订此法的 ESWL 是采用 Boussineq 单层理论和泊桑比 0.5 在已知深度按最大竖向弯沉确定的。在此法中,ESWL 的接触面积假定等于多轮体系的一个轮胎的接触面积。Huang 研究了双层理论对 ESWL 的作用。他考虑了界面等弯沉条件(等接触面),之后又考虑了表面弯沉、界面弯沉和界面的垂直应力(接触压力相等)。Deacon 采用三层柔性路面的面层底部当量最大主要拉应变概念,但刚性路面则采用当量拉应力概念,已被广泛接受。

从试验产生的 ESWL 法,已经从几项道路试验研究中,在刚性和柔性路面上有了很大的进展,例如马利兰的轨道试验,美国各州公路人员协会的道路试验等。刚性路面的分析标准采用角隅应力、角隅挠度、自由板边挠度、开裂和耐用指数等指标。对于柔性路面,已经采用了表面弯沉、损坏和耐用指数等。

目前,应用最广泛的有等竖向应力和等弯沉的当量单轮荷载。下面分别介绍这两种方法。

一、柔性道面等竖向应力的 ESWL

土基最大等应力法是以均质单层体系(Boussinesq)的应力分布概念近似法为根据的。美国工程兵师团的波依(Boyd)和福斯特(Foster)于 1950 年根据对弹性半空间体竖向应力所做的理论研究,提出了确定 ESWL 的半解析解。McLeod 用于制订加拿大运输局法的程序,是以原来 Boyd 和 Foster 的成果为依据。联邦航空虎局(FAA)将它作为把多轮荷载换算成当量单轮荷载的依据。

该方法假定多轮荷载的当量单轮荷载随着道面结构层的厚度变化而变化,如图 2-23 所示。双轮装置的总荷载为 P_d,双轮中心至中心的间距为 S,轮边之间的净距为 d($d=S-2a_c$)。由于应力泡有一个近似区,假设在道面厚度小于双轮净距的 $d/2$ 或等于 $d/2$ 不发生应力重叠,则此深度只有一个轮子作用产生的应力,即 ESWL 等于总荷载的一半。当道面结构层厚度大于双轮中心至中心的间距的两倍(即 $2S$)时,两个机轮产生的土基竖向应力完全重叠,ESWL 等于总荷载。当道面结构层厚度在 $d/2\sim2S$ 之间时,ESWL 与道面结构厚度在对数坐标上呈直线关系。应用这一关系,作为厚度函数的 ESWL 值,可以直接从图 2-23 中找到。这样就可以容易地确定道面结构层厚度在 $d/2\sim2S$ 之间的 ESWL 值。双轮荷载的 ESWL 值可以用式(2-51)表示。

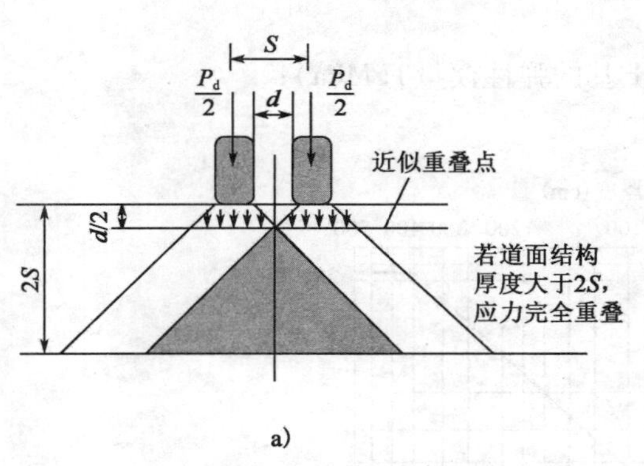

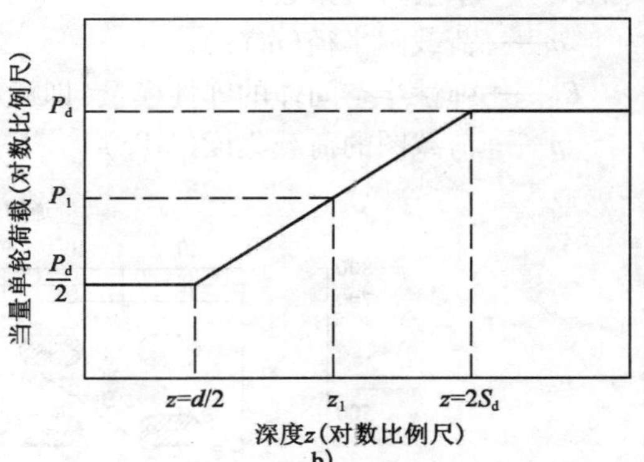

图 2-23　基于土基等竖向应力的 ESWL

$$\lg(\mathrm{ESWL}) = \lg\frac{P_d}{2} + \frac{0.301\lg\left(\frac{2z}{d}\right)}{\lg\left(\frac{4S}{d}\right)} \quad \left(\frac{d}{2} \leqslant z \leqslant 2S\right) \tag{2-51}$$

式中：P_d——作用在双轮上总荷载(kN)；

z——道面结构层厚度(m)；

d——双轮净距(m)；

S——双轮中心到中心的间距(m)。

对于双轴双轮起落架(图 2-24)，则可采用同样的方法确定。即：

(1)当道面结构层厚度 $z \leqslant \frac{D}{2}$ 时，ESWL 等于一个机轮上的荷载。

(2)当道面结构层厚度 $z \geqslant 2S_d$ 时，ESWL 等于全部轮组的荷载。

(3)当道面结构层厚度 $\frac{D}{2} \leqslant z \leqslant 2S_d$ 时，ESWL 的对数随着道面结构层的厚度 z 的对数而变化。

图 2-25 为一个双轮和一个双轴双轮起落架作用下 ESWL 的求解图。

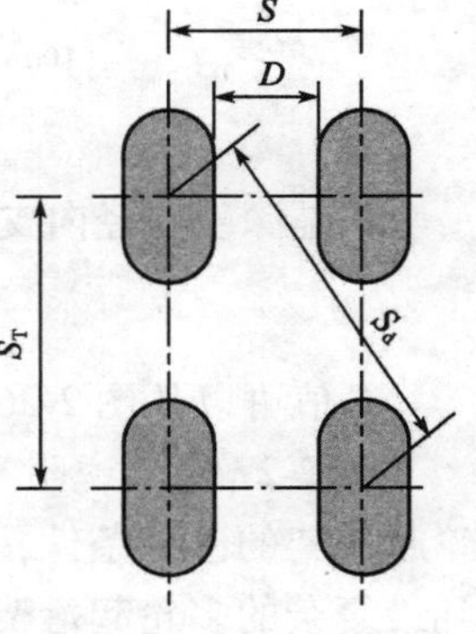

图 2-24　双轮双轴起落架

二、柔性道面等弯沉的 ESWL

令多轮起落架在已知深度(道面结构层厚度)的最大界面弯沉与当量单轮荷载产生的最大弯沉相等。在计算弯沉时将道面体系视作弹性半空间体，并用布辛尼斯克(Boussinesq)公式得到深度等于道面厚度处的弯沉；假定 ESWL 的接触面积 A_e 与多轮中的一个轮胎的接触面积相等。

布辛尼斯克解答的弯沉计算公式($\mu = 0.5$)可写成如下的形式：

$$\Delta = \frac{pa}{E_1}F \tag{2-52}$$

式中：F——单层弯沉系数；

a——荷载圆半径（m）；

E_1——弹性半空间体的弹性模量（即可以为土基的弹性模量）（MPa）；

p——荷载图的荷载集度（MPa）。

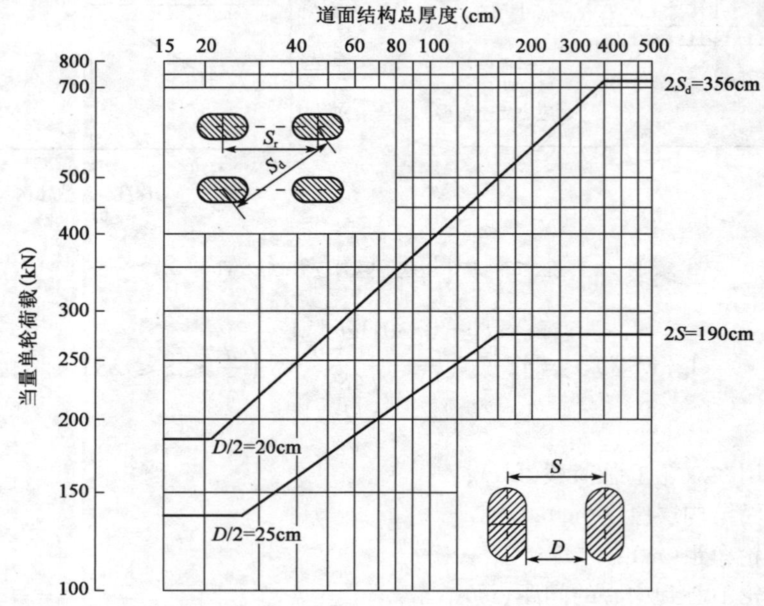

图 2-25　多轮起落架在柔性道面上的当量单轮荷载

F 是深度与径向支距半径比的函数，可表示为如下的关系式：

$$F = f\left(\frac{z}{a}, \frac{r}{a}\right) \tag{2-53}$$

F 值可以从图 2-26 查得。

图 2-27 用来说明等弯沉法确定多轮起落架的当量单轮荷载的原理。图中脚注 k 是指多轮起落架的已知条件，e 指 ESWL 的等效体系。图中虽然指的是双轮起落架，但此法可以推广到最复杂的多轮起落架。

由于两种体系的接触面积 A_e 相等，故接触半径 $a_k = a_e$。P_k 是多轮起落架中一个轮胎的荷载；r_1 和 r_2 分别代表计算点 O 至轮胎 1 和轮胎 2 的径向支距。对于已知的多轮起落架的条件，O 点的界面弯沉等于每个机轮作用产生弯沉的总和，即：

$$\Delta_k = \Delta_1 + \Delta_2 = \frac{p_k a_k}{E_1}(F_1 + F_2) \tag{2-54}$$

式中：$F_1 = f\left(\frac{r_1}{a_k}, \frac{z}{a_k}\right)$；

$F_2 = f\left(\frac{r_2}{a_k}, \frac{z}{a_k}\right)$。

在相同深度处，ESWL 的界面弯沉为：

$$\Delta_e = \frac{p_e a_e}{E_1} F_e \tag{2-55}$$

式中：$F_e = f\left(\frac{r_e}{a_k}, \frac{z}{a_k}\right)$。

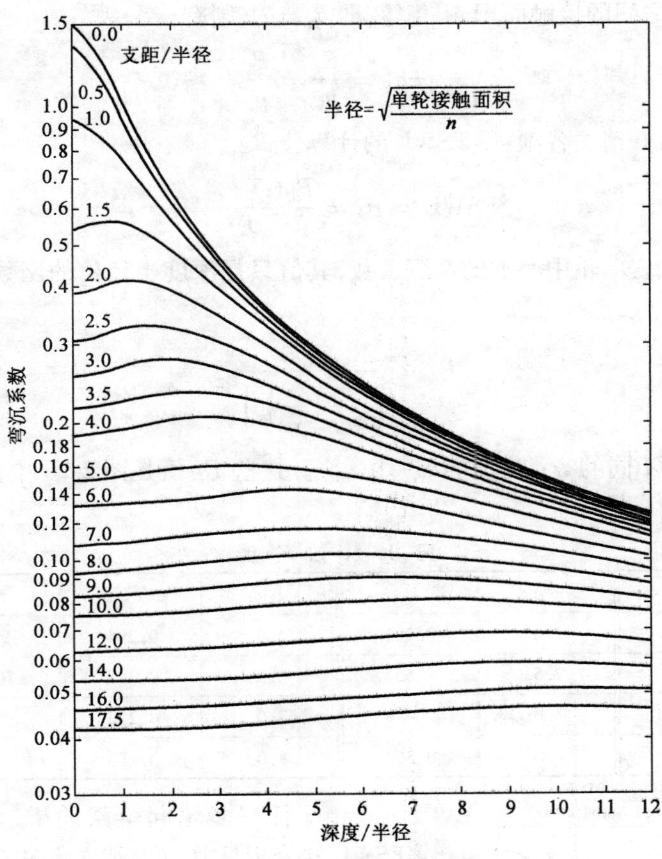

图 2-26　单层弯沉系数曲线

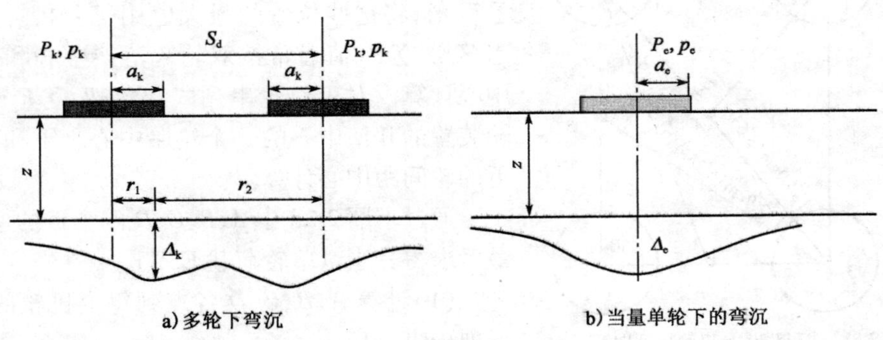

图 2-27　界面等弯沉标准的 ESWL 分析

因为需要使当量单轮荷载下的最大弯沉等于多轮起落架下的最大弯沉，为此只有当 ESWL的 $r_e = 0$，以及 $\sum F_i$ 在多轮起落架下达到最大值才能满足。令式(2-54)与式(2-55)相等，即：

$$\frac{p_k a_k}{E_1}(\sum F_i)_{max} = \frac{p_e a_e}{E_1} F_e \qquad (2\text{-}56)$$

因为两个体系之间的接触面积 A_c 相等，即 $a_k = a_e$，则有：

$$\pi a_k^2 = \frac{P_k}{p_k} = \frac{P_e}{p_e} \qquad (2\text{-}57)$$

代入式(2-56)，并消去各项，得 ESWL 的计算公式：

$$\mathrm{ESWL} = P_e = \frac{P_k(\sum F_i)_{max}}{F_e} \qquad (2\text{-}58)$$

由于 F_e 值是代表单轮中心下的弯沉系数，其值只是深度半径比的函数。此时系数 F_e 按式(2-59)计算：

$$F_e = \frac{1.5}{\left[1 + \left(\frac{z}{a}\right)^2\right]^{1/2}} \qquad (2\text{-}59)$$

表 2-14 给出了不同的 z/a 比值的 F_e 计算值。这些 F_e 值是图 2-26 中支距半径比等于零时的值。

弯沉系数 F_e 值 表 2-14

z/a	F_e	z/a	F_e	z/a	F_e	z/a	F_e
0.0	1.500	2.0	0.761	5.0	0.294	9.0	0.166
0.5	1.342	2.5	0.557	6.0	0.247	10.0	0.149
1.0	1.061	3.0	0.474	7.0	0.212		
1.5	0.832	4.0	0.364	8.0	0.186		

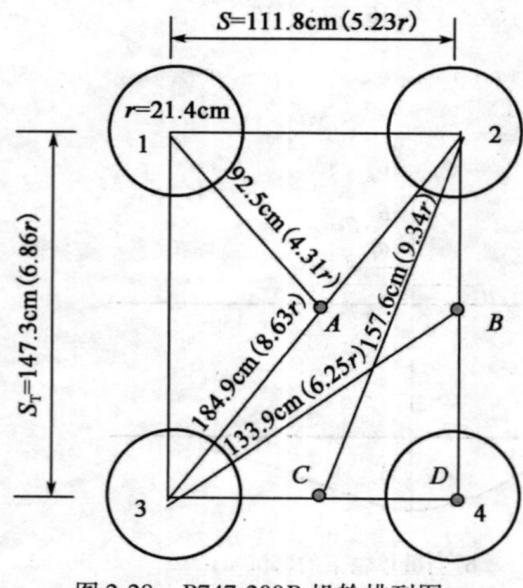

图 2-28 B747-200B 机轮排列图

由于任一多轮起落架的 P_k 均为已知值，所以 ESWL 的分析只需减少到在已知深度求 $(\sum F)_{imax}$ 的位置和数值。在正常实用时，选几个计算位置算出 $\sum F_i$ 值，将这些位置的最大值用于分析。对于双轮起落架，$\sum F_i$ 值通常按双轮起落架中心和一个轮胎中心计算。对于双轮串列式起落架，$\sum F_i$ 值应在机轮装置的几何中心的一个轮胎中心之下和两个最靠近的轮间距中心计算。

通过求图 2-28 中 A、B、C、D 四个点的弯沉系数，最后求得其当量单轮荷载 ESWL。

(1)计算 A、B、C、D 各点到每个机轮的距离，结果列于表 2-15。

各计算点到机轮的距离 表 2-15

机轮	A 点	B 点	C 点	D 点
轮①	4.31r	6.25r	7.34r	8.63r
轮②	4.31r	3.43r	7.34r	6.86r

续上表

机轮	*A* 点	*B* 点	*C* 点	*D* 点
轮④	4.31r	3.43r	2.61r	0
轮⑧	4.31r	6.25r	2.61r	5.23r

注：r = 21.4cm，下同。

（2）求弯沉系数。各个点对应的不同深度处的各个轮子的弯沉系数可从图2-26查得。例如，在 *A* 点表面（0cm）四个轮子的弯沉系数均为0.17；而在 *B* 点表面，轮①和轮③的弯沉系数为0.12，轮②和轮④的弯沉系数数0.22。各点弯沉系数的计算结果见表2-16。表中每个深度对应的上面四行数字为每个机轮对各点的弯沉系数，最后一行的合计数即为各点的弯沉系数。

各点弯沉系数计算表　　表2-16

深　度	弯 沉 系 数				深　度	弯 沉 系 数			
	A	*B*	*C*	*D*		*A*	*B*	*C*	*D*
0*r* (0cm)	0.17	0.12	0.10	0.09	5*r* (107.2cm)	0.18	0.13	0.11	0.09
	0.17	0.22	0.10	0.11		0.18	0.21	0.11	0.12
	0.17	0.12	0.19	0.14		0.18	0.13	0.24	0.15
	0.17	0.22	0.19	0.50		0.18	0.21	0.24	0.29
	0.68	0.68	0.78	1.84		0.72	0.68	0.70	0.65
r (21.4cm)	0.18	0.12	0.10	0.09	6*r* (128.6cm)	0.17	0.13	0.11	0.09
	0.18	0.23	0.10	0.11		0.17	0.19	0.11	0.12
	0.18	0.12	0.31	0.15		0.17	0.13	0.21	0.15
	0.18	0.23	0.31	1.06		0.17	0.19	0.21	0.25
	0.72	0.70	0.82	1.41		0.68	0.64	0.64	0.61
2*r* (42.9cm)	0.19	0.13	0.10	0.09	7*r* (150.0cm)	0.16	0.12	0.11	0.09
	0.19	0.24	0.10	0.11		0.16	0.17	0.11	0.12
	0.19	0.13	0.32	0.15		0.16	0.12	0.19	0.14
	0.19	0.24	0.32	0.67		0.16	0.17	0.19	0.21
	0.76	0.74	0.84	1.02		0.64	0.58	0.60	0.56
3*r* (64.3cm)	0.19	0.13	0.11	0.09	8*r* (171.4cm)	0.15	0.12	0.11	0.09
	0.19	0.24	0.11	0.12		0.15	0.16	0.17	0.11
	0.19	0.13	0.29	0.16		0.15	0.12	0.11	0.13
	0.19	0.24	0.29	0.47		0.15	0.16	0.17	0.19
	0.76	0.74	0.80	0.84		0.60	0.56	0.56	0.52
4*r* (85.7cm)	0.19	0.13	0.11	0.09	9*r* (192.9cm)	0.14	0.11	0.10	0.09
	0.19	0.22	0.11	0.12		0.14	0.15	0.10	0.11
	0.19	0.13	0.27	0.16		0.14	0.11	0.15	0.13
	0.19	0.12	0.27	0.36		0.14	0.15	0.15	0.17
	0.76	0.70	0.76	0.73		0.56	0.52	0.50	0.50

续上表

<table>
<tr><th rowspan="2">深 度</th><th colspan="4">弯 沉 系 数</th><th rowspan="2">深 度</th><th colspan="4">弯 沉 系 数</th></tr>
<tr><th>A</th><th>B</th><th>C</th><th>D</th><th>A</th><th>B</th><th>C</th><th>D</th></tr>
<tr><td rowspan="5">10r
(214.3cm)</td><td>0.13</td><td>0.11</td><td>0.10</td><td>0.09</td><td rowspan="5">12r
(257.2cm)</td><td>0.11</td><td>0.10</td><td>0.09</td><td>0.08</td></tr>
<tr><td>0.13</td><td>0.13</td><td>0.10</td><td>0.10</td><td>0.11</td><td>0.12</td><td>0.09</td><td>0.10</td></tr>
<tr><td>0.13</td><td>0.11</td><td>0.14</td><td>0.12</td><td>0.11</td><td>0.10</td><td>0.12</td><td>0.11</td></tr>
<tr><td>0.13</td><td>0.13</td><td>0.14</td><td>0.15</td><td>0.11</td><td>0.12</td><td>0.12</td><td>0.12</td></tr>
<tr><td>0.52</td><td>0.48</td><td>0.48</td><td>0.46</td><td>0.44</td><td>0.44</td><td>0.44</td><td>0.41</td></tr>
<tr><td rowspan="5">11r
(235.7cm)</td><td>0.12</td><td>0.10</td><td>0.10</td><td>0.09</td><td rowspan="5"></td><td></td><td></td><td></td><td></td></tr>
<tr><td>0.12</td><td>0.12</td><td>0.10</td><td>0.10</td><td></td><td></td><td></td><td></td></tr>
<tr><td>0.12</td><td>0.10</td><td>0.13</td><td>0.11</td><td></td><td></td><td></td><td></td></tr>
<tr><td>0.12</td><td>0.12</td><td>0.13</td><td>0.14</td><td></td><td></td><td></td><td></td></tr>
<tr><td>0.48</td><td>0.44</td><td>0.46</td><td>0.44</td><td></td><td></td><td></td><td></td></tr>
</table>

(3)将求得的 A、B、C、D 四点的弯沉系数绘成图 2-29,将各深度的最大弯沉系数连成圆滑曲线,这就是双轮双轴荷载下的最大弯沉系数。

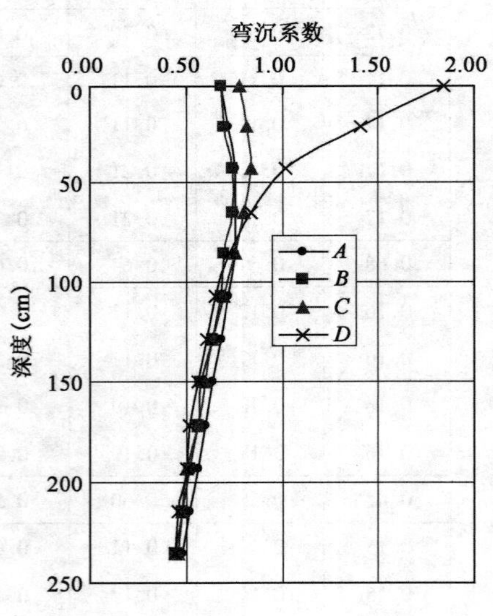

图 2-29 不同深度处的最大弯沉系数

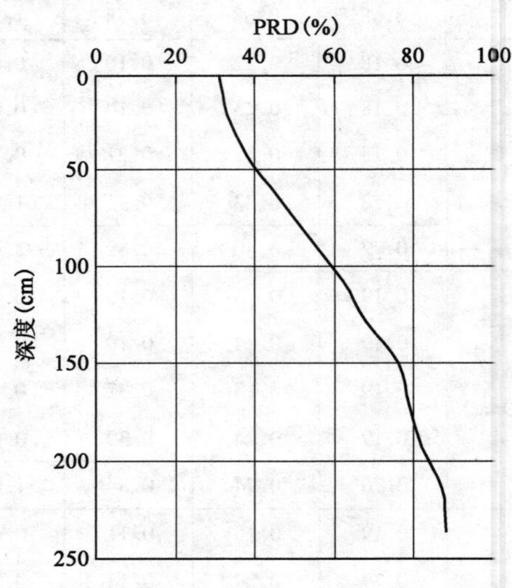

图 2-30 B-747ESWL 的 PRD 曲线

(4)计算当量单轮荷载 ESWL。

将双轮双轴下的弯沉系数最大值 F_s 和当量单轮下的最大值 F_e 汇总于表 2-17,并按下式计算 PRD。

$$\mathrm{PRD} = \frac{F_s}{4F_e} \tag{2-60}$$

式中,4 为 B747-200B 飞机起落架的机轮数。将各深度的 PRD 绘成图 2-30 所示的曲线图。

PRD 计算表

表 2-17

深　　度		弯沉系数		当量单轮荷载(PRD) $F_d/4F_s$(%)
		双轮双轴的最大值 F_d	单轮下的最大值 F_s	
$0r$	0.0cm	1.84	1.50	31
$1r$	21.4cm	1.41	1.06	33
$2r$	42.9cm	1.02	0.67	38
$3r$	64.3cm	0.87	0.47	46
$4r$	85.7cm	0.78	0.36	54
$5r$	107.2cm	0.72	0.29	62
$6r$	128.6cm	0.68	0.25	68
$7r$	150.0cm	0.64	0.21	76
$8r$	171.4cm	0.60	0.19	79
$9r$	192.9cm	0.56	0.17	82
$10r$	214.3cm	0.52	0.15	87
$11r$	235.7cm	0.48	0.14	88

如果假定两个体系的机轮的接触压力(胎压)相等,即 $p_k = p_e$,则由式(2-56)得:

$$a_k(\sum F_i)_{max} = a_e F_e \tag{2-61}$$

又因为

$$\pi a_k^2 = \frac{P_k}{p_k}, \pi a_e^2 = \frac{P_e}{p_e}$$

则有

$$a_k = \sqrt{\frac{P_k}{\pi p_k}}, a_e = \sqrt{\frac{P_e}{\pi p_e}}$$

代入式(2-61),并消去各项,得 ESWL 的计算公式:

$$\sqrt{\frac{P_k}{\pi p_k}}(\sum F_i)_{max} = \sqrt{\frac{P_e}{\pi p_e}} F_e$$

$$\sqrt{\frac{P_e}{P_k}} = \frac{(\sum F_i)_{max}}{F_e}$$

$$\text{ESWL} = P_e = \left(\frac{(\sum F_i)_{max}}{F_e}\right)^2 P_k \tag{2-62}$$

三、刚性道面上的当量单轮荷载 ESWL

世界上的各种机场水泥混凝土道面的设计方法,都是把板底的最大拉应力作为设计控制指标。因此,刚性道面上的当量单轮荷载定义为:它与多轮起落架荷载具有相同的轮胎压力,当其单独作用时,在其轮迹中心下道面所产生的弯矩(或压力)与多轮起落架荷载在道面中产生的最大弯矩(或压力)相等。就是说,当量单轮荷载要求的道面厚度与相应飞机的多轮起落架荷载要求的道面厚度相同。

若主起落架是单轮,则作用在主起落架上的荷载即为其当量单轮荷载。

图2-31 给出了双轮起落架的当量单轮荷载的换算图;图2-32 给出了双轮双轴起落架的当量单轮荷载的换算图。图中的总接触面积为一个起落架全部轮子的总面积,ESWL 的压力与多轮机轮的轮胎压力相等。l 为板的相对刚度半径。

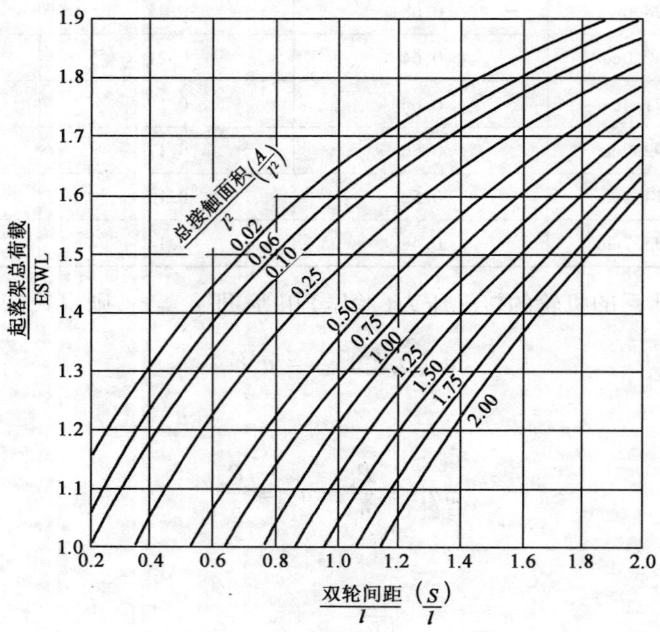

图2-31　水泥混凝土道面单轮双轮起落架 ESWL 分析

【例 3-1】　确定一个质量为 23 497kg 的双轮起落架(轮距 = 77.5cm)的 ESWL,计算条件为:每个机轮的接触面积为 1 355.41 cm^2,混凝土板厚为 h = 32cm,混凝土的弹性模量为 E = 35 000MPa,基层的计算反应模量 k = 271MN/m^3。

解:$l=\sqrt[4]{\frac{Eh^3}{12\times(1-\mu^2)k}}=\sqrt[4]{\frac{35\,000\times0.32^3}{12\times(1-0.15^2)\times271}}=0.775(\mathrm{m})=77.5(\mathrm{cm})$

$\frac{S}{l}=\frac{77.5}{77.5}=1$,$\frac{A}{l^2}=\frac{2\times1\,355.41}{77.5^2}=0.45$,查图 2-31 得:折减系数 = 1.38,故

$$\mathrm{ESWL}=\frac{23\,497}{1.38}=17\,027(\mathrm{kg})$$

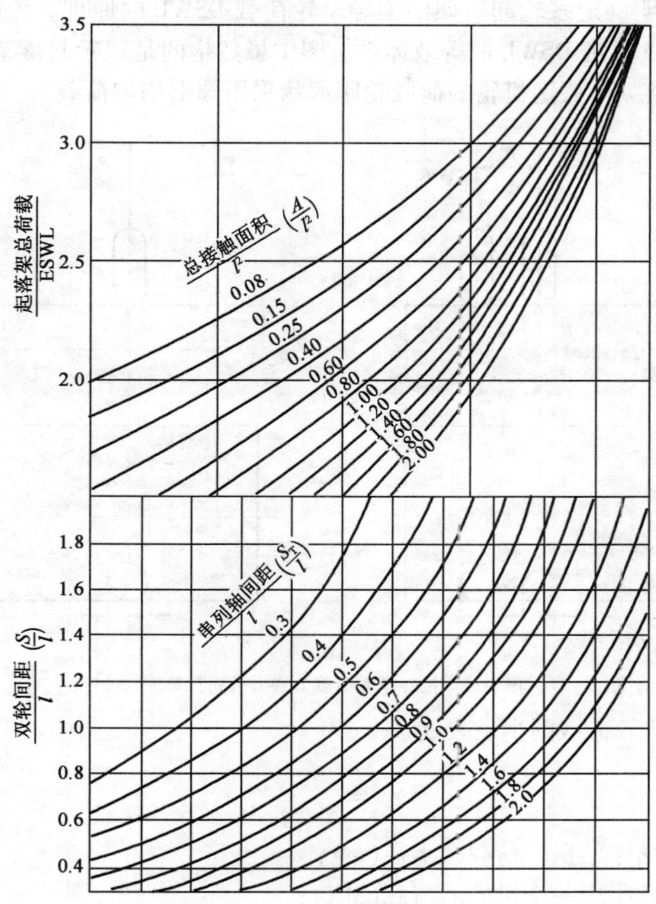

图 2-32　水泥混凝土道面双轴双轮起落架 ESWL 分析

注：图中面积等于一个起落架轮组上所有轮子的总接触面积。

第八节　推导单轮荷载

由于当量单轮荷载的接触面积或接触压力与换算飞机的起落架上的机轮相等，导致了不同飞机之间换算得到的当量单轮荷载之间无法进行对比。这意味着采用当量单轮荷载无法进行不同飞机间的对比分析。为此，国际民航组织（ICAO）在 1983 年提出 ACN-PCN 的概念。用 ACN 比较不同飞机对道面的作用。在计算 ACN-PCN 时提出了推导单轮荷载 DSWL（Derived Signal Wheel Load）的概念。推导单轮荷载摆脱了当量单轮荷载与原换算飞机之间的关系，规定采用标准胎压 = 1.25MPa。

一、刚性道面的 DSWL

机场水泥混凝土道面的推导单轮荷载 DSWL 的计算，采用机场水泥混凝土道面结构厚度计算的临界荷位，即临界荷载的位置为板纵缝中点。

图 2-33 用来说明确定多轮起落架的推导单轮荷载 DSWL 的原理。图中脚注 k 是指多轮起落架的已知条件，e 是指 DSWL 的等效体系。图中虽然指的是双轮起落架，但此法可以推广到最复杂的多轮起落架。假定机轮的荷载轮印形状采用圆形均匀荷载。

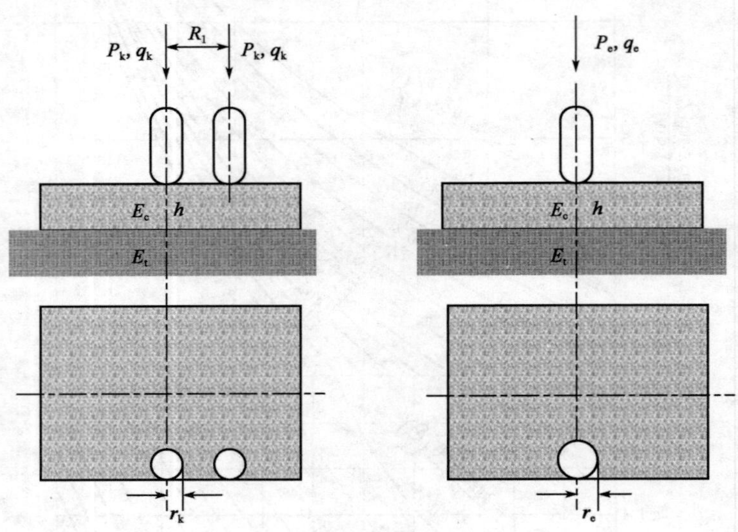

图 2-33 推导单轮荷载 DSWL 分析计算图

多轮起落架的机轮荷载圆半径 r_k 为：

$$r_k = \sqrt{\frac{P_k}{\pi q_k}} \tag{2-63}$$

式中：r_k——多轮起落架的机轮荷载圆半径(m)；

P_k——多轮起落架中一个机轮的荷载(MN)；

q_k——多轮起落架中机轮的胎压(MPa)。

DSWL 的等效体系为：

$$r_e = \sqrt{\frac{P_e}{\pi q_e}} \tag{2-64}$$

式中：r_e——推导单轮荷载 DSWL 荷载圆半径(m)；

P_e——推导单轮荷载 DSWL 的荷载(MN)；

q_e——推导单轮荷载 DSWL 的胎压(MPa)，$q_e = 1.25$MPa。

设 R_1 为双轮中心之间的距离；R_2 为双轴中心之间的距离，见图 2-34。

对于已知的多轮起落架的条件(图 2-33 为双轮起落架)在道面板纵缝位置产生的最大弯拉应力为：

$$\sigma_k = (5.2059 - 2.0984 T_w)\left(\frac{E_c}{E_t}\right)^{0.0715}(K_{rd} r_k)^{1.7114} q_k h^{-1.3592} \tag{2-65}$$

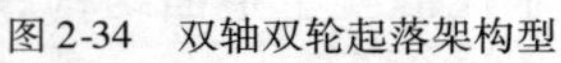

图 2-34 双轴双轮起落架构型

式中：K_{rd}——双轮起落架荷载折减系数。

$$K_{rd}=1+0.1236\left(\frac{E_c}{E_t}\right)^{-0.0235}h^{0.2664}R_1^{-1.1291}r_k^{-0.0454} \tag{2-66}$$

等效体系的推导单轮荷载 DSWL 在道面板纵缝位置产生的最大弯拉应力为：

$$\sigma_e=(5.2059-2.0984T_w)\left(\frac{E_c}{E_t}\right)^{0.0715}(r_e)^{1.7114}q_e h^{-1.3692} \tag{2-67}$$

根据推导单轮荷载 DSWL 的定义，即 $\sigma_k=\sigma_e$，则有：

$$\sigma_k=(5.2059-2.0984T_w)\left(\frac{E_c}{E_t}\right)^{0.0715}(K_{rd}r_k)^{1.7114}q_k h^{-1.3692}$$

$$=\sigma_e=(5.2059-2.0984T_w)\left(\frac{E_c}{E_t}\right)^{0.0715}(r_e)^{1.7114}q_e h^{-1.3692}$$

简化为：

$$(K_{rd}r_k)^{1.7114}q_k=(r_e)^{1.7114}q_e \tag{2-68}$$

将式(2-63)、式(2-64)代入式(2-68)，得：

$$\left(K_{rd}\sqrt{\frac{P_k}{\pi q_k}}\right)^{1.7114}q_k=\left(\sqrt{\frac{P_e}{\pi q_e}}\right)^{1.7114}q_e$$

$$K_{rd}^{1.7114}P_k^{0.8557}q_k^{0.1443}=P_e^{0.8557}q_e^{0.1443}$$

$$P_e^{0.8557}=K_{rd}^{1.7114}P_k^{0.8557}\left(\frac{q_k}{q_e}\right)^{0.1443}$$

$$P_e=K_{rd}^2P_k\left(\frac{q_k}{q_e}\right)^{0.1686} \tag{2-69}$$

二、柔性道面的 DSWL

柔性道面推导的单轮荷载 ESWL 由美国陆军工程兵 CBR 设计方法来确定。沥青道面结构层的厚度按下式确定。

$$t=\sqrt{\frac{\mathrm{DSWL}}{C_1\mathrm{CBR}}-\frac{\mathrm{DSWL}}{C_2p_s}} \tag{2-70}$$

式中：t——沥青道面结构参考厚度(cm)；

p_s——标准胎压(MPa)，$p_s=1.25$MPa；

DSWL——推导的单轮荷载；

C_1、C_2——系数，$C_1=0.5695$，$C_2=32.035$。

由式(2-70)可推导出 DSWL 的计算公式，即：

$$\mathrm{DSWL}=\frac{t^2}{\frac{1}{C_1\mathrm{CBR}}-\frac{1}{C_2p_s}} \tag{2-71}$$

思考题

1. 作用在道面上的的飞机荷载有哪些特点?

2. 飞机在道面上的水平荷载包括哪几类? 各类水平荷载如何计算?

3. 什么是当量单轮荷载?

4. 等竖向应力的 ESWL 的计算条件有哪些?

5. 等竖向应力的 ESWL 的计算条件有哪些?

6. 什么是推导单轮荷载? 如何计算?

7. 飞机着陆时对道面作用的荷载有何特性? 如何分析?

8. 飞机加速滑行时,对道面的作用荷载会产生什么影响? 如何进行计算分析?

9. 计算 Su-27 飞机的道面不同转变半径时所产生的侧向力,道面的滚动摩擦系数取 0.5,Su-27 飞机的有关参数查有关道面见设计规范。

10. 对比分析当量单轮荷载和推导单轮荷载的优缺点。

第三章　飞机喷气流对道面的作用

第一节　飞机喷气流的特点

具有喷气式和涡轮螺旋桨发动机的飞机，在停放和运动时，机场道面会受到喷出气流压力和高温加热的作用。

喷气发动机工作时，形成稀疏区，其中产生新的气流。发动机喷出气流的特性及其彼此间与道面表面相互作用情况见图 3-1。在喷气流域的作用下，道面表面气流的动能和局部动压力相当大，会把非黏结和黏结性小的某些颗粒吹走。道面高温加热和沿道面厚度的温度梯度导致很大的表面应力，由此产生脱皮的破坏。

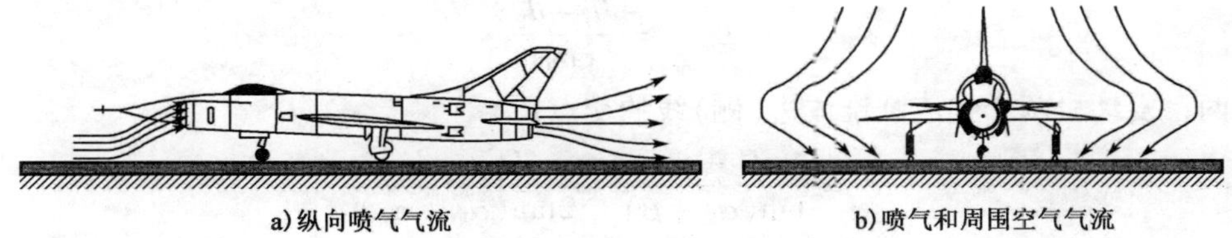

图 3-1　喷出气流的特性及其彼此间与道面表面相互作用情况

喷气流对道面的作用是由飞机类型、发动机的喷口高度、发动机轴线的倾斜角、喷气流的温度和速度以及沥青材料的性质、当地的气温等因素决定的。由于军用飞机较民用飞机普遍偏小，其尾喷气流对沥青道面的损害更大。在各类飞机中，歼（强）击机喷口高度低，发动机轴线倾角大，对沥青道面产生的损害最大。表 3-1 为有关飞机的发动机特性。从表 3-1 可知，Q-5飞机的倾斜角度最大，喷口距地面的高度最低，但总温仅次于 J-7 和 J-8，可以认为 Q-5 飞机对道面的损害最大。

飞机发动机参数特性　　表 3-1

飞机型号	发动型号	喷口直径（mm）	总温（℃）	静温（℃）	速度（m/s）	倾斜角	喷口高度（mm）
J-5	WP5	≥538	832		530	1°40′	790
J-5-J	WP5J	≥534	845		550	1°40′	790
J-6	WP6	438 ~ 460	901	773	544	0°32′	930
Q-5	WP6 甲	443 ~ 462	960	824	561	1°40′	660
J-7	WP7	≥526	905	778	545	1°12′	1 100
	WP7 乙	≥515	1 006	864	574	1°12′	1 100
J-8	WP7 甲	≥515	1 006	864	574	1°12′	1 430

喷气式飞机的发动机喷出的高温高速气流，在喷口处的温度可达 850 ~ 1 000℃，速度可达 500 ~ 600m/s。这样的喷气流以一个窄圆锥体散布到很远的距离，扩散至道面上。尾喷气与道面接触的形状为椭圆形，可近似按下述方法计算(计算简图如图 3-2 所示)。

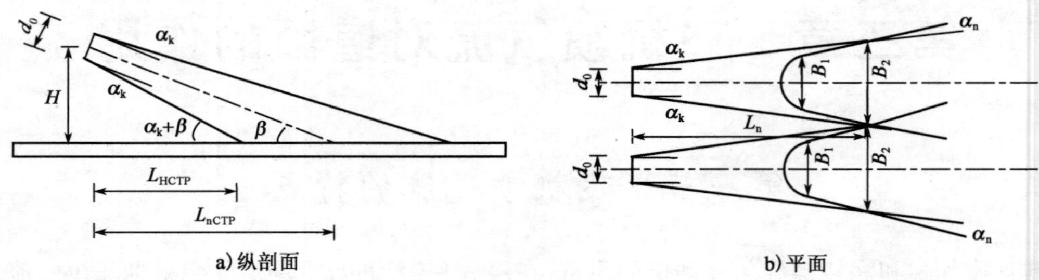

图 3-2 四台发动机的飞机在道面表面形成的喷气流气流场

喷气流作用的始点：

$$L_{HCTP} = \frac{H - d_0}{\tan(\alpha_k + \beta)} \tag{3-1}$$

气流轴线与道面的交点：

$$L_{nCTP} = \frac{H - d_0}{\tan\beta} \tag{3-2}$$

至两台发动机两个气流圆锥体边(侧)线的交点：

$$L_{\pi} = \frac{H - d_0}{\tan(\alpha_k + \beta)} + \frac{L_{\pi B} - d_0}{2\tan(\alpha_k + \alpha_n)} \tag{3-3}$$

式中：H——发动机喷口中点距道面的距离；

d_0——发动机喷口的直径；

β——发动机轴线倾斜角；

α_k——喷气流圆锥体与道面接触时的扩散角，为 6° ~ 8°；

α_n——气流与道面接触后的扩散角，它的边缘自形成的气流圆锥体算起，这一角度取决于气流倾角 β；当 $\beta = 0° \sim 20°$时，$\alpha_n = 0.416\beta$。

尾喷气流的温度对道面起着加热的作用，其速度说明对道面冲击力的大小。在道面表面齐整气流和温度场的共同作用下，气流侵蚀的物理本质是，高温加热使大部分材料结构联系大大减弱，而高速动压将材料的某些组成部分剥落和吹走。对于沥青道面，先是喷气流的高温将沥青道面加热，使得沥青道面软化，并由固态逐渐向半固态转化，沥青的黏性随之降低。同时，高速喷气流对道面产生的高压将使高温软化后的沥青道面中的沥青和集料吹走，在沥青道面表面形成了凹凸不平、集料外露的损坏现象。

第二节 飞机尾喷气流温度场分布规律和温度应力

飞机尾喷气流的温度分布与飞机尾喷口的结构参数和发动机的工作状态有关。因此，可根据飞机尾喷管出口的温度、尾喷口的尺寸、尾喷口距地面的高度、喷射角度等参数来分析飞机尾喷对于道面的温度场。其中，尾喷口中点距离地面的高度、喷射角度通常为定值，尾喷口尺寸、尾喷口温度则是发动机工作状态(如最大、全加力、小加力、慢车等)的函数。由于飞机推进系统的运行与控制极其复杂,导致飞机尾喷的尺寸与温度随发动机状态实时变化,因此,需要关注飞机尾喷场随发动机状态变化的规律,找到飞机尾喷对于机场道面的最不利情况。不同发动机状态下尾喷口参数取值如表 3-2 所示。

不同发动机状态下尾喷口参数　　表 3-2

尾喷口参数	发动机状态			
	小加力	最大	全加力	慢车
尾喷口温度(℃)	765	750	765	460
尾喷口内径(m)	0.87～1.08	0.6～0.87	0.6	1.08
尾喷中心点高度(m)	2.2	2.2	2.2	2.2

一、尾喷气流的分布特性

飞机尾喷气流的速度场与温度场具有明显的边界性、高温性、高速性等特性,要了解飞机尾喷气流对道面的作用,首先要了解尾喷气流速度场与温度场的分布特性。根据尾喷气流相对于尾喷口的距离,可将尾喷气流划分为起始段、过渡段、主体段三个区域,如图 3-3 所示。

对于起始段部分,尾喷气流在离开发动机尾喷管后与外界气体不断掺混,会在垂直于尾喷气流的方向上形成一个较大的速度梯度。在起始段中,尾喷气流速度值等于尾喷口的初始速度的区域称为核心区,如图 3-3 中 AOD 区域。起始段的其他区域速度均小于核心区。过渡段处于起始段与主体段之间,由于该范围较小且不易准确表运,可以将该区域简化为一个断面,如图 3-3 中断面 BE。主体段为过渡段之后的部分,尾喷气流在该区域内,轴心速度随着与尾喷口距离的增大而减小,且气流的影响范围逐渐向两侧扩大。

飞机尾喷气流为高温气体射流,该气流温度与周围环境温度具有明显差别,因此,根据气体射流原理,对于尾喷气流的温度扩散,适用于温差射流理论,且温度扩散与尾喷气流的扩散具有相似的扩散区域,如图 3-4 所示。下面需要对扩散区域内的任意一点 $P(l,b,h)$ 的温度进行求解。

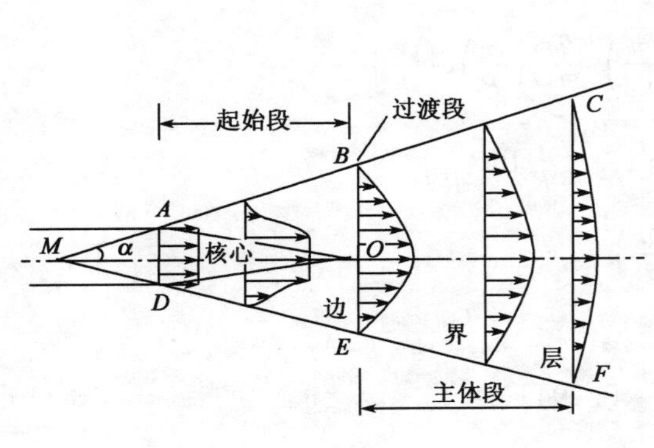

图 3-3　尾喷气流分布

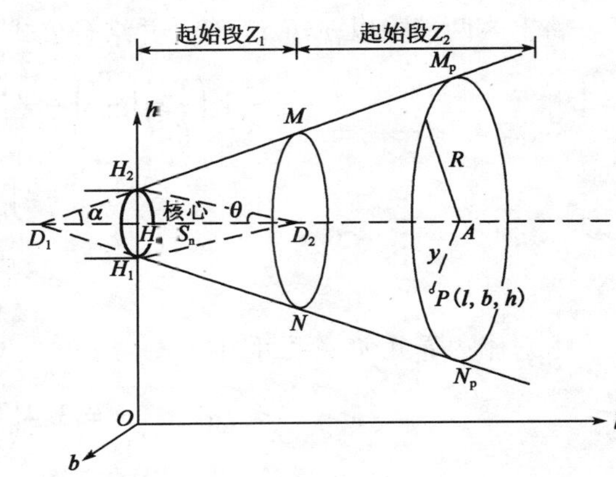

图 3-4　尾喷气流温度分布

根据温差射流的热力特征,等压条件下,若以周围气体焓值为计算初始值,则各射流横断面的相对焓值为定值,即:

$$\rho Q_0 C T_0 = \int \rho C T \mathrm{d}Q \tag{3-4}$$

式中:Q_0——初始气体流量;

T_0——飞机尾喷口温度;

C——空气比热;

ρ——空气密度。

由温差射流特征可知,温度分布与速度分布一致,飞机尾喷气流在横断面上温度分布为:

$$\frac{T}{T_{\mathrm{m}}} = \left(\frac{u}{u_{\mathrm{m}}}\right)^{0.5} = 1 - \left(\frac{y}{R}\right)^{1.5} \tag{3-5}$$

式中:T_{m}——轴心上温差;

y——计算点距断面中心的距离;

R——断面半径。

根据尾喷气流的分布区域,运用该温度分布特征,求解尾喷气流的温度分布。

1. 尾喷中心轴线上的温度分布

对于起始段 Z_1,轴线处于核心区域内,轴线温度等于尾喷口温度,即:

$$T_{\mathrm{m}} = T_0 \tag{3-6}$$

对于主体段 Z_2,初始流量为:

$$Q_0 = \pi r_0^2 v_0 \tag{3-7}$$

式中:r_0——尾喷口半径;

v_0——尾喷气流初始速度。

对尾喷气流流量公式两端取微分得:

$$\mathrm{d}Q = 2\pi y u \mathrm{d}y \tag{3-8}$$

将式(3-7)、式(3-8)代入温差射流热力特征公式得:

$$\rho \pi r_0^2 v_0 C T_0 = \int_0^R \rho C T 2\pi y u \mathrm{d}y \tag{3-9}$$

将上式两端除以 $\rho \pi R^2 u_{\mathrm{m}} C T_{\mathrm{m}}$,并结合公式(3-5)可得:

$$\begin{aligned}\left(\frac{r_0}{R}\right)^2\left(\frac{v_0}{u_{\mathrm{m}}}\right)\left(\frac{T_0}{T_{\mathrm{m}}}\right) &= 2\int_0^1\left(\frac{u}{u_{\mathrm{m}}}\right)\left(\frac{T}{T_{\mathrm{m}}}\right)\left(\frac{y}{R}\right)\mathrm{d}\left(\frac{y}{R}\right)\\ &= 2\int_0^1\left(\frac{u}{u_{\mathrm{m}}}\right)^{1.5}\left(\frac{y}{R}\right)\mathrm{d}\left(\frac{y}{R}\right)\\ &= 2\int_0^1\left(\frac{u}{u_{\mathrm{m}}}\right)^{1.5}\eta \mathrm{d}\eta\end{aligned} \tag{3-10}$$

由射流边界几何关系可知:

$$\frac{R}{r_0} = 3.4\left(\frac{\alpha l}{r_0} + 0.294\right) \tag{3-11}$$

$$S_{\mathrm{n}} = 0.671\frac{r_0}{\alpha} \tag{3-12}$$

$$\tan\theta = \frac{r_0}{S_n} = 1.49\alpha \tag{3-13}$$

$$\tan a = 3.4\alpha \tag{3-14}$$

式中：α——紊流系数。

紊流系数 α 与出口断面上的紊流强度和出口断面速度分布的均匀性有关，如表 3-3 所示。

模 型 质 量 评 价

表 3-3

喷 口 类 型	紊流系数 α	喷 口 类 型	紊流系数 α
带有收缩口的喷嘴	0.066 ~ 0.071	带金属网格的轴流风机	0.204
圆柱形管	0.076 ~ 0.080	收缩极好的平面喷口	0.108
带有导风板的轴流式通风机	0.120	平面壁上锐缘狭缝	0.118
带导流板的直角弯管	0.200	风道纵向缝	0.155

根据射流积分表（表 3-4）及射流边界几何关系，式（3-10）可以转化为：

$$\frac{T_l}{T_0} = \frac{0.706}{\frac{\alpha l}{r_0} + 0.294} \tag{3-15}$$

射 流 积 分 表

表 3-4

积 分 类 型	积 分 系 数 n				
	1	1.5	2	2.5	3
$B_n = \int_0^1 \left(\frac{u}{u_m}\right)^n \eta \mathrm{d}\eta$	0.098 5	0.064	0.046 4	0.035 9	0.028 6
$C_n = \int_0^1 \left(\frac{u}{u_m}\right)^n \mathrm{d}\eta$	0.384 5	0.306 5	0.258 5	0.225 6	0.201 5

因此，主体段内轴线温度为：

$$T_l = \frac{0.706 T_0}{\frac{\alpha l}{r_0} + 0.294} \tag{3-16}$$

综上所述，尾喷中心轴线上的温度分布为：

$$T_l = \begin{cases} T_0 & （初始段\ Z_1） \\ \dfrac{0.706}{\frac{al}{r_0} + 0.294} & （初始段\ Z_2） \end{cases} \tag{3-17}$$

2. 断面上的温度分布

根据横断面上的温度分布，结合式（3-5），分别对起始段与主体段的温度分布进行讨论。

对于起始段，核心区内温度等于尾喷口温度 T_0；可由式（3-5）求得非核心区内横断面的温度分布：

$$T_{yl} = T_0\left[1 - \left(\frac{y_q}{R_q}\right)^{1.5}\right] \tag{3-18}$$

式中：R_q——非核心区的断面半径，见式（3-19）；

y_q——横断面上非核心区计算点到核心边缘距离,见式(3-20):

$$R_q = R - (S_n - l)\tan\theta \tag{3-19}$$

$$y_q = y - (S_n - l)\tan\theta \tag{3-20}$$

因此,起始段内,横断面温度按下式计算:

$$T_{yl} = \begin{cases} T_0 & (y \leqslant (S_n - l)\tan\theta) \\ \left\{1 - \left[\dfrac{y - (S_n - l)\tan\theta}{R - (S_n - l)\tan\theta}\right]^{1.5}\right\}T_0 & (y > (S_n - l)\tan\theta) \end{cases} \tag{3-21}$$

对于主体段,根据横断面上温度分布,结合尾喷中心轴线上温度分布公式(3-17),得到该区域内横断面温度计算公式:

$$T_{yl} = \frac{0.706\left[1 - \left(\dfrac{y}{R}\right)^{1.5}\right]}{\dfrac{\alpha l}{r_0} + 0.294}T_0 \tag{3-22}$$

综上所述,当尾喷中心位于 $H_0(0,0,H)$ 时,对于空间内任意一点 $P(l,b,h)$,有温度计算公式:

$$T_p = \begin{cases} T_0 & (\sqrt{b^2 + (h - H)^2} \leqslant (S_n - l)\tan\theta, l \leqslant S_n) \\ \left[1 - \left(\dfrac{\sqrt{b^2 + (h - H)^2} - (S_n - l)\tan\theta}{R - (S_n - l)\tan\theta}\right)^{1.5}\right]T_0 & (\sqrt{b^2 + (h - H)^2} > (S_n - l)\tan\theta, l \leqslant S_n) \\ \dfrac{0.706\left[1 - \left(\dfrac{\sqrt{b^2 + (h - H)^2}}{R}\right)^{1.5}\right]}{\dfrac{\alpha l}{r_0} + 0.294}T_0 & (l > S_n) \end{cases} \tag{3-23}$$

二、尾喷气流作用下道面的温度应力

在不同的喷口温度下,道面板温度应力与温度场相对应,分布形式相似,且温度应力出现的最大值在道面板顶面,某型飞机不同尾喷口温度下,水泥混凝土道面板最大温度应力如表 3-5所示。

不同发动机状态下截面最大温度应力 表3-5

发动机状态	慢车	巡航	训练	作战最大	作战加力
尾喷口温度(℃)	460	590	695	750	765
最大温度应力(MPa)	1.871	2.4	2.827	3.051	3.112

随着喷口温度的变化,道面板最大温度应力呈线性变化。当喷口温度为765℃时,道面板的最大温度应力为3.112MPa,此时为温度应力对道面的最不利情况。

在不同的喷口半径下,道面板温度应力分布与温度场分布相对应,且道面板最大温度应力出现在道面表面,结果见表3-6。

不同喷口半径下截面最大温度应力　　表3-6

截面半径(m)	0.3	0.35	0.4	0.435	0.49	0.54
最大温度应力(MPa)	1.72	2.004	2.296	2.507	2.825	3.112

随着喷口半径的变化,道面板最大温度应力呈线性变化。当喷口半径为0.54m时,道面板的最大温度应力为3.112MPa,此时为温度应力对道面的最不利情况。

第三节　飞机尾喷气流对道面的作用

飞机尾喷气流对道面的作用可以通过在道面表面实测飞机尾喷气流的温度,分析道面状况,研究道面的使用可能性。图3-5为J-6飞机在喷气流轴线上温度变化规律。测出发动机在额定转速(11 110r/min)时道面的最高温度为105℃(发动机在额定转速工作1min50s,当时地表温度为32℃)。当喷气流持续作用2min30s,位于距喷口10.5m处沥青砂处治表面已软化,朝向喷气流作用方向的边缘凸出地面处,有少许沥青砂因软化和气流作用而脱落。

图3-6为Q-5飞机尾喷气流作用下,道面破坏处温度变化规律。发动机在最大状态下工作3min23s(当时地表温度为24℃),测得道面表面开始破坏(局部烧化,冒烟)时的温度为141℃;继续工作32min,测得道面表面最高温度为178.2℃。此时,沥青道面完全破坏。沥青被烧化、吹走,集料外露。破坏面是呈4.1m×1.2m的椭圆形,距喷口的距离为8.9~13m。

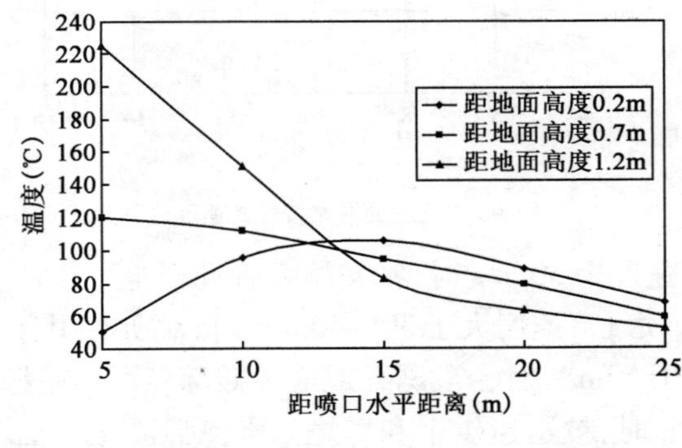

图3-5　距飞机尾喷口不同高度和不同距离时尾喷气流的温度分布

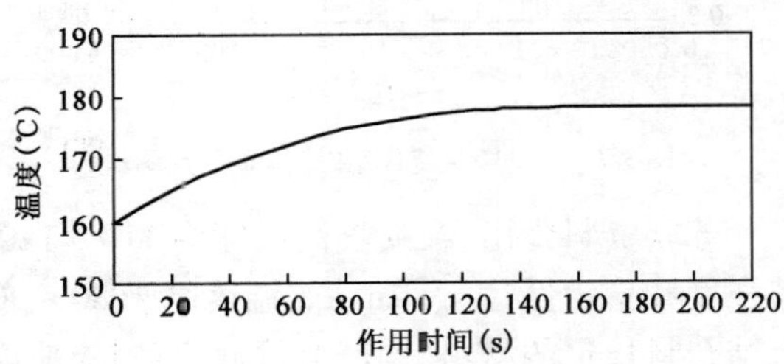

图3-6　飞机尾喷气流作用下道面表面温度随时间的变化

喷气流对土质道面的作用特别严重,因为土的抗侵蚀能力变差。土质道面的破坏可能性可用下式表示。

$$\Delta PS > P_W + CS \tag{3-24}$$

式中:ΔP——土孔隙中的大气超压;

S——破坏表面的面积;

P_W——土的重量;

C——破坏地段土的颗粒平均黏结力(内聚力)。

喷气流与土质道面作用时发生三个过程:由于喷气流吹走无结合的固体颗粒产生侵蚀;垂直于表面的气流压力作用使道面产生坑穴;喷气流进入土的孔隙使颗粒移动。某一侵蚀过程的破坏程度和动力作用取决于喷气流参数、作用持续时间长短和土的性质。

对土在喷气流作用下可能产生的侵蚀,即破坏深度建议用下式计算。

$$h_s = 5 \times 10^4 \frac{v_p}{k_t v_{ps}}\left(\frac{v_p}{k_t v_{ps}} - 1\right) q_x (t - t_s) \tag{3-25}$$

式中：h_s——破坏深度(m);

v_p——喷气流速度(m/s);

k_t——考虑喷气流速度变化的系数,其值可由图 3-7 根据喷气流作用时间 t 确定;

v_{ps}——土表面开始侵蚀时的喷气流速度(m/s),其值取决于土的类型和状态,由图 3-8 确定;

q_x——单位时间作用在单位面积上的气体体积(m/s);

t——作用时间(s);

t_s——侵蚀开始前喷气流的作用时间(s)。

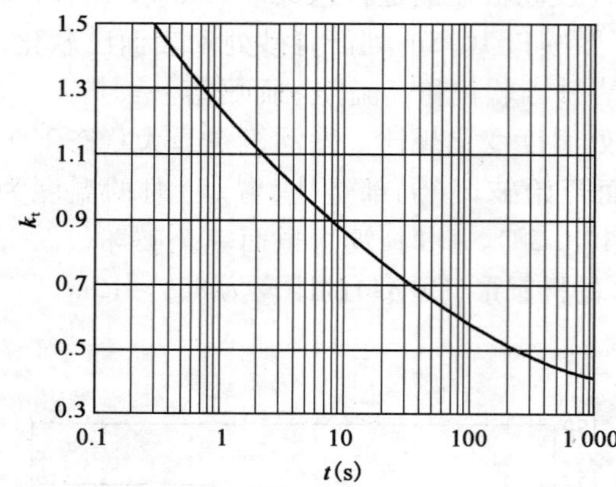

图 3-7　k_t 随喷气流作用时间 t 的关系图

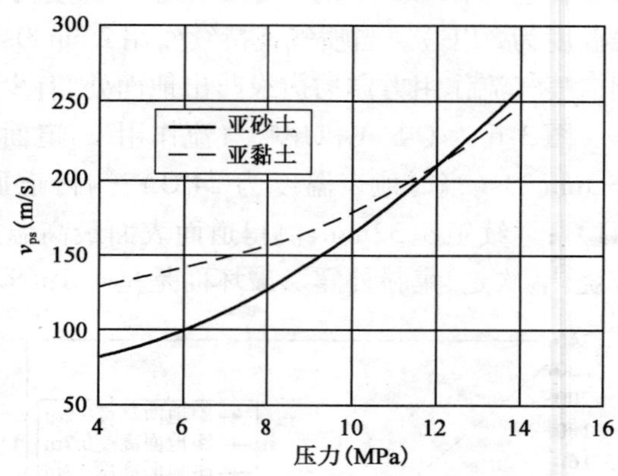

图 3-8　土表面开始侵蚀的速度

苏联资料指出:在喷气流温度为 110 ~ 120℃,速度为 50m/s 时,密实的沥青混凝土可保持其强度和稳定性达 3 ~ 4min。温度高于 80 ~ 90℃,喷气流速度大于 30 ~ 40m/s 时,对所有用有机结合料稳定的材料,均产生侵蚀;喷气流速度大于 50m/s 时,碎、砾石道面被破坏;喷气流速度大于 30m/s 时,土道面被破坏。草皮在大于 50℃时,被迅速烘干和燃烧。水泥混凝土道面的稳定性最好,短时间内(达 1min)可承受温度达 300℃的喷气流作用。

图 3-9　尾喷气流对沥青道面的烧蚀现象

经过测试可知,当喷气流在道面表面温度达到 178.2℃时(Q-5 飞机),沥青混凝土道面可保持其强度和稳定性达 2 ~ 3min。道面实际使用过程中,沥青道面在飞机尾喷气流作用下的烧蚀现象见图 3-9,烧蚀后沥青道面会出现加速老化现象。

在正常使用情况下,飞机在跑道、滑行道及联络道上停留的时间很短,高温高速喷气流对沥青道面不会构成危害。在跑道端部,由于飞机等待起飞需要较长的时间,飞机的尾喷气流可能会对沥青道面产生破坏。因此,在跑道端部可采用修筑水泥混凝土道面来防止飞机尾喷气流对道面产生的危害,因为水泥混凝土道面可以承受300℃以上的高温。

飞机除尾喷气流对沥青道面产生危害外,其油料泄漏也会对沥青产生腐蚀。在调查中发现,沥青道面经常有油料泄漏的地方(如加油坪、个体停机坪),沥青被溶解,混合料散碎,进而形成坑洞,使沥青道面破坏。目前,可采用在油料泄漏较多的部位修筑水泥混凝土道面,以抵抗油料的腐蚀。

思　考　题

1. 飞机喷气流有何特点?
2. 飞机喷气流温度分布有何特性?
3. 飞机喷气流对道面产生的温度应力如何计算?
4. 沥青道面如何防止飞机喷气流的作用?
5. 飞机喷气流对土质道面有何作用?

第四章　飞机荷载交通量分析与换算

飞机荷载对道面的作用，不仅与其荷载的大小有关，而且与飞机的使用次数，即飞机的起降次数有关。因此，在道面结构设计时，要同时考虑飞机荷载的大小和飞机的使用次数，即飞机的交通量。

第一节　飞机荷载在道面上的分布

飞机在跑道上起飞、降落时，轮迹的横向分布是不均匀的。在跑道横断面的各个部位，机轮荷载的分布是各不相同的。影响机轮轮迹的横向分布规律的主要因素有：飞机的类型、主起落架的数量、主起落架的间距及其机轮数量、轮胎宽度和训练科目等。当主起落架数量少、间距小、主轮数量少、轮胎宽度小时，则轮迹的横向分布比较集中（即机轮出现在跑道中部的概率大）；反之轮迹的横向分布则不集中（即机轮出现在跑道中部的概率小）。图4-1为某机场实测的J-6、J-7飞机单机起飞、着陆时的轮迹的横向分布情况。由图4-1可知，在跑道中心10m宽（两侧各5m）范围内，轮迹的分布概率为91.76%，而在22m宽的范围内轮迹的分布概率为99.99%。

双机起飞的轮迹的横向分布的规律与单机起飞时不同，其分布规律如图4-2所示。所谓的双机起飞是指同时起飞的两架飞机各自利用半个宽度的跑道（翼尖间距大于10m）进行起飞训练或执行任务，而着陆时单机着陆。由图4-2可见，在跑道中心10m宽（两侧各5m）范围内，有一个较大的峰值，轮迹分布概率占77.12%；两侧出现两个较小的峰值。

对轮迹的横向分布实测资料进行统计分析，跑道上飞机运行的横向偏离值的概率分布服从正态分布，见式(4-1)。

$$f_{\phi} = \frac{1}{\sqrt{2\pi}\sigma}\exp\left\{-\frac{(x-\mu)^2}{2\sigma^2}\right\} \tag{4-1}$$

式中：μ——平均值；

σ——标准差。

经对不同机场跑道实测，μ 和 σ 的数值如表4-1所示。

跑道上飞机横向分布统计参数　　表4-1

机　型	n	μ(m)	σ(m)
轰炸机	3816	0.03	2.13
歼击机	2712	0.02	2.83

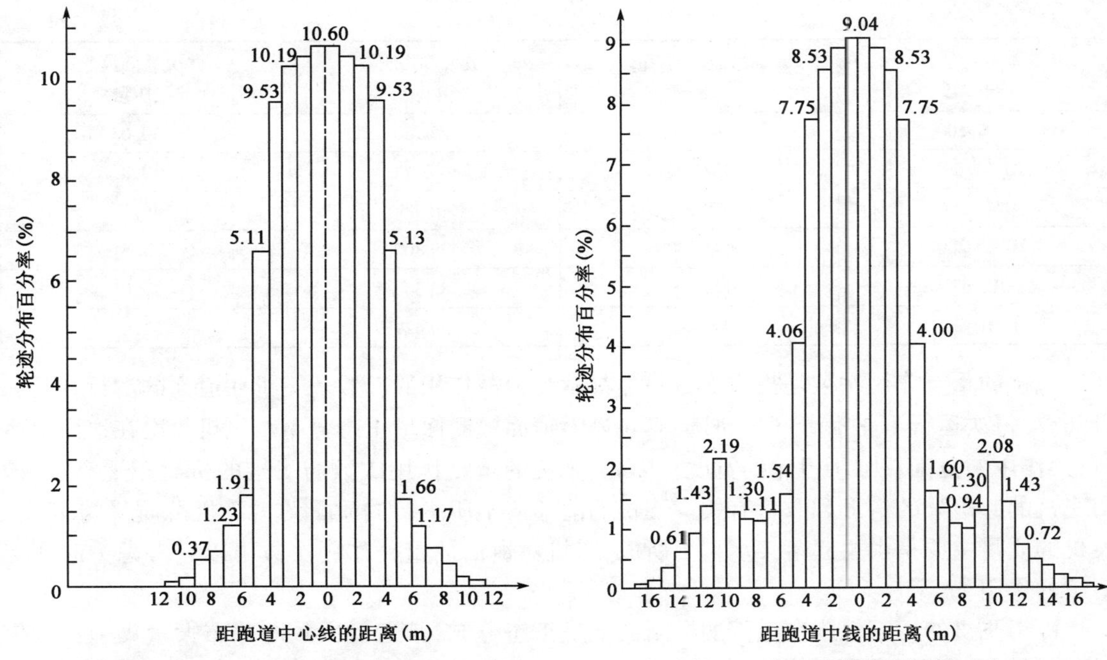

图 4-1　单机起飞、着陆时的轮迹的横向分布情况　　图 4-2　双机起飞的轮迹的横向分布

美国 FAA 的咨询通报 150/5320-6D 根据美国的轮迹调查结果假定轮迹服从正态分布。FAA 的 LEDFAA 在道面设计时假定正态分布的标准差为 30.05in（1in = 0.025 4m，下同）。FAA 的 COMFAA 在计算 PCN 时也假定轮迹横向服从正态分布，当飞机的通行宽度在 70in 时标准差取 30.435in，当飞机的通行宽度在 40in 时标准差取 17.4in。

滑行道是飞机在地面滑行的主要通道，起飞时，飞机由停机坪经过滑行道达到跑道端部。着陆时，飞机则经过滑行道达到停机坪。由于滑行道宽度小，机轮几乎是沿着同一轨迹滑行的。这种渠化交通，使得滑行道上机轮荷载的重复作用次数大大增加。

第二节　运行次数与重复作用次数

飞机起飞的质量，可分为正常起飞质量和最大起飞质量。飞机的运行次数，一般是指飞机按最大起飞质量在道面上使用的次数。飞机的着陆质量因受飞机结构的限制，有最大着陆质量限制。一般来讲，飞机的着陆质量远小于飞机的起飞质量。表 4-2 为不同类型的飞机的最大起飞质量和最大着陆质量。从表中可以看出，最大着陆质量是最大起飞质量的 50% 左右。由于飞机的起飞质量远大于着陆质量，一般认为飞机的运行次数是指飞机按最大起飞质量在道面上的使用次数。

飞机最大起飞质量与最大着陆质量　　表 4-2

机　型	最大起飞质量(kg)	最大着陆质量(kg)	最大着陆质量与最大起飞质量之比(%)
B707-320B	148 778	64 764	43.5
B727-200	84 277	44 270	52.6

续上表

机　型	最大起飞质量（kg）	最大着陆质量（kg）	最大着陆质量与最大起飞质量之比（%）
B737-200	58 332	29 138	50.0
B747-200B	352 893	172 886	49.0
B747-300	379 200	174 850	46.1
B767-200	143 800	79 800	55.5
IL-76T	171 000	83 800	49.0
MD82	68 266	35 629	52.2

飞机的重复作用次数是指道面每一点都承受轮载作用的次数。飞机在道面的滑行、起飞、着陆等，每次运行不是沿着同一轨迹，其轨迹沿道面横断面呈正态分布。飞机每次在道面上运行，其作用的范围仅限于机轮的宽度。因此，飞机的重复作用次数与飞机的机轮布置有关，即与飞机的起落架的构形和数量有关。飞机的前起落架所承担的质量约占飞机总质量的10%，飞机的质量主要是由主起落架承担。所以，飞机对道面的重复作用次数可以只考虑主起落架荷载的作用。

由于飞机的运行轨迹在道面的横断面上呈正态分布，其运行次数的分布大量集中在跑道（滑行道）中心线的附近。即飞机运行次数集中在跑道（滑行道）中心线的一定范围内，这个范围就是飞机的通行宽度。根据飞机通行率的百分率和飞机运行正态分布的均值和均方差，可求出通行宽度的大小。表4-3给出了《军用机场水泥混凝土道面设计规范》（GJB 1278A—2009）规定的通行宽度的大小，该宽度范围内的通行百分率：歼击机、强击机为0.9；轰炸机、运输机为0.85。

通 行 宽 度　　表4-3

位置 ＼ 通行宽度（m） ＼ 机型	歼击机、强击机	轰炸机、运输机	民 航 机 场
跑道	3.8	5.0	11.4
滑行道	1.2	1.5	2.3

为了便于重复作用次数的计算，假定飞机在通行宽度范围内的分布是均匀的（图4-3）。飞机每运行一次，在通行宽度范围内作用的范围为机轮面积的宽度。当飞机的运行次数达到机轮面积的宽度覆盖了通行宽度时，就相当于飞机在道面上作用一次（图4-4）。所以，可以建立起重复作用次数与运行次数的关系，如式（4-2）所示。

$$N_c = \frac{N_j \eta N W_t}{T} \tag{4-2}$$

式中：N_c——飞机的重复作用次数；

N_j——飞机的运行次数；

η——飞机在通行宽度内通行的百分率；

N——飞机一个主起落架的机轮数；

W_t——一个机轮的宽度(m)，由实测求得，无实测值时，可用等效宽度 $B = 0.83A^{0.5}$ 确定，其中 A 为机轮接地面积(m^2)；

T——通行宽度(m)。

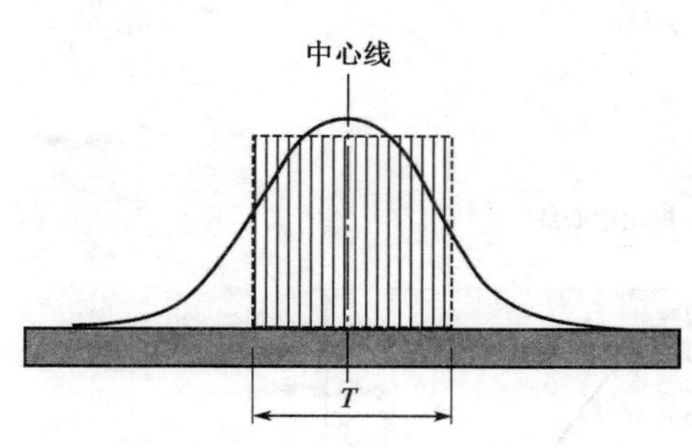

图 4-3　均匀分布假设

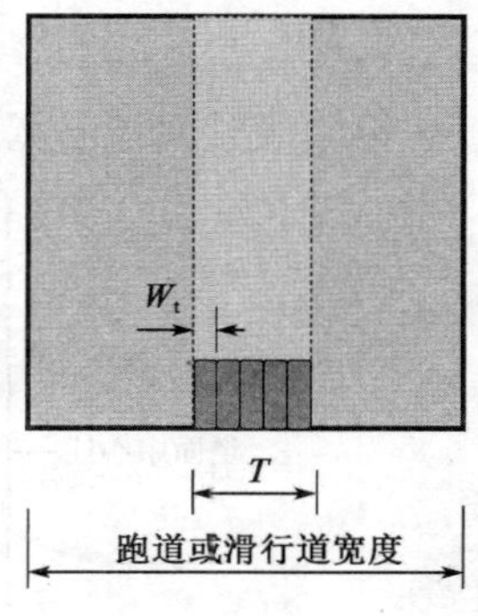

图 4-4　作用次数示意图

当道面上作用不同荷载时，可以运用疲劳损伤原理将不同荷载作用的次数进行换算。

同样的飞机，由于着陆与起飞的最大质量相差约一倍.因此，着陆质量对道面所产生的应力是起飞质量的一半。设起飞质量对道面所产生的应力 σ_1 相对应的疲劳强度的作用次数为 N_1；着陆质量对道面所产生的应力 σ_2 相对应的疲劳强度的作用次数为 N_2。按照疲劳等效原理，可以将着陆次数为 n_2 等效为起飞次数 n_1，其等效公式见式(4-3)。

$$n_2 = n_1 \frac{N_2}{N_1} \tag{4-3}$$

式中：N_1——最大着陆质量作用所产生的应力 σ_1 所对应的疲劳破坏时的作用次数；

N_2——最大起飞质量作用所产生的应力 σ_2 所对应的疲劳破坏时的作用次数；

n_1——着陆次数；

n_2——起飞次数。

FAA 采用年起飞次数和交通循环。使用 FAARFIELD 进行道面设计在确定通行次数时只考虑起飞，忽略了着陆。这是因为在大多数情况下着陆飞机的质量小于起飞飞机的质量。在着陆接触道面时，飞机机翼上仍保留升力，减小了飞机起落架对道面的动力作用。FAA 定义标准交通循环为同架飞机的一个起飞和一个着陆。如上所述，一个交通循环产生飞机一次通行(P，pass)，形成一个通行与交通循环的比值(P/TC，pass-to-traffic cycle ratio)，为了确定道面设计年起飞 P/TC 乘以年起飞次数。对于大多数机场道面设计，可以采用 P/TC = 1。

当飞机的着陆质量不小于起飞质量，或飞机沿着道面滑行超过一次时，在进行道面设计时调整 P/TC 比率计算年起飞次数。例如，当跑道作为滑行道时，在起飞过程中，飞机沿着跑道同样位置滑行两次。对于这种情况，可以设定 P/TC = 2，设计道面时的年起飞次数的计算因素为 2。

覆盖次数(Coverages)指道面表面某一点受轮胎作用的次数。在 FAA 的咨询通报 150/5320-6D 中假定飞机轮迹的横向分布服从正态分布，以轮迹的最大分布概率来计算通行—覆盖率(Pass-to-Coverage Ratio，P/C)。对单轮起落架而言最大概率分布位置在正态分布的中点

(图 4-5),假定机轮接触面积的宽度为 W_t,单轮中心线在中心两侧各 $W_t/2$ 范围内作用的机轮会对中心点产生覆盖。该通行—覆盖率可按下式计算:

$$\frac{P}{C}=\frac{1}{C_x W_t} \tag{4-4}$$

$$C_x=\varphi(x)\Big|_{x=\mu}=\frac{1}{\sigma\sqrt{2\pi}}e^{-\frac{1}{2}\left(\frac{x-\mu}{\sigma}\right)}\Big|_{x=\mu} \tag{4-5}$$

式中:W_t——轮胎接触面积的宽度。

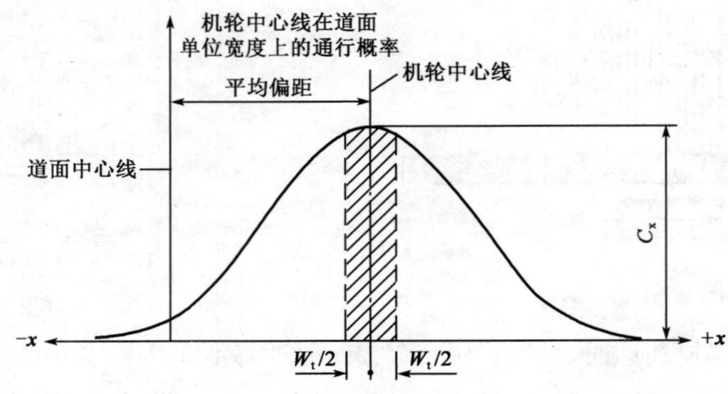

图 4-5 单轮轮迹分布

对于多轮起落架,需要考虑多轮的叠加效应。例如对 B727 飞机,其起落架为单轴双轮,其最大的通行—覆盖率可按式(4-6)和式(4-7)计算。同理,对于更多机轮的起落架可按相同的方法进行叠加,如对于具有横向 4 轮的 IL76,可按式(4-6)和式(4-8)计算。

$$\frac{P}{C}=\frac{1}{C_{xc} W_t} \tag{4-6}$$

$$C_{xc}=f(x)\Big|_{x=\frac{S}{2}}=\frac{1}{\sigma\sqrt{2\pi}}\left[e^{-\frac{1}{2}\left(\frac{x}{\sigma}\right)^2}+e^{-\frac{1}{2}\left(\frac{x-S}{\sigma}\right)^2}\right]\Big|_{x=\frac{S}{2}} \tag{4-7}$$

$$\frac{P}{C}=\frac{1}{C_{xc} W_t}$$

$$C_{xc}=f(x)\Big|_{x=S_1+\frac{S_2}{2}}=\frac{1}{\sigma\sqrt{2\pi}}\left[e^{-\frac{1}{2}\left(\frac{x}{\sigma}\right)^2}+e^{-\frac{1}{2}\left(\frac{x-S_1}{\sigma}\right)^2}+e^{-\frac{1}{2}\left(\frac{x-S_1-S_2}{\sigma}\right)^2}+e^{-\frac{1}{2}\left(\frac{x-2S_1-S_2}{\sigma}\right)^2}\right]\Big|_{x=S_1+\frac{S_2}{2}} \tag{4-8}$$

式中:S——双轮间距;

S_1——4 轮的外轮间距

S_2——4 轮的内轮间距。

美国 FAA 用于绘制各设计曲线的通行—覆盖率列于表 4-4,表中的结果是基于道面表面轮迹分布。

美国 FAA 用于绘制各设计曲线的通行—覆盖率 表 4-4

设计曲线类型	通行—覆盖率	设计曲线类型	通行—覆盖率
单轮	5.18	双轴双轮	3.68
双轮	3.48	A-300 Model B2	3.51

续上表

设计曲线类型	通行—覆盖率	设计曲线类型	通行—覆盖率
A-300 Model B4	3.45	C-130	4.15
B-747	3.70	DC10-10	3.64
B-757	3.88	DC-30	3.38
B-767	3.90	L-101 I	3.62

第三节　飞机起落架构型的表示方式

飞机对道面的作用是通过起落架来实现的。不同飞机的起落架形式各自不同。机场所使用的飞机各种各样,作用在道面上的荷载由于其起落架不同也是各种各样的。目前,代表性使用的飞机主起落架的构型可以大致分为三大类:一是单轮起落架;二是双轮起落架;三是双轴双轮起落架。

一、单轮起落架

由于单轮起落架只有一个机轮,构型简单,可用胎压和荷载圆半径两个参数来表示单轮起落架的荷载特性。

二、双轮起落架

双轮起落架表现为两个机轮之间的距离不同。由于两个机轮之间的距离不同,导致飞机荷载对道面的作用是不一样的。为了表述两个机轮之间的距离对飞机荷载的影响,定义轮距与荷载圆半径的比值为轮径比,记为 l_r。表 4-5 中列出了 24 种飞机的轮距与荷载圆半径的关系。

双轮起落架的轮径比　　表 4-5

飞机型号	半径(cm)	轮距(cm)	轮径比 l_r	飞机型号	半径(cm)	轮距(cm)	轮径比 l_r
MD-82	19.64	71.4	3.64	DC-4	21.4	74	3.46
H-7	13.05	43	3.3	DC-6	25	78	3.12
运-7-100	16.55	50	3.02	DC-6A/B	21.43	78	3.64
安-24	17.82	50	2.81	DC-9-82	20	71	3.54
Ambass	17.97	58	3.23	Dash 7	14.04	42	2.99
Arg	21.7	72	3.31	F27-mk300	16.33	45	2.76
BAC-400	17.78	53	2.98	F28-mk100	19.19	58	3.0
BAC-475	24.1	62	2.57	HS 125	9.85	32	3.25
BAC-500	18	53	2.94	HS146-100	18.77	71	3.78
B727-100C	21.8	86	3.92	HS146-200	20.6	71	3.447
B727-200	24.4	86	3.53	Jetstar	9.17	34	3.71
B737-200	18.66	78	4.18	Viscount701	16.4	48	2.925

为了便于计算，对表4-5中各种飞机的双轮起落架的轮距比进行统计分析，得到平均轮径比 $l_r = 3.32$，其标准差 $s = 0.405$，变异系数 $C_v = 12.2\%$。因此，对双轮起落架可以取轮径比 $l_r = 3.32$，即轮距为荷载圆半径的3.32倍，来表示双轮起落架的荷载特性，用来进行交通量的分析。

三、双轴双轮起落架

双轴双轮起落架除了左右机轮的间距变化外，其前后的轴距也发生变化，除了像双轮起落架定义轮距外，定义双轴双轮起落架的轴距与荷载圆半径的比值为轴径比，记为 z_r。表4-6列出了34种双轴双轮起落架飞机的轮径比和轴径比。

不同双轴双轮起落架的轮径比和轴径比 表4-6

飞机型号	半径(cm)	轮距(cm)	轴距(cm)	轮径比 l_r	轴径比 z_r
A300-B2	20.42	89	140	4.368	6.856
A300-B4	20.32	93	140	4.577	6.89
A310-300	21.26	92.7	139.7	4.360	6.571
B707-120B	19.04	86	142	4.517	7.458
B707-320	20.33	88	142	4.329	6.985
B707-320B	20.75	88	142	4.241	6.843
B707-320C	21.12	88	142	4.167	6.723
B720	19.64	81	124	4.124	6.314
B720-B	19.64	81	124	4.124	6.314
B757-200	18.12	86	114	4.746	6.29
B757-200	17.98	86	114	4.783	6.340
B757-200	17.9	86	114	4.804	6.369
B767-200	19.94	114	142	5.717	7.121
B767-200	19.34	114	142	5.895	7.342
B767-200	20.26	114	142	5.627	7.0
Cv880M	17.6	55	114	3.125	6.477
Concorde	23.4	68	167	2.906	7.137
Cv990	18.53	61	118	3.29	6.368
DC-8-43	20.74	76	140	3.664	6.75
DC-8-55	20.6	76	140	3.689	6.796
DC-8-61	20.7	76	140	3.671	6.763
DC-8-62	21.5	81	140	3.767	6.512
DC-8-63	21.2	81	140	3.821	6.604
DC-10-10	23.8	137	163	5.756	6.849
IL62	18.66	80	165	4.287	8.842
L1011-1	23.3	132	178	5.665	7.639

续上表

飞机型号	半径(cm)	轮距(cm)	轴距(cm)	轮径比 l_r	轴径比 z_r
L-1011-100	25.4	132	178	5.196	7.0
L-1011-500	25.3	132	178	5.217	7.035
VC10-1100	24.9	86	155	3.454	6.225
VC10-1150	23.8	86	155	3.613	6.513
依尔-62	23.55	80	165	3.397	7.01
运-8	17.17	49	123	2.854	7.164
安-12	17.55	49	123	2.792	7.0
H-6	17.63	59	117	3.347	6.636

对表4-6中的34种飞机的双轴双轮起落架的轴径比进行统计分析，其中平均轴距比 $z_r = 6.791$，标准差 $s = 0.361$，变异系数 $C_v = 5.3\%$。说明轴径比的标准差和变异系数都很小，双轴双轮起落架轴径比取其平均值为6.791是完全可行的。

双轴双轮起落架的轮径比数据比较分散，以轮径比4.0和5.0为界划分为三类，对各类轮径比的统计分析见表4-7。从表4-7可知，各类轮径比的标准差和变异系数都很小，因此，对三类轮径比可分别取3.4、4.4和5.6为代表值，其代表的范围如表4-8所示。

双轴双轮起落架轮径比统计分析　　表4-7

轮径比 l_r	样本数 n	平均轮径比	标准差 s	变异系数 C_v
$l_r < 4.0$	15	3.4	0.345	10.1%
$4.0 < l_r < 5.0$	13	4.417	0.245	5.56%
$l_r > 5.0$	7	5.58	0.27	4.83%

双轴双轮起落架三类轮每项比的代表范围　　表4-8

类　型	代表轮径比 l_r	代表轴径比 z_r	实际轮径比 l_r
Ⅰ	3.4	6.7	<4.0
Ⅱ	4.4	6.7	4.0~5.0
Ⅲ	5.6	6.7	>5.0

第四节　交通量的预测

民用航空机场主要承担客运和货运两大任务，客、货运量决定飞机的航班，进而决定飞机在道面上的使用次数。因此，在进行交通量的计算时，首先要确定客、货运量。

一、客、货运量影响因素

民用机场的客、货运量主要受以下因素影响：

(1)国家的政治、经济形势，国民经济的增长速度与发展战略，运价政策和货主、旅客对运费的承受能力。这些因素对民航的长远发展有重大的影响。

(2)该机场在整个机场网络的地位和作用,以及与相邻机场的关系,都会影响该机场的客、货运量。

(3)机场所在地的城市的经济发展状况,城乡人口比例,城市化的进展,以及人均收入的增长情况。

(4)当地旅游市场的发展也直接影响客运量的大小。

(5)公路、铁路等交通状况和发展规划也会对客运量造成影响。

(6)航空运输安全问题。当安全性下降时,也会对客运量造成影响。

客、货运量预测的准确性,对工程造价直接产生影响。若预测的运量偏大,建设项目的设计能力过大,计算的经济效益偏高,实际运营后运量偏小,效益达不到原来的估值,将造成资金积压,能力闲置。若调查或预测的运量偏小,则建设项目的能力会很快饱和,引起机场的过早改建,甚至因标准过低而使项目起不到应有的作用,其损失也是很大的。所以客货运量的调查和预测要力争准确、可靠,并使拟定的分期加强方案的设计能力与运量增长相适应。既要使运力能力有一定富余,不致频繁改建,又要使能力储备不致过大而造成资金积压。

二、预测方法

针对航空运输的特点,对机场承担的交通量可采用以下方法进行预测。

1.时间序列法

该方法是根据机场运量的历史数据,建立以时间为自变量的数学模型,用趋势外延法来预测机场的未来运量。

数学模型的建立应根据历史数据随时间的分布,并考虑航空运量增长的一般规律。

如线性预测模型:

$$Q = a + bt \tag{4-9}$$

或指数函数预测模型:

$$Q = ke^{\frac{b}{t}} \tag{4-10}$$

式中:Q——预测的运量;

t——时间;

a、b、k——系数。

2.相关因素回归分析法

该方法是根据历史的数据,建立航空运量与机场所在地的国民经济发展指标(如生产总值、人均收入等)之间的变化规律,来预测未来设计运量与国民经济发展而变化的情况。该方法的预测模型为:

$$q = a_0x_0 + a_1x_1 + \cdots + a_nx_n \tag{4-11}$$

式中:　q——预测的运量;

a_0、a_1、a_n——回归系数;

x_0、x_1、x_n——相关因素。

3.年增长率法

年增长率法是根据预测对象的预计增长速度进行预测的。其步骤是:

(1)分析历史年度预测对象的变化规律。

(2)根据对相关因素发展变化的分析,确定预测期增长率。

(3)进行未来值的预测。

其计算公式为:

$$Q_t = Q_0(1+\alpha)^t \tag{4-12}$$

式中:Q_t——预测值,即预测年度的运量;

Q_0——基年值,即预测起始年度的运量;

α——预测年增长率;

t——预测年限。

年增长率法的关键在于确定年增长率 α。年增长率 α 与当地的经济发展状况密切相关。当年增长率 $\alpha=0$ 时,就可以演变成年平均法,即将设计使用年限内的运量进行平均,用平均值来表示各年的运量。

此外,灰色系统理论、神经网络理论等都可以用来进行运量的预测。

根据运量的预测结果,安排航班计划数,进而确定各类飞机在道面上的使用次数,最后计算出设计飞机的重复作用次数,作为设计道面结构的依据。

第五节　交通量的换算

一、疲劳损伤原理

在疲劳试验中,为简化试验条件和便于分析试验结果,都采用单一不变的荷载(应力)或应变作为反复施荷的模式。而在道面上实际受到的是轻重不一的机轮荷载。要把室内单一施荷方式得到的疲劳方程应用于道面结构分析,还须解决如何考虑不同荷载的综合疲劳作用问题。

目前,常借用 Miner 在研究金属材料疲劳特性时所做出的假设来处理这个问题,即各级荷载(应力)作用下材料所出现的疲劳损坏可以线性叠加。例如某一荷载 P_i,作用 N_i 次后使材料达到疲劳损坏,则此荷载作用一次就相当于耗去了材料疲劳寿命的 $1/N_i$。现有 P_1、P_2、…、P_i 荷载,各作用 N_1、N_2、…、N_i 次后达到疲劳破坏;如果这些荷载实际作用 n_1、n_2、…、n_i 次,则相应地各消耗材料疲劳寿命的份额为 n_1/N_1、n_2/N_2、…、n_i/N_i。这些荷载综合作用后,材料达到的疲劳损坏程度为:

$$D_j = \sum_{i=1}^{j} \frac{n_i}{N_i} \tag{4-13}$$

式中:D_j——疲劳损伤值,当 $D_j<1$ 时,表示材料未发生疲劳损坏,否则,则发生疲劳损坏。

二、交通量换算

1. 基本原理

由于机场道面是按设计飞机进行道面结构设计的,当道面上作用其他类型飞机时,应将这些飞机的运行(或作用)次数换算成设计飞机的运行(或作用)次数,这就是所谓的交通量换算。

交通量换算遵循两条原则：一是以达到道面结构同样损坏状态为标准，即对于甲类飞机在道面结构最不利位置产生的应力为 σ_1，作用 N_1 后，道面产生破坏，乙类飞机作用使道面达到同样的破坏状态的作用次数为 N_2，在道面最不利位置产生的应力为 σ_2，此时这两种飞机作用的效果是一致的，据此可以建立起两种不同飞机重复作用次数之间的换算关系；二是对于某一交通组合，不论以何种飞机作为设计飞机，进行飞机的交通量换算，由换算所得到的设计飞机作用次数计算出的道面结构厚度是相同的。

当甲类飞机在道面上作用 n_1 次，其疲劳损伤为：

$$D_1 = \frac{n_1}{N_1} \tag{4-14}$$

当乙类飞机在道面上作用 n_2 次，其疲劳损伤为：

$$D_2 = \frac{n_2}{N_2} \tag{4-15}$$

当 $D_1 = D_2$ 时，则表明这两类飞机荷载作用在道面上所产生的疲劳损伤是相同的。据此可以建立起不同飞机之间的交通量换算：

$$D_1 = \frac{n_1}{N_1} = D_2 = \frac{n_2}{N_2} \tag{4-16}$$

式中：D_1、D_2——甲、乙类飞机作用在道面上所产生的疲劳损伤；

N_1、N_2——甲、乙类飞机作用在道面上达到疲劳强度时的作用次数；

n_1、n_2——甲、乙类飞机实际作用在道面上的次数。

当已知某飞机的实际作用在道面上的次数 n_2，以及在道面结构上产生的应力所对应的疲劳强度的作用次数 N_2，若设计飞机的道面结构内产生的应力所对应的疲劳强度的作用次数为 N_1，则可按下式将该飞机的实际作用次数换算成设计飞机的作用次数 n_1：

$$n_1 = n_2 \frac{N_1}{N_2} \tag{4-17}$$

式(4-17)中 N_1 和 N_2 数值的确定与飞机的荷载大小、主起落架的构形式和道面结构及类型有关。

2. *沥青道面交通量换算方法*

由于军用机场沥青道面结构设计以半刚性基层和底基层底部的拉应力为主要设计指标，因此飞机换算应以拉应力为标准，即应遵循拉应力等效原则。经过大量试算后发现，以基层拉应力为标准进行换算，对于同一结构，具有相同胎压和荷载圆半径的双轮和双轴双轮荷载，双轴双轮荷载在基层底部产生的拉应力比双轮荷载要小，即相同条件下，双轴双轮荷载比双轮荷载对道面的损害要小。而从底基层拉应力来看，相同条件下双轴双轮荷载对道面的损害比双轮荷载大，这与实际情况是相符的。因此，飞机换算以底基层底部的拉应力为准则进行换算。

根据弹性层状体系理论，对于同型起落架之间或异型起落架之间，在道面结构内同一点产生的拉应力比采用如下形式：

$$\frac{\sigma_1}{\sigma_2} = \alpha \frac{q_1}{q_2}\left(\frac{r_1}{r_2}\right)^d \tag{4-18}$$

式中：σ_1、q_1、r_1——分别为双轮起落架荷载的拉应力、胎压和荷载圆半径；

σ_2、q_2、r_2——分别为单轮或双轴双轮起落架荷载的拉应力、胎压和荷载圆半径；

α——拉应力比修正系数，当为同型起落架时为 1；

d——待求系数。

结构抗拉强度系数 K_s 为：

$$K_s = \frac{\sigma_0}{\sigma_R} \tag{4-19}$$

式中：σ_0——底基层材料的劈裂强度；

σ_R——允许应力。

则有：

$$\frac{K_{s1}}{K_{s2}} = \frac{\dfrac{\sigma_0}{\sigma_{R1}}}{\dfrac{\sigma_0}{\sigma_{R2}}} = \frac{\sigma_{R2}}{\sigma_{R1}} \tag{4-20}$$

半刚性结构层的抗拉结构系数 K_s 与荷载重复作用次数 N 之间存在着以下关系。

$$K_s = BN^C \tag{4-21}$$

式中：B、C——系数。

将式(4-21)代入式(4-20)，可得：

$$\frac{N_1}{N_2} = \left[\alpha \frac{q_1}{q_2}\left(\frac{r_1}{r_2}\right)^d\right]^{-\frac{1}{C}} \tag{4-22}$$

根据材料在不同机场等级在最低交通量时抗拉结构系数 K_s 最小值的限制，可求出 $C=0.235$。

为确定不同荷载作用下拉应力比公式中的待定系数 d 的值，选取 A ~ G 7 种典型道面结构。为使换算计算采用的道面结构具有代表性，选择了 7 个全国各个代表性地区的一级、二级、三级、四级机场。各地区的道面结构特点表现在材料的选择和材料参数的选取上，道面结构确定为 4 层。

在典型道面结构上作用不同胎压和半径组合的同型起落架的荷载，分别计算出底基层的最大拉应力，并把它作为换算应力值。再以不同胎压和半径组合的同型起落架作为设计飞机荷载，将其他的轮荷载看作被换算荷载，此时，由于起落架是同型的，则有 $\alpha=1.0$，则可得 d 值。

再以不同胎压和荷载圆半径的不同起落架的荷载为被换算荷载，分别计算这两种荷载在同一道面结构中产生的拉应力，然后将其代入式(4-22)中，求得不同情况下的 α 值。

将各种起落架的换算系数 α、d 汇总，如表 4-9 所示。

各型起落架的换算参数　　表 4-9

起落架构型	α	d	式(4-22)说明
单轮与单轮	1.0	1.92	
双轮与双轮		1.67	
Ⅰ型双轴双轮之间		1.1	
Ⅱ双轴双轮之间		1.01	
Ⅲ双轴双轮之间		1.146	

续上表

起落架构型	α	d	式(4-22)说明
单轮与双轮	1.73	1.67	下标 1 为双轮参数；下标 2 为单轮参数
单轮与Ⅰ型双轴双轮	0.486		下标 1 为单轮参数；下标 2 为双轴双轮参数
单轮与Ⅱ型双轴双轮	0.55		
单轮与Ⅲ型双轴双轮	0.607		
双轮与Ⅰ型双轴双轮	0.84		下标 1 为双轮参数；下标 2 为双轴双轮参数
双轮与Ⅱ型双轴双轮	0.95		
双轮与Ⅲ型双轴双轮	1.05		
Ⅰ型与Ⅱ型双轴双轮	1.134		下标 1 为Ⅰ型参数；下标 2 为Ⅱ型参数
Ⅰ型与Ⅲ型双轴双轮	1.25		下标 1 为Ⅰ型参数；下标 2 为Ⅲ型参数
Ⅱ型与Ⅲ型双轴双轮	1.105		下标 1 为Ⅱ型参数；下标 2 为Ⅲ型参数

民用机场沥青道面结构设计中，交通量的换算是以飞机的等弯沉的当量单轮 ESWL 进行换算的，其计算公式如下：

$$N_s = \sum_{i=1}^{n}\sum_{j=1}^{2}\delta_{ij}N_{ij}C \tag{4-23}$$

$$C = \sqrt{\frac{(\mathrm{ESWL})_{ij}}{(\mathrm{ESWL})_s}}$$

式中：N_s——换算后的设计飞机的年运行次数；

δ_{ij}——每种飞机主起落架在道面横断面方向上的主轮数目，其值按照表 4-10 的规定确定；

N_{ij}——拟换算飞机的年运行次数，由调查和预测确定，每年年运行次数不同时，取设计年限的平均值；

i——代表设计飞机；

j——代表起飞(=1)或着陆(=2)；

$(\mathrm{ESWL})_{ij}$——拟换算飞机主起落架的当量单轮荷载(kN)；

$(\mathrm{ESWL})_s$——设计飞机主起落架的当量单轮荷载(kN)。

当$(\mathrm{ESWL})_{ij}/(\mathrm{ESWL})_s<0.5$时，该类飞机荷载可不计入。

飞机主起落架在道面横断面方向上的主轮数目 δ_{ij}(单位：个) 表 4-10

飞机主起落架构型	δ_{ij}	飞机主起落架构型	δ_{ij}
单轮	2	双轴双轮、三轴双轮	4
双轮	4	两个双轴双轮	8

3. 水泥混凝土道面交通量换算

水泥混凝土道面结构设计方法都是采用了道面板的疲劳强度作为设计标准，以考虑机轮荷载重复作用的影响，预计道面的使用寿命。对道面上复杂多变的荷载（大小、频率和分布）的处理方法通常有两种：一种是先把各级荷载的作用次数换算成标准荷载的作用次数，再考虑它的疲劳影响；另一种是分别考虑各级荷载的疲劳消耗，再按 Miner 定律（疲劳损伤原理）叠加出总的疲劳消耗。

利用 Miner 定律来估计道面的总疲劳消耗，从而避开了荷载换算问题。但在确定道面厚度时，这样的做法不够直观、简便。其实，根据同一个疲劳损坏标准和相应的疲劳方程是可以按等效原则导出与之匹配的荷载换算公式的。由于遵循了同一个疲劳方程和线性叠加原则，按这种换算式计算出的总疲劳影响与按 Miner 定律计算的结果是等价的。

目前，军用机场水泥混凝土道面在飞机荷载作用下产生的应力是采用有限元法进行计算的。由于有限元法只能得到数值解，无法用公式表示出道面板的应力与飞机荷载之间的关系式。道面板的应力与飞机荷载之间的关系式可根据有限元的计算结果进行回归得到。

（1）单轮起落架

当飞机作用于道面板纵缝中点时，产生的最大应力按式（4-24）来计算。

$$\sigma_p = (5.2059 - 2.0984T_w)\left(\frac{E_c}{E_t}\right)^{0.0715} r^{1.7114} q h^{-1.3692} \tag{4-24}$$

当飞机作用于道面板横缝中点时，产生的最大应力按式（4-25）来计算。

$$\sigma_p = (4.5479 - 1.8304T_w)\left(\frac{E_c}{E_t}\right)^{0.0712} r^{1.6591} q h^{-1.3692} \tag{4-25}$$

$$r = \sqrt{\frac{p}{1\,000\pi q}}$$

上述式中：σ_p——最大荷载应力（MPa）；

h——面层板厚度（m）；

r——荷载圆半径（m）；

p——考虑动力影响后一个机轮上的荷载（kN）；

q——胎压（MPa）；

T_w——接缝传荷系数，当荷载作用在纵缝边缘时，为纵缝传荷系数 T_{wx}，当荷载作用在横缝边缘时，为横缝传荷系数 T_{wy}；

E_c——水泥混凝土弹性模量（MPa）；

E_t——基层顶面当量回弹模量（MPa）。

（2）双轮起落架

当飞机作用于道面板纵缝中点时，产生的最大应力按式（4-26）来计算。

$$\sigma_p = (5.2059 - 2.0984T_w)\left(\frac{E_c}{E_t}\right)^{0.0715} (K_{rd}r)^{1.7114} q h^{-1.3692} \tag{4-26}$$

式中：K_{rd}——双轮起落架荷载折减系数，$K_{rd} = 1 + 0.1236\left(\frac{E_c}{E_t}\right)^{-0.0235} h^{0.2664} R_1^{-1.1291} r^{-0.0454}$，$R_1$ 为双轮飞机的轮距，0.123 6、-0.023 5、0.266 4、-1.129 1、-0.045 4 为回归系数。

经有限元程序计算表明，飞机作用于道面板纵缝中点时，产生的最大应力远大于飞机作用于横缝产生的最大应力，所以当双轮飞机作用于道面板时，其临界荷位为板边纵缝中点。

(3)双轴双轮起落架

当飞机作用于道面板纵缝中点时，产生的最大应力按式(4-27)来计算。

$$\sigma_p = (5.2059 - 2.0984T_w)\left(\frac{E_c}{E_t}\right)^{0.0715}(K_{rdtx}r)^{1.7114}qh^{-1.3692} \tag{4-27}$$

式中：K_{rdtx}——双轴双轮起落架荷载折减系数，$K_{rdtx} = 1 + 0.0073\left(\frac{E_c}{E_t}\right)^{-0.0271}h^{0.2290}R_1^{-0.5565}r^{-2.0625} - 0.0845\left(\frac{E_c}{E_t}\right)^{0.0067}h^{-0.0147}R_1^{0.3109}R_2^{0.4165}$，$R_1$、$R_2$ 分别为双轴双轮飞机的轮距和轴距，0.0073、−0.0271、0.2290、−0.5565、2.0625、0.0845、0.0067、−0.0147、0.3109、0.4165 为回归系数。

当飞机作用于道面板横缝中点时，产生的最大应力按式(4-28)来计算。

$$\sigma_p = (4.5479 - 1.8304T_w)\left(\frac{E_c}{E_t}\right)^{0.0712}(K_{rdty}r)^{1.6591}qh^{-1.3692} \tag{4-28}$$

式中：K_{rdty}——双轴双轮起落架荷载折减系数，$K_{rdty} = 1 + 0.3321\left(\frac{E_c}{E_t}\right)^{0.0063}h^{0.7039}R_1^{-1.4338}r^{0.1208} - 0.0583\left(\frac{E_c}{E_t}\right)^{0.0002}h^{0.1135}R_1^{-0.4730}R_2^{1.6310}$，0.3321、0.0063、0.7039、−1.4338、0.1208、0.0583、0.0002、0.1135、−0.4730、1.6310 为回归系数。

(4)应力计算简化公式的推广

当三轴双轮荷载作用时，起落架的形式如图4-6所示，作用在板纵缝边缘中点产生的最大应力按式(4-29)计算。

$$\sigma_p = (5.2059 - 2.0984T_w)\left(\frac{E_c}{E_t}\right)^{0.0715}\left(\sum_{i=1}^{2}K_{rdti}^{1.7114} - K_{rd1}^{1.7114}\right)r^{1.7114}qh^{-1.3692} \tag{4-29}$$

式中：K_{rdti}——第 i 个双轴双轮起落架荷载折减系数；

T_w——板的纵缝传荷系数。

当双轴四轮荷载作用时，起落架的形式如图4-7所示，作用在板纵缝边缘中点产生的最大应力计算公式为：

$$\sigma_p = (5.2059 - 2.0984T_w)\left(\frac{E_c}{E_t}\right)^{0.0715}(K_{rm}r)^{1.7114}qh^{-1.3692} \tag{4-30}$$

$$K_{rm} = \left[\sum_{j=1}^{3}K_{rdtj}^{1.7114} - 2(1 + K_{rdt3}^{1.7114} - K_{rd3}^{1.7114})\right]^{1/1.7114}$$

式中：K_{rm}——多轴多轮起落架荷载折减系数；

K_{rd3}——轮距 R_{13} 对应的双轮起落架荷载折减系数，如图4-7所示；

其余符号同式(4-29)的符号意义相同。

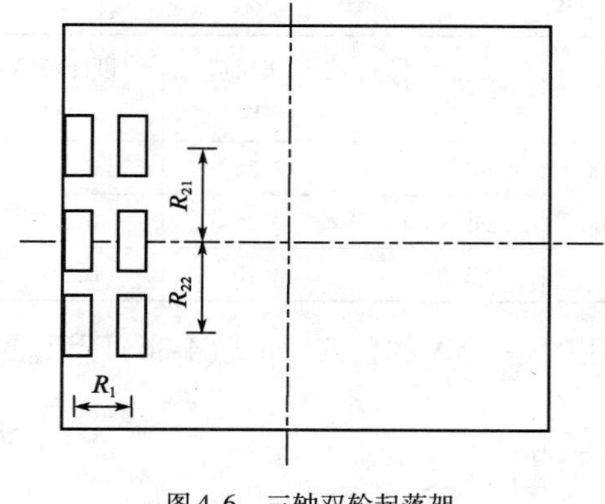

图 4-6　三轴双轮起落架
R_{2i}-轴距

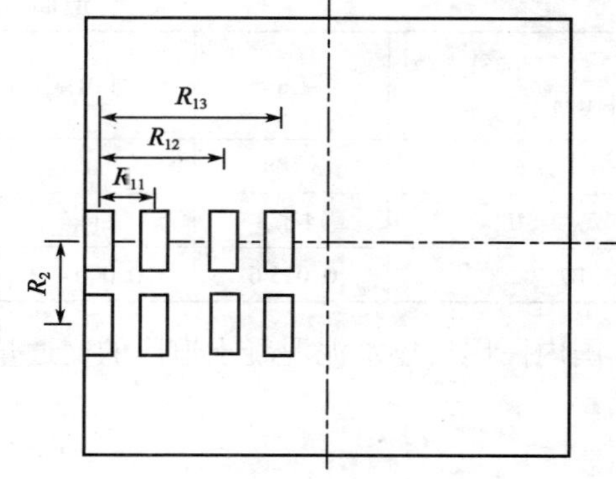

图 4-7　双轴四轮起落架

设 1 型起落架产生的荷载应力为：

$$\sigma_{p1} = (5.2059 - 2.0984t_w)\left(\frac{E_c}{E_t}\right)^{0.0715}(K_1 r_1)^{1.7114} q_1 h_1^{-1.3692} \tag{4-31}$$

2 型起落架产生的荷载应力为：

$$\sigma_{p2} = (5.2059 - 2.0984t_w)\left(\frac{E_c}{E_t}\right)^{0.0715}(K_2 r_2)^{1.7114} q_2 h_2^{-1.3692} \tag{4-32}$$

疲劳方程：

$$\lg\left(\frac{\sigma_{p1}}{f_r - \sigma_{tr}}\right) = \lg 1.25 - 0.024\lg N_1 \tag{4-33}$$

可得：

$$\frac{N_2}{N_1} = \left(\frac{K_1}{K_2}\right)^{71.31}\left(\frac{r_1}{r_2}\right)^{71.31}\left(\frac{q_1}{q_2}\right)^{41.67} \tag{4-34}$$

$$N_2 = \left(\frac{K_1}{K_2}\right)^{71.31}\left(\frac{r_1}{r_2}\right)^{71.31}\left(\frac{q_1}{q_2}\right)^{41.67} N_1 \tag{4-35}$$

式中：K_1、K_2——系数，与板厚、弹性模量、基层顶面回弹模量和起落架的尺寸有关。

当把 2 型荷载作为设计飞机时，则 1 型荷载作为拟换算飞机，式(4-35)即为不同飞机间的交通量换算公式。由式(4-35)可知，机场水泥混凝土道面交通量换算公式不仅与飞机荷载的形式有关，而且与道面结构参数有关，即不同道面结构下，飞机的交通量换算结果是不一样的。

公路自然区划 II 区拟建一个三级机场，主要供 H-6 型飞机使用，其次是供 J-8II 型飞机使用，过往飞机有 B737-200。以上三种飞机的年平均运行次数分别为 16 500、4 000、900。道面设计使用年限为 35 年。土基回弹模量 $E_0 = 38$MPa，基层大级配碎石，厚度 $h_1 = 0.25$m，$E_1 = 255$MPa。混凝土 28d 龄期弯拉强度 $\sigma_s = 5.0$MPa，弯拉弹性模量 $E_c = 36\,000$MPa。道面板的平面尺寸为 5m×5m。道面板纵向为企口缝，接缝传荷系数 $t_{wx} = 0.65$；横向为假缝，接缝传荷系数 $t_{wy} = 0.65$。按 H-6、J-8II 和 B737-200 分别作为设计飞机进行道面板厚度计算，计算结果见表 4-11。从表可以看出，采用不同飞机作为设计荷载进行道面板厚度计算，板厚都等于 0.257m，表明式(4-35)的交通量换算公式是正确的。

道面板厚度计算结果 表 4-11

设计飞机 \ 换算次数	H6	J8II	B737-200	$\sum N_i \times 30$	设计飞机应力（MPa）	设计板厚（m）
H-6	3 188	50	13 214 000	$3.965\,2 \times 10^7$	2.34	0.257
J-8II	14 873	234	61 643 000	$1.849\,8 \times 10^9$	2.25	0.257
B737-200	0.025 6	0.000 4	106	3188	3.10	0.257

国内民用机场水泥混凝土道面的交通量换算采用的是 FAA 的公式,如式(4-36)所示。

$$\lg N_{di} = \left(\frac{P_i}{P_s}\right)^{0.5} \lg \delta N_i \tag{4-36}$$

式中:N_{di}——换算成设计飞机的年平均当量运行次数;

N_i——拟换算飞机的年平均运行次数,由调查和预测确定;

P_s——设计飞机一个主轮上的荷载(kN);

P_i——拟换算飞机一个主轮上的荷载(kN);

δ——起落架构型换算系数,参照表 4-12 选用。

主起落架构型换算系数 δ 表 4-12

拟换算飞机主起落架构形	设计飞机主起落架构形	换算系数 δ
单轮	单轮	1.0
双轮	单轮	1.3
双轴双轮	单轮	2.0
两个双轴双轮	单轮	2.0
单轮	双轮	0.8
双轮	双轮	1.0
双轴双轮	双轮	1.7
两个双轴双轮	双轮	1.7
单轮	双轴双轮	0.5
双轮	双轴双轮	0.6
双轴双轮	双轴双轮	1.0
两个双轴双轮	双轴双轮	1.0
单轮	两个双轴双轮	0.5
双轮	两个双轴双轮	0.6
双轴双轮	两个双轴双轮	1.0
两个双轴双轮	两个双轴双轮	1.0

从式(4-36)可以看出,飞机间交通量换算只与飞机荷载的特性有关,而与道面结构参数无关。经过计算证明,采用式(4-36)进行交通换算,当采用不同飞机作用设计荷载时,计算出的道面板厚度是不相等的,说明式(4-36)不符合交通量换算的原则。其原因就是没有把道面结构参数的变化对交通量换算的影响考虑进去,结果造成交通量换算的不正确。

随着新一代大型飞机的出现，FAA 的水泥混凝土道面的交通量计算采用基于 miner 原理的累计损坏因子(Cumulative Damage Factor，简称 CDF)取代“设计飞机”的概念。CDF 表征的是在设计使用年限内飞机对道面的损伤程度。对于单个飞机，其年起飞次数不变时，其计算公式如下：

$$\text{CDF}=\frac{\text{荷载重复作用次数}}{\text{允许重复作用次数}}=\frac{\text{荷载重复作用次数}}{\text{允许重复作用次数}}=\frac{\text{作用覆盖次数}}{\text{允许覆盖次数}} \tag{4-37}$$

当 CDF = 1 时，道面将在到达预期的使用寿命时损坏。

当 CDF < 1 时，道面在到达预期的设计使用寿命时，还有剩余的使用寿命。

当 CDF > 1 时，道面将在预期的设计寿命前损坏。

不同机型的 CDF 可以根据 Miner 定律进行叠加：

CDF = CDF1 + CDF2 + CDF3 + ⋯

在计算时，在道面上 820in(20 828mm)宽度内，把道面划分成宽度为 10in(254mm)的条带，以条带为单位分别计算通行—覆盖率。设计时，在 82 个条带中采用最大的 CDF。对于同样的起落架构型，不同的主起落架轮辙在每个 10in(254mm)的条带上的通行—覆盖率是不同的，可以减少最大 CDF 的效应。当飞机处于最小应力或应变时，在设计厚度中可以产生低的影响，这取决于轮辙的相互距离和作用次数。

对于柔性道面，基层的损坏模式是剪切破坏，机轮宽度的效应取决于基层的顶面。影响线从接触边缘经 1∶2 的线到达基层顶面，如图 4-8 和图 4-9 所示。机轮的相互作用取决于影响线的重叠。

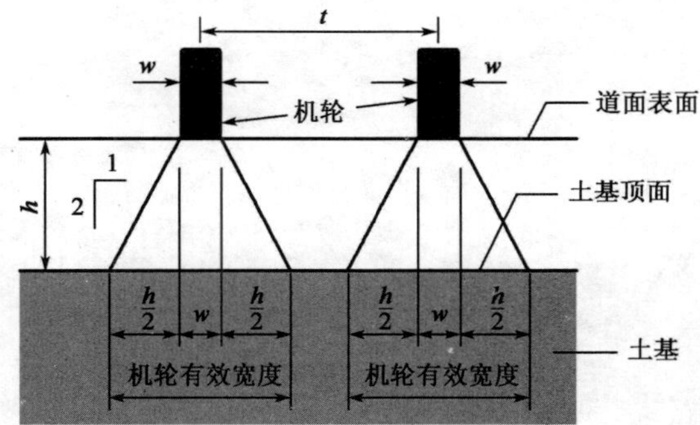

图 4-8　机轮影响线没有重叠

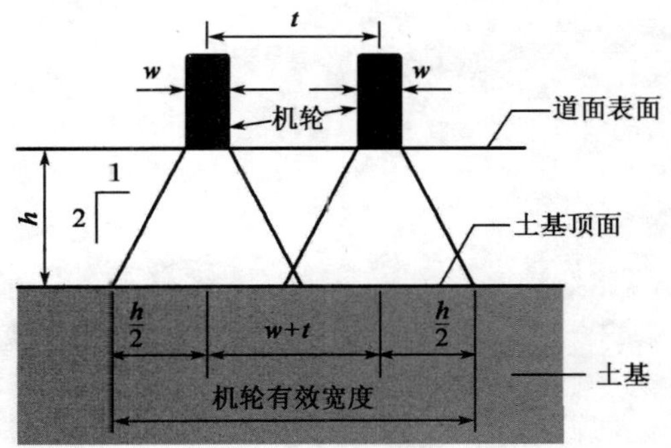

图 4-9　机轮影响线重叠

CDF 计算结果的举例说明如下。

滑行道道面结构参数为基层顶面反应模量 k = 141pci(38.4MN/m^3)，等效于弹性模量 E：15 000psi(103.42MPa)。水泥混凝土道面板厚 15.2inches(386mm)，P-306 半刚性基层厚 6inches(152mm)，P-209 碎石底基层厚 6inches(152mm)。道面设计为供使用的飞机为：B747-200B，重 836 000b(379 203kg)，年作用次数 1 200 次；B777-200ER，重 657 000b(298 010kg)，年作用次数 1 200 次；DC8-63/73，重 358 000b(162 386kg)，年作用次数 1 200 次。每个飞机通过道面产生的 CDF 和累计的 CDF 如图 4-10 所示。每个飞机的 CDF 值主要取决于其年作用次数和通过的质量。

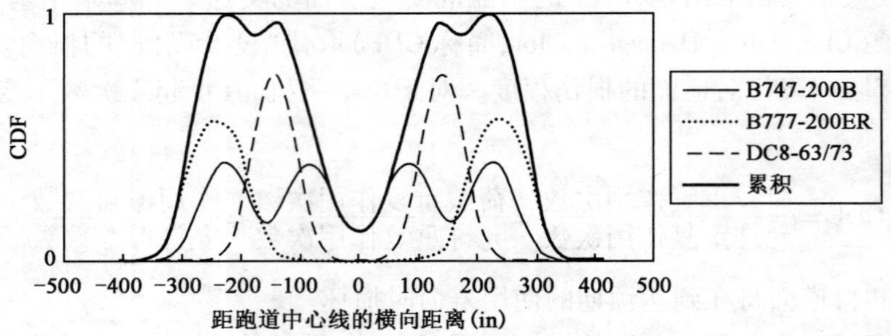

图 4-10 混合交通时 CDF 的计算实例

思 考 题

1. 简述飞机在跑道上的轮迹分布特点和表示方法。
2. 简述运行次数与作用次数之间的关系。
3. 如何对飞机交通量进行预测?
4. 如何表征飞机起落架的构型特征?
5. 简述交通量换算的原理和方法。
6. 简述军用机场沥青混凝土道面交通量换算方法。
7. 简述民用机场水泥混凝土道面交通量换算方法。

第五章 道面体系的温度状况和气候分区

道面结构完全处于自然环境的影响中，经受着持续变化的自然环境的影响。实践表明，很多道面受到自然因素的破坏比遭受所施加的机轮荷载的破坏更为严重。因此，道面必须能够抵抗各种自然因素的破坏力。

自然因素对道面体系的影响主要表现在温度和湿度两个方面。道面体系的温度和湿度状况随周围自然因素的变化而变化。这些变化使得道面体系的材料性质和状态发生相应地改变。

道面材料和土基的体积变化随道面体系内温度和湿度的变化而变化。由于温度和湿度沿深度呈不均匀分布，不同深度处的体积变化是不同的。当这种不均匀的体积变化受到各种因素而不能实现时，道面结构内便会产生附加的内应力，即温度和湿度应力。

组成道面结构的材料的力学性质随温度和湿度的变化而变化，将使道面结构设计时的材料计算参数的选取复杂化。各种材料随温度、湿度而产生的物理状态的不断变化，则会使道面结构即使没有受到机轮荷载的破坏作用，也会在自然因素的影响下逐渐损坏；或者在机轮荷载叠加影响下，使道面损坏速率加快。为此，在进行道面结构分析和设计时，应考虑自然因素的影响。其中以自然因素影响下道面体系内的温度和湿度状况变化为主。温度的状况主要讨论道面面层结构内的变化，湿度状况则以土基为主。

第一节 道面的温度状况及计算

一、温度变化规律

裸露在地表的道面表面，与周围大气不间断地进行着热交换。由太阳直接照射到道面表面的直接辐射和大气介质从各个方向投射到道面表面的散射辐射组成的太阳总辐射，一部分被道面表面反射到大气，余下部分则被道面吸收而增加其温度。大气对道面表面和道面表面对大气发出的长波辐射构成了有效辐射，它使道面表面释放部分热量。同时，大气介质与道面表面的温度差异会引起对流形式的热交换。在大气辐射和对流的影响下，进出道面表面的热量，通过道面介质的热传导作用，沿深度方向向下传递，使道面不同深度处的温度发生变化。

辐射热和气温在一天内发生着周期性的变化。通过热交换和热传导，道面内不同深度处的温度也相应地在一天内发生周期性的变化。图 5-1 所示为夏季晴天情况下水泥混凝土面层不同深度处温度的日变化观测结果。

图 5-2 显示了夏季晴天的情况下沥青混凝土面层温度的日变化观测结果。图中显示的结果表明，道面温度的周期性起伏同大气温度的变化几乎是同步的。由于部分太阳辐射热被道面所吸收，因而道面的温度较气温高。图 5-1 中水泥混凝土道面顶面最大温度要比最高气温高出 14℃左右。由于热量通过介质的热传导逐渐向面层的深处传递，不同深度处的温度日变

化曲线的波动幅度随深度而衰减，其峰值出现的时间也随深度而越来越滞后，面层底面与顶面的相位差可滞后4h左右。在图5-2中沥青道面面层温度则高出气温23℃左右。面层结构内不同深度处的温度同样随气温而呈现出周期性变化，但起伏的幅度则随深度的增加而减少，其峰值也随深度增加而越来越滞后出现。

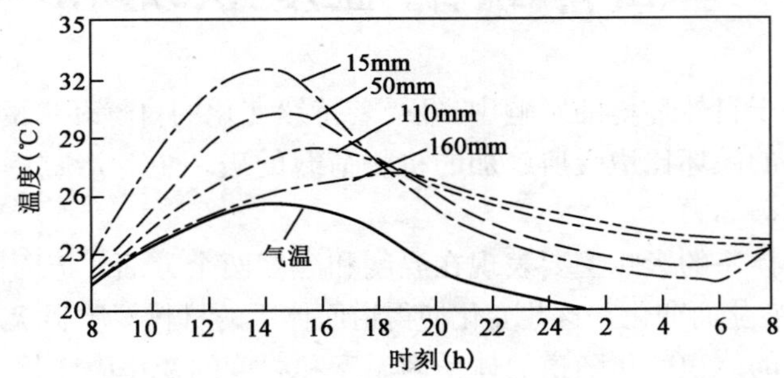

图5-1　水泥混凝土面层温度日变化曲线

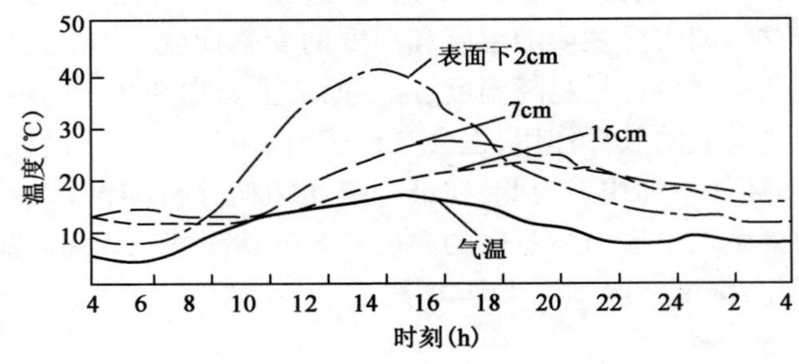

图5-2　沥青面层温度日变化曲线

道面结构内温度随深度变化的情况，可以更明显地从一天不同时刻和道面温度沿深度分布的曲线图中看出。图5-3为水泥混凝土面层的观测结果。板内温度沿深度一般呈曲线分布。顶面和底面的温度坡差(或称温度梯度)，在一天内经历了由负(顶面温度低于底面温度)到正(顶面温度高于底面温度)再到负的循环变化。温度梯度通常在早晨某一时刻(图5-3中为8:00)接近于零，午后某一时刻(图5-3中为14:00)正温差达到最大值，而在凌晨某一时刻(图5-3中为3:00~5:00)负温差达到最大值。

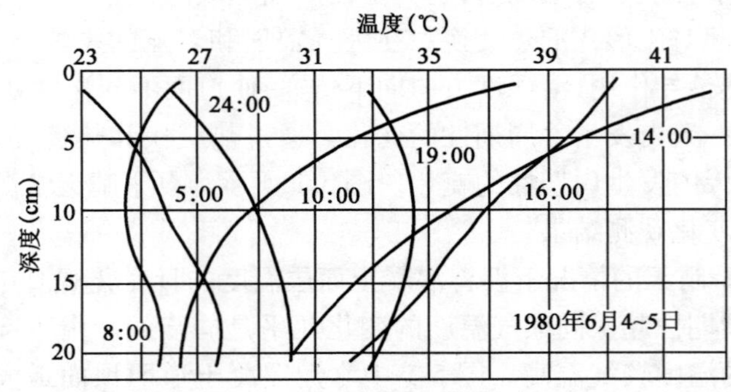

图5-3　一天内不同时刻沿水泥混凝土面层深度的温度变化曲线

二、温度状况的预估

决定道面结构内温度状况的因素有外部因素和内部因素两类。外部因素主要是气候条件，诸如太阳辐射（日照和云量）、气温、风速、降水量和蒸发量等。其中，太阳辐射和气温是决定道面温度状况的主要因素。射到道面的短波辐射热（太阳直接辐射和大气散射辐射），一部分被道面反射掉，余下部分则被道面所吸收而增高其温度。大气和道面发生的长波辐射，构成了道面的再辐射，使道面放出部分热量。大气和道面之间的温度差异，引起对流热的交换。风的作用加强了对流，使道面丧失了部分热量。降水和随后的蒸发都会显著地降低由日照所增加的道面温度。

内部因素则为道面各结构层的热传导率、热容量（比热）和对热辐射的吸收能力等。热传导率是单位温度梯度下在单位时间内垂直通过单位面积断面的热量，其值同材料的结构、孔隙率和湿度有关。热容量系指使单位质量的物质产生单位温度变化时所需要的热量。材料的热传导率或热容量越高，则产生的温度梯度越低。水泥混凝土和沥青混凝土的热性参数列于表5-1。

几种材料的热特性参数　　表5-1

材　　料	辐射热吸收能力 b (%)	热传导率 k [W/(m·℃)]	热容量 S [J/(kg·℃)]
沥青混凝土	88～95	1.214～3.099	837～921
水泥混凝土	60～65	0.921～3.475	921～1 046
水泥稳定土*	—	0.544～1.172	837

注：*表示土颗粒越粗，k值越大。

道面结构的温度状况，可以通过在外部和内部影响因素之间建立联系的方法来预估。通常使用的方法有两类，即统计法和理论法。

1.统计法

统计法是在道面结构层的不同深度处埋设测温元件，连续观测年循环内不同时刻该处的温度变化。同时，收集当地的气象资料，包括气温和辐射热等。然后，对道面结构的观测温度和各气象因素进行逐步回归分析，选择符合显著性检验要求的因素，分别建立不同深度处各种道面温度指标的回归方程。利用这些统计资料，就可以根据以往的气象资料来预估道面结构内的温度状况。

温度应力分析时，主要关心的温度状况参数是最大温度梯度值。建立温度预估模型时，可直接选取最大温度梯度作为预估参数，或者选取顶面温度作为因变量，而后通过热传导解析式计算确定面层内温度沿深度的分布以及最大温度梯度值。影响道面温度状况的气象要素（自变量），则可选择太阳日辐射量、日气温差、日最高气温、14:00（或15:00）时的气温等。各地温度观测点依据温度观测数据和当地气象资料，按统计分析建立了相关性良好的经验关系式，列于表5-2。

各温度观测点建立的道面温度状况预估关系式样　　表 5-2

地　点	回归关系式	相关系数	标准差
南苑机场	$T_{t,m} = -1.5099 + 1.1295T_a^{14} + 0.0141Q$	0.85	3.65
首都机场	$T_{t,m} = 7.8 + 0.904T_a^{14} + 0.011Q$	0.95	—
天水机场	$T_{t,m} = 1.092T_a^{14} + 7.494$	0.98	3.68

注：$T_{t,m}$ 为顶面温度，(℃)；Q 为太阳日辐射量（Cal/cm²），1Cal = 4.1868J；T_a^{14} 为 14:00 时的气温。

2. 理论预估法

由大气进入道面表面的热流，向道面结构的深处传导。对于长度和宽度方向均较结构层厚度大的道面结构来说，可以近似地假设为仅向深处的一维热传导。由于道面各结构层材料的导热性能差别不很大（表 5-1），因而可近似地将道面结构简化为均质半无限体。按上述假设，混凝土道面的温度场可由均质半无限体的一维热传导偏微分方程确定：

$$\frac{\partial^2 T}{\partial z^2} = \frac{\rho S}{k}\frac{\partial T}{\partial t} \tag{5-1}$$

式中：T——温度场（℃），是 z 和 t 的函数；

z——距道面表面的深度（m）；

t——时间（s）；

ρ——面层材料的密度（kg/cm³）；

S——面层材料的热容量[J/(kg·℃)]；

k——面层材料的热传导率[W/(m·℃)]。

均质半无限体热传导方程的解须满足道面表面和无限深处的两项边界条件。道面表面边界条件，可按不同的已知情况建立。

①如果已知道面表面温度随时间变化的函数 $f(t)$，则应满足的条件式为 $z=0$ 时，则有：

$$T(0,t) = f(t) \tag{5-2}$$

②如果仅知道大气温度随时间变化的函数 $f_1(t)$，则应满足的条件式为 $z=0$ 时，则有：

$$-k\frac{\partial T}{\partial z} = B_c[f_1(t) - T(0,t)] \tag{5-3}$$

式中：B_c——道面表面的放热系数[W/(m²·℃)]。

③如果已知的是进入道面表面的热流量 $q(t)$，则应满足的条件式为 $z=0$ 时，则有：

$$-k\frac{\partial T}{\partial z} = q(t) \tag{5-4}$$

而另一项无限深处的边界条件，须满足有界条件为 $z\to\infty$ 时，则有：

$$T(\infty,t) \neq \infty \tag{5-5}$$

(1)已知道面表面温度

Thomlison 认为道面表面的温度 $T(0,t)$ 可以假设为随时间呈正弦变化，则有：

$$T(0,t) = T_0\sin\frac{\pi t}{12} \tag{5-6}$$

式中：t——时间（h）；

T_0——道面表面温度变化的半波幅。

以上式边界条件代入热传导方程,可求得不同深处的温度场。

$$T(z,t) = T_0 e^{-zC} \sin\left(\frac{\pi t}{12} - zC\right) \tag{5-7}$$

式中:$C=\sqrt{\dfrac{\pi}{24\alpha_T}}$,其中:$\alpha_T=\dfrac{k}{\rho S}$。

(2)已知大气温度函数

美国 E. S. Barber 把影响道面的温度的两项主要气象因素——气温和辐射热,综合成一种当量的有效温度 T_e,假设它随时间呈正弦周期性变化,则有:

$$T_e = T_M + T_v \sin\frac{\pi t}{12} \tag{5-8}$$

式中:T_M——有效温度平均值(℃),见式(5-9);

T_v——同平均有效温度的最大偏差(℃),可按式(5-12)近似取用;

t——从温度周期起点的起算时间(h)。

$$T_M = T_A + R \tag{5-9}$$

式中:T_A——日气温平均值(℃);

R——日辐射热使平均气温增高到平均温度的平均增量(℃),估计有效辐射使辐射热量的损失约为1/3,则计算公式见式(5-10)。

$$R = \frac{0.67bQ}{24h_c} \tag{5-10}$$

式中:b——道面对辐射热的吸收能力(%);

Q——太阳日辐射热(J/m^2);

h_c——考虑到对流和再辐射的表面系数(对流系数)[$W/(m^2 \cdot ℃)$],可按式(5-11)近似采用。

$$h_c = 7.37 + 2.46v^{0.75} \tag{5-11}$$

式中:v——平均风速(km/h)。

$$T_v = 0.5T_R + 3R \tag{5-12}$$

式中:T_R——气温的日变化幅度(℃)。

C 为道面材料特性综合参数,计算公式见式(5-13):

$$C = \sqrt{\frac{\pi S\rho}{24k}} \tag{5-13}$$

并且假设道面结构为半无限体($z\to\infty$ 时,$T\neq0$),根据这些条件解出式(5-1)的方程,得到道面内的温度场:

$$T = T_M + T_v \frac{H}{\sqrt{(C+H)^2 + C^2}} e^{-zC} \sin\left(\frac{\pi t}{12} - zC - \arctan\frac{C}{C+H}\right) \tag{5-14}$$

式中:T_M——平均有效温度(℃),见式(5-9);

T_v——同平均有效温度的最大偏差(℃),可按式(5-12)近似取用;

t——从温度周期起点的起算时间(h);

H——对流系数与面层材料传导率的比值,即 $H=h_c/k$;

C——道面材料热特性综合参数，$C=\sqrt{\dfrac{\pi Sr}{24k}}$。

由式(5-14)，根据气象资料(如日辐射热、日平均气温、日温差、平均风速等)和道面材料的热特性参数(如热传导率、热容量、辐射热吸收能力等)，就可确定单面层内的温度状况。

计算道面的最高温度时，以 $z=0$ 和正弦函数值为 1 代入式(5-14)，可得简化式为：

$$T_{\max}=T_{\mathrm{M}}+R+\frac{H}{\sqrt{(C+H)^{2}+C^{2}}}(0.5T_{\mathrm{R}}+3R) \tag{5-15}$$

Barber 公式主要适用于估算道面表面的温度变化。但由于面层下各结构层传热性能的变化对面层上部的温度状况影响很小，此公式也可用于估算面层接近表面深度范围内的温度状况。图 5-4 为按上述方法估算的结果同实测值相对比的情况。可以看出，道面温度状况可以根据气象资料和材料热特性参数估算出相当满意的结果。

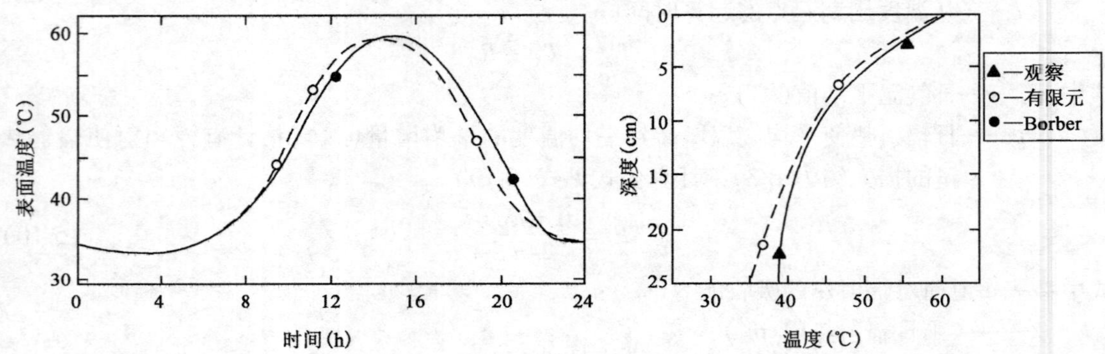

图 5-4 25cm 厚沥青混凝土面层的实测温度同估算温度的比较

($T_{\mathrm{A}}=30.8$℃，$T_{\mathrm{R}}=19.4$℃，$Q=2\,976\mathrm{J/cm^2}$，$v=16\mathrm{km/h}$，$S=837\mathrm{J/kg\cdot ℃}$)

3. 最大温度梯度的预估

选取面层厚度为 22cm 时的最大温度梯度作为温度状况的预估值，选用太阳日辐射量、日最高气温和日温差作为气象因素变量，在综合整理各温度观测点的测试数据的基础上，将它们调整到具备基本相同的条件后，通过逐步回归分析，分别选用显著性高的自变量，建立二元和一元的回归关系式。

$$T_{\mathrm{g,m}}=0.086+0.034\Delta T_{\mathrm{a}}+0.000\,267\,5Q\quad(r=0.845,s=0.103) \tag{5-16}$$

$$T_{\mathrm{g,m}}=0.109+0.000\,272\,3Q\quad(r=0.843,s=0.104) \tag{5-17}$$

式中：$T_{\mathrm{g,m}}$——最大温度梯度(℃/cm)；

ΔT_{a}——日气温差(℃)；

Q——太阳日辐射量($\mathrm{J/cm^2}$)。

上述两式具有相近的相关性和标准差。以全国 56 个气象观测站历年的日辐射量和日气象差资料代入上式后，可以得到相应各年的最大温度梯度，并进而推算到这些观测站点处 2% 频率的最大温度梯度值。按这些观测点所处的公路自然区划归类后，分别提出了各自然区划水泥混凝土面层标准厚度(22cm)的最大温度梯度,如表5-3所示。

各公路自然区划最大温度梯度 $T_{g,m}$ 推荐值(单位:℃/cm)　　表5-3

自然区划	Ⅱ、Ⅴ	Ⅲ	Ⅳ、Ⅵ	Ⅶ
$T_{g,m}$	0.83~0.88	0.90~0.95	0.86~0.92	0.93~0.98

注:1. 海拔高的取高值,空气湿度大的取高值。
2. 面层标准厚度为22cm。

对于厚度不足22cm的面层,可利用热传导解析式推算不同深度(即板厚)处的温度梯度值,将它们同标准厚度的梯度值相比较后,得到不同面层的最大温度梯度修正系数 α_h。此修正系数乘以标准厚度的最大温度梯度,即为该厚度的最大温度梯度推荐值。按上述方法得到的最大温度梯度修正系数 α_h 值列于表5-4。

不同面层厚度的最大温度梯度修正系数 α_h　　表5-4

面层厚度(cm)	16	18	20	22	24	26	28	30	32	34	36	38	40
修正系数 α_h	1.17	1.11	1.05	1.00	0.94	0.89	0.84	0.79	0.75	0.71	0.67	0.63	0.59

4. 多层体系温度场

多层道面体系的温度场,由于各结构层材料的热特性参数不同,须为各层分别建立热传导方程。例如,对于第 i 层路面结构层,其热传导方程为:

$$\frac{\partial^2 T_i}{\partial z^2} = \frac{\rho_i S_i}{k_i} \frac{\partial T_i}{\partial t} \tag{5-18}$$

多层层面接触良好时,则接触面上、下两层层面的温度和热流量应相等,即在层面边界上的温度函数应满足连续条件:

$$\begin{cases} T_i = T_{i+1} \\ k_i \dfrac{\partial T_i}{\partial z} = k_{i+1} \dfrac{\partial T_{i+1}}{\partial z} \end{cases} \tag{5-19}$$

严作人推导了双层和三层路面体系的热传导方程在满足路表边界条件式(5-3)和层间连续条件时的温度场解析解。应用此解析解分析基层、垫层对混凝土面层温度梯度影响的结果表明,由于常用基层材料的热特性参数与混凝土材料的参数差别不很大,基层对混凝土面层最大温度梯度的影响十分有限,采用双层或三层体系与采用均质半无限体的分析结果非常接近。因而,前面采用均质半无限体假设推导出的路面温度场解析式以及最大温度梯度理论计算式也可应用于多层道面体系。

对于层间接触不良的多层路面体系,例如设置夹层(如油毡等隔离层)的分离式混凝土加铺层,由于接触面上存在热阻,层间边界上的温度函数应满足的边界条件便变为:

$$\begin{cases} k_i \dfrac{\partial T_i}{\partial z}_i = \dfrac{1}{R_e}(T_{i+1} - T_i) \\ k_i \dfrac{\partial T_i}{\partial z} = k_{i+1} \dfrac{\partial T_{i+1}}{\partial z} \end{cases} \tag{5-20}$$

式中：R_e——热阻[(m^2·℃)/W]。

热阻值与夹层的厚度成正比，而与夹层材料的热传导率 k 成反比。它的存在，可使其上层的温度波幅增大，温度梯度减少。

第二节 沥青路面温度场随各因素变化的规律分析

一、温度分布

机场道面与公路道面在同一地区所受到的自然因素的作用是一样的，它们的温度分布也是一样的。可以用路面的温度场来反映道面的温度场。为了研究道面温度场随各内外因素变化的规律，以吉林长春地区夏天 6 月份和冬天 1 月份典型气候条件进行分析，气候条件见表 5-5。

气候条件 表 5-5

月份	T_{max}(℃)	T_{min}(℃)	Q_r(mJ/m^2)	v(m/s)	yl	c
6	30.0	15.0	25.0	2.0	0.0	11.0
1	−10.0	−20.0	10.0	2.0	0.0	7.0

注：T_{max} 为日最高气温(℃)；T_{min} 为日最低气温(℃)；Q_r 为太阳辐射日总量(mJ/m^2)；v 为日平均风速(m/s)；yl 为日总云量；c 为日照时数。

除非特别说明，路面结构和各计算参数均按下列说明取值。

计算的路面结构为：15cm 沥青混凝土面层 + 20cm 水泥砂砾石基层 + 30cm 二灰土下基层，以下是中液限黏土土基。

取路面表面对辐射的吸收率 $\alpha_s = 0.88$，本节中除非另外说明，路面结构各层有材料参数取值为：导热系数分别为 $\lambda_1 = 1.0$W/(m·℃)，$\lambda_2 = 1.2$W/(m·℃)，$\lambda_3 = 1.1$W/(m·℃)，$\lambda_4 = 1.0$W/(m·℃)，导温系数分别为 $\alpha_1 = 0.002\,2$m/h，$\alpha_2 = 0.002\,8$m/h，$\alpha_3 = 0.002\,6$m/h，$\alpha_4 = 0.003\,0$m/h。

根据上述参数，对路面结构不同深度的温度场日变化过程进行计算，计算结果见图 5-5 ~ 图 5-8。

图 5-5 和图 5-6 所示 6 月份温度分布曲线，清楚地表明沥青路面表面温度的日波动量最大约为 40℃；在 5cm 深处温度的日波动量最大约为 20℃；而在沥青面层底部的日波动量约为 11℃；在 30cm 深处的水泥砂砾基层中，温度日波动量最大约为 5℃；在 40cm 深处的二灰土下基层中，温度日波动量只有 2℃左右。

从图 5-7 和图 5-8 所示 1 月份温度分布曲线可见，沥青路面表面温度的日波动量最大约为 20℃；在 5cm 深处温度的日波动量最大约为 11℃；在沥青路面底部温度日波动量最大约为 6℃；在上基层中部的日波动量最大约为 3℃；在下基层中，日波动量不超过 1.5℃。

不同深度及不同结构层之间的温度分布曲线存在着相位差，相对于表面而言，5cm 深度的温度分布曲线的相位差约为 1h；沥青底部相位差约为 5h；在 40cm 的底基层中，温度达到最大值的时间一般在 0 点前后，其相位差约为 12h。

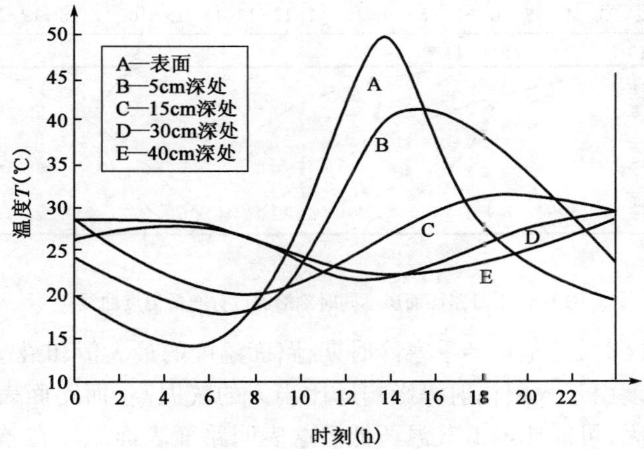

图5-5　6月路面结构各深度的温度日变化过程

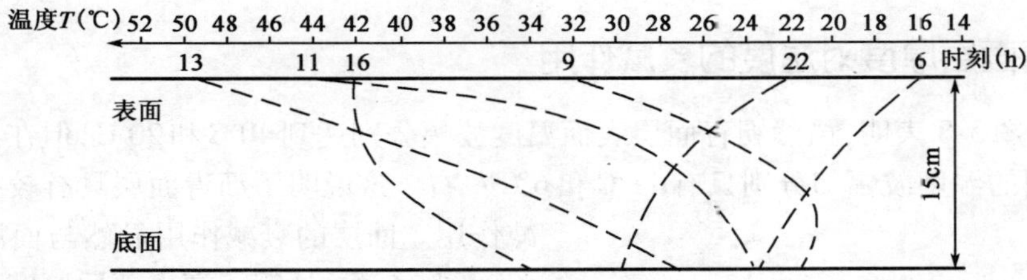

图5-6　6月路面面层不同时刻沿深度分布的温度曲线

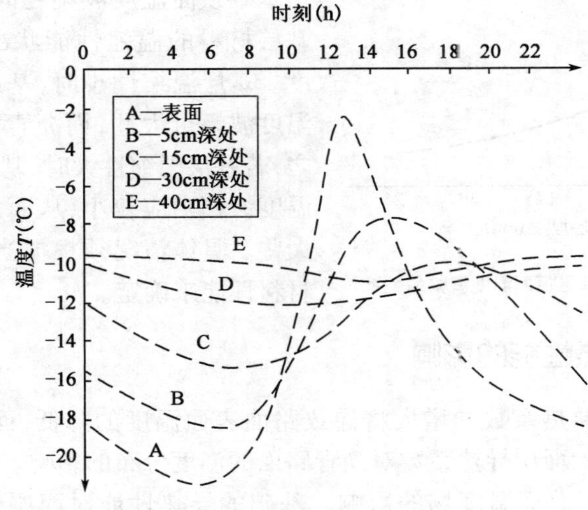

图5-7　1月路面结构各深度的温度日变化过程

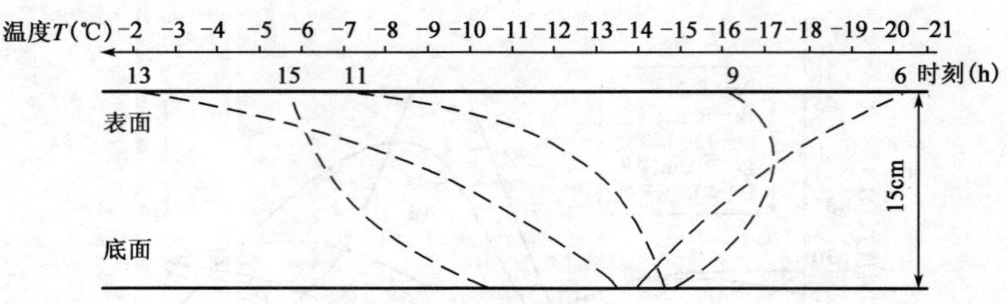

图 5-8 1 月路面面层不同时刻沿深度分布的温度曲线

无论是在夏季温暖时,还是在冬季寒冷时期,路面温度的最大值和最小值均在路面表面达到。路面表面最高温度由于太阳辐射等影响远比当天的气温高,而路面表面最低温度由于夜间路面表面放热的原因,可能比最低气温还低。这表明路面表面温度在整个路面温度场中具有控制意义。

由于太阳辐射,路面表面最高温度一般出现在最大太阳辐射后 2h,通常在下午 1:00 ~ 3:00之间;而路面表面最低温度一般在清晨 5:00 左右达到。

二、沥青面层厚度对温度的衰减作用

图 5-6 和图 5-8 表明,虽然沥青面层表面温度波幅分别达到 40℃和 20℃,但在沥青面层底部和基层顶面的温度波幅却分别只有 11℃和 6℃左右。这说明了沥青面层具有较好的温度衰减作用。面层的衰减作用显然与面层的厚度有关。图 5-9 中,计算了沥青面层厚度与基层顶面温度的关系。

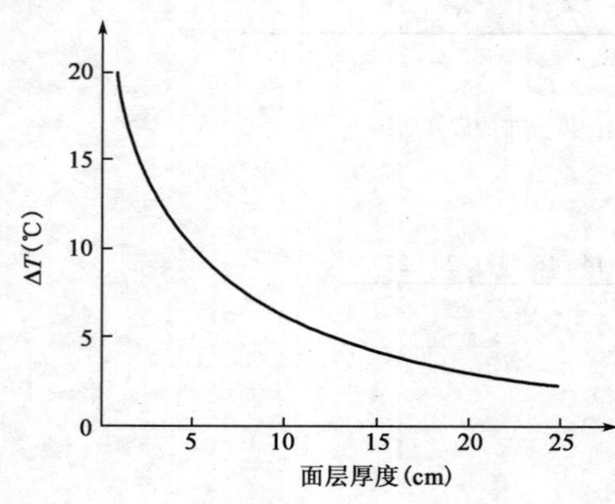

图 5-9 沥青面层厚度与基层顶面温度波幅的关系

在沥青路面温度场分析中,弄清面层厚度与基础顶面温度波幅之间的关系,有助于根据基层材料的温缩性能状况来设计沥青面层厚度。基层温缩性小时,基层顶面允许的不开裂温度波幅可大些,而沥青面层厚度应小些。反之,若基层温缩性大时,基层顶面允许的不开裂温度波幅则应较小,从而沥青面层厚度应设计大些。具体情况须根据当地的气候条件、路面材料性能来确定。

三、路面材料导热性能的影响

(1)沥青面层材料导热系数的增大将导致路面表面温度的降低,面层底面的温度升高。图 5-10 中,比较了不同的面层导热系数对沥青路面的温度分布的影响。

(2)基础导热性能对路面温度场的影响。基础的导热性能对面层的温度分布有明显影响,并且当沥青面层为薄层(通常小于 12cm)时,基础导热性能的变化将明显影响路面表面温度的变化。基层导热系数小,将导致沥青面层的温度升高;基层导热系数大,则导致沥青面层的温度降低。随着面层厚度的增加，虽然基层的导热性能对路面表面温度的影响逐渐减小以至可忽略不计，但其却能明显影响沥青面层邻近基层部分的温度分布，且基层导热系数减小将使其温度升高。

根据有关试验，常用的几种半刚性基层材料的导热性能相差不大。由于它们的导热性能的差别对沥青面层的温度分布产生的影响不大，面层较厚时，这一影响可忽略不计。

分别对沥青面层厚度为 8cm 和 15cm 时垫 10cm 煤渣（导热系数 0. 43，导温系数 0. 002 8）的情形进行计算，结果绘于图 5-11 和图 5-12 中。

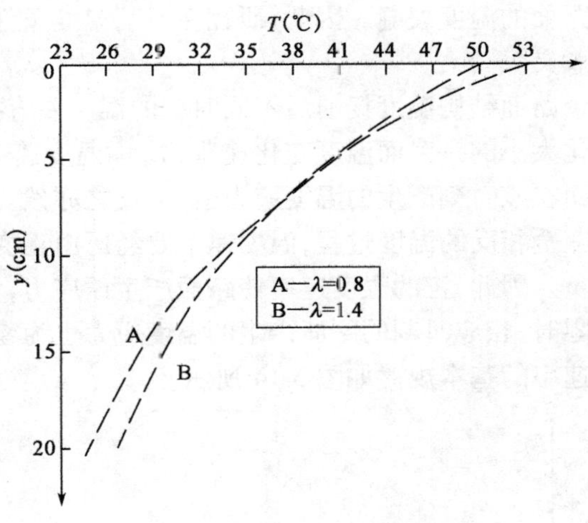

图 5-10　面层导热系数对温度场的影响

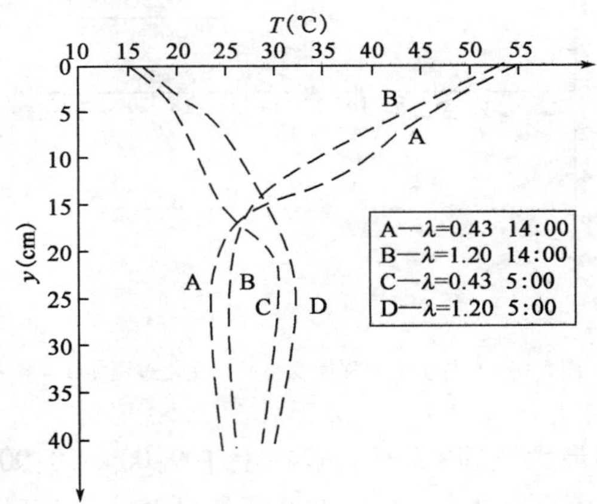

图 5-11　面层厚度为 8cm 沥青的温度分布

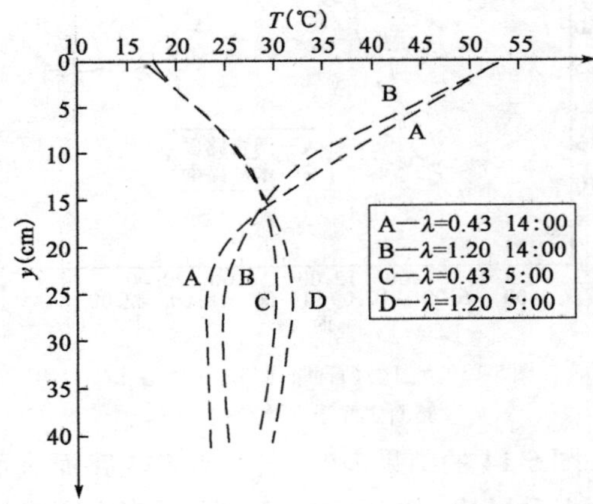

图 5-12　面层厚度为 15cm 沥青的温度分布

（3）影响路面表面温度的因素。太阳辐射热的强弱、风速的大小及天空云层状况对路面温度分布状况等有着极为重要的影响。在沥青路面温度场中，路面表面温度的变温速率和温度梯度均达到最大值。因此，路面表面温度在路面温度场的研究中具有控制意义。

（4）为了与沥青混凝土路面作比较，以水泥混凝土路面情况进行了计算。路面表面对太阳辐射的吸收 α 取为 0.63，导热系数 λ 为 1.4W/m · ℃，导温系数取为 0. 003 0m²/h。假设水泥混凝土面层厚度为 22cm，其下垫 20cm 二灰碎石和 30cm 的二灰土。以表 5-5 中 6 月份的气候条件为例，计算结果如图 5-13 所示。

图 5-13 的结果表明，在同一气候条件下，沥青路面的温度要比水泥混凝土路面温度要高，即日温度变化加速度要大。因此，沥青路面设计时更有必要考虑路面的温度状况对沥青路面的影响。

四、温度速率

降温是沥青路面产生温缩裂缝的最直接起因。降温速率和降温持续时间都将明显影响沥青路面的温度裂缝。因此,研究在不利温度条件下,沥青路面的降温速率及其日过程具有重要的意义。

路面结构温度场前后不同时刻的温度差直接决定温度应力的大小,而表征这一时刻温度变化大小的是路面温度变化速率(简称温度速率)。温度速率大,则这一时刻前后温度差大,从而在该时刻产生的温度应力也大,反之亦然。由于在一天内,路面结构要经历升温和降温两个完全相反的温度过程,温度速率要经历由正变负的过程,路面升温时温度速率为正,降温时为负。因此,正的温度速率使路面产生压应力,负的温度速率使路面产生拉应力,而温度速率为零时,相应时刻的路面产生的温度应力也为零。典型路面温度场不同时刻和不同深度的温度速率的基本规律如图 5-14 所示。

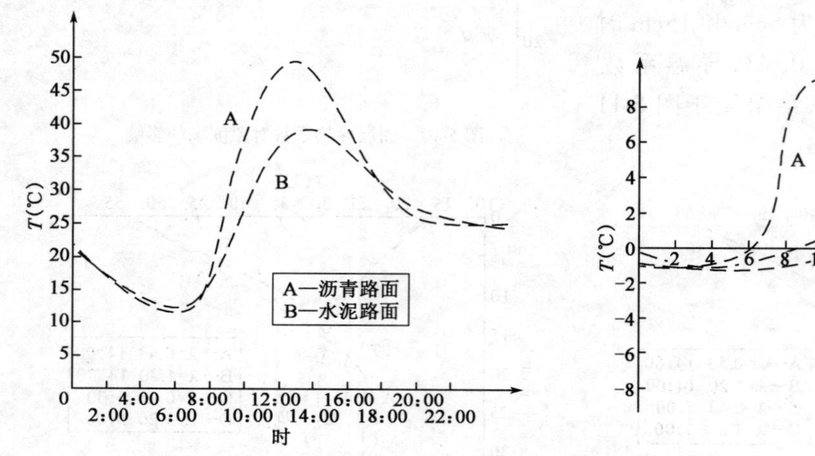

图 5-13 6 月份沥青路面与水泥混凝土路面表面温度的影响

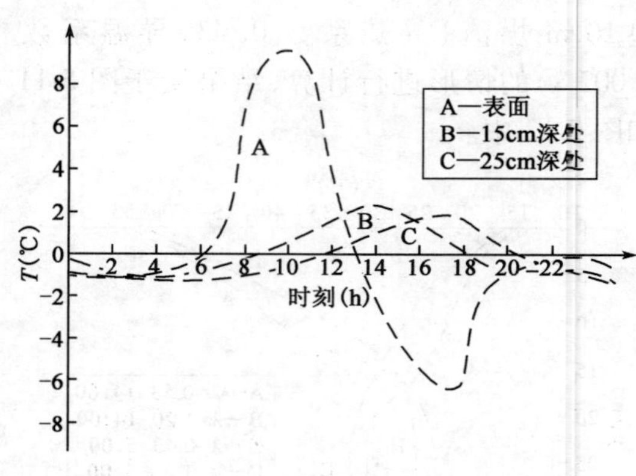

图 5-14 6 月份不同深度变温的日变化过程曲线

图 5-14 的结果表明:温度速率在路面表面达到最大值,晴天时一般在上午 9:00 ~ 10:00 温度上升最快,在 16:00 ~ 17:00 温度下降最快。随着深度的增加,温度速率逐渐减少。在基层和底基层中部,温度速率已很小。这一情况也从另一个侧面说明了导致沥青路面开裂的主要原因是沥青面层本身的温缩,此外,路面升温速率明显大于路面降温速率。

从前面的讨论可见,外界气温、太阳辐射、风速、云量及路面材料的热工参数均会影响温度速率的大小。

气温变化是影响路面温度速率的最重要因素。气温变化急剧时,路面温度速率较大,反之则较小。因此,初冬季节的大幅度连续降温过程应引起注意。

太阳辐射对沥青路面的温度速率也有影响。太阳辐射强烈时,路面升温和降温的逗率较大;而太阳辐射小时,路面升温和降温的速率较小。

风速对路面的温度速率有重要影响。风速大,升温速率减少,降温速率增大。因此,大风将明显影响沥青路面的温度开裂。风速大,则沥青路面较易产生温度裂缝。值得注意的是,我国北方地区初冬季节的连续降温过程总是伴随着大风。因此,应对大风降温过程中沥青路面的温度速率着重进行研究。

天空的云量状况对温度速率也有影响。总云量大的日子,温度变温的速率的最大值明显小于天空晴朗的辐射日的变温速率。

由于路面材料的导热和导温性在温度变化不大的范围内是相对稳定的，所以路面材料的导热性能对数温度速率的影响在土木工程范围内几乎忽略不计。

五、温度梯度

1. 温度梯度的分布

同一时刻不同深度处路面温度存在的温度差称为温度梯度。一般当上面的温度大于下面的温度时，称为正温度，反之称为负温度。由于白天路面表面的最高温度与其下面某一深度的温度差远大于夜间路面表面最低温度下面某一深度的温度差，故最大正温度梯度一般比最大负温度梯度的绝对值大。因此，正温度梯度是刚性路面设计的主要依据。

显然，路面结构的温度应力不仅与温度速率有关，还与沿深度变化的温度梯度有关。与板块结构的水泥混凝土路面不同，沥青路面所关心的并非是在某温度梯度作用下水泥混凝土板产生的翘曲应力，而是由此产生的温度拉应力及在此应力作用下路面是否开裂和开裂的规律。

对不同深度的温度梯度的日变化过程的计算结果如图 5-15 和图 5-16 所示。

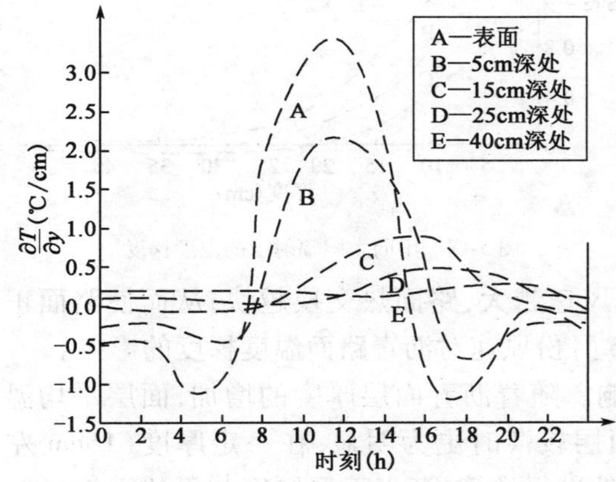

图 5-15　6 月份沥青路面不同深度处温度梯度的日变化过程曲线

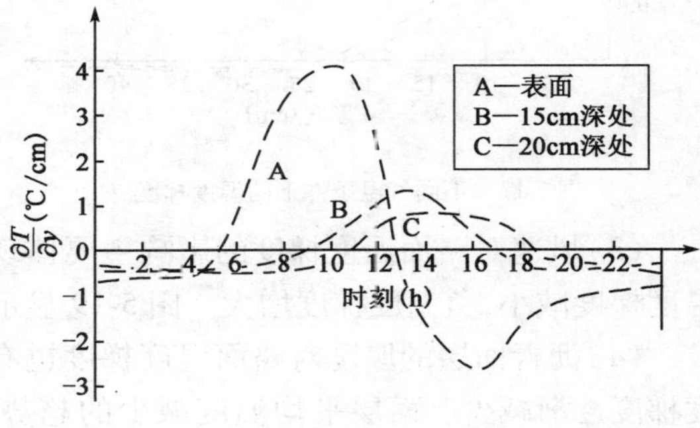

图 5-16　1 月份沥青路面不同深度处温度梯度的日变化过程曲线

计算表明，路面表面温度梯度的波幅最大，最大正温度梯度在上午 11:00 左右达到，最大负温度梯度在下午 5:00 左右达到，随着深度增加，温度梯度的波幅越来越小。在沥青路面的底部温度梯度的波幅约为 1℃/cm；基层和底基层温度梯度的波幅不足 0.5℃/cm。一日中白天最大正温度梯度远比夜间最大负温度梯度大。夏季最大正温度梯度远比冬季最大正温度梯度大。冬季最大负温度梯度远比夏季最大负温度梯度大。

2. 温度梯度及其影响因素

影响沥青路面温度梯度的因素主要有外界气温、太阳辐射、风速、总云量、路面结构厚度及路面材料的导热性能等。

（1）外界气温高于地温时是路面表面热流向下传导的原因，平均气温对路面温度梯度有重要影响。平均气温高出地温越多，路面向下传导的热量越大越快，从而路面的温度梯度越大。对同样的高温气候条件，出现在 5 月份要比出现在 6 月份产生更大的温度梯度，因为 6 月份地温较高。以 6 月份气候条件为例，对不同气候条件下路面的温度梯度进行了计算，结果如

图 5-17 所示。图中曲线 A 是采用日最高、最低气温分别为 30℃和 15℃进行计算；曲线 B 是采用日最高、最低气温分别为 20℃和 13℃进行计算。

(2)太阳辐射对路面温度梯度有很大的影响。在太阳辐射强烈的日子里，沥青路面会产生很高的路面表面温度，从而加速了路面热流向下传导。太阳辐射越大，路面温度梯度越大；在阴雨天，太阳辐射越小，路面温度梯度也相对较小。仍以 6 月份气候条件为例，对太阳辐射分别为 25.0MJ/m² 、15.0MJ/m² 和 5.0MJ/m² 时的路面温度梯度进行了计算，结果如图 5-18 所示。

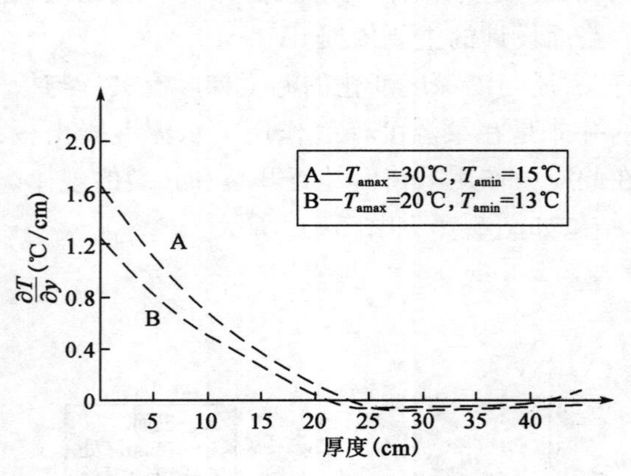

图 5-17 不同气温条件下的温度梯度

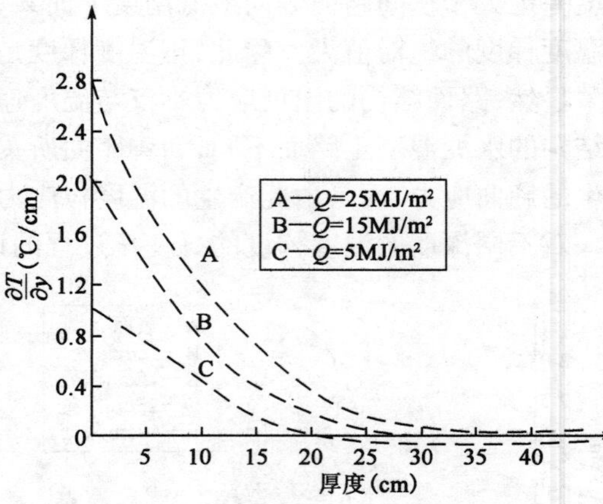

图 5-18 不同太阳辐射下的温度梯度

(3)风速对路面温度梯度的影响主要体现在：风速越大，路面热交换越快，从而使路面正温度梯度减小，负温度梯度增大。图 5-19 显示了 6 月份风速对沥青路面温度梯度的影响。

(4)沥青面层的厚度对路面温度梯度也有影响。随着沥青面层厚度的增加，面层平均温度梯度逐渐减少。面层平均温度减少的趋势在面层较薄时更为明显，在一定厚度(16cm 左右)以后，该趋势趋于稳定。以 6 月份气候计算条件进行计算，沥青面层厚度与平均温度梯度的关系如图 5-20 所示。

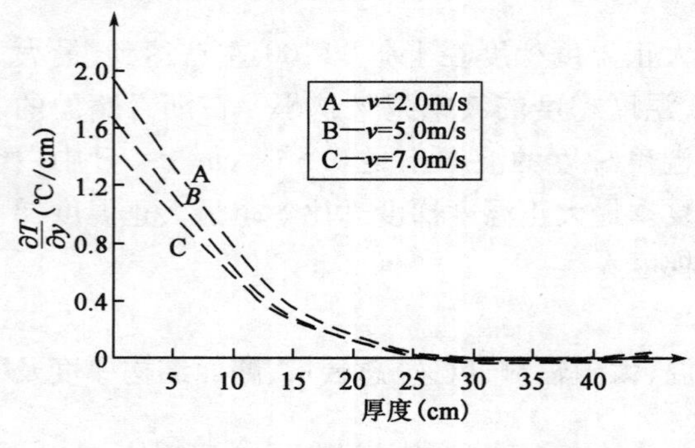

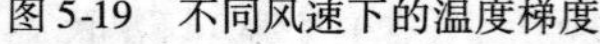
图 5-19 不同风速下的温度梯度

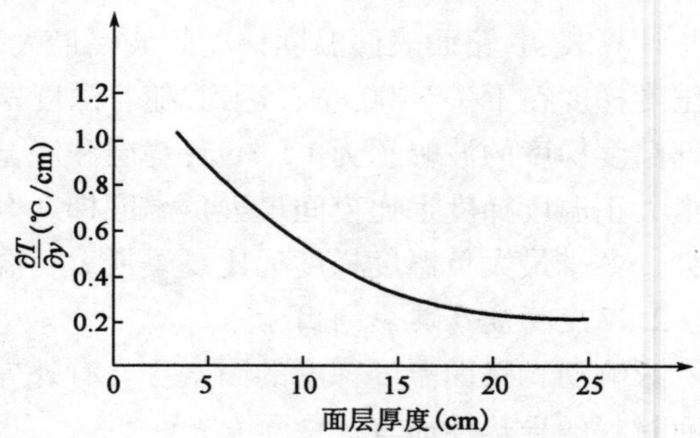

图 5-20 沥青面层厚度与平均温度梯度的关系

(5)路面材料导热系数对沥青路面温度梯度的影响。随着沥青面层导热系数的增大，温度梯度逐渐减少。图 5-21 是以 6 月份气候计算条件进行计算的结果，它表明了沥青面层导热系数与面层平均温度梯度的数量关系。

基层的导热系数对沥青路面温度梯度有明显的影响，但这一影响随着沥青面层厚度的增加而逐渐减少。对基层的导热性能对沥青面层平均温度梯度的影响进行计算，结果如图5-22所示，计算结果表明，当沥青面层下垫煤渣等隔温层时，能明显减少路面温度梯度，随着基层导热系数的增加，路面温度梯度逐渐增大。

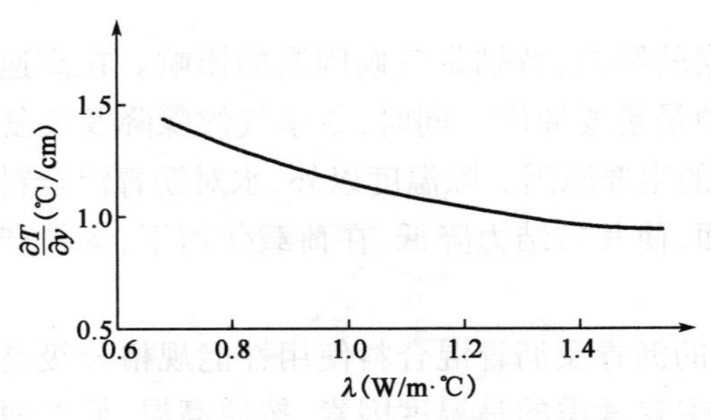

图5-21　面层导热系数对面层平均温度梯度的影响

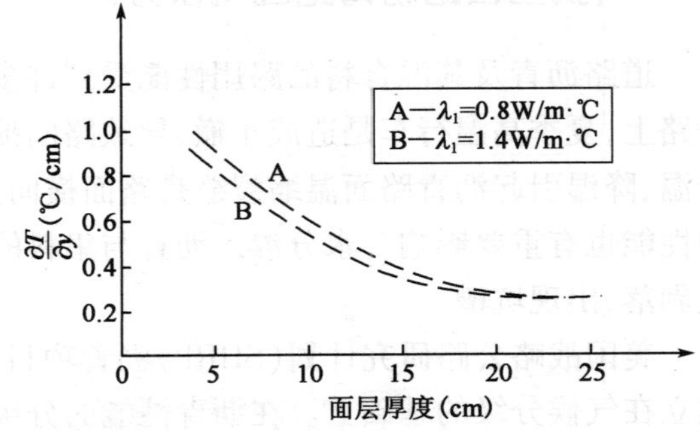

图5-22　基层导热系数对面层平均温度梯度的影响

根据温度梯度与温度应力呈正比关系，温度梯度大时，路面温度应力也大，而温度应力大则意味着沥青路面开裂的可能性大。可见薄面层易产生温度裂缝，适当增加沥青面层厚度对减少路面裂缝很有好处，但达到一定厚度(16～18cm)以后，继续增加面层厚度对减少路面裂缝并没有明显的作用。

(6)土基对路面温度场也有影响。表现在不同的土基类型的热容量相差较大，如冻胀性土的热容量较大[约为0.737卡/(cm·℃)]，而难冻胀性土的热容量较小[约为0.432卡/(cm·℃)]。土基的热容量大，则导热系数也大，传递给路面的热量也大，从而对路面温度场的影响较大。由土基传递给路面的热量，在冬季前后，将使路面温度梯度增大。这意味着，在热容量大的土基上沥青路面较易产生温度裂缝。因此，铺筑在难冻胀性土基上的路面比铺筑在易冻胀性土基上的路面的温度裂缝少。其他调查也表明，设置在砂基层上的路面测试裂缝少，而在黏性土和亚黏性土上的路面裂缝较多。

(7)为与水泥混凝土路面进行比较，对沥青路面和水泥混凝土路面在同一气候条件下的温度梯度进行计算，结果如图5-23所示。结果比较表明，在同一气候条件下，沥青路面的最大温度梯度比水泥混凝土路面的温度梯度大。这一情况在春夏季节太阳辐射强烈的日子更为突出，而在冬季前后两者差距较小，但是对这两种不同的路面结构类型，温度梯度对路面的影响也是大不相同的，板块结构的水泥混凝土路面是完全弹性的；而沥青面层材料是黏弹性的，在高温状态下模量很低且具有良好的应力松弛性能。因此，尽管夏季前后，沥青路面的温度梯度远大于水泥混凝土路面，但由此产生的温度应力是非常小的。

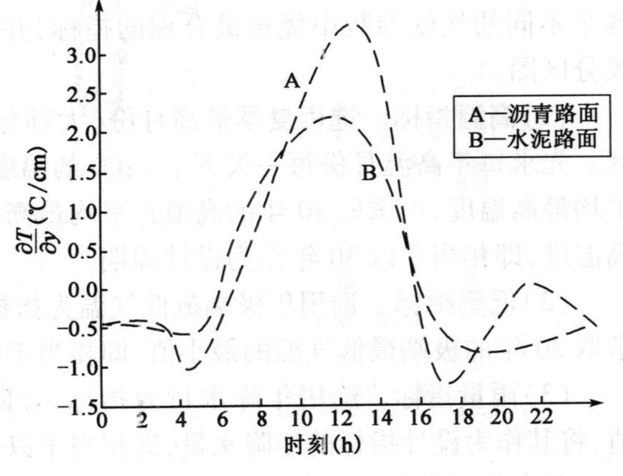

图5-23　6月份沥青路面与水泥路面温度梯度的比较

(4)1-4 夏炎热冬温区。在秦岭山脉、四川盆地以南,因有高山围绕,阻滞北方冷空气的入侵,夜间云量又多,地面辐射冷却效应大为减弱,是我国同纬度上冬季最暖的地方,也是我国雨量最多的地方。

二、我国民用机场沥青道面气候分区

在确定沥青道面结构层组合、道面材料及其设计标准时,应结构机场所在的气候分区综合考虑。气候分区可分为沥青道面结构气候分区和材料气候分区。

1. 沥青道面结构气候分区

按机场所在地的平均冻结指数分为:重冻区($F \geqslant 2\,000$℃·d),中冻区($2\,000 > F \geqslant 800$℃·d),轻冻区($800 > F \geqslant 50$℃·d)和未冻区。冻结指数是指在一个冻结期内,日平均气温为负值数的逐日累积值。

当平均冻结指数为 2 000℃·d 时,机场道面的冻深为 1.9~2.2m,此时应选用冻胀率较小的填料,道面基层会产生 30~40mm 的冻胀值,基本满足道面土基允许冻胀值。当平均冻结指数小于 800℃·d 时,机场道面的冻深不超过 0.7m,此时道面基层即使采用冻胀率稍大的填料,冻胀值也较小。

2. 沥青道面材料气候分区

(1)按机场所在地最热月日最高气温的平均值分为:夏炎热区($T > 30$℃)、夏热区(20℃ $< T \leqslant 30$℃)、夏凉区($T \leqslant 30$℃)。

(2)按机场所在地冬季极端日最低气温分为:冬严寒区($T \leqslant -37$℃)、冬寒区(-37℃ $< T \leqslant -21.5$℃)、冬冷区(-21.5℃ $< T \leqslant -9$℃)和冬温区($T > -9$℃)。

3. 气候分区指标的计算方法

(1)高温指标的计算步骤

①选择当地的气象数据为研究对象,通过当地气象台站获得每月份逐日最高气温。

②求取统计年限内每月的日最高气温的平均值,以日最高气温平均值最高的月份作为该年的最热月。

③求取统计年限内最热月日最高气温的平均值,作为设计高温分区指标。

④依据统计年限内最高气温的统计数据,计算 99% 可靠度下的日最高气温作为极端高温温度的参考值。

(2)低温指标的计算步骤

①选择当地 12 月至次年 2 月的昌最低气温为研究对象,通过当地气象台获得最低气温。

②求取统计年限内的平均最低气温,作为设计参考值。

③依据统计年限内日最低气温的统计数据,计算 99% 可靠度下的日最低气温作为设计低温分区指标。

(3)特殊情况修正

①对 99% 日极端高温超过 38℃ 的地区以及飞机流量特别多的机场,可将高温气候区提高一级或两级。

②对经常发生寒潮、寒流、降温迅速及日温差较大的地区可将低温气候提高一级。

思 考 题

1. 简述水泥混凝土道面温度的分布特点。
2. 简述沥青混凝土道面的温度变化特性。
3. 分析沥青道面结构的各个因素是如何影响沥青道面体系的温度状况的。
4. 简述我国公路沥青路面气候分区的确定方法。
5. 简述我国民用机场沥青道面气候分区的确定方法。

第六章　土基与基层

土基是道面的最下层，承受着由面层传下来的飞机荷载和上部结构的自重。没有一个坚实、均匀、稳固的土基，即便是有一个很坚固的面层，道面结构在飞机作用下也会很快发生破坏。水泥混凝土道面和沥青道面的很多损坏现象都与土基的强度和稳定性有关。土基的过大变形，会导致水泥混凝土道面板出现断裂、唧泥等损坏现象。对于沥青道面会产生车辙、沉陷、裂缝等损坏。基层是沥青道面的主要承重层，是提高沥青道面结构强度的主要层次。

本章主要讨论土基的强度和基层的技术要求。

第一节　土基的强度

土基的力学表征取决于采用何种地基模型表示土基的受力状态和性质。目前，世界各国在进行道面结构设计时广泛采用三种方法表示土基的强度，即用回弹模量 E_0、泊松比 μ_0 和反应模量 CBR（加州承载比）来表示土基的强度。

一、回弹模量 E_0

回弹模量能较好地反映土基所具有的弹性性质，所以，可以用回弹模量 E_0 表示土基在瞬时荷载作用下的可恢复变形性质。我国军用机场道面和公路路面，都是以回弹模量作为土基的强度指标。为了模拟机轮（或轮胎），通常都以圆形承载板压入土基的方法测定回弹模量。

用于测定土基回弹模量的承载板可分为柔性和刚性两种。用柔性承载板测定土基回弹模量时，土基与承载板之间的接触压力为常量，见图 6-1a）。即：

$$q(r) = \frac{P}{\pi a^2} \tag{6-1}$$

式中：$q(r)$——承载板与土基的接触压强（MPa）；

P——作用在承载板上的总荷载（MN）；

a——承载板半径（m）。

承载板的挠度 $l(r)$ 与坐标 r 有关，在承载板中心处（$r=0$），其挠度可以用式（6-2）计算：

$$l(r)_{r=0} = \frac{2pa(1-\mu_0^2)}{E_0} \tag{6-2}$$

式中：l——承载板的挠度（m）；

r——计算点距承载板中心的距离（m）；

p——承载板与土基的接触压强（MPa）；

其余符号意义同上。

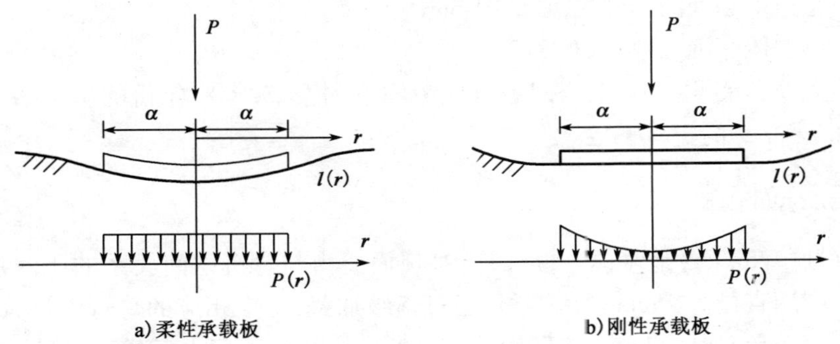

图 6-1　土基在圆形荷载作用下的压力与挠度分布图

在柔性板边缘处($r=a$),其挠度可以用式(6-3)计算:

$$l(r)_{r=a}=\frac{4pa(1-\mu_0^2)}{\pi E_0} \tag{6-3}$$

因此,当测得承载板中心或边缘处的挠度时,一般情况下土基的泊松比 μ_0 变化不大,可以认为是已知值,即可通过式(6-2)和式(6-3)反算得到土基的回弹模量值。

用刚性承载板测定土基的回弹模量值时,承载板上的挠度是相同的,不随坐标 r 变化。但是板底的接触压力是随 r 值变化的,成鞍形分布,见图 6-1b),承载板上的挠度 l 值和承载板下的接触压力 $p(r)$ 值可按式(6-4)和式(6-5)计算。

$$l=\frac{2pa(1-\mu_0^2)}{E_0}\cdot\frac{\pi}{4} \tag{6-4}$$

$$p(r)=\frac{1}{2}\cdot\frac{pa}{\sqrt{a^2-r^2}} \tag{6-5}$$

测得刚性承载板的挠度之后,即可按式(6-4)反算土基回弹模量 E_0。

在实际测定中,刚性承载板用得比较多,因为它的挠度比较容易测定,压力较易控制。

在现场实测法确定土基回弹模量时,在已建成土基上,在不利季节,通过承载板对土基逐级加载、卸载的方法,测出每级荷载下相应的土基回弹变形值(土基回弹变形量对一般土基测至 0 ~0.5mm,软弱土基测至 1.0mm)。按式(6-6)计算土基回弹模量。

$$E_0=1\,000\times\frac{\pi D}{4}\frac{\sum P_i}{\sum L_i}(1-\mu_0^2) \tag{6-6}$$

式中:E_0——土基回弹模量(MPa);

D——承载板直径,30cm;

μ_0——土的泊松比,取 0.35;

P_i、L_i——各级压强(MPa)和与其相对应的回弹变形值(0.01mm)。

当采用弯沉仪测定土基弯沉值时,可按式(6-7)计算土基回弹模量值 E_{01}。

$$E_{01}=1\,000\times\frac{2p\delta}{l_0}(1-\mu_0^2)\alpha_0 \tag{6-7}$$

式中:p、δ——测试车单轮轮胎接地压强(MPa)与当量圆半径(cm);

l_0——轮隙中心处的回弹弯沉,0.01mm;

α_0——均匀体弯沉系数,取0.712。

当在非不利季节实测土基回弹模量时,应考虑不利季节、不利年份的影响,宜将实测回弹模量值乘以0.7~0.9的折减系数。

二、土基反应模量

采用文克勒(Winkler)地基模型,反映土基顶面压力与弯沉之间关系的比例常数,即为土基反应模量。应用直径为75cm的承载板,通过逐级加载,测定相应的总弯沉量l,得到荷载与弯沉曲线。按弯沉量$l=1.27$mm(或压力$p=70\text{kN/m}^2$)处的压力或弯沉值,由下式确定土基的反应模量k。

$$k = \frac{p}{l} \tag{6-8}$$

当承载板直径改用30cm时,可按下述经验关系将试验结构转换为75cm直径的承载板的反应模量。

$$k_{75} = 0.4k_{30} \tag{6-9}$$

为了得到荷载与弯沉曲线,逐级加载的顺序如表6-1所示。

逐级加载的顺序

表6-1

承载板的压强(MPa)	0.000	0.034	0.069	0.103	0.137	0.172	0.206
荷载(kN)	0.00	15.46	30.93	46.39	61.85	77.31	92.76

试验时,弯沉测定改用回弹弯沉值,则可按式(6-10)计算得到回弹反应模量k_r。它与反应模量k之间的经验关系式为:

$$k_r = 1.77k \tag{6-10}$$

三、加州承载比CBR

加州承载比CBR是美国加利福尼亚州提出的一种评定土基和基层材料承载能力的方法。承载能力以材料抵抗局部荷载压入变形的能力来表征,并用标准碎石的承载能力为标准,以相对值的百分数表示CBR值。

(一)试验方法

CBR室外内试验装置如图6-2所示。在直径15.24cm的金属筒内,放入12.07cm高的试样。试样按施工时的含水率和密实度在试筒内制备,并将试样浸水四昼夜,以模拟土基的最不利状态。为模拟道面结构对土基的作用,在试样浸水过程中及压入试验时,在其顶面放加环形砝码,其大小根据道面结构状况确定,但不得小于45.3N,通常情况下采用111.2kN。压入的金属圆柱压头底面积为19.35cm^2。

试验时,荷载按试件顶面每分钟压入变形0.127cm的速度施加,记录每压入0.254cm时的单位压力p值,直至压入变形量达到1.27cm时为止。标准碎石的承载力由试验测得,列于表6-2。

标准碎石的承载力　　表6-2

贯入值(cm)	0.254	0.508	0.762	1.016	1.276
标准压力(MPa)	7.03	10.55	13.36	16.17	18.23

CBR 按下式计算：

$$\mathrm{CBR} = \frac{p}{P_0} \times 100\% \tag{6-11}$$

式中：p——试件材料在一定贯入值情况下的单位压力(MPa)；

P_0——标准碎石在相同贯入值情况下的单位压力(MPa)。

计算 CBR 值的贯入值在一般情况下取 0.254cm，当贯入值为 0.254cm 的 CBR 值小于贯入值为 0.508cm 的 CBR 值时，应当采用后者为准。

CBR 值可直接在野外测定。试验方法基本上与室内试验相同，但其压入试验直接在土基表面上进行。试验装置如图 6-3 所示。野外试验所得的 CBR 值有时与室外内试验值不一致，这与试验时两者的侧面限制不完全相同有关，这对粒颗粒材料影响大些。对于黏性土只要含水率和密实度相同，试验结果是一致的。应该注意的是室内试验时试件是饱水的，而野外试验时土基是处于施工时的湿度状态。因此，应对含水率进行修正，才能建立两者之间的关系。

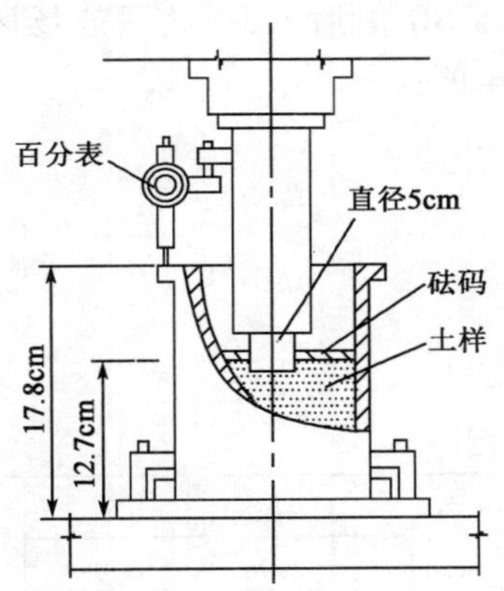

图 6-2　测定 CBR 室内试验装置

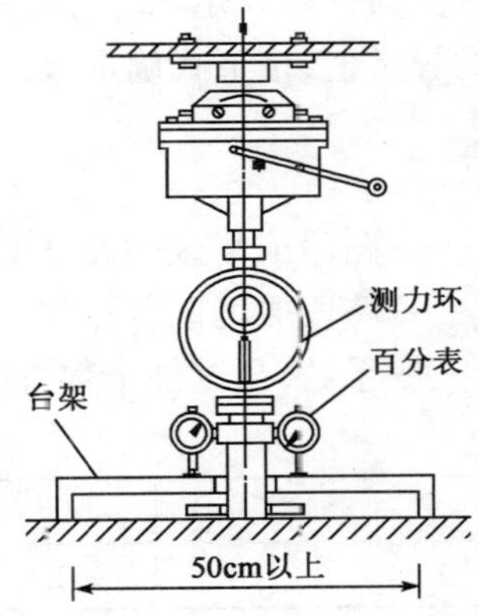

图 6-3　CBR 野外试验装置

影响土基 CBR 值的主要因素是土的类别、密实度和含水率。在狭长的公路路基上及面积较大的机场道面土基上，不同部位测得的 CBR 值一般是不相同的。为此，需求出有代表性的 CBR 值作为路段或场区的设计 CBR 值。

(二)设计 CBR 值的确定

为求得设计 CBR 值，需要进行预备调查和 CBR 试验。

1. 预备调查

预备调查主要是搜集地形、地质资料和以往的土质调查资料，了解地下水和地面水的状况，并做土基用土或者取土坑的土工试验。

土工试验的目的：对于取土坑，主要是评价土的均匀性和用作土基土的适用性；对于原有道路或挖方地区，主要调查土基土的现状和扰动时性质的变化等。土工试验应在采集 CBR 试样前进行，以确定采集试样的位置和数量。通常土质变化少的路段或场区，CBR 试验可少做些;反之,应多做些。但是,无论路段多长,即使土质较均匀,CBR 试样的采集也应不少于 3 处。CBR 试样的采集:在取土坑处,应在不同的深度取几个试样;在挖方地段,应在土基表面和表面下 1m 深范围内,根据土质变化情况,在不同深度取几个试样,采集的试样应密封处理,以保持原有的含水率。

2. 某点处 CBR 值的确定

对采集的试样,逐个进行 CBR 试验。某点处的 CBR 值按下式求出:

$$CBR_m = \left(\frac{h_1 CBR_1^{\frac{1}{3}} + h_2 CBR_2^{\frac{1}{3}} + \cdots + h_n CBR_n^{\frac{1}{3}}}{100}\right)^3 \tag{6-12}$$

式中: CBR_m——所求点 CBR 的加权平均值;

CBR_1、CBR_2、…、CBR_n——分别为各层土的 CBR 值;

h_1、h_2、…、h_n——分别为各层土的厚度(cm),$h_1 + h_2 + \cdots + h_n = 100$cm。

通常,把层厚不足 20cm 的土层,合并到上下其他的层次里再计算 CBR 的平均值。当发现中间某层的 CBR 值较低时,说明土基上部有软弱夹层,采用上述 CBR 平均值是偏于不安全的,为安全起见,应选用软弱层的 CBR 值,或者采取工程措施,如稳定处理、换土等。

3. 设计 CBR 值的确定

通过预备调查和 CBR 试验,按式(6-12)求出各点的 CBR 值后,去掉路段或场区内各点 CBR 值中的异常值,按下式确定该路段或场区的设计 CBR 值:

$$CBR_s = CBR_p - \frac{CBR_{max} - CBR_{min}}{C} \tag{6-13}$$

式中:CBR_s——路段或场区的设计 CBR 值;

CBR_p——路段或场区各点的 CBR 值的算术平均值;

C——系数,与试件个数有关,见表 6-3。

C 值表 表 6-3

个数(n)	2	3	4	5	6	7	8	9	≥10
C	1.41	1.91	2.24	2.48	2.67	2.83	2.96	3.08	3.18

【例 6-1】 在某路段求 7 处的 CBR 值是分别 4.8、3.9、4.6、5.9、4.8、7.0、3.3。这些 CBR 值的平均值是 4.9,最大值是 7.0,最小值是 3.3,C 值由表 6-3 查得为 2.83。这段路基的设计 CBR 值为:

$$CBR_s = 4.9 - \frac{7.0 - 3.3}{2.83} = 3.6,\text{取为}3$$

关于是否可舍弃异常值的判断方法,用下面例子说明(查表 6-4)。

用于判断舍弃异常值的 $r(n,0.05)$ 值 表 6-4

n	3	4	5	6	7	8	9	10
$r(n,0.05)$	0.941	0.765	0.642	0.560	0.507	0.468	0.437	0.412

【例 6-2】 当 CBR 的最大值特别大时的判断。

在路基土大致均匀的路段内,得到 6 处 CBR 值,将其按大小的次序排列如下:12.2、6.2、5.5、5.2、4.8、4.4。

由表6-4查得 $r(6,0.05)=0.560$。

$$r=\frac{x_n-x_{n-1}}{x_n-x_1}=\frac{12.2-6.2}{12.2-4.4}=0.77>0.560$$

因而,把12.2舍弃,设计CBR值成为:

$$CBR_s=5.2-\frac{12.2-6.2}{2.48}=4.5,取4$$

【例6-3】 当CBR的最小值特别小时的判断。

将5处CBR的测定值,按大小的次序排列如下:5.2、4.8、4.7、4.3、2.4。

$$r=\frac{x_n-x_{n-1}}{x_n-x_1}=\frac{4.3-2.4}{5.2-2.4}=0.678>0.642=r(5,0.05)$$

因而,把2.4舍弃,设计CBR值成为:

$$CBR_s=4.75-\frac{5.2-4.2}{2.24}=4.35,取4$$

由于没有考虑到不同气候区域中土基湿度变化的不同情况,土样在浸水4昼夜后对粉砂土湿度大,而对黏性土则湿度小,因而对黏性土试验的CBR值可能较高,而砂性土则较低。实际上土基中土的状态与试验时试样的状态(浸水4昼夜)是大不相同的。此外,该方法未考虑面层类型对土基CBR值的影响,认为CBR值与面层无关。当面层为高级路面时,土基强度安全系数偏大,增加了面层厚度。最后还应指出,CBR试验不够稳定,平行试验的差别很大,给试验工作增加了难度。

四、强度指标之间的关系

在AC150/5320-6中,通过对道面结构的非破损测试,根据FAARFIELD的计算和试验结果建立起 E、K 和CBR值之间的关系。

反算的土基弹性模量与CBR之间的关系如下:

$$E_0=10.342CBR \tag{6-14}$$

式中:CBR——加州承载比,以百分数表示;

E_0——反算的土基回弹模量(MPa)。

对于柔性道面和加厚层设计时,分析时需要CBR。可用式(6-14)反算的土基弹性模量估计CBR。对刚性道面评估和加厚层设计,需要用反应模量 k 进行分析。反应模量 k 可用反算的土基弹性模量估计,见式(6-15)。

$$E_0=0.17926\left(\frac{k}{0.27145}\right)^{1.284} \tag{6-15}$$

式中:k——土基的反应模量(MN/m^3);

E_0——反算的土基回弹模量(MPa)。

第二节　土基的干湿类型

土基的强度和稳定性与土基的干湿状态有密切的关系,并在很大程度上影响道面结构设计。土基的相对含水率应在最不利季节实测土基上部80cm(即道槽底面以下80cm)范围内,每10cm土层取一土样，测定其天然含水率和液限含水率，按下式计算道槽底面以下80cm深度内的算术平均相对含水率。

$$\overline{w_x} = \sum_1^8 \frac{w_{xi}}{8} \times 100\% \tag{6-16}$$

式中：$\overline{w_x}$——道槽底面以下80cm深度内的算术平均相对含水率（%）；

w_{xi}——第 i 层土的相对含水率，见式（6-17）。

$$w_{xi} = \frac{w_i}{w_{Li}} \tag{6-17}$$

式中：w_i——第 i 层土的天然含水率（%）；

w_{Li}——第 i 层土的液限含水率（%）。

土基干湿状态的稠度建议值

表6-5

干湿状态 / 土组	干燥状态	中湿状态	潮湿状态	过湿状态
	$w_c \geqslant w_{c1}$	$w_{c1} > w_c \geqslant w_{c2}$	$w_{c2} > w_c \geqslant w_{c3}$	$w_c < w_{c3}$
土质砂	$w_c \geqslant 1.20$	$1.20 > w_c \geqslant 1.00$	$1.00 > w_c \geqslant 0.85$	$w_c < 0.85$
黏质土	$w_c \geqslant 1.10$	$1.10 > w_c \geqslant 0.95$	$0.95 > w_c \geqslant 0.80$	$w_c < 0.80$
粉质土	$w_c \geqslant 1.05$	$1.05 > w_c \geqslant 0.90$	$0.90 > w_c \geqslant 0.75$	$w_c < 0.75$

注：w_{c1}、w_{c2}、w_{c3} 分别为干燥和中湿、中湿和潮湿、潮湿和过湿状态土基的分界稠度；w_c 为土基顶面下80cm深度内的平均稠度。

土基的潮湿状态分为微湿、中湿、潮湿和过湿四类，划分的标准为分界相对含水率 w_1、w_2、w_3。

土基的干湿类型也可以参考土的平均稠度 w_c 作为划分的标准。

土的平均稠度 w_c 按下式计算：

$$w_c = \frac{w_L - w}{w_L - w_p} \tag{6-18}$$

式中：w_c——土的平均稠度；

w_L——土的液限；

w——土的平均含水率；

w_p——土的塑限。

表6-5给出了按稠度 w_c 划分土基干湿类型的标准。土的稠度较准确地表示了土的各种形态与湿度的关系，稠度指标综合了土的塑性特性，包括液限与塑限，全面、直观地反映了土的硬软程度，物理概念明确。

也可以根据自然区划、土质类型、排水条件以及土基顶面距地下水位或地表积水水位的高度，按表6-6的一般特征确定土基干湿类型。

土基干湿类型

表6-6

土基干湿类型	土基顶面以下80cm深度内平均稠度 w_c 与分界稠度 w_{ci} 的关系	一般特征
干燥	$w_c \geqslant w_{c1}$	土基干燥稳定，道面强度和稳定性不受地下水和地表积水影响。土基高度 $H_0 > H_1$

续上表

土基干湿类型	土基顶面以下 80cm 深度内平均稠度 w_c 与分界稠度 w_{ci} 的关系	一 般 特 征
中湿	$w_{c1} > w_c \geqslant w_{c2}$	土基上部土层处于地下水或地表水影响的过渡带区内。土基高度 $H_2 < H_0 \leqslant H_1$
潮湿	$w_{c2} > w_c \geqslant w_{c3}$	土基上部土层处于地下水或地表积水毛细影响区内。土基高度 $H_3 < H_0 \leqslant H_2$
过湿	$w_c < w_{c3}$	土基极不稳定,冰冻区春融翻浆,非冰冻区软弹土基,经处理后方可铺筑道面。路基高度 $H_0 \leqslant H_3$

注:1. H_0 为不利季节土基顶面距地下水或地表积水水位的高度。

2. 地表积水指不利季节积水 20d 以上。

3. H_1、H_2、H_3 分别为干燥、中湿和潮湿状态的土基临界高度。

4. 分土基干湿类型以平均稠度为主,缺少资料时可参照表中一般特征确定。

以 H 表示道槽底距地下水位的高度,如图 6-4 所示。土基的相对含水率将随 H 值而变化。同分界相对含水率 w_1、w_2、w_3 相对应的高度 H_1、H_2、H_3 分别为土基干燥、中湿、潮湿状态的临界高度。临界高度的确定,需要通过大量的实地调查,且各地区都不完全相同。由此按照道槽底面距地下水位的高度来区分土基的干湿类型。

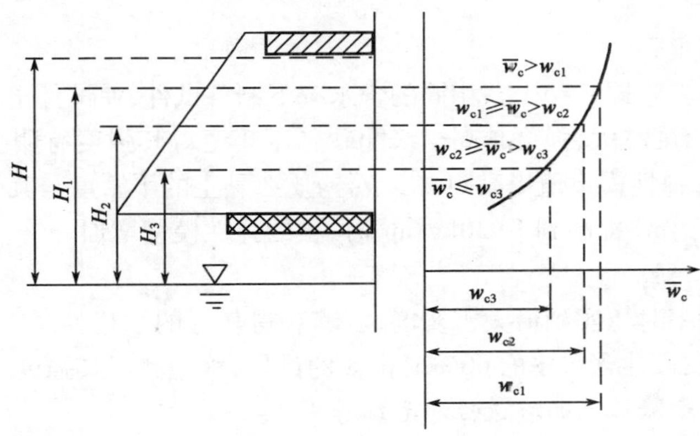

图 6-4　土基临界高度与土基干湿类型

在实际工程中,土基的干湿类型的划分,是根据土基相对含水率、土的平均稠度和土基临界高度进行综合分析确定的。

第三节　土基的压实原理和作用

土基压实的重要性是显而易见的。充分压实的土基可以发挥土基的承载能力,减少土基和道面在机轮荷载作用下产生的变形,增强土基的水稳性和强度稳定性,有效地延长道面的使用寿命。

一、土基压实的原理和作用

用某种工具或机械对土基进行压实时,在压实机具短时荷载或振动荷载作用下,土颗粒重新排列和互相靠拢,小颗粒和大颗粒的孔隙中,孔隙率减少,单位体积内固体颗粒含量增加,增加了粗土颗粒间的摩擦和咬合及细土颗粒间的分子引力,从而提高了土基的强度和稳定性。

对于黏性细粒土的压实,主要是将土孔隙中的空气挤出。碾压得越密实,土中空气就越少。某一含水率时,土的理论最大密实度就是土中空气全部挤出,土堆栈接近于两相体。但实际上不可能通过压实完全消除土中的空气。

在砂性土的碾压过程中,砂颗粒组成的均匀程度对所能达到的密实度影响很大。由相同颗粒组成的均匀砂的密实度与互相接触的砂粒的排列位置有关。假定相同粒径的砂粒都是球状颗粒,这些颗粒排列得最疏松时,每个颗粒与其相邻的颗粒有 6 个接触点,此时只有 48% 的孔隙;排列得最紧密时,每个颗粒与其相邻的颗粒有 12 个接触点,此时只有 26% 的孔隙。

实际上砂粒不可能是完全同一粒径的,也不可能完全是球状的。这个假定只是用来说明单一尺寸的均匀砂在压实过程中可能发生的物理过程。天然砂是由不同粒径的砂粒所组成的,在压实过程中,细颗粒填入粗颗粒间的孔隙中,使砂的密实度增加。因此,单一尺寸砂的密实度通常是最小的,由各种不同粒径颗粒组成的砂的密实度,常常大于单一尺寸砂组成的密实度;最佳级配的砂可能达到的密实度最大。

二、压实土基的作用

1. 提高土基的强度

用不同的击实功能将同一种土在相同的含水率下制备试件,使试件击实到不同的干密度。试验表明,试件的干密度越大,强度越高。级配砂砾压实度对其强度有明显影响,当压实度由 95% 提高到 100% 时,弹性模量值提高 60%。对粉质亚黏土的干密度与其强度有直接关系,当土的干密度由 1 720kg/m^3 提高到 1 930kg/m^3 时,土的弹性模量增加一倍。

2. 提高土基的水稳性

土基在最佳含水率时压实到最大密实度,能够获得最好的水稳性。对黏性土在室外内条件下进行击实试验,在最佳含水率的 60% 时击实的试样,水饱和后其强度和密实度仍然最高。

3. 压实可以显著地降低土的渗透性和毛细作用

研究表明,当在最佳含水率下将土基压实到最大密度时,实际上在土中不再发生水分的毛细移动。这是因为土基压实越趋于紧密,土中孔隙越小,相邻土颗粒的接触点水膜交叠起来,此水膜的黏滞度使水分的渗透和毛细移动受到阻碍。用粉质亚黏土土进行的试验表明,随着压实度的增加,土的渗透系数明显降低。

4. 压实可以减少土基的塑性变形

土基压实度不够,在荷载作用下会产生沉陷,压实度越小,可能产生的沉陷就越大。

5. 压实可以减少土基的冻胀量,提高冻融稳定性

为了探讨压实程度对土基冻胀的影响,曾在室内用各种土做成试件,分别在试件底部不断加水使之饱和,在无压或有压(水头等于试件高度)两种条件下进行冰冻试验,得出土的冻胀值与压实度的关系曲线。在有水压的情况下,冻胀随密实度增加而不断减少;在无水压饱水的

情况下，冻胀曲线有最高点，冻胀最大值时压实度在91%～94%范围内，当压实度达到100%时，相对冻胀值较冻胀最大值减少2～4倍。

试验资料和工程实践还表明，土基冻前密实度越大，融冻后其强度降低越小。因此，在季节性冰冻地区，采用提高土基压实度来增强其冻融稳定性，是经济而有效的措施。

三、土基压实标准

土基压实标准采用压实度 k 作为控制标准。所谓压实度是指压实后土的干密度与该种土在室内标准条件下的最大干密度之比，以百分数表示。

$$k = \frac{\rho_d}{\rho_m} \times 100\% \tag{6-19}$$

式中：ρ_d——现场测得的土基压实后的干密度（kg/m^3）；

ρ_m——与现场相同土质在室内标准条件下测得的最大干密度（kg/m^3）。

我国《军用机场沥青道面技术规范》（GJB 5766—2006）对土基的压实度要求见表6-7。

土 基 压 实 标 准　　表6-7

填挖类别	土基顶面以下深度（cm）	压实度（%）	
		四、三、二级机场	一级机场
填方	0～80	≥95	≥93
	80～150	≥93	≥90
	150以下	≥90	≥90
零填及挖方	0～40	≥95	≥93

注：1.表中压实度是按重型击实试验法求得的最大干密度的百分率。

2.特殊干旱（年降雨量不足100mm，且地下水源稀少）或特殊潮湿（年降雨量大于2 500mm或年降雨天数多于180d）地区，表内压实度数值可减少2%～3%。

3.轻黏土（高液限黏土）、重黏土（很高液限黏土）表内压实度数值可减少1%～2%。

4.填方厚度小于40cm时，原地面压实度标准按零填及挖方一栏要求。

土基压实应在最佳含水率下进行，当含水率超过最佳含水率两个百分点时，应采取翻晒、换填部分土料或掺入适量石灰、固化剂材料等措施，确保土基压实度达到设计要求。

第四节　对基层的技术要求

基层是道面结构中重要的组成部分，对整个道面结构的性能有重要意义。对于不同的道面类型，基层的作用是不同的。道面的类型可按刚性道面和柔性道面考虑。刚性道面是指水泥混凝土道面；柔性道面主要是沥青混凝土道面。

一、水泥混凝土道面中基层的作用

在水泥混凝土道面结构中，基层主要起到以下作用：

1.提高结构承载力

通过在道面结构中设置基层，可以减小上部结构的荷载对土基的作用，使土基承受适当的作用,保证土基不产生过大的变形,确保土基的变形不对道面结构产生不利的影响。

2. 防止土基体积变化

设置基层可以减小土基因自然因素和荷载作用产生的体积变形对道面结构的影响。如在膨胀土地区的道面结构,可以减小因土基的膨胀产生的体积膨胀对道面结构的作用。

3. 排水

道面结构中的基层可以将渗入道面结构中的降水排除,减小降水对土基的影响,减小土基发生过湿的可能性。

4. 防止唧泥

道面结构中设置的基层可以减少从道面表面渗入的雨水对土基的影响,保持土基处于合适的干湿状态,避免因雨水的侵入使土基处于潮湿或过湿状态。同时,基层的存在,可以减小飞机荷载对土基的作用,使土基承受合理的应力,不会产生过大的塑性变形而形成脱空,也不会产生过大的水动压力使土基中的细颗粒上升到道面表面,即防止了土基产生唧泥。

5. 抵御自然因素对道面结构,特别是对土基的影响

道面结构中的基层可以改善土基的水温状况,使土基的水温状况处于合理的范围,减小自然环境对道面的作用。如在冰冻地区的道面结构,可以减小因土基的冻胀产生的体积膨胀对道面结构的作用。

6. 便于面层施工

基层的设置为面层施工提供了便利的通道。由于基层结构具有一定的强度,可以保证施工机械的顺利通行,减小了施工机械对土基的破坏作用,保证了土基强度和稳定性。

二、沥青混凝土道面中基层的作用

基层的强弱和好坏对整个沥青道面的强度、使用质量和寿命都有十分重要的影响。因此,沥青道面的基层应满足以下技术要求。

1. 有足够的强度和刚度

基层必须能承受飞机荷载的反复作用。在道面的使用寿命内,基层不会产生过多的残余变形,更不会产生剪切破坏(无结合料的粒料基层)或疲劳破坏(各种结合料处治的基层)。基层要满足上述技术要求,除必需的厚度外,主要取决于基层材料本身的强度。对基层材料的强度要求包括两个方面:一是石料本身的强度或硬度,可用集料的压碎值或集料的磨耗值表示,也有的用岩石的抗压强度表示,《军用机场沥青道面技术规范》(GJB 5706—2006)规定各类基层、底基层的集料压碎值应符合表 6-8 的规定;二是材料整体(混合料)的强度或刚度,如回弹模量、承载比、抗压强度、抗剪强度、抗弯拉强度或间接抗拉强度(劈裂强度)等。

集料压碎值 表 6-8

材料类型 \ 机场等级		四、三	二	一
水泥和石灰粉煤灰稳定类		≤30%	≤30%	≤35%
石灰稳定类	基层	—	≤30%	≤35%
	底基层	≤30%	≤30%	≤35%

续上表

材料类型 \ 机场等级		四、三	二	一
填隙碎石、泥结碎石	基层	—	—	≤25%
	底基层	≤30%	≤30%	≤30%
级配碎石	基层	≤25%	≤30%	≤35%
	底基层	≤30%	≤30%	≤35%
级配或天然砂砾	基层	—	—	≤35%
	底基层	≤30%	≤30%	≤35%

基层的刚度(回弹模量)必须与面层的刚度相配。如面层和基层的刚度差别过大,则面层会由于过大的拉应力或拉应变而过早地开裂破坏。各种基层材料,就其强度而言,大致可分为三个等级。强度和刚度最高的一级包括水泥稳定类粒料(土)、石灰粉煤灰稳定类粒料(土)、石灰土稳定碎石(或砂砾)或石灰稳定砂砾土、沥青碎石(混合料)及沥青贯入式碎石;中等一级包括水泥稳定土、石灰粉煤灰土、石灰土级配碎石和填隙碎石;强度和刚度最低的一类是级配砾石和级配碎砾石。

在沥青道面较薄的情况下,整个道面的承载力主要依靠基层来满足,这就要求基层材料具有较高的强度和刚度,而且基层的厚度也要较大。使用强度大的、承载力高的基层,以适应较薄的沥青面层,或适当减薄沥青面层。

2. 足够的水稳性和冰冻稳定性

沥青面层,特别是喷洒型(即层铺法)的沥青表面处治和沥青贯入式面层,往往是透水的,尤其是在使用初期,其透水性较大。因此,雨季表面水有可能透过沥青面层进入基层和底基层中。如果沥青道面面层产生裂缝,表面水也将从裂缝透入道面结构层中。在地下水位接近地表的地段,特别在地下水位较低时,地下水可通过毛细作用进入道面结构层;在冰冻地区,由于冬季水分的重新分布,土基上层和道面底基层都可能处于潮湿或过分潮湿状态。沥青面层虽不是完全不透水的,但却能阻碍道面结构层和土基中水分的蒸发。调查表明,水分从沥青面层中蒸发出来要比透进去困难多,慢得多。进入道面结构层的水(包括气态水)能使含土较多、土的塑性指数较大的基层或底基层材料的含水率增加及强度降低,从而导致沥青道面过早破坏。在冰冻地区这种水造成的危害更大。

就各种基层材料的水稳性而言,石灰粉煤灰粒料和水泥粒料的水稳性最好,细土含量多且塑性指数大的级配碎石和级配砾石的水稳性最差。水泥处治粒料土及石灰处治粒料土的水稳性随其中细土含量的增加及其塑性指数增大而降低。

在冰冻地区,在地下水位接近地表或土基两侧有长期积水的情况下,在冬季土基中会发生水分重分布,在温度长期滞留在 $-3\sim0$℃时会形成严重的聚冰现象,土层中会有很多冰晶体,甚至是冰夹层。到春融期间该聚冰带融解时,土层变得过分潮湿,使土基的强度急剧下降。如果在这种可能变得过分潮湿的土基上铺筑直接与土基接触的道面结构层,材料会有明显的毛细水作用,如含细土较多的粒料土、石灰土、水泥土等,则在这种材料层内也会发生水分的重分布现象。如这些材料层又处于冰冻深度范围内,则在这些材料层内也可能发生聚冰带。到春融时期,这些材料的强度也会明显降低,导致道面整体承载力明显下降甚至发生破坏。在冰冻地区,当石灰土用在过分潮湿地段时,常发生道面损坏就是因为石灰土的冰冻稳定性不好。因此,在冰冻地区的潮湿土基上,在道面结构的底基层或基层内有可能产生聚冰带时,应该采用冰冻稳定性好的材料。各种粒料、含土少的粒料土、结合料稳定粒料理和稳定粒料土都是冰冻稳定性好的材料。在这种情况下,当只能使用石灰土时,应采用隔水措施,使冰冻期间水分不会明显进入石灰土层中。

在重冰冻地区,即使在干燥地段上,石灰土和水泥土,特别是剂量不足或强度达不到要求的上层石灰土和水泥土,经过冬季的冰冻作用,其强度也会明显下降。

3. 有足够的抗冲刷能力

由于表面水会通过各种途径进入沥青道面结构层中,若进入的水不能及时排出,而是滞留在面层和基层的交界面上,就会使得基层局部潮湿甚至接近饱和状态。例如,从沥青面层的裂缝进入的自由水,往往使裂缝附近的基层材料过分潮湿,特别是裂缝下无机结合料稳定基层也开裂的情况,基层裂缝中往往充满自由水。在飞机荷载的作用下,道面结构层内或基层材料中的自由水会产生相当大的水压力。这种有压力的水会冲刷基层材料中的细料,一次冲刷的很小,但在飞机荷载反复作用下,就会积少成多,在裂缝中形成细料浆。在飞机荷载反复作用下,细料浆被逐步压挤出裂缝,形成面层上裂缝处或接缝处的唧泥现象。显然,道面结构层内自由水产生的水压力随着飞机荷载增大而增大,同时,冲刷量随着飞机荷载的重复作用次数的增加而增加。

飞机荷载在道面结构层内引起的水压力是很大的,它不但可以冲刷级配集料基层中的细料,而且还可以冲刷石灰稳定基层材料中的细料。虽然水泥稳定基层材料的7d龄期无侧限抗压强度超过2.0MPa,只要原集料中含有较多的细料(特别是粒径小于0.075mm的颗粒),仍然会产生冲刷现象。

基层的冲刷程度与进入道面结构层的水量大小有关。进入的水越多,冲刷程度越大。冲刷程度还与基层材料本身有关。对于未处治的级配集料来说,集料中粒径小于0.075mm的粉粒与黏粒越多,冲刷越严重。对于无机结合料处治基层材料,稳定细料土(中粒土或石灰煤灰土)的冲刷最严重;稳定粒料土(中粒土或粗粒土)的冲刷程度随集料中粒径0.075mm以下的颗粒含量而变,细料越多,冲刷越严重。对于同一种稳定粒料土而言,其冲刷程度随水泥剂量增加而减少,水泥剂量在4%甚至5%以上,抗冲刷能力大幅度提高。

为了提高道面基层的抗冲刷能力,应采用以下措施:

(1)在采用水泥稳定粒料基层时,粒料的级配应按照有关规范中级配碎石或级配砾石基层的集料级配范围,同时限制集料中粒径小于0.075mm的颗粒含量不超过5%(有塑指)或7%(无塑指)。

(2)在采用石灰粉煤灰粒料基层时,混合料中粒料的比例应是80%~85%,同时粒料需要具有的良好的级配,且其中粒径小于0.075mm的颗粒含量应接近于0。

(3)在采用石灰稳定级配粒料土或石灰稳定级配粒料时,混合料中粒料的比例应接近85%。

4. 收缩性小

对于机场沥青混凝土道面的半刚性基层,应该要求其收缩性小。半刚性材料的收缩性包括两个方面:一是由于水分减少而产生干缩的程度;二是由于温度降低而产生温度收缩的程度。

(1)干缩性

干缩性大的半刚性材料基层铺成后,在铺筑沥青面层前就可能产生干缩裂缝。例如,石灰土、水泥土或水泥石灰土基层碾压结束后,如果不及时养生或养生后未及时铺筑沥青面层或沥青封层,只要曝晒2~3d就可能出现干缩裂缝。随着曝晒时间增长,裂缝会越来越严重,将基层表面切割成数平方米的小块。即使是用干缩性小的石灰粉煤灰粒料和水泥粒料铺筑的基层,在养生结束后,如曝晒过久(时间长短随各地的气候条件而变),也会产生一般间距为5~10m的横向干缩裂缝。就各种半刚性材料的干缩性而言,主要是横向裂缝,大部分间距为3~10m,也有少数纵向裂缝,缝的顶宽为0.5~3mm。这种裂缝是最危险的,在沥青道面使用过程中,在某种条件下,裂缝会逐渐扩展并通过沥青面层出现在表面,或在某种条件下,基层的裂缝会促使沥青面层表面先开裂,并逐渐向下扩展与基层的裂缝相连。由这两种方式形成的沥青面层的裂缝称为“反射裂缝”。因此,在铺筑沥青面层前,采取措施防止半刚性基层开裂是十分重要的问题。

在采用干缩性大的半刚性材料做沥青道面的基层时,如果沥青面层较薄而又处于较干旱地区,即使在铺筑沥青面层时基层并未开裂,在道面使用过程中基层混合料的含水率仍能减少并产生干缩裂缝(先于沥青面层开裂),从而促使沥青面层开裂,产生反射裂缝。在干旱和半干旱地区以及在较薄沥青面层下,石灰土的含水率可损失2.5%左右。因此,石灰土最容易先于沥青面层开裂。

就半刚性材料的干缩性而言,稳定细粒土的干缩系数大于稳定中粒土和稳定粗粒土。在稳定细粒土(如水泥土和石灰土)中,稳定塑性指数大的黏性土混合料的干缩系数大于稳定塑性指数小的粉性土或砂性土干缩系数。此外,石灰粉煤灰土的干缩系数小于石灰土和水泥土干缩系数。在稳定中粒土和粗粒土时,稳定粒料土的干缩系数大于稳定不含细土的粒料的干缩系数,而且细土的含量越多,混合料的干缩系数越大。

(2)温缩性

半刚性基层内部的温度变化和坡差会产生温度应力。在冷的季节,半刚性基层底部的温度低(特别在薄层沥青面层的情况下),在基层的底部可能产生温度应力(拉应力)。这个拉应力与飞机荷载在基层底部产生的拉应力相结合,会使基层底面开裂。因此,半刚性基层材料的温度收缩特性(或程度)对沥青道面,特别是薄沥青面层的开裂有重大影响。

不同半刚性材料的温缩性质有很大差异。石灰土、水泥土和石灰粉煤灰等稳定细粒土的温缩性(包括温缩系数和温缩应变)最大。但是,除非在日温差大的地区,通常即使是稳定细粒土基层,如在养生过程中或在养生后能较及时地铺筑沥青面层,在正温度下就不会产生温缩裂缝。因为沥青面层,特别是较厚的沥青面层对半刚性基层有很好的隔温作用,使基层顶面受到的温度变化幅度明显小于沥青面层或暴露基层表面所受到的温度变化幅度。在面层厚10cm的情况下,半刚性基层中的温度梯度可降低40%。这些将明显减少半刚性基层顶部产生的温度拉应力。此外,基层顶面的温度变化速度也较面层表面的温度变化速度要小,有利于基层材料中温度应力的松弛。但是,半刚性基层,即使是温缩性最小的水泥稳定粒料和石灰粉煤灰稳定粒料基层,较长时间的暴露或其上仅有一薄沥青封层,也会受到日温差产生的温度应力的反复作用。此应力与基层顶面产生的干缩应力相结合,更容易引起半刚性基层开裂,温缩性大的基层材料更是如此。此外,冬季,暴露的温缩性大的半刚性材料层受到水和反复冻融的作用,其上层还容易冻坏弯松。基层一旦开裂,其上铺筑沥青面层后,就容易在沥青面层内形成反射裂缝或对应的裂缝。因此,在基层养生结束后,应立即铺筑沥青面层。

在冰冻地区,特别是在重冰冻地区,温缩性大的半刚性材料基层上为薄和较薄的沥青道面时,由于这种基层材料的温缩系数明显大于沥青混凝土的温缩系数,在冬季气温急剧降低时,半刚性基层会产生温度收缩裂缝。半刚性基层一旦开裂,在持续低温或又一次降温的过程中,半刚性基层的裂缝张开很容易将沥青面层拉裂并形成反射裂缝,从而增加沥青面层内裂缝的总数。半刚性材料的刚性越大,铺筑半刚性基层时的温度与冬季温度之间的差别越大,半刚性基层就越容易产生温度裂缝,裂缝的间距也就越小(即单位长度内裂缝数量多),缝的张开量也越宽。

表 6-9 为半刚性材料干缩系数和温缩系数,同样材料的干缩系数比温缩系数大。

半刚性材料的干缩系数和温缩系数 表 6-9

材料名称	干缩系数($\times 10^{-6}$)		温缩系数($\times 10^{-6}$)	
	1/2 最大失水量	最大失水量	-5℃	-15℃
石灰土	680 ~ 930	420 ~ 484	25.6 ~ 35.7	63.5 ~ 78.7
二灰土	19 ~ 104	84 ~ 172	7.3 ~ 15.4	29.5 ~ 50.6
水泥土	368 ~ 545	304 ~ 384	7.9 ~ 17.9	31.2 ~ 36.4
石灰土粒料		104 ~ 122		16.7
二灰粒料(悬浮式)	23	109	7.7	16
二灰粒料(密实式)	13.5 ~ 15.5	55 ~ 65	4.2	12
水泥粒料	5.3 ~ 8	41 ~ 83	7.0 ~ 12	10 ~ 16

5. 有足够的平整度

基层的平整度对薄沥青面层的平整度有十分重大的影响。薄沥青面层的平整度取决于基层的平整度。

基层的平整度对较厚的沥青混凝土面层的平整度的影响虽不如对薄沥青面层的影响那么大,但基层的不平整会引起沥青混凝土面层厚薄不均,使沥青面层在使用过程中的平整层较快降低,并导致沥青混凝土面层产生一些薄弱面。它会成为道面使用期间产生温度收缩裂缝的起点。因此,基层的平整度对较厚沥青面层的使用性能也有很重要的影响。

6. 与面层结合良好

面层与基层的良好结合,对于沥青面层的使用质量是非常重要的。与不结合的情况相比,它可以减少面层底面由飞机荷载引起的拉应力和拉应变(一般情况下可减少 50% 以上,有时甚至可减少到 1/4),还可以明显减少由温度变化引起的沥青面层内的拉应力和拉应变。基层与面层良好结合可以使沥青面层不产生滑动、推移和破坏。为此,基层表面应稳定并具有一定的粗糙度,表面还应该结构均匀,无松散颗粒。对于无机结合料处治基层,不应有局部松散不结合情况。基层上的局部松散常是沥青面层局部碎裂破坏的祸根。含有石灰土和石灰粉煤矿灰的稳定粒料基层表面,应使粒料颗粒外露。在喷洒透层或黏层沥青前,应将表面的浮尘及粒料颗粒表面的薄层结合不好的细料扫除。级配碎(砾)石基层表面不能有薄层砂土。无机结合料处治基层的表层不应有薄层找补。薄层找补往往是沥青面层在使用过程中产生推移破坏的根源。

第五节　基层材料的力学特性与要求

组成沥青道面基层和底基层的材料可以分为两大类:一类是结合料稳定类整体型;另一类是粒料型(可分为粒料嵌锁型和粒料级配型)。这两类材料在力学特性和要求上是不同的,下面分别论述。

一、粒料型基层的力学特性与要求

1. 抗剪强度

由碎石或砾石组成的粒料基层,是通过施工时的拌和、碾压而获得密实、嵌锁、锁结、细料的填充所形成的结构强度。有时还靠灌缝材料所提供的少量黏结作用。嵌锁作用的大小主要取决于石料的强度、尺寸、形状以及压实程度;黏结力作用取决于灌缝材料的黏结力及其与矿料之间的黏结力大小。在外力作用下,材料在颗粒间产生滑动和位移,使其失去承载能力而遭受破坏。因此,对于这种松散材料组成的结构,决定结构强度的是颗粒之间的联结强度。这类结构的强度可用摩尔—库仑公式表示,也即抗剪强度由两部分组成:一部分是内摩擦角,同作用在剪切面上的法向应力成正比;另一部分是与法向应力无关的黏结力。

$$\tau = c + \sigma \tan\varphi \tag{6-20}$$

式中:c——材料的黏结力;

φ——材料的内摩擦角;

σ——作用在剪切面上的法向应力。

由此可见,由材料的黏结力和内摩擦角所表征的内摩擦力决定了颗粒之间的联结强度,即粒料基层的结构强度。由于组成粒料结构的碎石、砾石材料的内摩阻力和黏结力是各自不同的,因而不同粒料基层的结构强度是不同的。

2. 抗压模量

像碎(砾)石等粒料组成的基层材料,只能承受面层传递下来的垂直压力,而不能承受拉应力。在承受压应力时,其压应变与侧向应力有关,采用回弹模量 E_r 表征其应力—应变关系。为了研究这类材料的应力应变特性,可在试验室利用三轴试验仪进行试验,求得在重复荷载作用下的轴向偏应力 σ_d(主应力与侧应力差值)与相对应的回弹变形之比值,即材料的回弹模量。

根据三轴试验的结果,粒料材料的应力应变具有非线性特性,并随偏应力的增大而减少,随侧向应力的增大而增大。回弹模量 E_r 可用下式表示。

$$E_r = 19.807 K_1 \theta^{K_2} \tag{6-21}$$

式中:θ——主应力之和(MPa),$\theta = \sigma_1 + 2\sigma_3$;

K_1、K_2——同材料性质有关的参数，可参见表6-10。

K_1 和 K_2 参考 表6-10

湿度状况	粒料基层		粒料垫层	
	K_1	K_2	K_1	K_2
干	41.37～68.95	0.5～0.7	41.37～55.16	0.4～0.6
潮湿	27.58～41.37	0.5～0.7	27.58～41.37	0.4～0.6
湿	13.79～27.58	0.5～0.7	10.34～27.58	0.4～0.6

除了受应力状况影响外，碎（砾）石材料的模量值还与材料的级配、颗粒形状密实度等因素有关。通常，级配越好，密实度越高，则模量值越大；颗粒棱角多，表面粗糙者有较高的模量；当细料含不多时，含水率对模量的影响很小。表6-11为有关粒料基层的设计参数。

粒料材料设计参数 表6-11

材料名称	配合比或规格要求	抗压模量（MPa）	备注
级配碎石	符合级配要求	300～350 250～300 200～250	做上基层用 做基层用 做底基层用
填隙碎石	填隙密实	200～220	做底基层用
未筛分碎石 天然砂砾	具有一定级配 符合规范要求	180～220 150～200	做底基层用
中、粗砂		80～100	做垫层用

材料的泊松比取决于主应力比或偏应力 σ_d 和平均法向应力（即 $\theta/3$）的比值，随其比值的增加而增加，但变动的范围不大。设计计算时，可近似取为0.30～0.35。

二、无机结合料稳定类材料的力学特征

在粉碎的土中掺入一定量的无机结合料（包括水泥、石灰、工业废渣等），加水拌和，并摊铺平整、碾压密实，其强度和稳定性符合规定要求的材料称为无机结合料稳定类材料，以此修筑的道面称为无机结合料稳定类道面。

无机结合料稳定类材料具有稳定性好、抗冻性强、结构自成板体等特点，但由于其耐磨性差，因此被广泛用于修筑道面结构的基层、垫层。

无机结合料稳定类材料在完工初期具有柔软的工作特征，随着时间的延长，其强度和刚度逐渐增高，板体性增加。结构成型后，其刚度介于柔性与刚性之间，故又称之为半刚性材料。表征半刚性材料力学强度的指标主要有抗拉、抗压强度，抗拉、抗压回弹模量，抗弯拉强度和抗弯拉模量等。

1. 抗压强度

抗压强度主要反映材料抵抗垂直荷载作用的能力。军用机场半刚性材料的抗压强度要求如表6-12和表6-13所示。此抗压强度为无侧限抗压强度。试验方法是，制作尺寸为50mm×50mm、100mm×100mm、150mm×150mm的圆柱体试件，经7d养护，并在试验前饱水浸泡1d后，在试验仪上进行抗压试验。试验时，应使试件的变形等速增加，并保持约1mm/min的速

率,记录破坏时的压力,按式(6-22)~式(6-24)计算出无侧限抗压强度 R_c。

对于小试件:

$$R_c = \frac{P}{A} = 0.000\,51P(\text{MPa}) \tag{6-22}$$

对于中试件:

$$R_c = \frac{P}{A} = 0.000\,127\,51P(\text{MPa}) \tag{6-23}$$

对于大试件:

$$R_c = \frac{P}{A} = 0.000\,057P(\text{MPa}) \tag{6-24}$$

式中:P——试件破坏时的最大压力(N);

A——试件的截面积(mm^2),$A = \frac{\pi}{4}D^2$;

D——试件的直径(mm)。

水泥稳定类基层、底基层的压实度及7d抗压强度 表6-12

层位	土类	四级、三级、二级机场		一级机场	
		压实度(%)	抗压强度(MPa)	压实度(%)	抗压强度(MPa)
基层	粗粒土 中粒土	≥98	3~4	≥96	2~3
	细粒土	—		≥93	
底基层	粗粒土 中粒土	≥98	≥2.0	≥96	≥1.5
	细粒土	≥96		≥93	

石灰粉煤灰稳定类基层、底基层的压实度及7d抗压强度 表6-13

层位	土类	四级、三级、二级机场		一级机场	
		压实度(%)	抗压强度(MPa)	压实度(%)	抗压强度(MPa)
基层	粗粒土 中粒土	≥98	≥0.8	≥96	≥0.6
	细粒土	—		≥96	
底基层	粗粒土 中粒土	≥98	≥0.5	≥93	≥0.5
	细粒土	≥96		≥90	

注:一级机场采用石灰粉煤灰稳定细粒土做基层时,如压实机具有困难,压实度可减少2%。

2. 抗压回弹模量

抗压回弹模量是沥青道面结构设计中的重要参数之一,可采用顶面法进行测定。

顶面法是利用量测变形装置在路面强度试验仪上进行,试件尺寸为 $d \times h$ = 100mm × 100mm 或 150mm × 150mm 的圆柱体。采用分级加、卸载的试验方法,分别记录每级荷载加载时的变形量,按下式计算材料的抗压回弹模量。

$$E = \frac{ph}{l} \tag{6-25}$$

式中：p——单位压力(MPa)；

h——试件高度(mm)；

l——加载时变形量读数减去卸载后变形量读数(mm)。

半刚性材料的抗压模量见表6-14。

基层材料设计参数 表6-14

材料名称	配合比或规格要求	抗压模量 E (MPa)	劈裂强度 σ (MPa)	备注
二灰砂砾	7:13:80	1 300～1 700	0.6～0.8	
二灰碎石	8:17:75	1 300～1 700	0.5～0.8	
水泥砂砾	5%～6%	1 300～1 700	0.4～0.6	
水泥碎石	5%～6%	1 300～1 700	0.4～0.6	
石灰水泥粉煤灰砂砾	6:3:16:75	1 200～1 600	0.4～0.6	
石灰水泥碎石	5:3:92	1 000～1 400	0.35～0.5	
石灰土碎石	粒料占60%以上	700～1 100	0.3～0.4	
碎石灰土	粒料占40%～50%	600～900	0.25～0.35	
水泥石灰砂砾土	4:3:25:68	800～1 200	0.3～0.4	
二灰土	10:30:60	600～900	0.2～0.3	
石灰土	8%～12%	400～700	0.2～0.25	
石灰土	4%～7%	200～350	—	处理土基用
级配碎石	符合级配要求	300～350 250～300 200～250	—	做上基层用 做基层用 做底基层用
填隙碎石	填隙密实	200～220	—	做底基层用
未筛分碎石 天然砂砾	具有一定级配 符合规范要求	180～220 150～200	—	做底基层用
中、粗砂		80～100	—	做垫层用

3. 抗弯拉强度

半刚性材料是一种整体性材料，它具有一定的抗弯拉强度；在沥青道面结构中，基层在荷载作用下会产生较大的拉应力，而材料的抗弯拉强度不足会导致基层材料出现断裂。采用简支小梁试验进行评定，弯拉强度采用下式计算。

$$\sigma_f = \frac{Pl}{bh^2} \tag{6-26}$$

式中：σ_f——弯拉强度(MPa)；

P——破坏时的荷载(MN)；

l——试验时，梁支点的间距(m)；

b、h——试件的宽度和高度(m)。

抗弯拉弹性模量反映了材料的抗弯刚度,由下式计算。

$$E_s = \frac{\sigma_s}{\varepsilon_s} \tag{6-27}$$

式中:E_s——材料的抗弯拉回弹模量(MPa);

σ_s——材料受荷时的弯拉应力(MPa);

ε_s——与 σ_s 对应的弯拉回弹应变。

4. 劈裂强度

在进行沥青道面设计时,不仅要求材料的抗压回弹模量,还要求材料的抗拉强度或间接抗拉强度(劈裂强度)。

劈裂试验在试验室进行,采用直径×高为50mm×50mm、100mm×100mm、150mm×150mm的试件。在压力机上进行劈裂试验,施荷时应使试件的变形保持等速增加,并保持为1mm/min的速率。记录试件破坏时的最大荷载,按下式计算劈裂强度。

$$R = \frac{2P}{\pi dh} \tag{6-28}$$

式中:R——劈裂拉强度(MPa);

P——破坏时的荷载(MN);

d、h——试件的直径和高度(m)。

半刚性材料的劈裂强度要求见表6-14。

5. 疲劳强度

材料承受重复应力作用时,会在低于静载一次作用下的极限应力值时出现破坏,材料强度的这种降低现象称为疲劳。疲劳的出现,是由于内部存在着局部缺陷、不均质,在荷载作用下该处发生应力集中而出现微裂缝;应力的重复作用使微裂缝逐渐扩展,从而使承受应力的有效面积不断地减少,终于在反复作用一定次数后导致破坏。这种破坏现象称为疲劳破坏,破坏时重复应力的大小称为疲劳强度,而此时的应力作用次数即为疲劳寿命。

水泥稳定砂砾、二灰稳定砂砾按劈裂疲劳试验获得的疲劳寿命与应力比之间在双对数坐标中呈现良好的线性关系。

将10种半刚性材料的21个疲劳方程按二灰稳定粒料类、水泥稳定粒料类、稳定土类分别进行整理,统计回归得如下疲劳方程。

二灰稳定粒料类:

$$\lg N_f = 1.741 - 15.786\lg\left(\frac{\sigma}{s}\right) \tag{6-29}$$

水泥稳定粒料类:

$$\lg N_f = 1.921 - 14.344\lg\left(\frac{\sigma}{s}\right) \tag{6-30}$$

稳定土类:

$$\lg N_f = 1.546 - 12.6\lg\left(\frac{\sigma}{s}\right) \tag{6-31}$$

以上各式中：N_f——重复应力作用次数；

σ——重复应力；

s——材料的极限劈裂强度。

思　考　题

1. 土基强度指标的表示方法是什么？各指标之间有何关系？
2. 土基的干湿类型如何表示？
3. 简述水泥混凝土道面中基层的作用。
4. 沥青道面对基层有何要求？
5. 粒料类基层力学特征有哪些特点？如何表示和进行测试？
6. 结合稳定类基层力学特征有哪些特点？如何表示和进行测试？

第七章　沥青与沥青混凝土

沥青混凝土是由沥青胶结料和集料胶结在一起组成的，作为沥青道面的面层。沥青材料可以是普通沥青，也可以是改性沥青。在沥青胶结力的作用下，矿质集料的骨架作用使沥青混合料具有强度和稳定性。沥青、集料各自的特性和混合在一起的特性决定沥青混凝土的特性。

第一节　沥青组成与结构

一、沥青的分类

沥青是由极其复杂的高分子碳氢化合物及其非金属（氧、硫、氮等）衍生物所组成的有机胶凝材料，分为地沥青（天然沥青和石油沥青）和焦油沥青（煤沥青等）。目前，生产最多和使用最广泛的是石油沥青，此外还有少量的煤沥青。

天然沥青是石油的轻质部分在太阳、地热等自然环境的影响下，经蒸发形成天然沥青。天然沥青产量很少，其存在形式有湖沥青、岩石沥青、沙石沥青和沥青岩等。世界天然沥青的地质资源在 3×10^{11}t 以上，其开采方式通常采用的是露天式、钻井式、矿井式。

煤沥青是指煤焦油初馏时留下的残渣，是煤焦油加工过程中分离出的大宗产品。它由5 000多种三环以上多环芳香族化合物和少量与炭黑相似的高分子物质构成的多相体系和高碳材料。一般含碳92%~94%，含氢仅4%~5%，所以它是制取各种碳素材料不可替代的原料。煤沥青没有固定的熔点，只有从固态转化为液态的温度范围，通常用软化点代表。根据软化点的高低，煤焦油沥青分为低温沥青（软沥青）、中温沥青（普通沥青）、高温沥青（硬沥青）。

石油沥青是指地壳中的原油经开采加工所得的沥青，这是沥青材料的主要来源，应用最为广泛。

二、沥青的组分

由于沥青的组成极其复杂和有机化合物的同分异构现象，许多沥青的化学元素组成虽然十分相似，但是它们的性质却往往有很大区别，沥青化学元素的含量与沥青性能之间尚不能建立起直接的相关关系。

人们在研究沥青化学组成的同时，利用沥青对不同溶剂的融合性，将沥青分离成几个化学成分和物理性质相似的部分，这些部分称为沥青的组分。沥青中各组分的含量和性质对沥青的黏滞性、感温性、黏附性等化学性质有直接的联系。

根据试验方法的不同，沥青可以分离成以下几种组分：

(1)二组分。沥青分为沥青质和可溶质(软沥青质)两种组分。

(2)三组分。沥青分为沥青质、油分和树脂三种组分。

(3)四组分。沥青分为沥青质、饱和酚、芳香酚和胶质四种组分。

(4)五组分。按罗斯特勒提出的分离法,沥青可分为沥青质、氮基、第一酸性酚、第二酸性酚和链烷酚五种组分。

我国目前广泛采用四组分分析方法,该法已于1978年列入美国材料试验协会(A51M)推荐方法。四组分试验流程如图7-1所示。

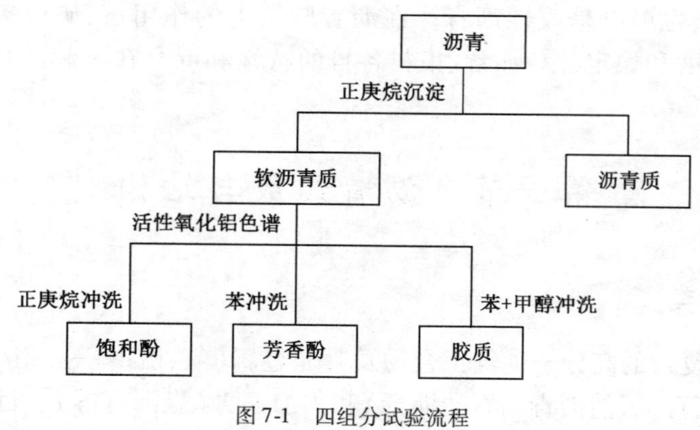

图7-1 四组分试验流程

沥青的四种组分有以下所述的不同特征。

1. 沥青质

沥青质是深褐色至黑色的无定形物质,有的文献中又称之为沥青烯。沥青质比重大于1,不溶于乙醇、石油醚,易溶于苯、氯仿、四氯化碳等溶剂。这是复杂的芳香酚物质,有很强的极性,分子量在1 000~10 000范围内,颗粒的粒径为5~30nm,H/C原子比为1.16~1.28。沥青质在沥青中的含量一般为5%~25%,其含量的多少对沥青的流变特性有很大的影响。

沥青质对沥青中的油分虽有憎液性,而对胶质呈亲液性。因此,沥青是胶质包裹沥青质而成胶团悬浮在油分之中,形成胶体溶液。这样,沥青质含量多少对胶体体系的性质有很大的影响。

当沥青中的沥青质含量增加时,沥青稠度提高、软化点上升。沥青质的存在,对沥青的黏度、黏结力、温度稳定性都有很大的影响。所以,优质沥青必须含有一定数量的沥青质。

2. 胶质

胶质也称为树脂或极性芳烃,是半固体或液体状的黄色至褐色的黏稠状物质,有很强的极性。这一突出的特性使胶质有很好的黏结力。

胶质是沥青的扩散剂或胶溶剂,胶质与沥青质的比例在一定程度上决定沥青是溶胶或是凝胶的特性,胶质比重为1.0~1.08,分子量在600~1 000范围内,其在沥青中含量为15%~30%。胶质溶于石油醚、汽油、苯等有机溶剂。胶质赋予沥青以可塑性、流动性和黏结性,对沥青的延性、黏结力有很大的影响。

3. 芳香酚

芳香酚是由沥青中最低分子量的环烷芳香化合物组成的,它是胶溶沥青质的分散介质。

芳香酚在沥青中占40%～50%，是深棕色的黏稠液体。H/C原子比为1.56～1.67，平均分子量在300～600范围内。

4. 饱和酚

饱和酚是由直链烃和支链烃所组成的，是一种非极性稠状油类，H/C原子比在2左右，平均分子量为300～600，饱和酚在沥青中占5%～20%，饱和酚对温度较为敏感。

芳香酚和饱和酚都作为油分，在沥青中起着润滑和柔软作用。油分含量越多，沥青的软化点越低，针入度越大，稠度降低。

5. 蜡

蜡的化学组成以纯正构烷烃或其熔点接近纯正构烷烃的其他烃类为主。蜡有石蜡和地蜡之分，地腊是微晶蜡，沥青中的蜡主要是地蜡。在常温下，蜡都以固体形式存在，蜡对沥青的性能有较大的影响。

(1)对沥青流变性的影响

在沥青中，蜡主要溶解在油分中，当它以溶解状态存在时，则会降低分散相的黏度，这是因为蜡在液体状态时黏度降低，仅为10～30cp(1cp＝1MPa·s)；当蜡以结晶状态存在时，则会使沥青具有屈服应力的结构；如果以松散粒子存在，就类似于沥青中加入矿粉而使沥青的黏度增加。沥青中蜡含量增加，会使沥青在常温下的黏度增大；而当接近石蜡融化温度(50℃)时，蜡含量增加，反而使沥青的黏度降低。因此，蜡含量高的沥青温度敏感性强。

(2)对沥青的低温性能的影响

低温下高含蜡量沥青的结晶结构网增加了沥青的刚性，表现出较高的弹性和黏性，随着蜡含量的增加，沥青的脆性也增大。

(3)对沥青界面性质的影响

当沥青与石料接触时，蜡的存在会降低沥青对石料界面的黏附性。同时，蜡会集中在沥青的表面使沥青失去光泽，并影响沥青道面的摩阻性能。

(4)对沥青胶体结构的影响

蜡的结晶网格会促使沥青向凝胶型胶体结构发展，但胶体系统不稳定而具有明显的触变性。

三、石油沥青的胶体结构理论

石油沥青的结构有胶体结构理论和高分子溶液理论两种理论。

1. 胶体结构理论

现代胶体结构理论认为，按四组分解释，固态微粒的沥青质是分散相，液态的油分(饱和酚和芳香酚)为分散介质，胶质使分散相很好地胶溶在分散介质中，沥青质是核心，一些沥青质聚集在一起，胶质吸附在表面，逐渐向外扩散，而使沥青质的胶核溶于油分介质中，这种结构就是胶体的组成结构单元即所谓胶团，其分散模型如图7-2所示。沥青中各个组分在沥青中可以形成不同的

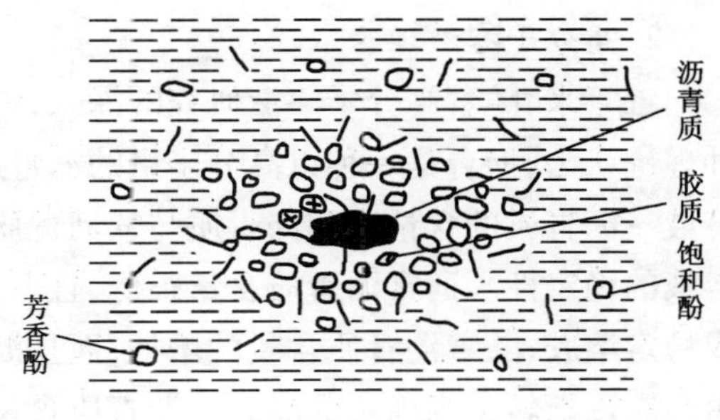

图7-2　石油沥青的胶体结构分散模型

胶体结构，通常认为按它们的化学特性以及各种组分的比例和流变学特性，可以分为溶胶、溶—凝胶和凝胶三种结构，示意图如图7-3所示。

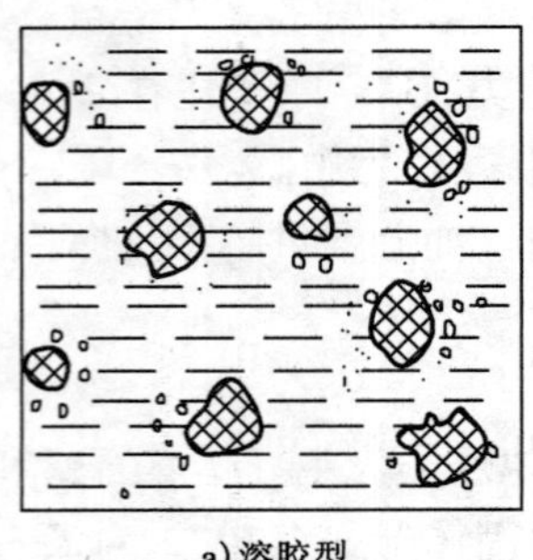
a）溶胶型

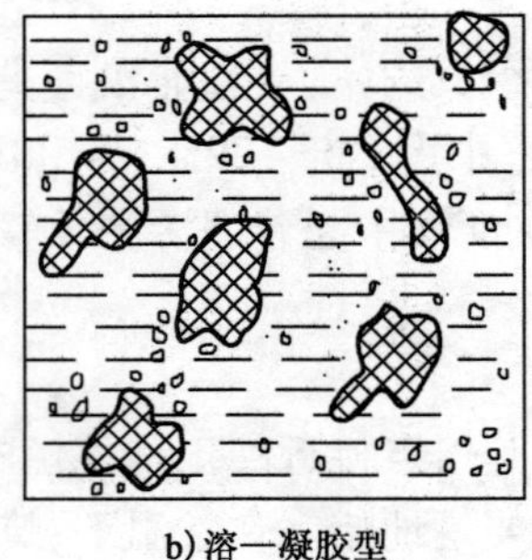
b）溶一凝胶型

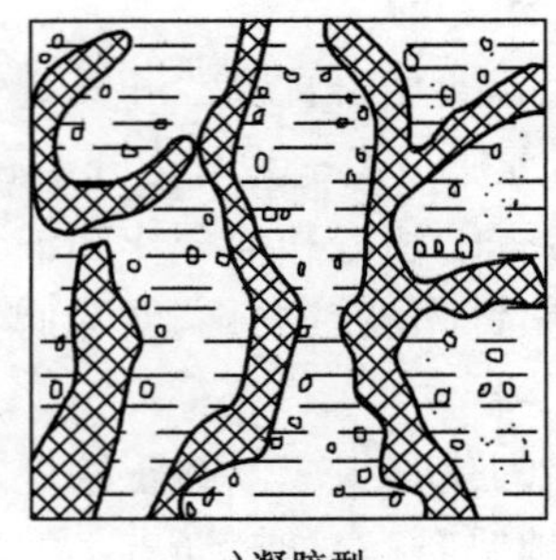
c）凝胶型

图7-3　石油沥青的不同胶体结构示意图

第一类沥青为溶胶型结构，沥青中沥青质含量很少，同时由于胶质作用，沥青质完全胶溶分散于油分介质中。胶团之间没有吸引力或吸引力很小。这类沥青完全符合牛顿流体，剪切力与剪变速率呈直线关系，弹性效应很小或完全没有。

第二类沥青为溶—凝胶型结构，沥青中沥青质含量适当，并有很多胶质作为保护物质。它所形成的胶团相互之间有一定的吸引力。这类沥青在常温时，在变形的最初阶段，表现为非常明显的弹性效应，但在变形增加到一定数值后，则表现为牛顿流体。大多数优质的路用沥青都属于溶—凝胶型沥青，它具有黏弹性和触变性，也称弹性溶胶。

第三类沥青为凝胶型结构，沥青中沥青质含量很高，形成空间网格结构，油分分散在网格结构中，这种沥青具有明显的弹性效应。

针入度指数（Penetration Index，PI）PI是目前广泛使用的沥青感温性能指标，PI与沥青的胶体结构、化学组分有密切的关系。用PI值表示沥青的胶体类型是现在最常用的方法。壳牌公司根据沥青的针入度指数将沥青分为三类。

当PI＜－2时，为纯黏性的溶胶型沥青，也称焦油型沥青（因为大多数煤焦油的PI值均小于－2）。当PI值介于＋2与－2之间时，沥青为溶—凝胶型。这类沥青有一些弹性及不十分明显的触变性，一般的道路沥青属于这一类。当PI＞＋2时，由于结构的生成，故有很强的弹性和触变性，为凝胶型沥青。大部分的氧化沥青属于凝胶型沥青，而且氧化程度越高，沥青质的浓度越大，则PI值越大。

2. 高分子溶液理论

近年来，随着高分子溶液研究的深入，一些学派开始采用高分子溶液理论来研究沥青。这种理论认为，沥青是一种以高分子量的沥青质为溶质，以低分子量的软沥青质为溶剂的高分子溶液。沥青质的含量以及沥青质与软沥青质之间溶解度参数的差异，很大程度上决定高分子溶液的稳定性。通常沥青质含量很低，且沥青质与软沥青质之间溶解度参数差值很小，就能形成稳定溶胶；随着沥青质含量的增加，而且沥青质与软沥青质之间溶解参数差值仍较小，则可由溶胶逐渐转化为稳定的凝胶。沥青质含量很高，且沥青质与软沥青质之间溶度参数差值又较大，则可形成沉淀型凝胶。溶—凝胶是一种过渡状态。

第二节　道路石油沥青的技术性能

道路石油沥青的技术性能主要包括：黏性、感温性、黏附性和耐久性。

一、黏性

沥青的黏性是沥青在外力作用下抵抗剪切变形的能力。沥青道面是以沥青作为胶结料，将松散的砂石料黏结起来形成具有一定强度的结构物，故沥青的黏结性能是非常重要的。

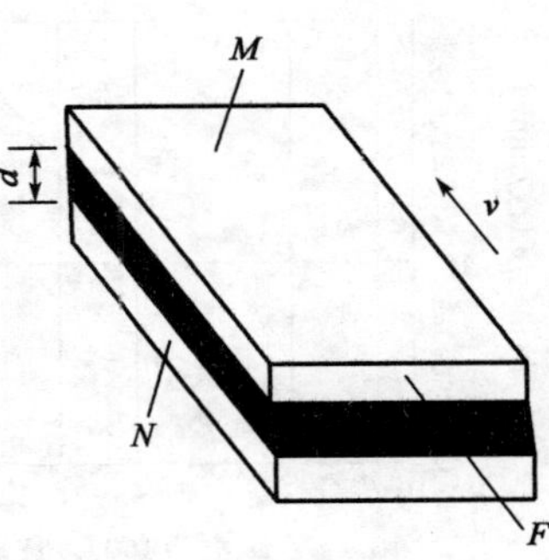

图7-4　沥青剪切示意图

设在两个平行的平面之间填满沥青材料（图7-4），当平面 M 在外力作用下相对于平面 N 产生速度为 v 的平行位移时，将会带动沥青一起运动，使沥青受到剪切作用。但距离平面 M 近的沥青移动要比距离平面 M 远的沥青移动的快得多，于是在沥青层内形成不同的位移速度。在单位距离内沥青移动速度的变化称之为速度梯度，也即剪变率 dv/dy，或简单以 γ 表示。在试验计算时，公式为：

$$\gamma = \frac{v}{d} \tag{7-1}$$

式中：d——平面 M 与平面 N 之间的距离。

沥青受到的剪应力 τ 为：

$$\tau = \frac{F}{A} \tag{7-2}$$

式中：F——剪力（N）；

A——面积（m^2）。

以剪应力 τ 与剪变率 γ 之比定义为黏度，以符号 η 表示，即：

$$\eta = \frac{\tau}{\gamma} \tag{7-3}$$

当剪应力为1Pa（N/m^2），剪变率为 $1s^{-1}$ 时，黏度为1Pa·s。

通常，溶胶型沥青其剪应力与剪变率之比为常数，黏度与剪变率的大小无关，沥青表现为纯黏性流动性质。溶凝胶和凝胶型沥青，则其剪应力与剪变率之比不为常数，黏度随剪变率的大小而变，这样在不同的剪变率下沥青表现为不同的黏度，它们之间的关系可表示为：

$$\eta_a = \frac{\tau}{\gamma^C} \tag{7-4}$$

式中：η_a——表观黏度，即在某一剪变率 γ 时的黏度；

C——复合流动度，与沥青的黏流性质有关，也称牛顿流动反常数系数或流变指数。

这种黏度为沥青的绝对黏度，又称为动力黏度。黏度还可以运动黏度表示。运动黏度为动力黏度除以材料密度的商，即：

$$v = \frac{\eta}{\rho} \tag{7-5}$$

式中：η——动力黏度（Pa·s）；

ρ——材料的密度（g/m^3）。

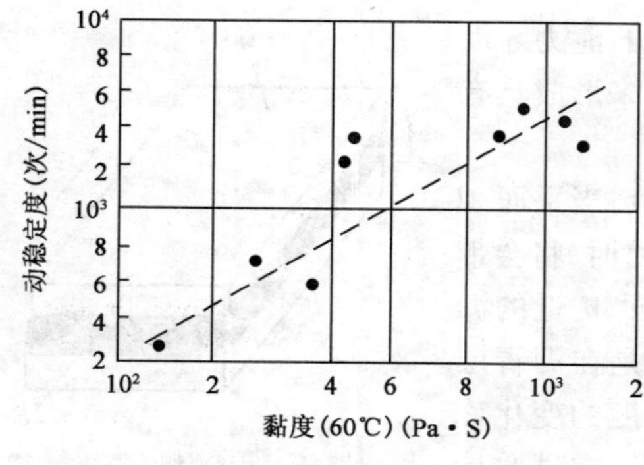

图 7-5　动稳定度与黏度的关系

主要测定方法有：真空毛管黏度计测定沥青的绝对黏度，沥青密度 STV 型黏度计测定沥青的运动黏度，针入度仪测定黏稠沥青 P(25℃,100g,5s)的黏性。

黏度是沥青的力学指标，黏度的大小反映沥青抵抗流动的能力，黏度越大，沥青道面抗车辙的能力就越强。试验表明，沥青的黏度与沥青混合料动稳定度有密切关系，黏度越大，动稳定度值就越高（图 7-5）。为了保证沥青混合料的正常生产，便于沥青的泵送和混合料的拌和，沥青必须有合适的黏度。

二、感温性

沥青的感温性是指沥青对温度变化的敏感性，它对沥青道面的使用性能有很大的影响。评价道路沥青感温性指标主要有以下几种。

1. 黏温指数

沥青黏度与温度的关系在半对数坐标中大多为直线关系（图 7-6）。不同沥青由于化学组成的差别，它们在图中表现为不同的斜率，这表明它们的温度敏感性是不同的；斜率越大，敏感性越强，其温度稳定性也就越差。

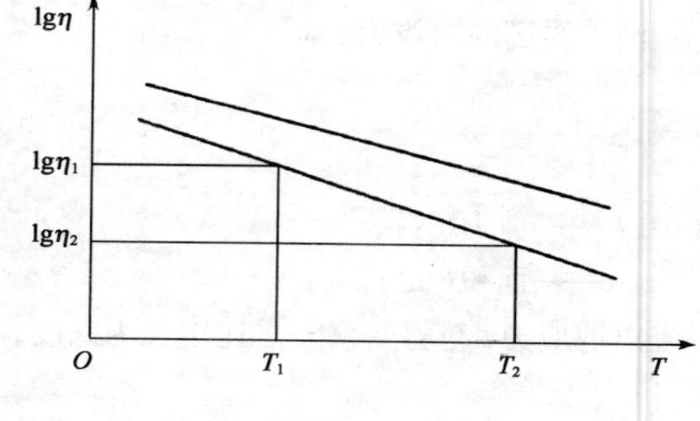

图 7-6　沥青的黏温关系

沥青的温度敏感性以黏温指数 VTI（viscosity temperature index）表示：

$$\mathrm{VTI} = \frac{\lg\eta_1 - \lg\eta_2}{T_2 - T_1} \tag{7-6}$$

黏温指数实际上就是黏温关系线的斜率。因此，对于道路沥青来说，其 VTI 值越小，则表明温度稳定性越好。

2. 针入度温度敏感性系数

在不同温度下测定沥青的针入度，在半对数坐标中针入度与温度成直线关系，并通过回归建立起如下的关系方程式：

$$\lg P = AT + K \tag{7-7}$$

式中：P——针入度，0.1mm；

T——温度，℃；

A——针入度温度的敏感系数；

K——常数。

针入度温度敏感性系数 A 越大，表示沥青对温度的变化越敏感，其性能就越不好。

3. 针入度指数

荷兰学者 J. PH. 普费等人应用针入度和软化点的试验结果，提出一种能表征沥青感温性和胶体结构类型的所谓针入度指数 PI。他们研究认为，沥青的针入度与黏度一样，在理论上都是以对沥青的剪切作用为基础的。针入度与旋转同轴黏度计有着相似的原理，而环球法软化点球的下落与落差式同轴黏度计也有相似之处。经对许多沥青的测试，他们发现由式(7-7)推算，当温度为沥青软化点时，其针入度基本上都等于 800(0.1mm)。由此，针入度温度的敏感系数 A 可用下式表示。

$$A = \frac{\lg 800 - \lg P_{(25℃,100g,5s)}}{T_{R\&B} - 25} \tag{7-8}$$

普费假定感温性最小的沥青其针入度指数 PI 为 20，感温性最大的沥青为 −10，在图中将软化点坐标 25 与针入度坐标 800 连成一线，将斜线划分成 30 等分，软化点与针入度连线同斜线交点定为 PI 值。此 PI 值将斜线分成两段，根据上式长度比，即为斜率 A。由于 A 值很小，为使 PI 值在 −10 ~ +20 之间，A 值乘以 50，得：

$$\frac{20 - PI}{10 + PI} = 50 \tag{7-9}$$

由此可计算，得针入度指数：

$$PI = \frac{30}{1 + 50A} - 10 \tag{7-10}$$

由于含蜡沥青在软化点时针入度并不一定等于 800，因此，有些学者提出用针入度等于 800 时沥青的温度作为相当于沥青的软化点，即所谓沥青的当量软化点，并用符号 T_{800} 表示。"八五"国家科技攻关项目研究认为，当量软化点可以根据 15℃、25℃和 30℃下的针入度用直线回归方程式 $\lg P = AT + K$ 求得，其计算式为：

$$T_{800} = \frac{\lg 800 - K}{A} = \frac{2.9031 - K}{A} \tag{7-11}$$

环球法软化点常用来评价沥青的高温稳定性，所以，当量软化点也可以作为评价沥青高温稳定性的一种指标。

针入度指数 PI 是评价沥青感温性应用最广泛的指标。PI 值越小，表示沥青的温度敏感性越强：大多数沥青的 PI 值在 −2.6 ~ +8 范围内，而适合铺筑道面的道路沥青其 PI 值必须符合一定的要求。"八五"国家科技攻关项目研究认为，为了保证沥青道面的高温稳定性，针入度指数的界限应随沥青的使用气候区域不同而异。按照 7 月平均最高气温划分为 >30℃，20 ~ 30℃和 <20℃三个高温气候区，分别提出不同 PI 要求值如表 7-1 所示。

沥青针入度指数要求值 表 7-1

7 月平均最高气温	>30℃	20～30℃	<20℃
PI 要求值	> -1.0	> -1.2	> -1.4

4. 针入度黏度指数

Mcleod 提出以 25℃针入度和 135℃运动黏度确定针入度黏度指数 PVN_{25-135}（penetration viscosity number），其计算式为：

$$PVN_{25-135}=\frac{\lg L-\lg B}{\lg L-\lg M}\times(-1.5) \tag{7-12}$$

式中：$\lg L=4.25800-0.79674P_{25}$；

$\lg M=3.46289-0.61094P_{25}$；

B——沥青 135℃黏度（mm^2/s）。

同样，用 25℃针入度和 60℃运动黏度确定针入度指数 PVN_{25-60}，其计算公式为：

$$PVN_{25-60}=\frac{X}{Y}\times(-1.5) \tag{7-13}$$

式中：$X=6.489-1.5\lg P_{25}-\lg\eta_{60}$；

$Y=1.050-0.223\lg P_{25}$。

Mcleod 提出按表 7-2 标准划分沥青的温度敏感性等级和适用场合。

按 PVN 评价沥青的感温性 表 7-2

组　别	PVN	温度敏感性等级	适 用 场 合
A	-0.5～0	低	重交通道路
B	-1.0～-0.5	中	中等交通道路
C	-1.5～-1.0	高	轻交通道路

三、黏附性

沥青的黏附性是指沥青与石料之间相互作用所产生的物理吸附和化学吸附的能力，而黏结力则是指沥青本身内部的黏结能力。然而黏结性好的沥青一般其黏附能力也强。沥青对石料黏附性的优劣，对沥青道面的强度、水稳性以及耐久性都有很大影响，故黏附性是沥青的重要性质之一。

在干燥状态下，沥青与石料黏附是不成问题的。但在潮湿状态下，由于水比沥青更容易浸润石料，石料表面的沥青就可能被水所取代，沥青从石料表面剥离下来。当集料失去沥青的黏结作用，道面就出现松散。这就是雨季沥青道面经常出现松散的原因。

1. 黏附理论

（1）界面理论

液体要黏附在固体表面，完全浸润是形成高黏结强度的必要条件。液体对固体的浸润有如图 7-7 所示的三种情况：

①液体具有浸润固体表面并扩展到整个表面的倾向，如图 7-7a）所示。

②液体浸润固体表面并有一定的扩展,如图 7-7b)所示。

③液体有离开固体自我收缩的倾向,液体不能湿润固体表面,如图 7-7c)所示。

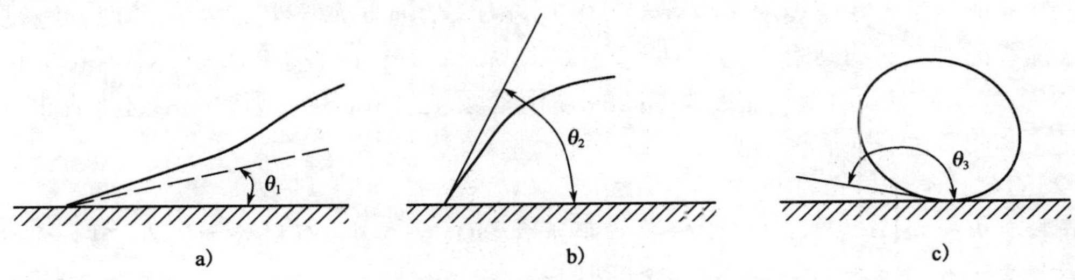

图 7-7　液体对固体的湿润

根据经典的湿润理论,当石料表面处于潮湿状态时,沥青要能黏附在石料表面,可应用沥青—石料—水三相体系平衡来描述。

设石料—沥青的界面张力为 γ_{sb},集料—水的界面张力为 γ_{sw},沥青—水的界面为 γ_{bw}。对于石料表面的某一平面处(图 7-8),当沥青将要被水取代,沥青在石料表面成球状接触时,三种界面张力处于平衡状态,即:

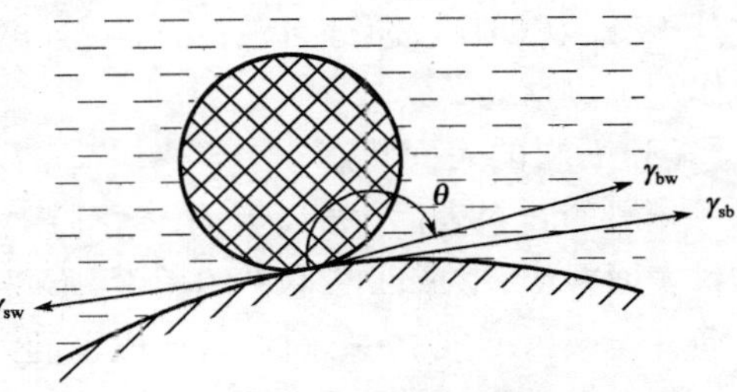

图 7-8　石料表面沥青被水剥离

$$\gamma_{sb} + \gamma_{bw}\cos\theta - \gamma_{sw} = 0$$

$$\cos\theta = \frac{\gamma_{sw} - \gamma_{sb}}{\gamma_{bw}} \tag{7-14}$$

在通常情况下,$\gamma_{sw} > \gamma_{sb}$,$\theta > 90°$,这表明石料表面的沥青将要被水所剥离。为了改善沥青与石料的黏附能力,应改善沥青与石料的浸润性,使 $\theta < 90°$。研究表明,在沥青中掺入某些化学添加剂,可以使 γ_{sb}和 θ 得以改变。例如,将阳离子表面活性剂加入沥青中,沥青就会被强力地吸附在石料表面,而使接触角 θ 随之减小,而沥青与水之间的界面张力也随之减小,这样,沥青取代水而能黏附在石料表面。

(2)酸碱理论

沥青是一种弱极性物质,其极性的强弱与沥青中的表面活性物质如沥青酸和沥青酸酐的含量有关。当沥青与酸性石料接触时,沥青中的酸性物质不能与酸性石料(如花岗岩、石英岩)发生化学反应,只能产生分子间力的作用,即物理吸附,故黏附性不强。当与碱性石料接触时,则可以发生化学反应,而产生一种不溶于水的化合物,形成化学吸附;化学吸附作用力强于物理吸附力,故黏附力强。

水是极性分子,对石料的吸附强于沥青,故水能使沥青剥离。

2. 影响沥青与石料黏附的因素

沥青与石料的黏附过程是一个复杂的物理、化学过程。黏附力的产生不仅与沥青本身的性质有关,而且与石料的性质、表面结构及状态有关,还与沥青混合料拌制工艺的条件有关。

(1)沥青品种

沥青中所含的表面活性物质(如沥青酸、酸酐),其含量的多少将影响沥青的黏附性。这些活性物质的含量以酸值表示。酸值大于0.7μgKOH的沥青为活性沥青,这种沥青对碱性岩石的干燥表面有良好的黏附性,但与酸性石料却黏附不好;酸值小于0.7μgKOH的非活性沥青,与大多数石料的表面都不能形成牢固的黏附,容易被水所剥落。沥青中的这些活性物质实际上是一些阴离子表面活性物质。

(2)石料种类

石料有火成岩、沉积岩和变质岩。按照所含 SiO_2 的多少,石料分为酸性、碱性和中性。SiO_2 含量大于65%为酸性石料,SiO_2 含量小于52%为碱性石料,SiO_2 含量在52%~65%范围内为中性石料。

根据酸碱理论,沥青与碱性石料之间有良好的黏附性,而与酸性石料则黏性不好,易在水的作用下剥落。

(3)石料的表面状态

光滑的石料表面(如河卵石、砾石),沥青易于浸润,但当遇水后却容易脱落,黏结不牢。石料表面粗糙,形成凹凸不平的表面,不仅增加了表面积,使石料增多了与沥青接触的机会,而且沥青能嵌入凹穴之中,固化后形成牢固的机械嵌锁力,使沥青与石料牢固黏结。

石料表面的清洁程度对沥青的黏附也有很大影响,如石料表面裹覆黏土,将阻隔沥青与石料的接触,影响沥青的浸润。

(4)沥青温度

当沥青的温度升高时,沥青的黏度降低,流动度增大,便于沥青在石料表面自由地展开,促进浸润,提高沥青与石料的黏附性。

3.沥青黏附性的评定

评定沥青与石料的黏附性至今尚无完善的标准方法,目前采用的方法有以下几种。

(1)水煮法

水煮法是用粒径为15~25mm的碎石,经150℃左右的沥青所浸润,取出冷却后在沸水中煮3min,观察碎石表面沥青膜被水移动剥落的程度,分五个等级评定其黏附性。

水煮法的试验方法简单,操作方便,观察碎石表面沥青被沸水剥落的情况比较直观,可以较快地确定沥青对石料的黏附性,因而目前无论在研究工作中还是在工程实践中,使用都比较广泛。但由于该方法评定结果受到人为因素的影响,带有一定的经验性。

(2)浸水试验

浸水法是采用粒径为5~10mm的碎石,用沥青拌和成混合料,待冷却后在常温水中浸泡16~18h,剔除已被水剥落的石料颗粒,以完全被沥青裹覆石料颗粒占原试样的质量百分率表示其黏附性。如果在水中浸泡时水是静置的,则为静态浸水法;如果在水中浸泡时是震动摇晃的,则为动态浸水法。

(3)马歇尔残留稳定度试验

马歇尔残留稳定度法是用马歇尔试件在60℃水中浸泡48h后的稳定度,与在60℃水中浸泡30min的稳定度之比值来表示沥青混合料的水稳性,它间接反映沥青与石料的黏附性。

马歇尔残留稳定度法对密实型沥青混合料不太敏感,对空隙较大的开级配沥青混合料,能较好地反映其水稳性。由于该法操作比较方便,故实际应用较多。

与马歇尔残留稳定度法相类似的,还有浸水抗压强度比、真空饱水抗压强度比等。

(4)冻融劈裂试验

冻融劈裂试验是采用简化的洛特曼(Lottman)试验,用两面击实50次的马歇尔试件(试件的空隙率达7%~8%)在常温水中浸泡20min,再在-18℃冰箱中冷冻16h,然后在60℃水浴中放置24h,完成一次冻融循环。又在25℃水中浸泡2h后测试其劈裂强度,将此强度与未经冻融循环试件的劈裂强度相比,求出劈裂强度比,以此指标作为沥青混合料的水稳性指标。

(5)浸水轮辙试验

浸水轮辙试验是模拟沥青道面受到交通影响的试验方法。它是将三个实心橡胶轮在三只沥青混合料试样上以25Hz的频率往复移动,在每个轮上加载使试件受到约25kg的载荷,试样在水浴中保持水平状态,使水面恰好掩盖试样表面,水浴温度为40℃。以出现破坏所需时间为度量剥落的标准。事实证明,拥挤交通道路的剥落损坏和相同材料的浸水车辙试验的效果之间存在很好的对应关系。

4. 沥青黏附性的改善

为改善沥青对石料的黏附性,提高沥青混合料的抗水性,通常采取以下措施:

(1)在沥青中添加抗剥落剂

在沥青中添加抗剥落剂是比较方便而有效的方法。抗剥落剂都是表面活性物质。由于沥青大多与酸性石料黏附性不好,故常在沥青中添加阳离子表面活性剂。典型的阳离子表活性剂有烷基胺、季铵盐、酰胺、环氧乙烷二胺等。但有些胺类的表面活性剂在高温下会分解失效,故选择表面活性剂时应注意它的耐热性。为此,近来有些学者采取对掺加抗剥落剂的沥青进行热老化试验后,再来评价抗剥落剂的效果。国内现已开发了几种抗剥落剂,可供选择使用。

(2)在拌制沥青混合料时添加消石灰粉或水泥

用消石灰粉或水泥取代部分矿粉拌制沥青混合料,能有效地提高其水稳性,但一般添加的剂量不超过矿粉总量的40%。

(3)选择碱性石料

根据工程性质可分别选用石灰岩、玄武岩、辉绿岩等碱性岩石破碎的石料作为沥青混合料的集料。

(4)保证石料表面的清洁度

清洁的石料表面有利于与沥青的浸润,而形成良好的黏结。如石料表面沾有泥土,沥青裹覆在泥土表面,当遇水侵蚀,沥青就容易被剥离下来。石料在破碎之前应予以清洗,并注意在运输中不被污染。

四、耐久性

沥青在运输、施工和沥青道面的使用过程中,经受温度、光照、雨水以及交通荷载等各种因素的作用,会发生一系列物理、化学变化,如蒸发、氧化、脱氢、缩合等,沥青的化学组成发生了变化,使沥青老化,道面脆硬、开裂。沥青性质随时间而变化的现象,通常称为沥青的老化,也就是沥青的耐久性。

1. 沥青老化的特征

(1)沥青常规指标的变化

沥青老化最显著的特征是针入度变小、软化点增大、延度减小、脆点上升。

(2)沥青组分的变化

经受老化的沥青,其化学组分发生了变化,沥青质明显增加,饱和酚、芳香酚含量变化不大,胶质含量有所降低。沥青老化时化学组分的变化主要是胶质向沥青质转化。

由于沥青组分化学性质的复杂性,即使是同样的组分,其化学性质也有很大的差异;有的沥青其芳香酚在老化后有很大的变化,一些带有侧链的芳环和烷环极易氧化而生成氢和氧化物,一部分氧化物转化成胶质。因此,有些沥青老化后芳香酚减少,胶质增加,或胶质又转化成沥青质。

(3)沥青胶体结构的变化

沥青在老化过程中组分发生变化引起胶体结构的变化,这主要表现为溶胶向溶凝胶转化,溶凝胶向凝胶转化。

(4)沥青流变性质的变化

老化沥青胶体结构的变化,引起了流变性质的变化。沥青在加热初始的一段时间内,轻质油分挥发较多,但到一定时间后加热损失不再明显增加。在老化过程中沥青的密度增大,线收缩系数减小。沥青老化后不仅黏度增大,而且其复合流动度随着老化的加深而减小(图 7-9),这表明沥青的胶体结构逐渐发生变化,非牛顿性质越加明显。

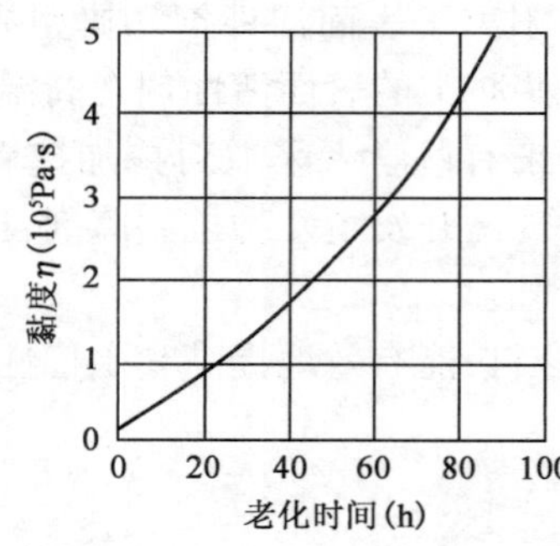

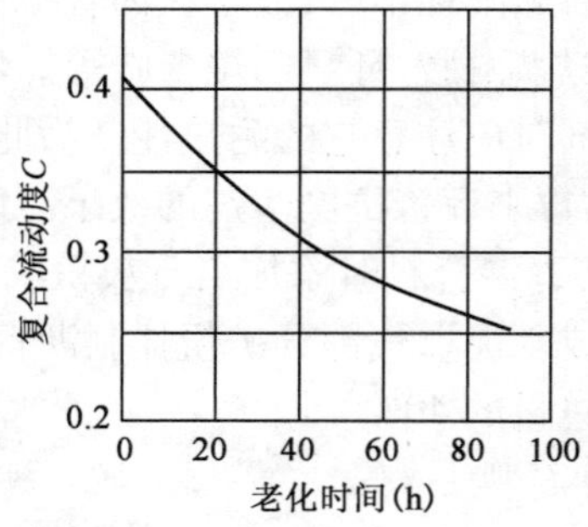

图 7-9　沥青在老化过程中流变持行为的变化

2. 沥青老化的原因

引起沥青老化的因素很多,其中,沥青发生氧化是主要原因。为了说明沥青吸氧氧化,可进行吸氧试验。将沥青在薄膜状态下(如 40μm)置于密闭的容器中,注入氧气,并保持一定的压力和温度,进行氧化。观察沥青吸氧后性质的变化,并测定氧气的体积以确定沥青的吸氧量。

沥青的氧化与温度有直接关系。在一定温度下,沥青各组分与空气中的氧发生作用而被氧化。温度越高,氧与沥青化合留在沥青中越少,而且沥青发生脱氢生成水和二氧化碳;但当温度较低时,氧化反应较为缓慢,则生成极性含氧基团,所吸收的氧存在于沥青中。吸氧的多少还与沥青的组成有关,如芳香酚含量高,吸氧量多;饱和酚含量高,由于饱和酚较稳定,不易氧化,吸氧量就少。

在沥青混合料生产过程中，石料与沥青都处于高温状态，这时会引起沥青剧烈地老化。有人曾经做过这样的估计，沥青在 160 ~ 170℃ 高温下以薄膜状态与石料接触，其老化速度几乎相当于沥青道面 19 年的自然老化。因此温度越高，沥青的氧化越剧烈，老化越严重。测定沥青在不同温度下老化后羟基在 1 700cm $^{-1}$ 处吸收系数的变化，可以看出温度对氧化的影响（图 7-10）。

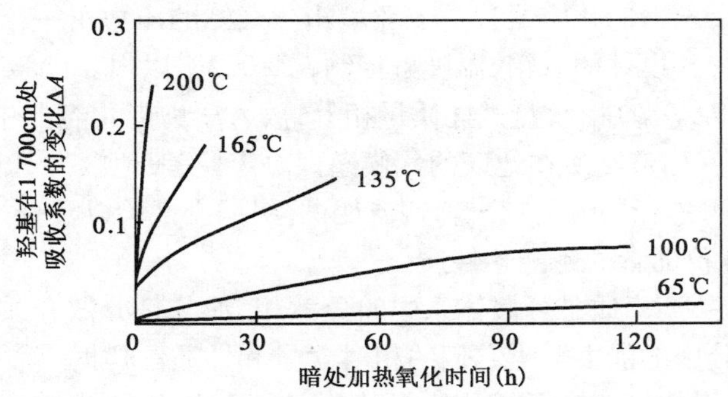

图 7-10　沥青在暗处氧化速度与温度、时间的关系

在自然界，阳光的照射也是沥青老化的重要因素，故光和氧的联合作用是造成沥青老化的重要原因。在光的照射下，沥青的氧化要比在暗处快得多。在这种情况下，沥青中的各种组分都能吸收氧而被氧化，当然芳香酚氧化的速度更快，吸收的氧更多。

沥青虽然是憎水性材料，但在雨水的作用下，沥青中的可溶性物质被冲洗掉，也是引起老化的原因之一。

交通荷载的作用对沥青老化的影响可以认为是反复荷载的疲劳作用造成了沥青的不可逆的塑性变形，引起了结构的破坏。因此，机械力也是沥青老化的一种因素。

3. 沥青耐久性的评价

（1）根据老化试验结果评价

研究沥青的耐老化性能，通常的方法是先将沥青试样在室内进行加速热老化，然后根据老化后试样的性质加以评定。目前采用的方法主要有以下几种：

①薄膜烘箱试验法

现行沥青技术标准中作为评定耐老化性能的指标为薄膜烘箱（TFO）试验，以试验后的质量损失、针入度比、延度，评定沥青的耐老化性，这是模拟沥青在混合料拌和生产过程中的老化。在有些情况下采用回转薄膜烘箱（RTFO），烘箱有一垂直的圆形盘子，上面有八只放置试样瓶的孔；盘子可垂直旋转，当试样瓶转到最低位置时，烘箱中的一空气喷嘴就对瓶吹入空气；其老化的程度比薄膜烘箱（TFO）严重。由于在试验过程中有氧化物的产生，有些沥青在试验后质量甚至会增加。

②老化指数法

沥青老化后黏度随老化时间的延长而增大，其黏度与时间的关系可用如下表达式表示：

$$\eta = bt^{m} \tag{7-15}$$

式中：η——沥青黏度；

t——老化时间；

m——老化指数；

b——回归系数。

③SHRP压力老化容器法

美国SHRP为模拟沥青道面长期使用过程中的老化，开发了压力老化容器试验法（PAV）。压力老化设备包括一个压力老化容器和一个环境箱。气体的压力由一个清洁、干燥的压缩气体缸提供。环境箱是特殊设计的烘箱，温度可控制在±0.2℃以内。试验时将回转薄膜烘箱试验后的沥青残渣倒入PAV盘中，每盘试样质量相等，放入压力老化容器中再老化20h，容器中的压力为2 070kPa，温度由道路所在地区的气候条件决定，一般地区为90～100℃，沙漠性气候地区为110℃。然后，再进行沥青的动态剪切流变试验、蠕变试验以及直接拉伸等试验。

（2）按初始性质评价沥青的耐老化性质

根据沥青胶体理论，沥青质是分散体系中的分散相，油分是分散介质，胶质具有使高度聚合的沥青质分散在油分中的能力。当它们的相对含量和性质配伍时，就能形成相对稳定的胶体溶液。沥青老化的结果是，改变了组分的相对含量和性质，因而也改变了沥青的胶体性质，与此同时，沥青的黏流性质也发生了变化。

Traxler用6种不同组成的沥青进行试验，并用下式表示沥青组分的分散系数，即：

$$\text{组分分散系数} = \frac{\text{胶质} + \text{芳香酚}}{\text{沥青质} + \text{饱和酚}}$$

研究发现，沥青在老化过程中其老化速率与组分分散系数之间有很好的相关性。分散得好的沥青则老化速度较慢；反之，分散不好的沥青则老化速度较快。由此可见，沥青的耐久性与其组分有密切关系。

由于沥青的组分决定了它的黏流性质，因此，可以推断，沥青的耐久性与其黏流性质有密切的线性关系，经回归得如下关系式：

$$m = 0.6439 - 0.5129C \tag{7-16}$$

式中：m——沥青的老化指数；

C——复合流动度，25℃。

国内外实验资料证明，在同样的老化条件下，沥青的老化指数m与其初始的复合流动度C之间确实有着非常密切的线性关系。复合流动度C值越大，越接近于1，老化指数m就越小，沥青的老化速度就越慢，耐久性也就越好；反之，复合流动度C值越小，老化指数m就越大，老化速度越快，其耐久性也就越差。因此，利用沥青初始的复合流动度C值，就可以评价沥青的耐久性，而不必等到老化试验以后。

第三节　沥青混凝土

一、机场道面沥青混凝土的技术要求

对采用沥青面层的机场道面来说，应满足以下几方面的技术要求。

1. 高温稳定性

在飞机高温、高速喷气流的作用下，道面表面的温度会迅速升高，引起沥青道面的破坏。把沥青道面耐受飞机尾喷气流的能力，称为沥青道面的高温稳定性问题。这是机场沥青道面设计和施工时必须考虑的。

由第三章的分析可知，沥青道面在150℃的高温作用下可保持其强度和稳定性达3min。在正常使用情况下，飞机在滑行道、联络道及跑道上停留的时间很短，高温气流不会构成对沥青道面的威胁，完全能够满足各种飞机的使用要求，这已为国内外的工程实践所证实。

2. 热稳定性

在炎热季节，沥青道面上的温度可达60℃以上，此时沥青道面会出现泛油、拥包和车辙现象，这是沥青混合料热稳定性不好造成的。热稳定性是指沥青混合料在炎热季节保持颗粒的黏结力，保持强度和抵抗变形的能力，是表明沥青道面在炎热季节使用性能的重要指标。

国内外广泛采用马歇尔试验方法评定沥青混合料的热稳定性。影响沥青道面热稳定性的主要因素有以下几种：

(1)沥青性质和用量

使用耐热性较好的沥青，是提高沥青混凝土热稳定性的主要措施之一。耐热沥青在常温范围内，其黏稠度和内聚力变化较小，这就要求沥青具有较低的脆点和较高的软化点。由于软化点高时，其脆点一般也高，这又限制了软化点不能太高。

沥青用量少时，沥青不足以形成薄膜黏结矿料颗粒；当沥青用量增大到足以形成薄膜并充分黏结矿料时，沥青混合料具有最大的黏结力，达到最佳沥青用量时马歇尔稳定度最大，热稳定性最好；沥青用量过多时，沥青混合料颗粒之间形成了较厚的沥青薄膜，沥青混合料的黏结力下降。

(2)填料

填料对热稳定性的影响，主要是通过它与沥青之间的相互作用来反映的。能与沥青起化学吸附作用的矿粉利于提高沥青混凝土的抗剪强度的抗变形能力。由于填料有很大的比表面积，就相应地增大了矿粉与沥青的分界面。填料与沥青接触后，沥青在填料表面形成沥青薄膜，称为结构沥青。如果矿料是通过结构沥青相互黏结的，则颗粒间的黏结最牢固。

(3)集料

碱性集料易与沥青黏结，热稳定性好。使用酸性石料时，要经过碱化处理，以提高集料与沥青的黏附性。

适宜的矿料级配可以形成骨架密实结构。这种结构既有一定数量的粗集料形成骨架，又有一定数量的细料填充空隙形成较高的密实度。这种结构在最佳沥青用量时，混合料的黏聚力和内摩擦阻力都较大，形成最高的马歇尔稳定度。

此外，选用的集料强度高，表面粗糙，几形状多为棱角，经过充分压实后具有较高的强度和热稳定性。

3. 低温抗裂性

沥青混凝土在温度降低时将产生体积收缩，如果收缩受阻，沥青混凝土内部将产生拉应力。当拉应力超过沥青混凝土的极限抗拉强度时，道面就会产生开裂。造成沥青道面开裂的主要原因是沥青混凝土缺乏足够的低温塑性变形能力。

影响沥青混凝土低温性能的因素很多,这些因素之间又相互影响,主要有以下几种:

(1)低温延度。低温延度大的沥青具有较好的抗裂性。

(2)劲度模量。在给定的温度(T)和加荷时间(t)条件下,应力(σ)和应变(ε)的比值越大,越容易产生开裂。因此,设计劲度模量低的沥青混凝土,是防止混凝土低温收缩开裂的主要手段。

(3)感温性。沥青的感温性大,易产生裂缝。

(4)沥青质含量。沥青质含量少,易产生裂缝,因为沥青质含量少时,沥青感温性变大。

(5)空隙率。沥青混凝土空隙小,易产生裂缝,因为空隙率小时沥青混凝土收缩内部受阻严重,并且在一定范围内,空隙率小时劲度模量就大。

(6)填料。填料用量少,则产生裂缝就多,因为粉料少的沥青混合料感温性大。此外,填料少,透水性就大,沥青混凝土易老化,也是低温裂缝增加的原因。

(7)厚度。沥青混凝土铺筑厚度越小,产生低温裂缝开裂的可能性就越大。

4. 耐久性

耐久性是沥青混凝土道面的重要指标之一。沥青混凝土的耐久性主要取决于沥青的耐久性。沥青的耐久性包括三个方面:一是沥青混合料在拌和过程中引起的沥青老化;二是沥青道面在使用过程中由于阳光、空气、温度和湿度变化引起的自然老化;三是荷载重复作用的疲劳老化。此外,喷气发动机的高温、高速喷气流对沥青道面也有老化作用。

5. 表面抗滑性

用作机场沥青道面的表面层的沥青混凝土应有足够的粗糙度,以保证飞机的制动距离符合安全飞行的要求,有效地防止飞机滑跑时产生水上漂滑现象。对于抗滑性,沥青质量和用量,集料的强度、形状和级配,都是重要的影响因素,可采用以下途径提高沥青混凝土的抗滑性能。

(1)选用合适的沥青。根据机场所处的地理环境、机场等级和所承受的飞机荷载和交通量,选择合适的沥青标号。

(2)选用磨光值、磨耗值和冲击值(或压碎值)都符合有关规范规定要求的集料。

(3)选择合适的级配。集料的级配是形成沥青面层宏观构造的关键因素之一。要根据不同的宏观构造要求和不同地区气候特点选用不同的级配。

(4)确定合理的油石比。根据实验室确定的配合比,通过试拌、试铺和试压进行对比,以确定合理的油石比。

(5)防止抗滑表层下的沥青层油石比过大,油石比过大易造成道面泛油。

6. 抗航油侵蚀性

航油是沥青的溶剂,机场沥青道面在航油侵蚀下会引起破坏,目前尚无经济且有效的方法防止航油的侵蚀。在航油侵蚀较严重的停机坪上,宜采用水泥混凝土面层。

二、沥青混凝土的结构类型

根据沥青道面的材料组成和施工工艺的不同,常见的沥青混合料类型主要有沥青混凝土、沥青碎石、沥青贯入式和沥青表面处治四种。压实成型的沥青混合料是由石质集料、沥青胶结料和残余空隙所组成的一种具有空间网络结构的多相散体系,其材料属性为颗粒性材料的强度构成起源于内摩擦阻力和黏结力。对于沥青混合料,它的力学强度主要取决于骨料颗粒间的摩擦阻力和嵌挤力、沥青胶结料的黏结性以及沥青与骨料之间的黏附性等方面。不同级配组成的沥青混合料,具有不同的空间结构类型,也就有不同的内摩擦阻力和黏结力。因而,沥青混合料的结构组成对其强度构成又起着举足轻重的作用。

按照沥青混合料强度构成原则的不同,其结构可分为按嵌挤原理构成的结构和按密实级配原理构成的结构两大类。按嵌挤原理构成的沥青混合料,要求采用较粗的、颗粒尺寸较为均匀的骨料,沥青在混合料中起到填隙作用,并把骨料结成一个整体。这种材料的结构强度主要依赖于骨料颗粒之间相互嵌挤所产生的内摩阻力,而对沥青黏结作用依赖不大,沥青贯入式、沥青表面处治和沥青碎石道面均属此类结构。这些道面的性能受温度的影响较小。

按密实级配原理构成的沥青混合料,是指骨料和沥青按最大密实原则进行配合以后而形成的一种材料,其结构强度是以沥青与骨料之间的黏结力为主,以骨料颗粒间的嵌挤力和内摩阻力为辅而构成的。沥青混凝土和沥青碎石道面属于此类,这种道面的性能受温度的影响相对较大。按这种混合料网络结构中"嵌挤成分"和"密实成分"所占的比例不同,沥青混合料的组成结构形态有三种典型类型,即:密实悬浮结构,骨架空隙结构,密实骨架结构。三种结构的形态如图 7-11 所示。

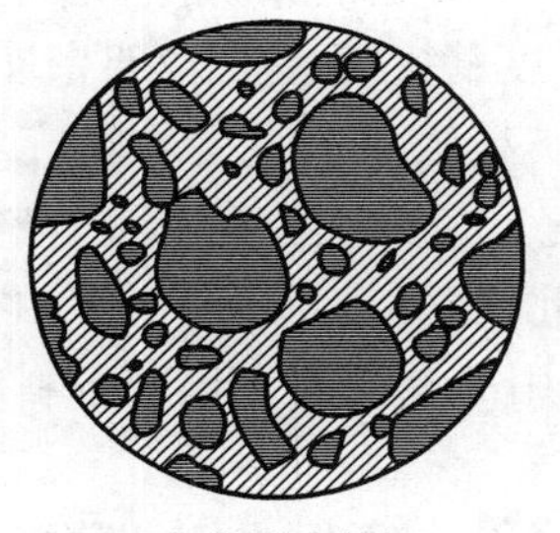

a)密实悬浮结构

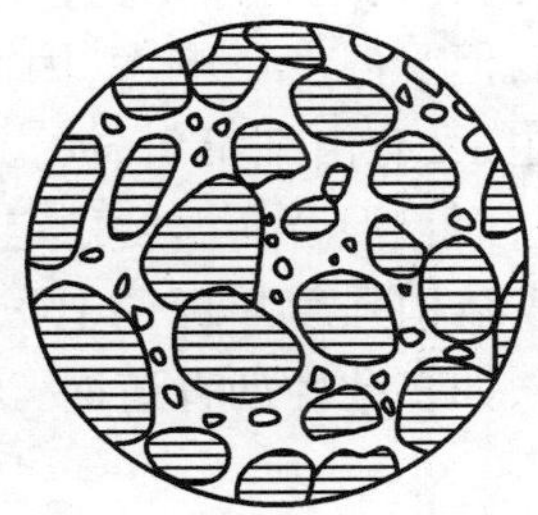

b)骨架空隙结构

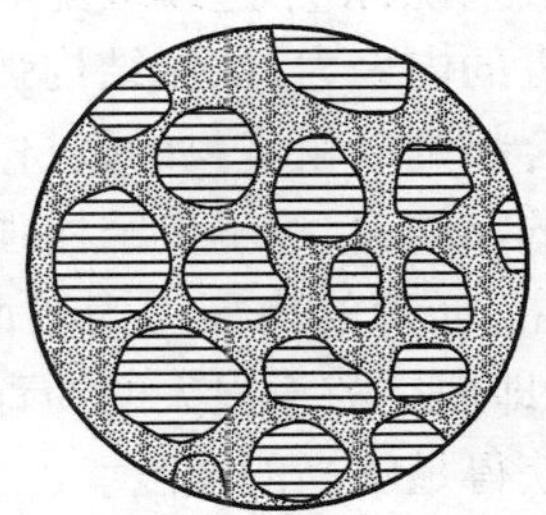

c)密实骨架结构

图 7-11　沥青混合料的典型组成结构

(1)密实悬浮结构。当采用连续型密级配矿质混合料与沥青组成混合料时,前级集料间必须留出比次级集料粒径稍大的空隙,由次级集料填充。按此组成的沥青混合料可以获得很大密实度,但各级集料被次级集料分隔,各级集料悬浮于次级集料及沥青胶浆之间,不能直接靠拢形成骨架,即这种材料中含有大量的细集料,而粗集料含量较少,且相互间没有接触。这种沥青混合料表现为黏结较高,而内摩阻力较小。用这种沥青混合料修筑沥青道面,由于受沥青材料性质的影响较大,故它的热稳定性较差。

(2)骨架空隙结构。当采用连续开级配矿质混合料与沥青组成混合料时,其粗集料较多,而细集料较少。按此种组成的沥青混合料,粗集料间可相互靠拢形成骨架,但细集料过少不足以填满集料之间的空隙。虽然能够形成骨架,但残余空隙较大。这种材料的内摩阻力较大,而黏结力较小。由此修筑的沥青道面,受沥青性质影响较小,因而其稳定性较好。

(3)密实骨架结构。当采用间断型密级配矿质混合料与沥青组成混合料时,断去了中间粒径的集料,使其既有较多数量的粗集料可形成空间骨架,同时又有相当数量的细集料填充骨架间的空隙。它是综合以上两种类型组成的结构,从而形成较高的密实度。这种沥青混合料不仅具有较高的黏聚力,还具有较高的内摩阻力。

以上三种结构的沥青混合料，由于结构常数不同，因而反映在稳定性上亦有显著的差异（表7-3）。

不同结构组成的沥青混合料结构常数及稳定性　　表7-3

混合料名称	组成结构类型	结构常数			温度稳定性指标（65℃）	
		密度 ρ（g/cm^3）	空隙率 V_v（%）	矿料间隙率 VAM（%）	黏聚力 c（kPa）	内摩擦角 φ（rad）
连续型密级配	密实悬浮结构	2.40	1.3	17.9	318	0.600
连续型开级配	骨架空隙结构	2.37	6.1	16.2	240	0.653
间断型密级配	密实骨架结构	2.43	2.7	14.8	338	0.658

三、沥青混合料强度特性

沥青混合料的强度特性与沥青道面的损坏状态直接相关。沥青混合料的强度是由集料之间的内摩阻力和沥青的黏结力所构成的。

一般来说，由于连续级配的沥青混合料是悬浮结构，其强度主要是依靠沥青与集料的黏结力和沥青的内聚力，虽然结构强度高，但受温度影响大，因而温度稳定性差。骨架密实结构的沥青混合料则以粗集料的嵌挤力为主，又有由细集料、沥青及矿粉组成的混合料填充空隙，形成很强的黏结力，故不仅结构强度高，而且混合料温度稳定性好。骨架空隙结构混合料是以嵌挤力为主，沥青的内聚力为辅而形成结构强度。理论上虽如此，实际上沥青结合料的影响很大，因为即使空隙率很大的沥青碎石，如多孔性沥青道面，当采用高黏度沥青作结合料时，则同样可以获得足够高的强度。

无论沥青混合料属于哪一种类型，其力学强度都可以按库仑定律予以表征，即在外力作用下材料不发生剪切滑移时应满足下列条件：

$$\tau \leqslant c + \sigma\tan\varphi \tag{7-17}$$

式中：τ——剪切应力；

c——黏聚力；

σ——正应力（正压应力）；

φ——内摩擦角。

根据平衡关系，主应力 σ_1 和 σ_3 与破裂面上的正应力 σ 和剪应力 τ 之间的关系如下：

$$\begin{cases} \sigma = \dfrac{1}{2}(\sigma_1 + \sigma_3) - \dfrac{1}{2}(\sigma_1 - \sigma_3)\sin\varphi \\ \tau = \dfrac{1}{2}(\sigma_1 - \sigma_3)\cos\varphi \end{cases} \tag{7-18}$$

沥青混合料的 c、φ 值可通过三轴剪切试验求得，但三轴试验设备复杂，操作比较麻烦，更主要的是三轴试验的结果对不同的混合料不甚敏感，故实际应用并不多。需要测定沥青混合料的 c、φ 值时，也可通过抗压强度试验和抗拉试验求得。

1. 三轴试验确定

对于三轴试验，由图7-12可得摩尔—库仑的理论表达式为：

$$\sigma_1 = \frac{1+\sin\varphi}{1-\sin\varphi}\sigma_3 + 2c\frac{\cos\varphi}{1-\sin\varphi} \tag{7-19}$$

显然，在一定的力学加载条件下，如果材料是给定的，则内在参数 c、φ 值应为常数，σ_1 与 σ_3 之间具有线性关系。同时，试验结果表明，在给定的试验条件下，σ_1 和 σ_3 之间具有如下形式的线性关系（图7-13）：

$$\sigma_1 = k\sigma_3 + b \tag{7-20}$$

式中，k 和 b 均大于零。

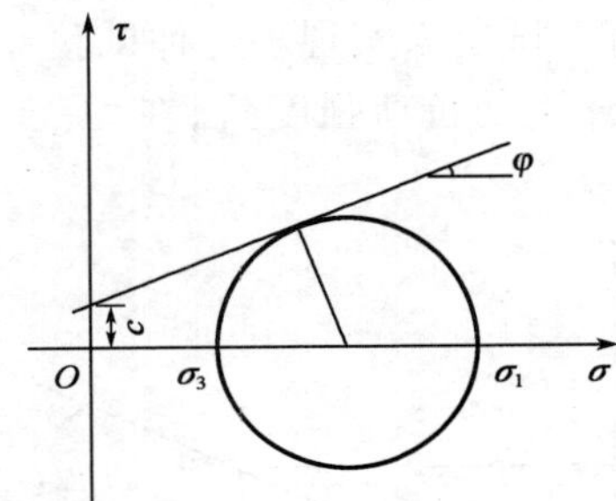

图7-12　摩尔—库仑平面

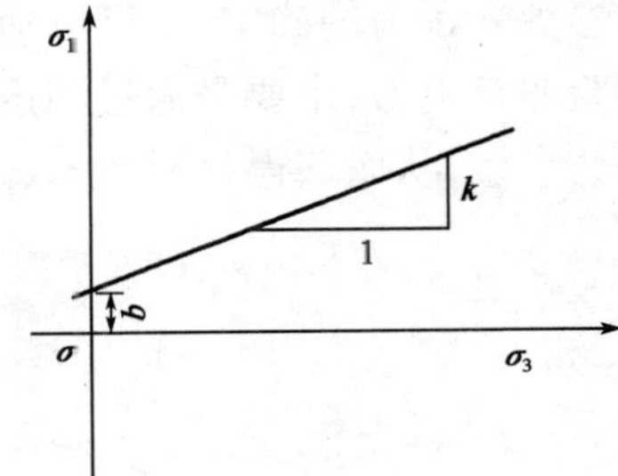

图7-13　σ_1 与 σ_3 之间的试验关系

将式(7-19)与式(7-20)对等，则可得到材料的内在参数 c、φ 值的计算公式。

$$\begin{cases} \sin\varphi = \dfrac{k-1}{k+1} \\ c = \dfrac{b}{2}\cdot\dfrac{1-\sin\varphi}{\cos\varphi} = \dfrac{b}{2\sqrt{k}} \end{cases} \tag{7-21}$$

2. 简单拉压试验确定

沥青混合料的 c、φ 值可通过无侧限抗压强度 R 和抗拉强度 r 予以换算。其换算关系可通过式(7-19)推导获得，也可以直接利用摩尔圆求得（图7-14）。

当无侧限抗压时，相当于 $\sigma_3=0$ 和 $\sigma_1=R$，代入式(7-19)得：

$$R = \sigma_1 = \frac{2c\cdot\cos\varphi}{1-\sin\varphi} = 2c\cdot\tan\left(\frac{\pi}{4}+\frac{\varphi}{2}\right) \tag{7-22}$$

当无侧限抗拉时，相当于 $\sigma_1=0$ 和 $-\sigma_3=r$，代入式(7-19)得：

$$r = -\sigma_3 = \frac{2c\cdot\cos\varphi}{1+\sin\varphi} = 2c\cdot\cot\left(\frac{\pi}{4}+\frac{\varphi}{2}\right) \tag{7-23}$$

联立解式(7-22)和式(7-23)得：

$$c = \frac{1}{2}\sqrt{Rr}$$

$$\sin\varphi = \frac{R - r}{R + r} \tag{7-24}$$

简单拉压试验确定沥青混合料的内在参数 c、φ 值，是以一项基本假定为前提的。即：在试验变量（材料组成变量、力学激励变量）相同的条件下，假定沥青混合料在压缩和拉伸两种加载方式下的内在参数值是相同的。

这种试验方法相对于三轴试验来说，在操作上要容易得多，且在一般试验机上均可以实施，易于推广应用。但其试验结果的准确性要依赖于试验技术的完善与提高，特别是拉伸试验。在拉伸试验中，有两个试验技术难关需要克服，即：沥青混合料的拉伸试验技术（拉头问题）；试件的偏心受拉问题。通过改进试验技术，这两个困难目前都可以克服。

3. 直剪试验确定

内在参数 c、φ 值的确定，还可以通过沥青混合料的直剪试验来实现。这种试验方法与土的直剪试验非常类似，主要是通过测定不同正压力水平 σ_i 下的抗剪强度 τ_{fi}，在 $\tau-\sigma$ 坐标系中绘制库仑直线，从而获得材料的 c、φ 值，如图 7-15 所示。

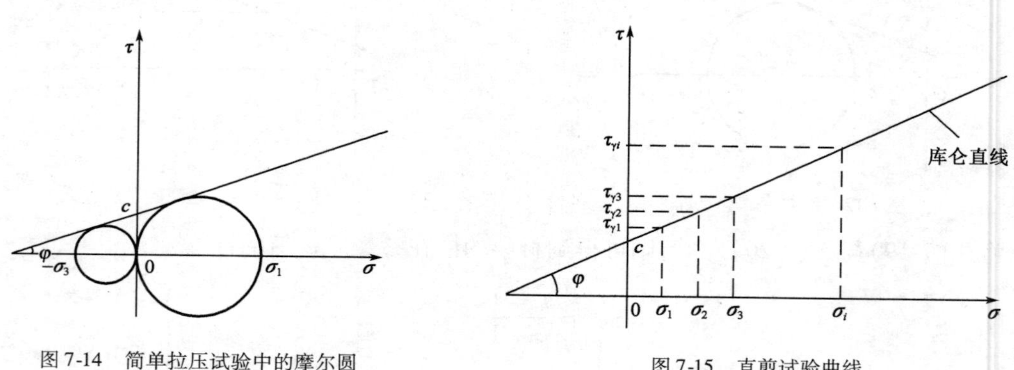

图 7-14　简单拉压试验中的摩尔圆

图 7-15　直剪试验曲线

沥青混合料的直剪试验相对于三轴试验、简单拉压试验，在 c、φ 值的原理上更为直观明了，但在操作上可能更不容易实现，比如因剪切挤压而引起的破坏面不均匀问题等。

四、沥青混合料的应力—应变特性

沥青混合料的应力—应变特性与黏性土和颗粒材料有很大的差别。由于沥青混合料中所含沥青具有依赖温度和加荷时间的黏弹性性状，沥青混合料在荷载作用下的变形也具有随温度和荷载作用时间而变的特性。

1. 应力—应变特性关系

对沥青混合料进行三轴试验，在固定的应力作用下，可得到应变和应力作用时间的关系曲线，如图 7-16 所示。其中图 7-16a）为施加应力相当小的情况，一部分应变（ε_0）在施加荷载后立即产生，而卸荷后这部分应变又立即消失，这是混合料的弹性应变，应力与应变成正比例关系。另一部分应变（ε_v）随加荷时间的增加而增加，卸载后由随时间增长而逐渐消失（或基本消失），这是混合料的黏弹性应变。这一现象说明，沥青混合料在受力较小时，特别是受荷时间短促时，处于或基本处于弹性状态并兼有黏弹性性质。图 7-16b）表示应力足够大的情况。

这时,除有瞬时弹性应变和滞后弹性应变外,还存在着随时间而发展的近似直线变化的黏性和塑性流动,卸载后这部分应变不再恢复而成为塑性应变。这说明沥青混合料受荷达到一定值后,特别是受荷时间又较长时,不仅出现弹性应变,而且还有随时间而发展的塑性应变。对比图7-16a)、b)两图可以看出,随施加应力的级位和作用时间不同,沥青混合料的应力—应变关系分别呈现出弹性、弹—黏性和弹—黏—塑性等不同性状。

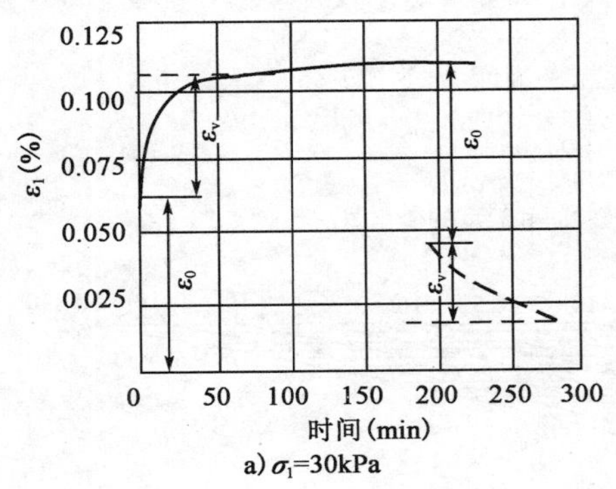

a) σ_1=30kPa

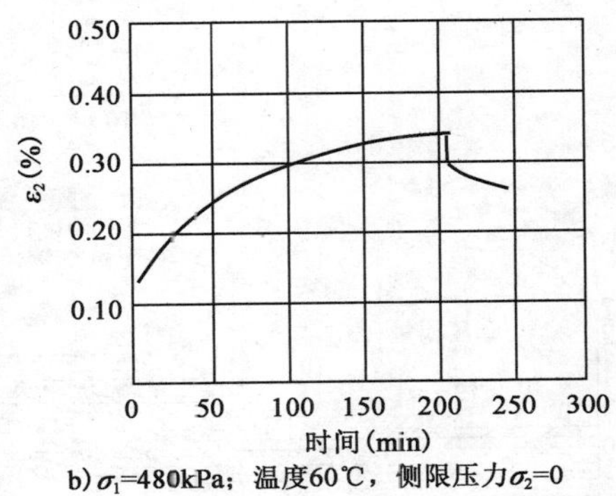

b) σ_1=480kPa；温度60℃，侧限压力σ_2=0

图7-16　沥青混合料压缩蠕变试验

沥青材料的黏滞度受温度影响很大,因而温度对沥青混合料的性状也有较大的影响。其他条件相同时,同一混合料在高温和低温时的应变量(反映在模量上)可相差几十倍。在低温时,混合料基本上属于弹性体,而在常温和高温时,则可能相应地变为弹—黏性和弹—黏—塑性体。

2. 劲度

反映沥青和沥青混合料在给定温度和加荷时间条件下的应力 ε—应变 σ 关系参数,称作劲度 S,即:

$$S_{\mathrm{t,T}} = \left(\frac{\sigma}{\varepsilon}\right)_{\mathrm{t,T}} \tag{7-25}$$

式中的脚标 t 和 T 分别表示加荷时间和温度。

加荷时间和温度对沥青劲度模量 S_b 的影响情况,可由图7-17所示的试验曲线看出。加荷时间短时,曲线接近水平,表明材料处于弹性性状;加荷时间很长时,便出现为黏滞性性状;处于二者之间时则兼有弹—黏性性状。各种温度下的 S_b—t 关系曲线具有相似的形状,如果将曲线作水平移动,则可将它们重合在一起。这意味着温度对劲度模量的影响同一定量的加荷时间对劲度的影响效果相当。温度和加荷时间对劲度影响的这一互换性,是沥青材料的一个重要性质。利用这一性质,可以通过采用变换试验温度的方法,把有限时间范围内得到试验结果扩大到很长的时段。

Vander 对47种不同流变类型的沥青材料在较宽的加荷时间和温度范围内做了大量试验,得出了能预估不同加荷时间和温度下沥青劲度的诺谟图,如图7-18所示。

此诺谟图根据影响沥青劲度模量的三项参数查用。

(1)加荷时间 t。

(2)温度 T 与沥青材料软化点 S_p 的差值,即温差 $S_p - T$。

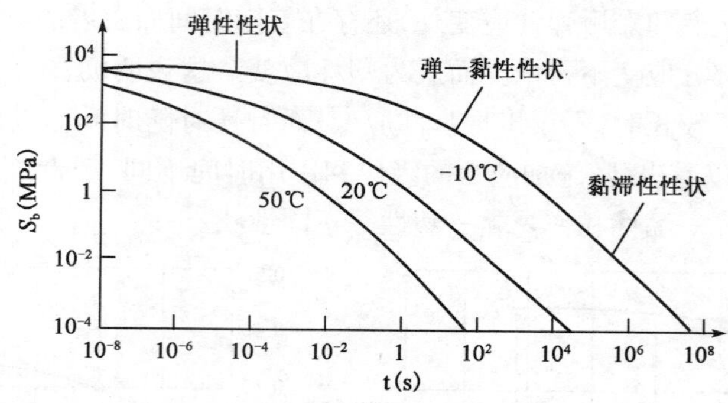

图 7-17　沥青劲度模量随时间和温度的变化图

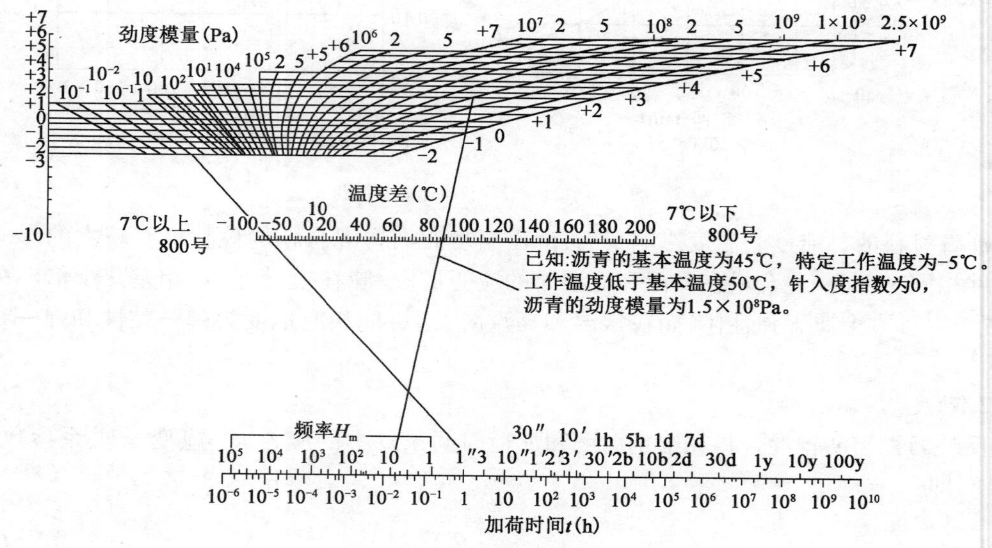

图 7-18　S_b(沥青劲度)诺模图

注:图中 y 为年;d 为天;h 为小时;′为分;″为秒。

(3)针入度指数 PI,表明沥青对温度的敏感性,按 25℃时的针入度 P 和软化点 S_p 的大小由下式求得:

$$PI = \frac{1\,951.4 - 500\lg P - 20S_p}{50\lg P - S_p - 120.14} \tag{7-26}$$

大部分机场道面所用沥青的 PI 的变化在 -1 ~ +1 之间,PI 越小,沥青材料的温度敏感性越高。煤沥青的 PI 值变化可低到 -3,比绝大部分沥青容易受到温度变化的影响。

沥青混合料的劲度可通过三轴压缩、梯形悬臂弯曲、小梁弯曲或旋转弯曲试验,在控制温度和加荷条件下,测定应力和相应的应变后,按式(7-25)确定。对各种混合料在不同加荷时间和温度条件下测得相应的劲度值后,可点绘出该种混合料的劲度曲线图。

当沥青的劲度高于 10MPa 时,沥青混合料的劲度是沥青劲度及混合料中集料数量和沥青含量的函数。壳牌公司的研究者使用劲度大于 5MPa 的各种沥青材料组成了适用于不同场合的 12 种沥青混合料,对此进行了参数范围较广的大量劲度试验(梯形悬臂弯曲试验)。由试验结果得出了可以根据沥青劲度(按图7-18)和混合料集料的体积 V_g(%)预估沥青混合料的诺谟图,见图7-19。图中集料的体积用 V_g 表示,沥青含量用 V_b 表示,S_b 表示沥青劲度模量,S_m 表示混合料的劲度。

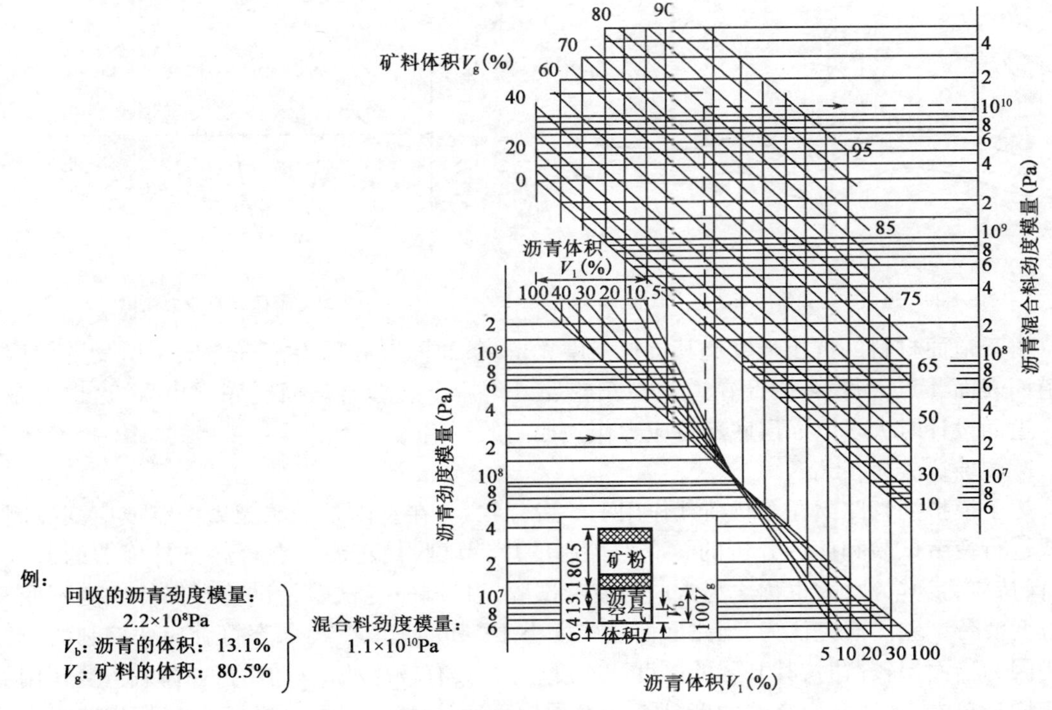

图7-19　预估沥青混合料劲度的诺谟图

当温度较高或加荷时间长时,劲度模量低于10MPa。这时,沥青的作用减弱,混合料的劲度除了受 S_b、V_g 和 V_b 影响外,下列因素逐渐显得重要:

(1)集料的类型、形状、结构和级配。

(2)压实方法和空隙率。

(3)侧限条件。

当沥青劲度极低时,混合料的劲度,即抵抗变形的能力完全由集料骨架承担。

五、沥青混合料的疲劳持性

1. 沥青道面的应力状态

道面在使用过程中,不仅受到飞机的反复作用,而且受到道面在环境温度交替变化时所产生的温度应力的作用,由于长期处于应力应变反复变化的状态,材料的强度逐渐衰减。当荷载作用超过一定次数以后,道面出现疲劳破坏。

理论和试验都表明,道面在车轮荷载的作用下,其结构内不同位置的应力应变状态也是不同的(图7-20)。当车辆驶近道面表面 A 点时,A 点处受拉;当车辆直接作用于 A 点上时,A 点处受压;当车辆驶过后,A 点处又受拉。道面底层 B 点处的应力状态与 A 点正好相反,当车辆驶近时,B 点受压;当车辆直接作用在上面时,B 点受主拉应力的作用;当车辆驶过后,应力方向旋转,B 点又受压且量值变小(图 7-21)。车辆驶过一次就使 A 点和 B 点的应力应变状态发生一次循环。虽然应力小于道面材料的抗拉强度,但是研究发现,随着车辆作用次数的增加,道面结构强度逐渐下降,直至最后发生破坏,道面出现裂缝。

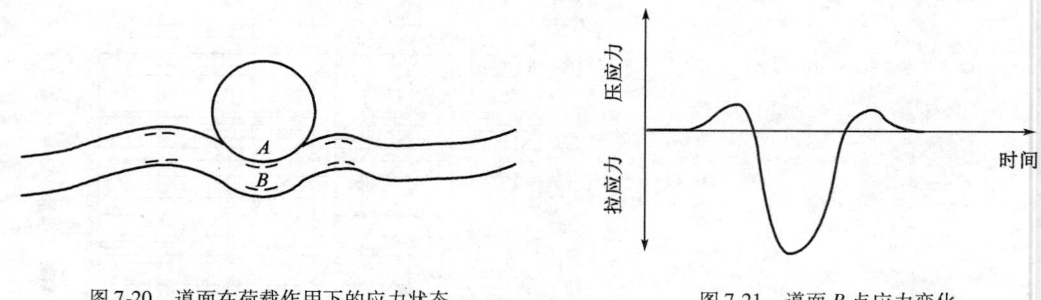

图 7-20　道面在荷载作用下的应力状态

图 7-21　道面 B 点应力变化

由于道面材料的抗压强度比其抗拉强度大得多,而面层底部 B 点在车辆下所受的拉应力比道面表面 A 点大得多,因此在道面在车轮反复作用下裂缝常从面层底部出现,这也就是为什么道面设计时大多以面层底部拉应力作为控制的原因。

2. 疲劳试验的模式

为了模拟沥青路面在车辆荷载作用下的疲劳状态,在室内是按照应力控制或应变控制的模式进行疲劳试验和疲劳分析的。应力控制的疲劳试验是对沥青混合料试件施加的荷载不变,保持应力为常数,故也称之为常应力疲劳试验。控制应变试验是试验时保持应变不变,即常应变疲劳试验。研究认为,当路面面层厚度小于 5cm 时,其受力状态符合应变控制的条件。这是因为当面层较薄时,其基层的厚度和刚度较大,具有较高的支承能力,在荷载重复作用下,应变增长较慢,不致发生突然的断裂。当面层厚度大于 15cm 时,或机场道面荷载较大时,则可用应力控制的模式表示面层的疲劳效应。这是因为面层较厚,基层刚度相对较小,荷载重复作用使面层应变增长较快,以致最后迅速增大而破坏。当面层厚度介于 5 ~ 15cm 之间时,莫尼斯密士建议采用如下模式因素参数来判断在保持常应变和常应力之间的中间状态时的重复荷载作用性质:

$$MF = \frac{|A| - |B|}{|A| + |B|} \tag{7-27}$$

式中:MF——模式因素参数;

A——在重复荷载作用下,材料劲度下降 $c\%$ 时,应力变化和百分数;

B——在重复荷载作用下,材料劲度下降 $c\%$ 时,应变变化和百分数;

c——劲度降低值。

对于常应力控制疲劳试验,$A = 0$,模式因素参数 $MF = -1$;对于常应变控制疲劳试验,则 $B = 0$,模式因素参数 $MF = +1$。对于应力和应变都不为常数的中间模式,则其模式因素参数 MF 在 $-1 \sim +1$ 范围内。

由于沥青混合料是黏弹性材料,当它出现开裂时并不意味着彻底破坏,而是在某种程度上仍能承受一定的荷载,因此对于沥青混合料的疲劳破坏提出如下定义。

对于常应力试验,有两种情况:

(1)当试验时的应变达到无限大时,即试件完全破坏时,荷载作用的次数为疲劳寿命 N_f。

(2)当试验时应变达到初始应变的 2 倍时,荷载作用次数为疲劳寿命 N_f(图 7-22)。

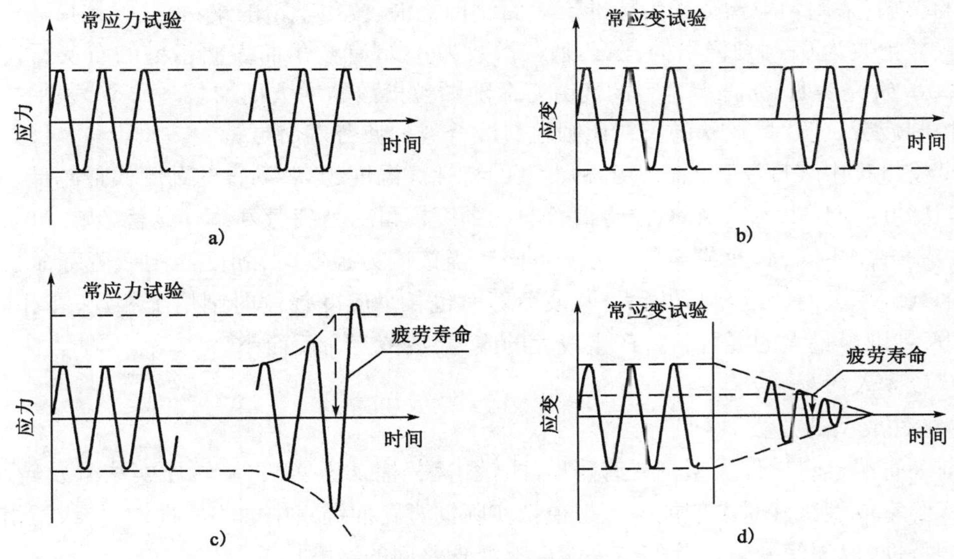

图 7-22　常应力与常应变试验

对于常应变试验,也有两种情况:

(1)当试件不能承受任何大小的荷载时,即完全破坏时的荷载作用次数为其疲劳寿命。

(2)当作用于试件的应力下降至初始应力的 50% 时,荷载的作用次数为其疲劳寿命。

显然,常应力疲劳试验比常应变疲劳试验对试件的破坏要剧烈得多。在同样的初始条件下(同样的温度、荷载作用频率、初始应变与应力水平),常应力疲劳试验的循环次数要比常应变疲劳试验的循环次数少得多。因而从工程观点来看,控制应力疲劳寿命是比较保守的估计,因为道面不会出现突然的断裂。

3. 材料参数的影响

影响沥青混合料疲劳寿命的主要参数有:沥青的黏滞性、沥青的温度敏感性、矿质集料的种类与级配、沥青含量、空隙率以及沥青混合料的劲度模量等。

在沥青含量一定的情况下,沥青的软化点越高,混合料的疲劳寿命就越长。这说明使用高黏度的沥青,其混合料就可以获得较高的疲劳寿命。

沥青用量对混合料的疲劳寿命有显著影响。沥青用量越多,混合料的柔韧性越好,对于薄层路面来说其应变能力越大,故疲劳寿命也就越长。在最佳沥青用量的情况下,混合料集料表面越粗糙,则其疲劳寿命也越长。

沥青混合料的空隙率对其疲劳寿命有显著影响。空隙率大,沥青混合料疲劳寿命降低。根据美国 18 个州 53 项道路工程 12 年的实践表明,沥青路面的老化与空隙率大小有关,空隙率每增加 1%,疲劳寿命将降低 40%。因此,在沥青路面施工时,要求充分的碾压,保证达到规定的密实度是非常必要的。

沥青混合料的空隙率与集料的级配和沥青用量有关。不难理解,密级配比开级配的沥青混合料疲劳寿命长。集料表面纹理粗糙,棱角丰富,且沥青含量较大的沥青混合料要比粒料表面光滑、无棱角,且沥青含量低的沥青混合料疲劳寿命长。为了评定集料颗粒的几何特性对疲劳寿命的影响,采用颗粒指数作为标准。表面纹理粗糙、棱角丰富的集料,其颗粒指数大;光滑的圆球颗粒指数为0;圆角光滑的砾石,颗粒指数为4;富有棱角而表面粗糙的石灰石,其颗粒指数为20。研究表明,沥青混合料的疲劳寿命随颗粒指数的增大而增长。C. W. 茅平指出,当按应变控制疲劳试验时,片状的集料比圆粒料混合料的疲劳寿命更短。

劲度模量集中表现沥青混合料各种参数的特性。温度越高,沥青的劲度模量越低;黏度大的沥青,其劲度模量也大。因此,沥青混合料的劲度模量对其疲劳寿命有显著影响。但是疲劳试验的控制方式不同,其疲劳寿命也有所不同。当按应力控制时,劲度高则疲劳寿命长,故温度低和加载频率大时,混合料劲度大,其疲劳寿命也长。应变控制时则情况相反,在相同应变的条件下,劲度模量大的混合料将产生较大的应力,疲劳寿命反而小。

4. 试验方式的影响

(1)试件成型的方法

目前沥青混合料试件成型主要有静压法、锤击法、搓揉压实法、旋转压实法以及轮碾压实法。在实验室成型试件时希望能合理地模拟实际沥青路面铺筑中的主要性质,如级配组成、密度和工程特性,以便使疲劳试验的结果能反映沥青路面的实际情况。

静压法具有操作方便的优点,但所成型的试件其集料的排列与现场并不一致。

锤击法的优点在于试件成型设备简单,携带方便,便于在现场或实验室成型试件。但锤击法击实释放的高能量容易使沥青膜破裂,骨料颗粒相互挤压使得沥青混合料结构性能(如抗永久变形能力)不同于现场压实的沥青混合料。同时,锤击法易使集料破碎,成型的试件也无法模拟通车多年后橡胶轮胎对沥青路面的压实效果。此外,锤击法很难成型非圆柱体试件。

搓揉压实法成型的沥青混合料试件在物理和力学性能方面均与现场钻取的沥青混合料芯样大体相当,故这种试件成型方法已被美国试验与材料协会列为疲劳试验的试件成型方法(ASTMD 3202)。

旋转压实法的主要缺点是无法成型非圆柱体试件,但所成型的试件性能与现场压实材料比较接近。

轮碾压实法能很好地模拟现场压实情况,其主要优点在于骨料颗粒排列方向及混合料密度与现场压实大体吻合。该法的主要缺点是需要专门设备,因而成本较高。

(2)试验控制方式的影响

如前所述,疲劳试验时控制方式对混合料的疲劳寿命有很大影响。按应力控制和按应变控制两种疲劳试验方法相比较,在相同的应变级位下,按应变控制的疲劳寿命大于按应力控制的疲劳寿命。这是因为在同样的条件下,按常应力控制进行疲劳试验时,应变不断地增大,而按常应变控制进行疲劳试验时,应力要不断地减小,才能保持应变不变,故常应力试验比常应变试验剧烈,疲劳寿命也就短得多。虽然按常应力疲劳试验评定沥青混合料性能过于保守,但由于常应力疲劳试验比较方便,而且其破坏状态也比较容易判别,故实际应用较多。美国SHRP对应力控制和应变控制试验方式列表进行了详细比较,见表7-4。

应力控制和应变控制试验方式比较　　表 7-4

变　量	应力(荷载)控制	应变(变形)控制
沥青混凝土层厚	较厚沥青黏结料层	薄沥青黏结料层,<7.62cm
破坏定义,周期次数	试件破坏较易设定	当荷载水平减少到初始值的某个百分比时,由人感觉随意决定
疲劳数据点分散程度	较小	较大
所需试件数量	较少	较多
模拟长期影响程度	长期性能(如老化)使劲度增加,因而可能增加疲劳寿命	长期性能使劲度增加,但使疲劳寿命减少
疲劳寿命次数	一般较短	一般较长
混合料变量影响	较敏感	不敏感
能量消散速率	较快	较慢
裂缝扩展速率	比实际情况快	更符合实际情况
间歇期的影响	有益影响较大	有益影响较小

(3)加荷时间与频率的影响

试验表明,荷载的波形(如正弦波、矩形波)对混合料疲劳寿命的影响不大,但加荷时间与频率对疲劳寿命有较大的影响。

C. L. 莫尼斯密士研究认为,对于密级配沥青混合料,在24℃的温度下,按常应力控制进行疲劳试验时,加荷频率在3～30r/min范围内,对疲劳寿命影响不大。但J. A. 德桑研究指出,当加荷频率从30r/min增加到100r/min时,混合料疲劳寿命将减少20%。这是因为当荷载频率较大时,沥青混合料缺少必要的强度“愈合”时间,因而导致疲劳性能的降低。I. F. 泰勒通过旋转悬臂疲劳试验研究指出,当加荷频率高于100r/min时,其疲劳寿命又有所增加。这是因为加荷时间非常短时,沥青混合料表现出较高的劲度模量,故按常应力控制进行试验时,疲劳寿命又有所增加。

K. D. 拉西和A. B. 斯泰林研究加荷间歇时间对疲劳寿命的影响表明,间歇时间长,则疲劳寿命也长。在10℃的温度下试验,有间歇时间的疲劳寿命要比无间歇时间的疲劳寿命长4倍,而在40℃温度下试验则要长24倍。有间歇时间有助于疲劳损坏的恢复,这是由于沥青混合料的黏弹性效应,在卸荷后沥青混合料应力松弛,并且细微裂缝有某种程度的愈合。J. B. 绍宁研究指出,重复荷载使沥青混合料的抗拉强度降低40%,而间歇3个月以后却几乎恢复其原有强度。

第四节　沥青混合料组成设计

沥青混合料主要是指未经摊铺、压实的沥青混凝土混合料和沥青碎石混合料。沥青混凝土混合料是由适当比例的粗集料、细集料及填料组成的符合规定级配的矿料与沥青拌和而成的符合技术标准的沥青混合料。沥青混合料根据其矿料的级配类型,基本上可分为连续级配和间断级配两类。连续级配的混合料按其摊铺、压实后的剩余空率大小还可分为密实式、半密实式、半开式和开式级配沥青混合料等。一般剩余空隙率在3% ~6%之间为Ⅰ型密实式沥青混凝土，剩余空隙率在4% ~10%之间为Ⅱ型半密实式沥青混凝土，剩余空隙率在10%以上为半开式沥青混凝土，剩余空隙率在15%以上为开式沥青混凝土。沥青碎石混合料基本上可归属于连续级配的范畴，它的剩余空隙率在10%以上；抗滑表层实际上也是属于Ⅱ型沥青混凝土。

沥青混合料组成设计包括三方面内容：一是确定矿质混合料的合理配合比，并按规范要求的级配组成确定各级矿料的用量；二是根据所采用的沥青标号确定与矿料级配相应的最佳沥青用量；三是对配合比设计进行试验检验。

沥青混凝土面层可由单层、双层或三层组成。面层常用的热拌沥青混合料类型见表7-5。应根据使用要求、气候特点、交通条件、结构功能等因素，结合沥青层厚度和当地实践经验，合理地选择各结构层的沥青混合料类型。抗滑面层宜选用沥青玛蹄脂碎石SMA。各类型混合料的组成设计应根据其层厚和层位、气温和降雨量等气候条件、交通量及其组成等因素进行确定。

沥青混合料的类型（方孔筛） 表7-5

层　位	沥青层厚度（cm）	混合料类别	四级、三级和二级机场		一级机场
			三层式	双层式	
上面层	2.5~4.0 4.0~5.0	细粒式 中粒式	AC-13 AC-16	AC-13 AC-16	AC-13　AM-13 AC-16
中面层	4.0~6.0 5.0~6.0	中粒式 粗粒式	AC-20 AC-25		
下面层	4.0~5.0 5.0~6.0 6.0~8.0	中粒式 粗粒式 粗粒式	 AC-25 AC-30	AC-20 AC-25 AC-30	AC-20　AC-25 AC-25 AC-30　AM-30
上基层 调平层	AM-25 6.0~8.0 8.0~10.0	5.0~6.0 粗粒式 特粗粒式	粗粒式 AM-30 AM-40	AM-25 AM-30 AM-40	AM-25 AM-30
抗滑 表层	2.5~4.0	粗粒式 中粒式	AK-13A AK-13B AK-16A AK-16B	AK-13A AK-13B AK-16A AK-16B	AK-13A AK-16A

注：AC为沥青混凝土；AM为沥青碎石；AK为抗滑表层。

沥青混合料的配合比设计包括：试验室配合比设计、生产配合比和生产配合比验证三个阶段。

一、试验室配合比设计

1. 集料

沥青道面所用的矿料有碎石、筛选砾石、轧制砾石、砂和矿粉等。

（1）碎石。碎石系由各种坚硬岩石轧制而成。机场沥青道面所用的碎石应具有足够的强度和耐磨性能，应根据道面类型和使用条件选定石料的等级。机场沥青道面对石料的技术要求见我国军民用机场有关规范的规定。

(2)筛选砾石。由天然砾石筛选而成。由于天然砾石是由各种岩石经自然风化而成的粒料，强度极不均匀，而且表面光滑。因此，筛选砾石仅在小型机场面层的下层、基层或联结层的沥青混合料中使用，因其抗滑性较差，不宜用于面层。

(3)轧制砾石。系由天然砾石轧制并筛选而得，要求粒径大于5mm颗粒中40%(按重量计)以上至少有一个破碎面。用于沥青贯入式面层时，主层矿料要有30%～40%(按重量计)以上颗粒至少有两个破碎面。

(4)细集料。细集料可采用石屑、人工砂和天然砂。细集料应坚硬、清洁、干燥、无风化、不含杂质，其质量应符合我国军民用机场有关规范的规定。沥青混合料所用的砂为天然砂和人工砂。天然砂包括河砂、山砂和海砂等，人工砂系从轧制岩石经筛选而成。不论是天然砂或人工砂均要求，并且级配符合规范要求。河砂、海砂的颗粒缺乏棱角，表面光滑，虽能增加混合料的和易性，满足了提高密实度的要求，但内摩阻力较小。为了提高混合料的内摩阻力，可掺入部分人工砂。当级配不符合要求时，可用不同的人工砂进行人工掺配。

(5)填料。填料是符合工程要求的石粉及其代用品的总称，是极分散的细粒矿料。沥青混合料中所用的矿粉，多采用石灰石和白云石磨细的石粉，也可以采用消石灰、水泥、粉煤灰、页岩粉、滑石粉等。矿粉的质量要求符合我国军民用机场有关规范的规定。

2. 矿料配合比计算

(1)组成材料的原始数据测定。根据现场取样，对粗集料、细集料和矿粉进行筛分试验，按筛分结果分别给出各组成材料的筛分曲线，同时测出各组成材料的相对密度。

(2)计算组成材料的配合比。根据各组成材料的筛分试验资料，采用图解法或电算法，计算符合级配要求范围的各组成材料的用量比例。集料的组成范围如表7-6所示。

(3)调整配合比。计算所得的合成级配应根据下列要求做必要调整：

①应使包括0.075mm、2.36mm、4.75mm筛孔在内的较多筛孔的通过量接近设计级配范围的中限。

②对交通量大、飞机较重的机场，宜偏向级配范围的下(粗)限。对中小交通量机场宜偏向级配范围的上(细)限。

③合成的级配曲线应接近连续或有合理的间断级配，不得有过多的犬牙交错。当经过再三调整，仍有两个以上的筛孔超出级配范围时，应对原材料进行调整或更换原材料重新设计。

3. 确定最佳沥青用量

沥青混合料的最佳沥青用量(OAC)，可以通过各种理论计算方法求出。但由于实际材料性质的差异，按理论公式算得的最佳沥青用量，仍要通过试验方法修正。因此，理论法只能得到一个供试验的参考数据，沥青混合料的最佳沥青用量多用试验方法确定。我国现有的机场沥青混合料配合比设计是采用马歇尔稳定度试验方法进行的，其方法与步骤如下：

(1)确定沥青的品种与强度等级。根据机场所处的地区的自然环境条件、施工季节和设计荷载及交通量等，确定沥青的品种与强度等级。

(2)按确定的矿质混合料配合比，计算各种矿质材料的用量。

表 7-6a

密级配沥青混合料(AC)集料级配范围

级配类型		通过下列筛孔(mm)的质量百分率(%)												
		31.5	26.5	19	16	13.2	9.5	4.75	2.36	1.18	0.6	0.3	0.15	0.075
粗粒式	AC-25	100	90 ~ 100	75 ~ 90	65 ~ 83	57 ~ 76	45 ~ 65	24 ~ 52	16 ~ 42	12 ~ 33	8 ~ 24	5 ~ 17	4 ~ 13	3 ~ 7
中粒式	AC-20		100	90 ~ 100	78 ~ 92	62 ~ 80	50 ~ 72	26 ~ 56	16 ~ 44	12 ~ 33	8 ~ 24	5 ~ 17	4 ~ 13	3 ~ 7
	AC-16			100	90 ~ 100	76 ~ 92	60 ~ 80	34 ~ 62	20 ~ 48	13 ~ 36	8 ~ 26	7 ~ 18	5 ~ 14	4 ~ 8
细粒式	AC-13				100	90 ~ 100	68 ~ 85	38 ~ 68	24 ~ 50	15 ~ 38	10 ~ 28	7 ~ 20	5 ~ 15	4 ~ 8
	AC-10					100	90 ~ 100	45 ~ 75	30 ~ 58	20 ~ 44	13 ~ 32	8 ~ 23	6 ~ 16	4 ~ 8
砂粒式	AC-5						100	90 ~ 100	55 ~ 75	35 ~ 55	20 ~ 40	12 ~ 28	7 ~ 18	5 ~ 10

表 7-6b

沥青玛蹄脂碎(SMA)石混合料集料级配范围

级配类型		通过下列筛孔(mm)的质量百分率(%)											
		26.5	19	16	13.2	9.5	4.75	2.36	1.18	0.6	0.3	0.15	0.075
中粒式	SMA-20	100	90 ~ 100	72 ~ 92	62 ~ 82	40 ~ 55	18 ~ 30	13 ~ 22	12 ~ 20	10 ~ 16	9 ~ 14	8 ~ 13	8 ~ 12
	SMA-16		100	90 ~ 100	65 ~ 85	45 ~ 65	20 ~ 32	15 ~ 24	14 ~ 22	12 ~ 18	10 ~ 15	9 ~ 14	8 ~ 12
细粒式	SMA-13			100	90 ~ 100	50 ~ 75	20 ~ 34	15 ~ 26	14 ~ 24	12 ~ 20	10 ~ 16	9 ~ 15	8 ~ 12
	SMA-10				100	90 ~ 100	28 ~ 60	20 ~ 32	14 ~ 26	12 ~ 22	10 ~ 18	9 ~ 16	8 ~ 13

表 7-6c

沥青碎石混合料(ATB)集料级配范围

级配类型		通过下列筛孔(mm)的质量百分率(%)														
		53	37.5	31.5	26.5	19	16	13.2	9.5	4.75	2.36	1.18	0.6	0.3	0.15	0.075
特粗式	ATB-40	100	90 ~ 100	75 ~ 92	65 ~ 85	49 ~ 71	43 ~ 63	37 ~ 57	30 ~ 50	20 ~ 40	15 ~ 32	10 ~ 25	8 ~ 18	5 ~ 14	3 ~ 10	2 ~ 6
	ATB-30		100	90 ~ 100	70 ~ 90	53 ~ 72	44 ~ 66	39 ~ 60	31 ~ 51	20 ~ 40	15 ~ 32	10 ~ 25	8 ~ 18	5 ~ 14	3 ~ 10	2 ~ 6
粗粒式	ATB-25			100	90 ~ 100	60 ~ 80	48 ~ 68	42 ~ 62	32 ~ 52	20 ~ 40	15 ~ 32	10 ~ 25	8 ~ 18	5 ~ 14	3 ~ 10	2 ~ 6

(3)估计沥青用量。根据表7-6所列的沥青用量范围及实践经验,估计适宜的沥青用量(或油石比)。以估计沥青用量为中值,按0.5%间隔变化,取5个不同的沥青用量,用小型拌和机与矿料拌和,按《军用机场沥青道面技术规范》(GJB 5766—2006)规定的击实次数成型马歇尔试件。

(4)马歇尔试验。按下列规定的试验方法,测定试件的密度,并计算空隙率、沥青饱和度、矿料间隙率等物理指标,进行体积组成分析:

①Ⅰ型沥青混合料试件应采用水中重法测定。

②表面较粗但较密实的Ⅰ型或Ⅱ型沥青混合料、使用了吸收性集料的Ⅰ型沥青混合料试件应采用表干法测定。

③吸水率大于2%的Ⅰ型或Ⅱ型沥青混合料、沥青碎石混合料等不能用表干法测定的试件应采用蜡封法测定。

④空隙率较大的沥青碎石混合料、开级配沥青混合料试件可采用体积法测定。

进行马歇尔试验,测定马歇尔稳定度及流值等物理力学性质,选择的沥青用量范围应使密度及稳定度曲线出现峰值。

(5)马歇尔试验结果分析。

①绘制沥青用量与物理、力学指标关系图。以沥青用量为横坐标,以测定的视密度、空隙率、饱和度、稳定度、流值为纵坐标,分别将试验结果点入图中,连成圆滑的曲线,如图7-23所示。

②从图7-23中求取相应于密度最大值的沥青用量为a_1,相应于稳定度最大值的沥青用量a_2以及相应于规定空隙率范围的中值(或要求的目标空隙率)的沥青用量a_3,按式(7-28)求取三者的平均值作为最佳沥青用量的初始值OAC_1。

$$OAC_1 = \frac{a_1 + a_2 + a_3}{3} \tag{7-28}$$

③求出各项指标均符合有关规范要求沥青混合料技术标准的沥青用量范围OAC_{min} ~ OAC_{max}(图中所示结果为5.4% ~6.4%),按式(7-29)求取中值OAC_2。

$$OAC_2 = \frac{OAC_{min} + OAC_{max}}{2} \tag{7-29}$$

④根据OAC_1及OAC_2综合确定沥青用量(OAC)。按最佳沥青用量初始值OAC_1在图7-23中求取相应的各项指标值,当各项指标均符合有关规范规定的马歇尔设计配合比技术标准时,由OAC_1及OAC_2综合决定最佳沥青用量OAC。当不能符合有关规范的规定时,应调整级配,重新进行配合比设计,直至各项指标均能符合要求为止。

⑤由OAC_1及OAC_2综合决定最佳沥青用量OAC时,宜根据实践经验和机场等级、气候条件按下列步骤进行:

a.一般可取OAC_1及OAC_2的中值作为最佳沥青用量OAC。

b.对热区机场以及Ⅱ级以上机场,可在OAC_2与下限OAC_{min}范围内决定,但不宜小于OAC_2的0.5%。

c.对寒区机场以及其他等级机场,最佳沥青用量可以在OAC_2与上限值OAC_{max}范围内决定,但不宜大于 OAC_2 的 0.3%。

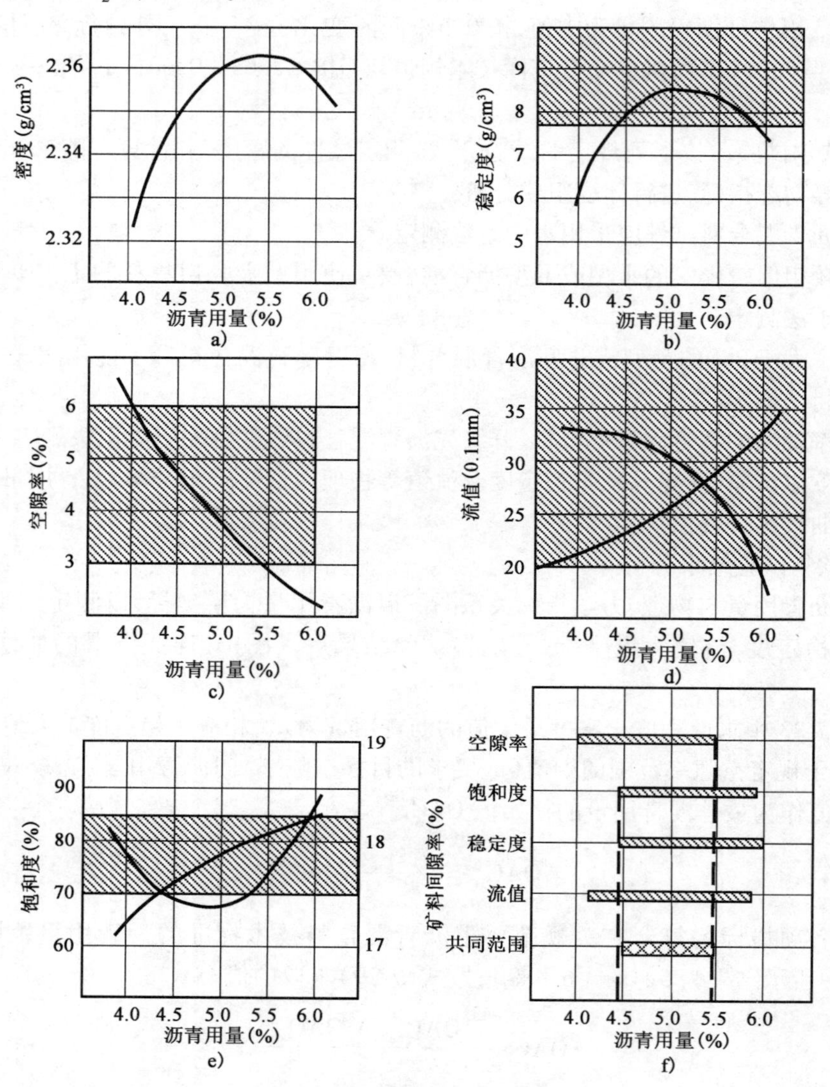

图 7-23 马歇尔试验结果示例

注:图中阴影范围为设计要求范围。

⑥水稳定性检验。按最佳沥青用量 OAC 制作马歇尔试件进行浸水马歇尔试验或真空饱水后的浸水马歇尔试验,当残留稳定度不符合有关规范的规定时,应重新进行配合比设计。可采用掺入抗剥离等措施提高水稳定性,并重新进行试验,直至符合要求为止。

当最佳沥青用量 OAC 与两个初始值 OAC_1、OAC_2 相差甚大时,宜按 OAC 与 OAC_1 或 OAC_2 分别制作试件,进行残留稳定度试验,根据试验结果对 OAC 做适当调整。

⑦高温稳定性检验。高温稳定性以温度 60℃、0.7MPa 轮压条件下进行轮辙试验所获得的动稳定度表示。对四级、三级机场的表面层、中面层沥青混凝土,其动稳定度不应低于 800 次/mm;对二级和一级机场的上面层、中面层沥青混凝土不应低于 600 次/mm。

按最佳沥青用量 OAC 制作车辙试验试件,在 60℃条件下用车辙试验机检验其高温抗车辙能力，当动稳定度不符合上述的要求时，应对矿料级配或沥青用量进行调整，重新进行配合比设计。

当最佳沥青用量 OAC 与两个初始值 OAC_1、OAC_2 相差甚大时，宜按 OAC 与 OAC_1 或 OAC_2 分别制作试件，进行车辙试验，根据试验结果对 OAC 做适当调整。

⑧钢渣活性检验。对粗集料或细集料使用钢渣的沥青混合料进行马歇尔试验时，应增加 3 个试件，将试件在 60℃水浴中浸泡 48h，然后取出冷却至室温，观察有无裂缝或鼓包，测量试件体积，其增大量不得超过 1%。同时还应满足浸水马歇尔残留稳定度不小于 75% 的要求，达不到这些要求的钢渣不得使用。

二、生产配合比设计

在目标配合比确定之后，应根据实际施工的拌和机进行试拌以确定施工配合比。在试验前，应首先根据级配类型选择振动筛筛号，使几个热料仓的材料不致相差过大，最大筛孔应保证使超粒径排出，使最大粒径筛孔通过量符合设计范围要求。试验时，按试验室配合比设计的冷料比例上料、烘干、筛分，然后取样筛分，与试验室配合比设计一样进行矿料级配计算，得出不同料仓及矿料用量比例，接着按此比例进行马歇尔试验，规定试验油石比可取试验室配合比的最佳沥青用量及其 ±3% 的三档试验，从而得出最佳油石比，供试拌试铺使用。

三、生产配合比验证

生产配合比验证阶段即试拌试铺阶段。施工单位进行试拌试铺时，应报告监理部门及业主，工程指挥部会同设计、监理、施工人员一起进行鉴别。拌和机按照生产配合比进行试拌。首先由在场人员对混合料及油石比发表意见，如有不同意见，应适当调整再进行观察，力求意见一致；然后用此混合料在试验段上试铺，进一步观察摊铺、碾压过程和成型混合料表面状况，判断混合料的级配和油石比。如不满意也应适当调整，重新试拌试铺，直到满意为止。另一方面，试验室密切配合现场指挥在拌和厂或摊铺现场采集混合料试样，进行马歇尔试验，检验是否符合标准要求。同时，还应进行车辙试验及浸水马歇尔试验，进行高温稳定性试验及水稳定性验证。在试铺试验时，试验室还应在现场取样进行抽提试验，再次检验实际级配和油石比是否合格。同时，按照规范规定的试验铺设段的要求进行各种试验。当全部满足要求时，便可进入正常生产阶段。

下面举例说明沥青混合料的材料的组成设计。

由结构设计，沥青面层为中粒式沥青混凝土 AC-16（Ⅰ），试进行沥青混合料的配合比设计。

1. 原始资料

机场等级为二级机场；道面类型为沥青混凝土；结构层位为三层式沥青混凝土的上面层；气候条件：最低月平均气温为 −8℃。

2. 材料性能

采用蓝田的角岩轧制碎石，饱水抗压强度为 118MPa，材料的性能试验结果示于表 7-7；砂为坝河河砂；填料为石灰石磨细石粉。

石料的试验结果

表 7-7

指标		试验结果	四、三、二级机场
石料压碎值(%)	不大于	18.7	28
洛杉矶磨耗损失(%)	不大于	17.5	30
视密度(t/m^3)	不小于	2.870	2.50
吸水率(%)	不大于	0.21	2.0
对沥青的黏附性	不小于	4	4 级
坚固性(%)	不大于	8	12
细长扁平颗粒含量(%)	不大于	12	15
水洗法粒径 <0.075mm 颗粒含量(%)	不大于	0.2	1
软石含量(%)	不大于	3	5
石料磨光值(BPN)	不小于	46	42
石料冲击值(%)	不大于	21	28

3. 设计要求

(1)根据机场等级、结构层位确定沥青混凝土的矿质混合料的级配范围。

(2)通过马歇尔试验,确定最佳沥青用量。

(3)沥青用量按水稳定性检验和高温稳定性校核。

解:(1)确定沥青类型:根据当地最低月平均气温为 -8℃ 属于温区,沥青的来源,选用 AH-90 沥青,试验结果示于表 7-8。

沥青试验结果

表 7-8

试验项目			试验结果	AH-90
针入度(25℃,100g,5s)(0.1mm)			86	80~100
延度(5cm/min,15℃)(cm)		不小于	150	100
软化点(环球法)(℃)			48	42~52
闪点(COC)(℃)		不小于	280	230
含蜡量(蒸馏法)(%)		不大于	2.6	3
密度(15℃)(g/cm^3)			0.998	实测记录
溶解度(三氯乙烯)(%)		不小于	99.34	99.0
薄膜加热试验 163℃/5h	质量损失(%)	不大于	0.096	1.0
	针入度比(%)	不小于	60	50
	延度(25℃)(cm)	不小于	78	75
	延度(15℃)(cm)			实测

(2)根据《军用机场沥青混凝土道面技术规范》(GJB 5766—2006)提供的沥青混凝土混合料的矿料级配范围,用图解法计算组成材料配合比,并考虑到该机场属于二级机场,交通量

较大，为使沥青混合料具有较高的高温稳定性，合成的级配曲线范围偏向级配曲线范围的下限，进行组成配合比调整。经过组成配合比的调整，各种材料的用量比例为：碎石∶石屑∶砂∶填料 =46%∶20%∶26%∶8%。合成曲线的级配范围列于表7-9。

校核调整后矿料配合比计算结果　　表7-9

矿料类型	配合比	通过下列筛孔（mm）的百分率（方孔筛）（%）										
		19.0	16.0	13.2	9.5	4.75	2.36	1.18	0.6	0.3	0.15	0.075
碎石	46	46	45	31	18.4	1.2	0.2					
石屑	20	20	20	20	20	16.8	12	5	2.4	1.8	0.4	
砂	26	26	26	26	26	26	25.7	21.4	14.1	3.64	1.04	0.26
填料	8	8	8	8	8	8	8	8	8	8	8	7.04
合成级配			99	85	72.4	52	45.9	34.4	24.5	13.4	9.4	7.4
要求级配范围		100	95~100	75~90	58~78	42~63	32~50	22~37	16~28	11~21	7~15	4~8

4. 沥青最佳用量确定

（1）试件成型

按照表7-6推荐的沥青级配范围，中粒式沥青混凝土（AC-16I）的沥青用量为4.0%~6.0%，其中值为5.0%，采用0.5%间隔变化，与前计算的矿质混合料配合比制备5组试件，各组制备4个试件。

（2）马歇尔试验

按照马歇尔试验的要求对成型的试件进行试验，试验结果列于表7-10。

马歇尔试验结果　　表7-10

沥青用量（%）	密度（g/cm^3）	空隙率（%）	稳定度（N）	流值（0.1mm）	沥青饱和度（%）
4.0	2.46	5.73	9 650	28	64.5
4.5	2.47	4.90	11 160	29	70.4
5.0	2.49	3.55	10 580	32	77.6
5.5	2.50	2.46	9 760	38	84.3
6.0	2.50	1.70	9 170	49	90.1

（3）马歇尔试验结果分析

①绘制沥青用量与物理—力学指标关系图。根据表7-10马歇尔试验结果表，绘制沥青用量与密度、空隙率、稳定度、流值和沥青饱和度的关系图。

②确定沥青用量初始值OAC_1。相应于密度最大值的沥青用量$a_1=5.4\%$，相应于稳定度最大值的沥青用量$a_2=4.6\%$以及相应于规定空隙率范围的中值的沥青用量$a_3=4.6\%$。

$$OAC_1=\frac{a_1+a_2+a_3}{3}=\frac{5.4\%+4.6\%+4.6\%}{3}=4.9\%$$

③确定沥青用量初始值 OAC_2。各项指标均符合沥青混合料技术标准的沥青用量范围。

$$OAC_{min} = 4.4\%$$

$$OAC_{max} = 5.2\%$$

$$OAC_2 = \frac{OAC_{min} + OAC_{max}}{2} = \frac{4.4\% + 5.2\%}{2} = 4.8\%$$

④综合决定最佳沥青用量 OAC。由 OAC_1 及 OAC_2 综合决定最佳沥青用量 OAC，由于 $OAC_1 = 4.9\%$，$OAC_2 = 4.8\%$，当地气候属于温区，可取 OAC_1 及 OAC_2 的中值作为最佳沥青用量 OAC = 4.85%，取最佳沥青用量 OAC = 4.8%。并按确定的矿料配合比和最佳沥青用量（4.8%）制备试件进行马歇尔试验，确定沥青混合料的性能指标，检验配合比设计成果，见表 7-11。由表 7-11 中的数据可以得出，设计的沥青混合料符合规范的技术要求。

沥青混合料性能指标 表 7-11

沥青类型	沥青用量（%）	密度（g/cm^3）	空隙率（%）	稳定度（N）	流值（0.1mm）	沥青饱和度（%）
AH-90	4.8	2.457	4.4	10 590	32	73
规范技术要求		试验值	3～5	>8 500	20～40	70～80

（4）水稳定性检验

采用沥青用量为 4.8%，制备试件，在浸水后测定马歇尔稳定度，试验结果列于表 7-12。

沥青混合料水稳定性试验结果 表 7-12

沥青用量（%）	马歇尔稳定度（N）	浸水马歇尔稳定度（N）	浸水残留稳定度（%）
OAC = 4.8	10 590	9 210	87

从表 7-12 的试验结果可知，沥青用量为 4.8% 浸水残留稳定度均大于 75%，符合规范对沥青混凝土的水稳定性要求。

（5）高温稳定性检验

按沥青用量 OAC = 4.8% 制作车辙试验试件，在 60℃ 条件下用车辙试验机检验其高温抗车辙能力，试验结果列于表 7-13。

沥青混合料高温稳定性试验结果 表 7-13

沥青用量（%）	试验温度（℃）	试验轮压（MPa）	试验条件	动稳定度（次/mm）
4.8	60	0.7	不浸水	1 270

从表 7-13 可知，OAC = 4.8% 时的沥青用量的高温稳定性（动稳定度）均大于 800 次/mm，符合规范的要求。

从以上马歇尔试验、水稳定性检验和高温稳定性检验，可以认为沥青用量为 4.8% 时，各项技术指标均符合规范的要求。因此，可决定沥青用量为 4.8%。

第五节 改性沥青

一、改性沥青的分类和作用

所谓改性沥青，也称改性沥青混合料，是指掺加橡胶、树脂、高分子聚合物、磨细的橡胶粉或其他填料等外掺剂（改性剂）或采取对沥青轻度氧化加工等措施，使沥青或沥青混合料的性能得以改善而制成的沥青结合料。改性剂是指在沥青或沥青混合料中加入天然的或人工的有机或无机材料，可熔融、分散在沥青中，改善或提高沥青道面性能（与沥青发生反应或裹覆在集料表面上）的材料。根据不同目的所采用的改性沥青及改性沥青混合料技术可汇总于图 7-24。

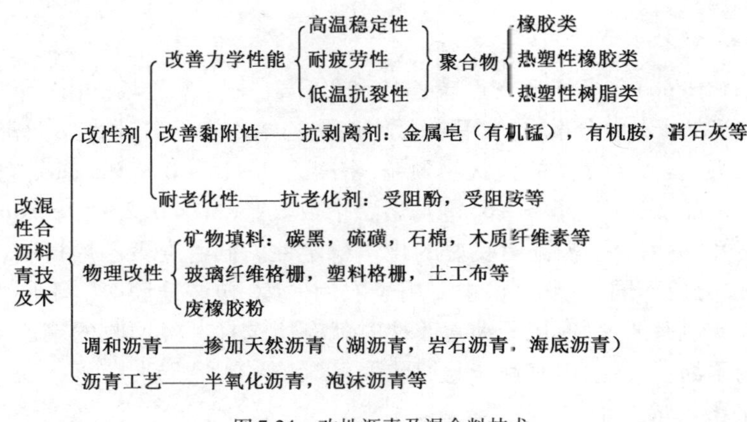

图 7-24 改性沥青及混合料技术

就目前而言，国内外使用取得成效并形成规模的主要是聚合物的改性沥青，其他改性沥青实际应用不多。下面着重介绍聚合物的改性沥青。

1. 橡胶类

橡胶即聚合物弹性体，可分为天然橡胶、合成橡胶和再生橡胶。在道路和机场工程中应用于沥青改性的，以合成橡胶为主。合成橡胶主要有丁苯橡胶（SBR）、氯丁橡胶（CR）、乙丙橡胶（EPOM）、丙烯酸丁二烯（ABR）、聚苯乙烯—异戊二烯（SIR）等，但实际应用以丁苯橡胶为主。

丁苯橡胶是丁二烯—苯乙烯聚合物，根据苯乙烯含量的多少，又分为许多品种。通常用于沥青改性的多采用苯乙烯含量为 30% 的丁苯橡胶。

按照橡胶的形态不同，有板块状橡胶、粉末橡胶、橡胶胶乳、胶浆，使用时根据橡胶沥青配制方法的不同而选择某种形态的橡胶制品。废旧轮胎经加工磨细后成为橡胶粉，也可以用作改性剂。

沥青掺加合成橡胶后，针入度减少，软化点提高，并随着橡胶的掺量的增加而增大。软化点的上升使沥青的高温稳定性提高；针入度减少，则使针入度指数增大，沥青的温度敏感性降低；橡胶沥青的延度有所提高，特别是在低温下（4℃）的延度提高更明显，提高低温的延度，其效果首推丁苯橡胶，而且常常在其掺量不大的情况下（3% 左右）延度就超过 150cm。橡胶沥青低温延度的增大，表明其低温的柔软性改善，使沥青道面脆性降低，从而能够减少低温收缩开裂的可能性。

沥青中加入橡胶后会增加沥青的耐老化性能，因为橡胶有防止沥青老化的作用，故橡胶可称为沥青的防老化剂。

用轮胎橡胶粉配制的改性沥青，基本性质在很大程度上与合成沥青橡胶相似，同样表现为沥青稠度提高，温度敏感性降低。

2. 树脂类

树脂类按其塑性可分为热塑性树脂和热固性树脂。热塑性树脂主要有聚乙烯(PE)、乙烯—醋酸乙烯共聚物(EVA)、丙烯酸树脂、聚苯乙烯等。在道路和机场工程中用于沥青改性的主要有PE和EVA。热固性树脂主要为环氧树脂和聚氨酯。用热固性树脂可配制具有高强度、高性能的沥青混凝土材料，但由于其工艺复杂、施工难度大，除在某些特殊工程中应用外，应用很不普通。

(1)聚乙烯(PE)

聚乙烯(polyethylene)分高压低密度聚乙烯和低压高密度聚乙烯。由于高密度聚乙烯的熔点达131℃，难以在沥青中分散，通常只有低密度聚乙烯用于沥青改性。低密度聚乙烯为乳白、无味、无臭、无毒、表面无光泽的蜡状物颗粒，密度为0.916～0.930g/cm^3，它是聚乙烯树脂中最轻的一种，其结晶度较低(55%～65%)，熔融指数较宽(MI=0.2～50g/10min)，具有较好的柔软性、可加工性，耐酸、耐碱，还有良好的化学稳定性。低密度聚乙烯树脂，根据用途和生产厂家的不同可以分成不同的型号，但主要用于农用薄膜、包装薄膜等。不同型号的聚乙烯，其分子量不同，性质也有所差别，用于沥青改性时就有所选择。经回收的聚乙烯薄膜，经洗涤加工再生，也可用于沥青改性，但其性能与原状聚VC乙烯有所差别。

(2)乙烯—醋酸乙烯共聚物(EVA)

乙烯—醋酸乙烯共聚物(ethylene-vinyl acetate copolymer)于20世纪60年代在国外开始生产。由于它的热稳定、低温性、弹性、柔韧性均十分优良，故在许多国家得到研究和应用。EVA是一种无定形结构的热塑性树脂，按其醋酸乙烯(VA)含量和分子量的不同而有不同的品种。EVA分子量的大小用熔融指数MI(g/10min)间接表示，MI越大，分子量和黏度越小；反之，MI越小，分子量和黏度越大。当MI一定，VA含量增加，EVA的弹性、柔韧性、与沥青的相容性、透明度都相应提高；VA含量越低，其性质越接近低密度聚乙烯。当VA一定时，MI值增加，则EVA分子量降低，软化点下降；MI值下降，则EVA分子量增大，性质变硬，强度相应提高。

在沥青中掺加热塑性树脂后，沥青的针入度减少，软化点提高，并使沥青结合料在常温下黏度增大，这表明沥青的高温稳定性有明显的提高。EVA对改善沥青低温稳定性能有较好的效果，而PE对沥青的低温性能的改善几乎没有作用。EVA改性沥青具有很好的弹性，而PE对沥青的弹性改善几乎没有作用。

(3)热塑性橡胶类

热塑性橡胶也称热塑性弹性体(Thermo Plastic Elastomer)，主要有苯乙烯—丁二烯—苯乙烯嵌段共聚物(简称SBS)、苯乙烯—异戊二烯—苯乙烯嵌段共聚物(简称SIS)。由于SBS比SIS价格低，故实际应用以SBS为主。

SBS是一种热塑性弹性体，是以丁二烯和1,3-苯乙烯为单体，采用阴离子聚合制得的线形或星形嵌段共聚物。SBS称为热塑性丁苯橡胶,它具有多相结构,每个丁二烯链段链(B)的末端都连接一个苯乙烯嵌段(S),若干个丁二烯段偶联则形成线形或星形结构。当SBS熔入沥青后,端基转化并流动,中基吸收沥青的软沥青质组分,形成海绵状的材料,体积增大许多倍。冷却后,端基再度硬化,且物理交联,使中基嵌段进入具有弹性的三维网之中。SBS的改性效果与SBS的品种、分子量密切相关。分子量越大,改性效果越明显,但加工越困难。星形SBS的改性效果优于线形SBS,它既有橡胶的弹性性质,又有树脂的热塑性性质,因而兼有橡胶和树脂的特性。表7-14为燕山石油化工总公司生产的几种SBS牌号及性能;表7-15为岳阳化工生产的几种SBS牌号及性能。

燕山石油化工点公司生产的SBS(4303)改性剂性能指标　　表7-14

指标	单位	SBS1401 (YH—792)	SBS4303 (YH—801)	SBS4402 (YH—802)
结构		线形	星形	星形
嵌段比		40/60	30/70	40/60
充油率	%	0		
拉伸强度	MPa	≥18	≥18	≥20
300%定伸应力	MPa	≥2.5	≥2.5	≥3.0
断裂伸长率	%	>600	>550	>550
扯断永久变形	%	<65	<60	<60
硬度(邵氏A)		>80	>75	>80
熔体流动速度	g/10min	0.1~3.0	0.1~0.5	0.1~3.0
总灰分	%	0.2	0.2	0.2
挥发分	%	2.0	2.0	2.0

岳阳化工生产的SBS(4303)改性剂性能指标　　表7-15

指标	单位	SBS1301-1 (YH-791)	SBS1401-1 (YH-792)	SBS4303 (YH-801)	SBS4402 (YH-802)
结构		线形	线形	星形	星形
嵌段比		30/70	40/60	30/70	40/60
充油率	%	0	0	0	0
拉伸强度	MPa	≥18	≥22	≥15	≥24
300%定伸应力	MPa	≥2.5	≥3.4	≥2.5	≥4.0
断裂伸长率	%	≥815	≥750	≥700	≥600
永久变形	%	≤20	≤50	≤20	≤50
硬度(邵氏A)		75±7	90±5	82±7	91±5
防老剂		非污染	非污染	非污染	非污染
熔体流动速度	g/10min	0.5~5.0	0.1~5.0	0~1.0	0.1~3.0
总灰分	%	≤0.2	≤0.2	≤0.2	≤0.2
挥发分	%	≤0.50	≤0.50	≤0.50	≤0.50

沥青中掺入 SBS 后,沥青针入度减少,软化点提高,这表明沥青的高温稳定性有明显的提高;当量脆点降低时,表明沥青的低温柔软性较好,即对改善沥青的低温性能有较好的效果;沥青的针入度指数 PI 增大,表明对温度敏感性减弱,说明温度稳定性改善;沥青的回弹率增大,说明沥青的弹性好。在较低温度下,SBS 改性沥青并不强硬,不用很大的力就能被拉伸,故拉力强度不大,拉伸的线很粗,这说明在拉伸过程中,其拉伸的线可以承受很大的拉应力而不断裂,这充分显示出在较低的温度下 SBS 改性沥青具有很好的黏韧性。

综上所述,在沥青中添加聚合物材料,沥青的性能得以改善。但由于各种各样聚合物材料的性质不同,其改善效果是不一样的,表 7-16 反映了几种聚合物对改性沥青改善的效果。

几种聚合物用于沥青改性的效果 表 7-16

聚合物材料	高温稳定性	低温柔软性	温度敏感性	弹性	黏韧性	耐久性
SBS(星形)	优	优	优	优	优	优
SBS(线形)	优	中	中	中	优	优
EVA	优	中	中	中	中	中
PE	优	差	中	差	差	中

二、改性沥青的生产与加工

1. *改性沥青的相容性*

聚合物要能够均匀地分散在沥青中,聚合物必须与沥青相容,但并非热力学概念上以任何比例都能形成稳定的均相体,而是要求聚合物能以细小颗粒均匀分布在沥青中形成稳定的混合体,不发生凝聚和离析现象,这就是物理意义上的相容。

改性剂与沥青的相容性是决定改性效果和改性沥青制作工艺的关键因素。聚合物改性沥青的相容性与基质沥青的组分密切相关。主要与沥青中沥青质的分子量与含量、软沥青质相位的芳香度、聚合物的分子量与结构、聚合物的剂量等因素有关。当聚合物的分子量接近或大于沥青质的分子量时,就会破坏沥青相位的平衡。聚合物与沥青质争夺软沥青质的相位,如果没有足够的软沥青质,相位就可能分离,也就形成聚合物与沥青不相容。学者 Brule 提出当沥青组分在以下范围时,相容性较好:饱和酚为 8% ~12%,芳香酚与树脂为 85% ~89%,沥青质为 1% ~5%。当聚合物加入沥青中,聚合物首先吸收油分而溶胀,使体积增加 5 ~10 倍。当聚合物添加剂量较高时,吸收油分也将增加。只有聚合物充分溶胀,它才可能分散成细小颗粒。聚合物的分子结构与相容性有很大的关系。试验表明,对于热塑性聚合物 SBS 线形结构较星形结构易分散。因此,在制备聚合物改性沥青时,要精心选择基质沥青的品种,并对聚合物的分子量、分子结构、分散状态加以选择,使它们具有良好的相容性。

聚合物在沥青中的分散度对改性沥青性质有很大影响,所谓分散度是指聚合物在沥青上中的分布状态和聚合物粒子的大小。改性沥青的生产和加工过程就是使聚合物尽可能地充分分散,分散度的好坏是加工质量的重要标准。聚合物只有充分分散在沥青中,才能真正发挥改性作用。

2. *加工方式*

为了保证改性沥青的改性效果,需要将改性剂按一定的方式加工到沥青中去。改性沥青的加工方式与改性剂、加工设备等有关,归纳起来主要有以下几种方式。

(1)直接投入法

直接投入法是直接将改性剂投入到沥青混合料拌和锅与矿料、沥青拌和制作改性沥青混合料的工艺。

由于SBS等橡胶固体很难与沥青共混,采用溶剂法制成橡胶沥青母体再在现场使用的工艺又较复杂。因此,利用合成橡胶制造过程中的中间产品胶浆,再制成高浓度的胶乳,便可以在沥青混合料制造过程中直接喷入拌和锅中,并使施工工艺简化。

(2)母体法

母体法的原理是先采用一种适当的方法制备加工成高剂量聚合物改性沥青母体,再在现场把改性沥青母体与基质沥青掺配调稀成要求剂量的改性沥青使用。所以,又称为二次掺配法。母体法可以采用溶剂法和混炼法制备改性沥青母体。

对与沥青相容性不好的SBR、SBS、PE等聚合物改性剂,都可以采用高速剪切等工艺生产高浓度的改性沥青母体。可是如果仅仅是把聚合物剂量增加,不采取添加稳定剂等措施,那么改性沥青在冷却、运输、存放和母体加热、与沥青稀释掺配的再加工过程中,改性剂势必会发生离析现象,严重影响改性效果。所以,在二次掺配时还必须进行强力搅拌,使改性剂分散均匀。

(3)机械搅拌法

从理论上讲,聚合物改性剂与基质沥青都有可能通过机械搅拌拌制而成。由于改性剂与基质沥青的相容性不同,采用机械搅拌法的难易程度有很大的差别。对于SBS、PE等相容性较差的改性剂,不适用于机械搅拌法加工,而对EVA以及某些相容性较好的聚合物,可以采用搅拌法加工。

(4)胶体磨与高速剪切

胶体磨与高速剪切法是采用现场制作法生产改性沥青,即采用专用设备在现场加工制作改性沥青,然后直接送入拌和机使用。由于它生产成本低,改性剂分散后不等它离析或凝聚,便与混合料拌和,所以改性效果好。按照改性剂与基质沥青的混合方式可分为胶体磨法和高速剪切法。其工艺流程一般为改性剂膨胀、分散磨细、继续发育三个阶段。每一阶段的工艺流程和时间随改性剂及加工设备的不同而不同,而加工的温度是关键。改性剂经过融胀阶段(SBS充油将使融胀变得容易)后,磨细分散才能做到又快又好,加工出来的改性沥青还需进入储封灌中不停地搅拌,使之继续发育,才能喷入拌和锅内使用。图7-25为GLG80型改性沥青加工设备的工艺流程。

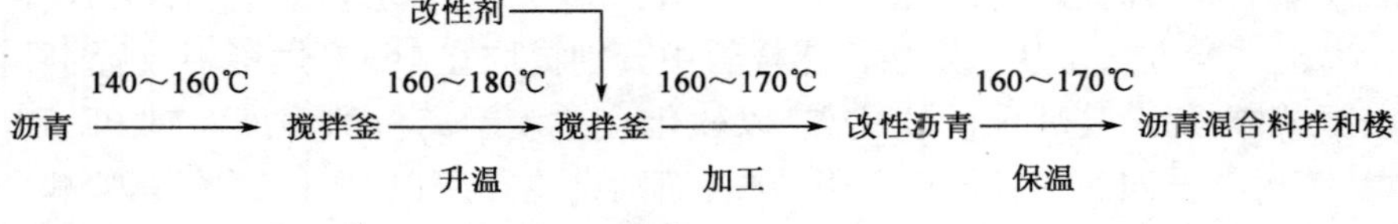

图7-25　高速剪切加工改性沥青工艺流程

从上述改性沥青加工方式的分析中可知,为了保证改性沥青的改性效果,宜采用胶体磨法或高速剪切法进行改性沥青的加工。必须通过胶体磨或高速剪切等专用设备靠机械和剪切力强制将改性剂打碎,使改性剂充分分散到基质沥青中,这也是目前国际上最先进的方法。

(5)废橡胶轮胎

将废橡胶轮胎磨细成粉末,加入热沥青中,即制成橡胶沥青。一般要求橡胶粉的细度至少在30目以上,制备时沥青温度为160~170℃,经过1h的搅拌,橡胶粉经过吸收油分、溶胀、软化等过程,逐步分散到沥青中。

三、改性沥青评价方法

由于在沥青中加入了改性剂,改性沥青的评价指标和方法则不能用普通沥青的性能指标来评价。改性剂在沥青中主要起着物理分散、均混、吸附、交联等作用,它不可能完全地与沥青溶和成为一个均质体。也就是说改性剂在沥青中并没有与沥青发生化学反应,而是一种物理作用。改性沥青相当于两相或多相的混合体。

目前对改性沥青性能的评价主要有:

(1)采用普通沥青的性能指标的变化量来进行评定。这些指标主要有针入度、软化点、延度、黏度、脆点等。根据这些指标的变化程度判断改性沥青的效果。

(2)根据改性沥青的特点,增加的新指标,如弹性恢复试验、离析试验、黏韧性试验、测力延度试验、板冲击试验等。

1.弹性恢复试验

由于弹性恢复性能好,道面在荷载作用下产生的变形能够在荷载通过后迅速恢复,从而留下较小的残余变形,或者说具有良好的自愈性。

试验时按延度试验方法在25℃±0.5℃试验温度下以5cm/min的规定速率拉伸试样达10cm时停止,用剪刀在中间奖沥青试样剪成两部分,原封不动地保持试样在水中1h,然后将两个试样对至尖端刚好接触,测量试件的长度x,按下式计算弹性恢复,即延度试验拉长至10cm后,可恢复变形的百分率。

$$\text{恢复率} = \frac{10 - x}{10} \times 100\% \tag{7-30}$$

2.离析试验

由于聚合物改性沥青在停止搅拌、冷却过程中,聚合物会从沥青中离析,所以当聚合物改性沥青在生产后不立即使用,需要冷却、储存、运输、再加热后使用时,要进行改性沥青的离析试验,以评价改性剂与基质沥青的相容性。

不同的改性剂离析的态势各不相同。对SBR、SBS类聚合物改性沥青,离析时表现为聚合物的上浮。离析试验方法是从一定条件盛样管中分别提取在163℃烘箱中放置48h后聚合物的顶部和底部试样,测定其环球法软化点,以软化点差表示离析的程度。对PE、EVA类聚合物改性沥青,离析时被四面的容器壁吸附,在表面则结皮。所以,离析试验是观测改性沥青在存放过程中结皮、凝聚在容器表面的情况。

3.黏韧性试验

沥青的黏韧性试验的结果是评价橡胶类改性沥青效果的一种比较好的方法。沥青黏韧性试验是测定沥青在规定温度条件下高速拉伸时与金属半球的黏韧性及韧性。非经注明,试验温度为25℃,拉伸速度为500mm/min。

4. 测力延度试验

测力延度试验的设备是在普通的延度仪上附加一个测力传感器,试验用的试模是与拉伸回弹试验相同的条形试模。试验温度为5℃,拉伸速度为5cm/min。试验结果由 *X-Y* 函数记录仪记录拉力—变形曲线(图7-26)。图7-26中显示了改性沥青的试验曲线的峰值荷载与拉力—变形曲线下面的面积。一般情况下,低温时越脆的沥青,延度越小,但峰值力越大,而表示黏韧性的拉力—变形曲线下面的面积则越小。

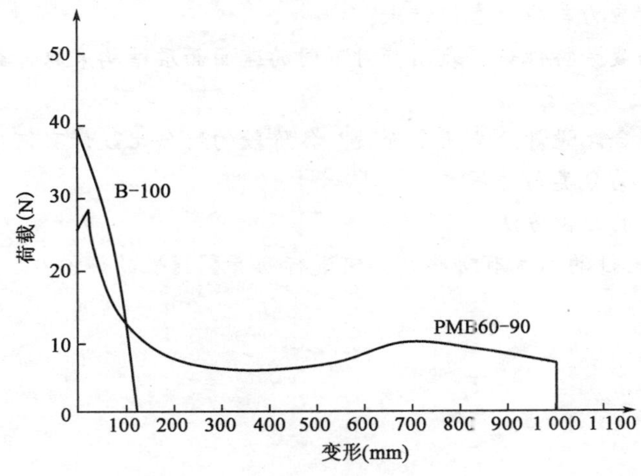

图7-26 测力延度的拉力与变形曲线

5. 评价改性沥青与石料低温黏结力的板冲击试验

改性沥青与石料低温黏结力的板冲击试验是埃索公司提出的试验方法。它利用一块尺寸为200mm×200mm×20mm的钢板(边缘有5cm高的围栏)板中浇灌沥青40g,沥青厚度为1mm,在沥青上均匀地放上10排粒径为4.75~9.5mm干燥、洁净的碎石,每排10颗,共100颗。置室温中冷却后,放入60℃烘箱中加热5h,使碎石与沥青良好地黏结,再放入家用冰箱的冷冻室(-18℃左右)冷冻一晚上。从冰箱中取出钢板,迅速放在水泥混凝土垫块上,将钢板的沥青朝下,钢板垫起架空,铁架平台高度至铁板平面的距离为500mm。随即用质量500g±1g的钢球从平台边缘自由落下,落点在钢板的反面中央,观测沥青碎石受钢球冲击后被振落的情况(%)。试验装置如图7-27所示。

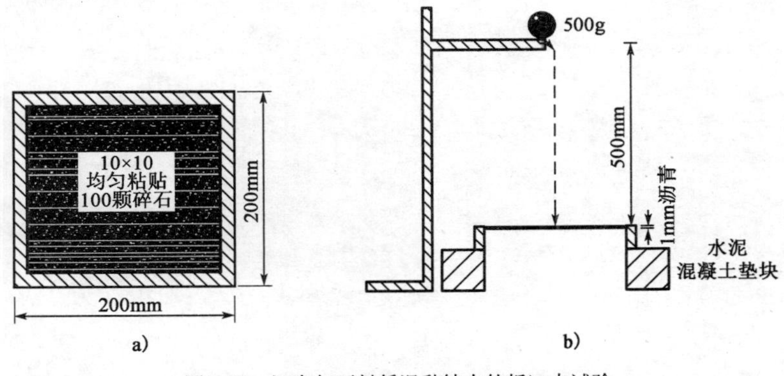

图7-27 沥青与石料低温黏结力的板冲击试验

思 考 题

1. 什么是石油沥青的胶体结构理论?

2. 沥青的黏性如何表示?

3. 沥青混凝土的结构类型有哪几种? 各有何特点?

4. 简述沥青混合料的强度特性。

5. 沥青混合料的应力与应变有何特点?

6. 沥青混合料的疲劳特性如何表示? 对不同的道面面层结构采取什么样的试验方法进行疲劳试验?

7. 沥青混合料配合比设计分哪几个阶段? 各阶段的配合比设计有何特点?

8. 简述改性沥青的分类与作用。

9. 简述改性沥青的评价方法。

10. 影响沥青黏附性的因素有哪些? 如何进行沥青黏附性的评价?

第八章　水泥与水泥混凝土

第一节　水泥的种类与组成

一、分类

水泥属于水硬性无机胶凝材料。加水调制后，经过一系列物理化学作用，由可塑性浆体变成坚硬的固体，并能将砂、石等散粒状材料胶结成具有一定力学强度的石状体。水泥浆既能在空气中硬化，又能在潮湿环境或水中更好地硬化，保持并发展其强度。所以它既可用于地上工程，也可用于水中及地下工程。

通用水泥是指大量用于一般土木工程的水泥，按其所掺混合材料的种类及数量不同，又有硅酸盐水泥、普通硅酸盐水泥（简称普通水泥）、矿渣硅酸盐水泥（简称矿渣水泥）、火山灰质硅酸盐水泥（简称火山灰水泥）、粉煤灰硅酸盐水泥（简称粉煤灰水泥）和复合硅酸盐水泥（简称复合水泥）等。专用水泥是指专门用途的水泥，如道路水泥、大坝水泥、砌筑水泥等。特性水泥则是指某种性能比较突出的水泥，如快硬性水泥、水化热水泥、抗硫酸盐水泥、膨胀水泥等。

1. 硅酸盐水泥

凡是由硅酸盐水泥熟料、0 ~ 5% 石灰石或粒化高炉矿渣、适量石膏磨细制成的水硬性胶凝材料，称为硅酸盐水泥（国外通称波特兰水泥，即 Portland Cement）。不掺加混合材料的称Ⅰ型硅酸盐水泥，代号为 P. Ⅰ。在硅酸盐水泥熟料粉磨时掺加不超过水泥质量 5% 的石灰石或粒化高炉矿渣混合材料的称Ⅱ型硅酸盐水泥，代号为 P. Ⅱ。

2. 普通硅酸盐水泥

凡是由硅酸盐水泥熟料、少量混合材料和适量石膏磨细制成的水硬性胶凝材料，称为硅酸盐水泥，简称普通水泥，代号为 P. O。

《通用硅酸盐水泥》（GB 175—2007）规定："普通硅酸盐水泥中活性混合材料掺加量为 >5% 且 ≤20%，其中允许用不超过水泥质量 8% 且符合本标准活性指标分别低于 GB/T 203、GB/T 18046、GB/T 1596、GB/T 2847 标准要求的粒化高炉矿渣、粒化高炉矿渣粉、粉煤灰、火山灰质混合材料；石灰石和砂岩，其中石灰石中的三氧化二铝含量应不大于 2. 5% 的非活性混合材料或不超过水泥质量 5% 且符合 JC/T 742 的规定的窑灰代替"。

3. 矿渣硅酸盐水泥

由硅酸盐水泥熟料和粒化高炉矿渣、适量石膏磨细制成的水硬性胶凝材料，称为矿渣硅酸盐水泥，简称矿渣水泥，代号为 P. S。

水泥中的粒化高炉矿渣掺加量按质量百分比计为 20% ~ 70%。允许用石灰、窑灰、粉煤灰和火山灰质混合材料中的一种代替矿渣，代替数量不得超过水泥质量的8%，替代后水泥中粒化高炉矿渣不得少于20%。

4. 火山灰质硅酸盐水泥

由硅酸盐水泥熟料和火山灰质混合材料、适量石膏磨细制成的水硬性胶凝材料，称为火山灰质硅酸盐水泥，简称火山灰水泥，代号为P.P。

水泥中火山灰质混合材料掺加量按质量百分比计为20%～50%。

5. 粉煤灰硅酸盐水泥

由硅酸盐水泥熟料和粉煤灰、适量石膏磨细制成的水硬性胶凝材料，称为粉煤灰硅酸盐水泥，简称粉煤灰水泥，代号为P.F。

水泥中粉煤灰掺加量按质量百分比计为20%～40%。

6. 复合硅酸盐水泥

由硅酸盐水泥熟料、两种或两种以上规格的混合材料、适量石膏磨细制成的水硬性胶凝材料，称为复合硅酸盐水泥（简称复合水泥）。水泥中混合材料总掺加量按质量百分数计为15%～50%。

7. 道路水泥

以适当成分的生料烧至部分熔融，所得以硅酸钙为主要成分和较多量的铁铝酸钙的硅酸盐熟料称为道路硅酸盐熟料。由道路硅酸盐水泥熟料、0～10%活性混合材料和适量石膏磨细制成的水硬性胶凝材料，称为道路硅酸盐水泥（简称道路水泥）。

8. 快硬硅酸盐水泥

以适当成分的生料烧至部分熔融，所得以硅酸钙为主要成分的硅酸盐熟料，加入适量石膏磨细制成具有早期强度增进率较高的水硬性胶凝材料，称为快硬硅酸盐水泥（简称快硬水泥）。快硬水泥强度等级以3d抗压强度来表示。

9. 膨胀水泥和自应力水泥

在水化硬化过程中，以其体积膨胀量来补偿水泥混凝土收缩的一类水泥，统称为膨胀水泥。而在水化硬化过程中，用以使水泥混凝土产生预应力的一类水泥，则称为自应力水泥。

膨胀水泥混凝土在硬化过程中产生一定数值的膨胀，以克服或弥补普通水泥混凝土在空气中硬化时出现的干缩。在钢筋混凝土的膨胀过程中，由于钢筋和混凝土之间有一定的握裹力，所以，混凝土必然要和钢筋一起膨胀，使钢筋由于混凝土膨胀受到拉应力而伸长。混凝土的膨胀则因受钢筋的限制而受到相应的压应力。以后，即使经过干缩，但仍不致使膨胀的尺寸全部抵消，尚有一定的剩余膨胀，不但能减轻开裂现象，而且更重要的是外界因素对混凝土所产生的拉应力，可以为预先具有的压应力所抵消，从而将混凝土的实际拉应力减小至极低的数值，有效地改善了混凝土抗拉强度差的缺陷。因为这种预先具有的压应力是依靠水泥自身的水化而产生的，所以称为“自应力”，并以“自应力值”（MPa）来表示混凝土中所产生压应力的大小。

膨胀水泥在水化过程中，有相当一部分能量用于膨胀，转变成所谓的“膨胀能”。一般，膨胀能越高，可能达到的膨胀值越大，膨胀的发展规律，通常也是早期较快，以后渐趋缓慢、稳定，在达到“膨胀稳定期”后，膨胀基本停止。另外，在没有受到任何限制的条件下，所产生的膨胀一般称为“自由膨胀”，此时并不产生自应力，当受到单向、双向或三向限制时，则为“限制膨胀”，这时才有自应力产生，限制越大，可能达到的自应力值越高。

二、成分与组成

1.硅酸盐水泥熟料

凡以适当成分的生料烧至部分熔融，所得以硅酸钙为主要成分的产物称为硅酸盐水泥熟料（简称熟料）。

2.石膏

天然石膏：必须符合《天然石膏》（GB 5483—2008）的规定。工业副产品石膏：工业生产中以硫酸钙为主要成分的副产品。采用工业副产品石膏时，必须经过试验证明它对水泥性能无害。

3.活性混合材料

活性混合材料是一种矿物材料，磨成细粉，与石灰（或石灰和石膏）拌和在一起，加水后在常温下能生成具有胶凝性的水化产物，并能在水中硬化。常用的活性混合材料有粒化高炉矿渣、火山灰质混合材料和粉煤灰等。粉煤灰应符合《用于水泥和混凝土中的粉煤灰》（GB/T 1596—2005）的要求，火山灰质混合材应符合《用于水泥中的火山灰质混合材料》（GB/T 2847—2005）的要求，粒化高炉矿渣应符合《用于水泥中的粒化高炉矿渣》（GB/T 203—2008）的要求。

4.非活性混合材料

非活性混合材料掺入水泥中不与水泥成分起化学反应或化学反应极小，主要起填充作用，可调节水泥强度等级，降低水化热及增加水泥产量。这类材料主要有磨细石英砂、石灰石、黏土、缓凝矿渣及炉渣等。系其活性指标不符合要求的潜在水硬性或火山灰性的水泥混合材料，以及砂岩和石灰石。石灰石中的三氧化二铝含量不得超过2.5%。

5.窑灰

从水泥回转窑窑尾废气中收集下的粉尘。其质量必须符合《掺入水泥中的回转窑窑灰》（JC/T 742—2009）的规定。

6.粒化高炉矿渣

在高炉冶炼生铁时所得以硅酸钙与铝酸钙为主要成分的熔融物，经淬冷成粒后，即为粒化高炉矿渣。

矿渣的活性主要取决于化学成分和成粒质量，根据《用于水泥中的粒化高炉矿渣》（GB/T 203—2008）规定，粒化高炉矿渣的质量系数不得小于1.2；氟化合物的质量分数（以F计）不得超过2%；硫化合物的质量分数（以S计）不得超过3%。

高炉矿渣的淬冷处理必须充分。粒化高炉矿渣的堆积密度不得大于1 200kg/m^3；粒径大于10mm颗粒的质量分数不得大于8%。粒化高炉矿渣不得混有任何外来夹杂物，如含铁尘泥，未经充分淬冷矿渣等。

7.火山灰质混合材料

凡天然的或人工的以氧化硅、氧化铝为主要成分的矿物质原料，本身磨细加水拌和并不硬化，但与石灰混合后，再加水拌和，则不但能在空气中硬化，而且又能在水中继续硬化者，称为火山灰质混合材料。按其成因可分为天然的和人工的两大类。

天然的火山灰质混合材有:火山灰、凝灰岩、浮石、沸石岩、硅藻土和硅藻石。人工的火山灰质混合材料主要是工业副产品或废渣,如烧页岩、煤矸石、烧黏土、煤渣、硅质渣。

用于水泥中的火山灰质混合材料,必须符合《用于水泥中的火山灰质混合材料》(GB/T 2847—2005)的技术条件:

(1)烧失量。人工的火山灰质混合材烧失量不得大于10%。

(2)三氧化硫含量。不得大于3.0%。

(3)火山灰性试验。按《用于水泥中的火山灰质混合材料》(GB/T 2847—2005)标准附录A的试验方法进行。

(4)水泥胶砂28d抗压强度比不得小于65%。

8.粉煤灰

从电厂煤粉炉烟道气体中收集的粉末称为粉煤灰。《用于水泥和混凝土中的粉煤灰》(GB/T 1596—2005)规定了水泥生产中作活性混合材料的粉煤灰的技术要求,如表8-1所示。F类粉煤灰是无烟煤或烟煤煅烧收集的粉煤灰,C类粉煤灰是由褐煤或次烟煤煅烧收集的粉煤灰。

拌制混凝土和砂浆用粉煤灰的技术要求　　表8-1

项　目		技术要求		
		Ⅰ级	Ⅱ级	Ⅲ级
细度(45μm方孔筛余),不大于(%)	F类粉煤灰	12.0	25.0	45.0
	C类粉煤灰			
需水比,不大于(%)	F类粉煤灰	95	105	115
	C类粉煤灰			
烧失量,不大于(%)	F类粉煤灰	5.0	8.0	15.0
	C类粉煤灰			
含水量,不大于(%)	F类粉煤灰	1.0		
	C类粉煤灰			
三氧化硫,不大于(%)	F类粉煤灰	3.0		
	C类粉煤灰			
游离氧化钙,大于(%)	F类粉煤灰	1.0		
	C类粉煤灰	4.0		
安定性雷氏夹沸后增加距离,大于(%)	C类粉煤灰	5.0		

28d抗压强度比=试验样品28d抗压强度/对比样品28d抗压强度。试验样品用30%粉煤灰和70%的硅酸盐水泥配成,对比样品即硅酸盐水泥。

在水泥熟料中,氧化钙、氧化硅、氧化铝和氧化铁等不是以单独的氧化物存在,而是经过高温煅烧后,由两种或两种以上的氧化物反应生成的多种矿物集合体,其结晶细小,通常为30~60μm。因此,水泥熟料是一种多矿物组成的结晶细小的人造岩石,或者是一种多矿物的聚积体。

经过高温煅烧,原料中$CaO—SiO_2—Al_2O_3—Fe_2O_3$四种成分化合为熟料中的主要矿物组成:硅酸三钙($3CaO \cdot SiO_2$,简写为$C_3S$);硅酸二钙($2CaO \cdot SiO_2$,简写为$C_2S$);铝酸三钙

($3CaO \cdot Al_2O_3$,简写为 C_3A);铁相固溶体通常以铁铝酸四钙($4CaO \cdot Al_2O_3 \cdot Fe_2O_3$)作为其代表式,简写为 C_4AF。另外,还有少量的游离氧化钙(f - CaO)、方镁石(结晶氧化镁),含碱矿物以及玻璃体等。

通常,熟料中硅酸三钙和硅酸二钙的含量占75%左右,称为硅酸盐矿物;铝酸三钙和铁铝酸四钙含量占22%左右。在煅烧过程中,后两种矿物与氧化镁、碱等,在1 200 ~ 1 280℃开始,会逐渐熔融成液相以促进硅酸三钙的顺利形成,故称为熔剂矿物。

第二节　水泥的特性

国家标准《通用硅酸盐水泥》(GB 175—2007)对硅酸盐水泥的化学性质及物理性质均作了具体规定。

一、化学性质

为了保证水泥的使用质量,水泥的化学指标主要是控制水泥中有害的化学成分,要求其不超过一定的限量。若超过最大允许限量,即意味着对水泥性能和质量可能产生有害或潜在的影响。

1. 氧化镁含量

在水泥熟料中,常含有少量未与其他矿物结合的游离氧化镁,这种多余的氧化镁是高温时形成的方镁石,它水化为氢氧化镁速度很慢,常在水泥硬化以后才开始水化,在水化时产生体积膨胀,可导致水泥石结构产生裂缝甚至破坏,因此它是引起水泥安定性不良的原因之一。

我国国家标准《通用硅酸盐水泥》(GB 175—2007)规定,硅酸盐水泥和普通硅酸盐水泥中氧化镁含量不得超过5%。如果水泥经压蒸安定性试验合格,则水泥中氧化镁含量允许放宽到6.0%。

2. 三氧化硫含量

水泥中的三氧化硫主要是在生产时为调节凝结时间加入石膏而带来的,也可能是煅烧熟料时加入石膏矿化剂而带入熟料中的。适量石膏虽能改善水泥性能(如提高水泥强度,降低收缩性,改善抗冻、耐蚀和抗渗性等),但石膏超过一定限量后,水泥性能会变坏,甚至引起硬化水泥石体积膨胀,导致结构破坏。因此,水泥中三氧化硫的最大允许含量必须加以限制。

我国《通用硅酸盐水泥》(GB 175—2007)规定:硅酸盐水泥和普通硅酸盐水泥中三氧化硫含量不得超过3.5%。

3. 烧失量

水泥煅烧不佳或受潮后,均会导致烧失量增加。烧失量测定是将水泥试样在950 ~ 1 000℃下烧灼15 ~ 20min,冷至室温称量。如此反复灼烧,直至恒重,按式(8-1)计算烧失量:

$$X_L = \frac{m_0 - m_1}{m_0} \times 100\% \tag{8-1}$$

式中:X_L——烧失量(%);

m_0——烧灼前试样质量(g);

m_1——烧灼后试样质量(g)。

4. 不溶物

水泥中不溶物是用盐酸溶解滤去不溶残渣，经碳酸钠处理再用盐酸中和，高温灼烧后称量，按式(8-2)计算。

$$X_N = \frac{m_1}{m_0} \times 100\% \tag{8-2}$$

式中：X_N——不溶物(%)；

m_0——试样质量(g)；

m_1——烧灼后不溶物质量(g)。

二、物理性质

水泥物理技术性质要求包括：细度、水泥净浆标准稠度、凝结时间、安定性、强度、密度与堆积密度。

1. 细度

水泥细度是表示水泥磨细的程度或水泥分散度的指标。它对水泥的水化硬化速度、水泥需水量、和易性、放热速率及强度都有影响。水泥越细，与水起反应的面积越大，水化越充分，水化速度越快，对水泥胶凝性质的有效利用率越多，所以相同矿物组成的水泥，细度越大，早期强度越高，凝结速度越快，析水量越小。已有研究认为：水泥颗粒粒径在 45μm 以下才能充分水化，在 75μm 以上，水化不完全。

一般试验条件下，水泥颗粒大小与水化的关系是：0 ~ 10μm，水化最快；3 ~ 30μm，是水泥主要的活性部分；大于 60μm，水化缓慢；大于 90μm，只有表面水化。

水泥比表面积与水泥有效利用率(1 年龄期)的关系是：3 000cm^2/g，只有 44% 可水化发挥作用；7 000cm^2/g，有效利用率可达 80% 左右；10 000cm^2/g，有效利用率可达 90% ~95%。

实践表明，细度提高，可使水泥混凝土的强度提高，工作性能得到改善。但是，水泥细度提高，在空气中的硬化收缩也较大，使混凝土发生裂缝的可能性增加。试验表明：水泥越细，1d、3d 的早期强度越高，但小于 10μm 的颗粒大于 50% ~60% 时，7d、28d 强度开始下降。此外，细度提高导致粉磨能耗增加，成本提高。因此，需合理控制水泥细度。

2. 水泥净浆标准稠度

为使水泥凝结时间和安定性的测定结果具有可比性，在测定水泥凝结时间和安定性两项指标时，必须采用标准稠度的水泥净浆。我国国家标准规定，水泥净浆稠度是采用稠度仪测定，以试锥沉入深度为 28mm ±2mm 时的净浆为“标准稠度”，此时的用水量为标准用水量。

测定水泥净浆标准稠度也可采用不变水量法，根据测得的试锥下沉深度 S(mm)，按式(8-3)计算标准稠度 P(%)。

$$P = 33.4 - 0.185S \tag{8-3}$$

3. 凝结时间

凝结时间是水泥从加水开始，到水泥浆失去可塑性所需的时间。凝结时间分初凝时间和终凝时间。初凝时间是从水泥加水到水泥浆开始失去塑性的时间；终凝时间是从水泥加水到水泥浆完全失去塑性的时间。

水泥的凝结时间对水泥混凝土的施工有重要的意义。初凝时间太短，将影响混凝土拌和料的运输和浇灌；终凝时间过长，则影响混凝土工程的施工进度。我国《通用硅酸盐水泥》(GB 175—2007)规定：硅酸盐水泥初凝时间不得小于45min；终凝时间不大于390min。普通硅酸盐水泥初凝时间不得小于45min，终凝时间不得大于600min。

我国《通用硅酸盐水泥》(GB 175—2007)规定：初凝时间不符合规定的水泥为废品，严禁在工程中使用。终凝时间不符合要求者为不合格品。

4. 安定性

水泥的体积安定性是指水泥在凝结硬化过程中体积变化的均匀性。

水泥与水拌制成的水泥浆体，在凝结硬化过程中，一般都会发生体积变化。如果这种体积变化是在凝结硬化过程中，则对建筑物的质量并没有什么影响。但是如果混凝土硬化后，由于水泥中某些有害成分的作用，在水泥石内部产生了剧烈的、不均匀的体积变化时，则会在建筑物内部产生破坏应力，导致建筑物的强度降低。若破坏应力发展到超过建筑物的强度，则会引起建筑物的开裂、崩塌等严重质量事故。

5. 强度

强度是水泥技术中最基本的指标，它直接反映了水泥的质量水平和使用价值。水泥强度测定时可以将水泥制成水泥净浆、水泥砂浆或水泥混凝土试件来检验其强度。净浆法只能反映水泥浆的内聚力，未能反映出水泥浆对砂石材料的胶结力，与水泥在混凝土中的实际使用情况有差距，因此通常不采用此方法。混凝土法虽可较好地反映水泥在使用中的实际情况，但砂石材料条件很难统一，并且会增加检验工作的复杂性，目前只有个别国家采用混凝土法作为砂浆法的参比检验。砂浆法不仅可避免净浆法的缺点，又可克服混凝土法条件难统一的困难，所以国际上都采用砂浆法作为水泥强度的标准检验方法。我国亦采用水泥胶砂来评定水泥的强度。

水泥的强度除了与水泥本身的性质(如熟料的矿物组成、细度等)有关外，并与水灰比、试件制作方法、养护条件和时间等有关。按国家标准《水泥胶砂强度检验方法(ISO 法)》(GB/T 17671—1999)规定，水灰比值为0.50，灰砂比为1:3，抗折强度的试件尺寸为4cm×4cm×16cm，抗压强度的试件尺寸为4cm×4cm。在标准养护条件下，达到规定龄期时，测定其抗折和抗压强度，按规定的最低强度来评定其所属强度等级。

各龄期的水泥强度见表8-2。

水泥强度　　表8-2

品　种	强度等级	抗压强度(MPa)		抗折强度(MPa)	
		3d	28d	3d	28d
硅酸盐水泥	42.5	17.0	42.5	3.5	6.5
	42.5R	22.0		4.0	
	52.5	23.0	52.5	4.0	7.0
	52.5R	27.0		5.0	
	62.5	28.0	62.5	5.0	8.0
	62.5R	32.0		5.5	

续上表

<table>
<tr><th rowspan="2">品　种</th><th rowspan="2">强度等级</th><th colspan="2">抗压强度(MPa)</th><th colspan="2">抗折强度(MPa)</th></tr>
<tr><th>3d</th><th>28d</th><th>3d</th><th>28d</th></tr>
<tr><td rowspan="6">普通硅酸盐水泥</td><td>32.5</td><td>11.0</td><td rowspan="2">32.5</td><td>2.5</td><td rowspan="2">5.5</td></tr>
<tr><td>32.5R</td><td>16.0</td><td>3.5</td></tr>
<tr><td>42.5</td><td>16.0</td><td rowspan="2">42.5</td><td>3.5</td><td rowspan="2">6.5</td></tr>
<tr><td>42.5R</td><td>21.0</td><td>4.0</td></tr>
<tr><td>52.5</td><td>22.0</td><td rowspan="2">52.5</td><td>4.0</td><td rowspan="2">7.0</td></tr>
<tr><td>52.5R</td><td>26.0</td><td>5.0</td></tr>
<tr><td rowspan="6">矿渣硅酸盐水泥、火山灰硅酸盐水泥、粉煤灰硅酸盐水泥、复合硅酸盐水泥</td><td>32.5</td><td>10.0</td><td rowspan="2">32.5</td><td>2.5</td><td rowspan="2">5.5</td></tr>
<tr><td>32.5R</td><td>15.0</td><td>3.5</td></tr>
<tr><td>42.5</td><td>15.0</td><td rowspan="2">42.5</td><td>3.5</td><td rowspan="2">6.5</td></tr>
<tr><td>42.5R</td><td>19.0</td><td>4.0</td></tr>
<tr><td>52.5</td><td>21.0</td><td rowspan="2">52.5</td><td>4.0</td><td rowspan="2">7.0</td></tr>
<tr><td>52.5R</td><td>23.0</td><td>4.5</td></tr>
</table>

6. 密度与堆积密度

水泥的密度与堆积密度是水泥混凝土配合比设计及水泥储运中常需要用到的参数。硅酸盐水泥密度为3.0~3.15g/cm^3，松散状态时堆积密度一般在300~900kg/m^3之间，紧密堆积状态时可达1 400~1 700kg/m^3。

第三节　水泥石的性质

硬化水泥浆体是非均质的多相体系，通常由未水化的水泥熟料颗粒、水化水泥、水和少量的空气以及由水和空隙占有的空气网所组成，因此它是一个固—液—气三相多孔体系。它具有一定的机械强度和孔隙率，而外观和其他性能又与天然石材相似，因此通常又称为水泥石。

水泥石的性质主要取决于各组成成分的性质、它们的相对含量以及它们之间的相互作用。水化水泥的数量决定于水泥的水化程度。水化物的组成和结构，又主要地决定于水泥熟料矿物的性质以及水化硬化的环境。即使水泥品种相同，适当改变水化产物的形成条件和发展情况，也可使孔结构与分布产生一定的差异，从而获得不同的浆体结构，相应使性能有所变化。

常温下硅酸盐水泥的水化产物按其结晶程度分成两大类，一类是结晶比较差，晶粒大小在胶体尺寸范围内，称其为水化硅酸钙凝胶（简称C-S-H），它是微晶质，可以彼此交叉和连生，具有凝胶体的特性。另一类是结晶比较完整、颗粒较大的水化物，例如氢氧化钙、水化铝酸钙以及水化硫铝酸钙等。此外，水泥石中一般还包含部分未水化的熟料颗粒和极少量的无定形氢氧化钙、玻璃质、有机外加物等。

水泥石是一个多相多孔体系。水泥石的一个重要特征就是其中的孔隙率以及不同孔径的分布状况。在水化过程中，水化产物的体积要大于熟料矿物的体积。据计算每1cm^3的水泥水化后约需占据 2.2cm^3 的空间。即约 45% 的水化产物处于水泥颗粒原来的周界之内，成为内部水化产物；另有 55% 则为外部水化产物，占据着原先充水的空间。这样，随着水化过程的进展，原来充水的空间减少，而没有被水化产物填充的空间则逐渐被分割成形状极不规则的毛细孔。影响水泥石孔的分布主要有水化龄期、水灰比、水泥的矿物组成、养护条件和外加剂。

水泥石的工程性质主要指水泥石的强度、抗变形性能以及耐久性。

一、强度

水泥石的强度是指它抵抗破坏与断裂的能力。在水泥质量评定过程中，强度是重要指标。通常，将 28d 以前的强度称为早期强度，28d 以后的强度称为后期强度。

1. 脆性材料断裂理论

该理论认为：水泥石的强度主要取决于水泥石的弹性模量、表面能以及裂缝大小，其抗断裂的能力可以用葛里菲斯（Griffith）公式来表述。

$$\sigma = \sqrt{\frac{2E\gamma}{\pi C}} \tag{8-4}$$

式中：σ——断裂应力；

E——弹性模量；

γ——单位面积的材料表面能；

C——裂缝长度。

2. 结晶理论

该理论认为：硬化水泥浆体是由无数钙钒石的针状晶体和多种形貌的 C-S-H 以及六方板状的氢氧化钙和单硫型水化硫铝酸钙等晶体交织在一起而构成的。它们密集连生交叉结合、接触，形成牢固的结晶结构网。水泥石的强度主要决定于结晶结构网中接触点的强度与数量。A. Ф. 巴拉克（A. Ф. Полак1loaaK）曾提出下列方程：

$$f = \bar{f}F \tag{8-5}$$

式中：f——水泥石多孔体的强度；

$\bar{f}$——结晶接触点的强度；

F——断裂面上结晶接触点的面积。

3. 孔隙率理论

大量的试验表明：水泥石的强度发展决定于孔隙率，或者更准确地说决定于水化生成物充满原始充水空间的程度。

T. C. 鲍威斯（T. C. Powers）建立的水泥石的强度与胶空比的关系如下：

$$f = AX_{\mathrm{A}}^{\mathrm{N}} \tag{8-6}$$

式中：f——水泥石抗压强度；

A、N——经验常数，与水泥熟料矿物组成有关；

X——水化水泥在水泥石体积中填充的程度，它介于 0 ~ 1 之间，见式（8-7）。

$$X = \frac{凝胶体的体积}{凝胶体体积 + 毛细孔体积} \tag{8-7}$$

影响水泥石强度的因素有:水泥矿物组成及含量,水灰比和水化程度,孔结构。

二、变形

1. 弹性模量

水泥石的应力与应变的关系近似一条直线,如图 8-1 所示。

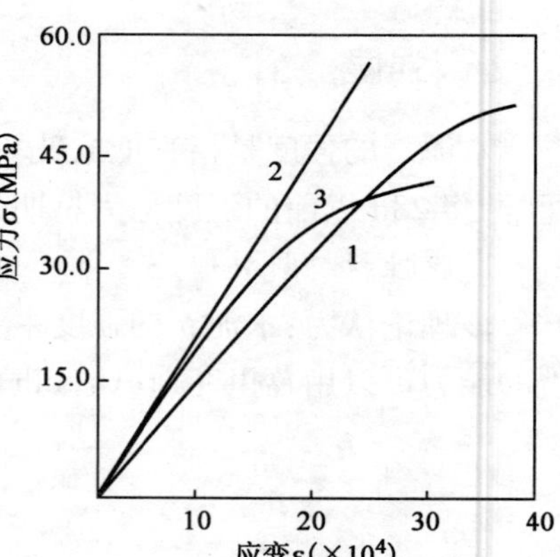

图 8-1　水泥石的应力应变关系
1-水泥浆体;2-细粒砂岩;3-水泥砂浆

对于弹性体的应力与应变关系,根据虎克定律:

$$\sigma = E\varepsilon \tag{8-8}$$

式中:σ——应力;

ε——应变;

E——弹性模量。

水泥石的应力—应变曲线在应变较小时基本呈线性关系,而当应变较大时,不再呈线性关系。

水泥石的弹性模量与水泥石的孔隙有很大关系,Helmuth 和 Turk 发现:水泥石的弹性模量 E 与水泥石的毛细孔(孔径 $>100 \times 10^{-10}$m)孔隙率 P 有如下关系:

$$E = E_0(1 - P)^3 \tag{8-9}$$

式中:E_0——在 $P=0$ 时,水泥石的弹性模量,$E_0 = 30\ 000$MPa。

2. 收缩变形

(1)化学收缩

水泥在水化过程中,由于无水的熟料矿物转变为水化物,所以水化后的固相体积比水化前要大得多,水泥完全水化后水化凝胶约是水化总水泥体积的 2.2 倍。但对于水泥—水体系的总体积来说,却是要缩小,发生缩小的原因是水化前后反应物和生成物的密度不同。根据单矿物的缩减作用研究表明,水泥熟料中各单矿物的缩减作用,无论就绝对数值或相对速度而言,其大小都按下列顺序排列:

$$C_3A > C_4AF > C_3S > C_2S$$

因此,水泥熟料的缩减量大小,常与 C_3A 的含量呈线性关系。此外,对硅酸盐水泥来讲,每 100g 水泥的缩减总量为 7 ~ 9cm^3。如果每立方米混凝土中水泥用量为 250kg,则体系中缩减量将达 20L/m^3,可见,由于水泥缩减作用所产生的孔隙,也会达到相当可观的数值,它会影响水泥石的抗冻性和抗水性以及耐久性。

(2)失水收缩

水泥石在湿润时要发生轻微的膨胀,在干燥失去水分时要产生收缩。对于水化程度很好的水泥石,在干燥失去水分时收缩量可达 2% 以上,水泥石在第一次干燥时的收缩量大部分是不可恢复的。进一步的干湿循环会使不可恢复的收缩量有所增加,但经几次干湿循环后,每次干燥产生的收缩将变为可恢复的。

(3)碳化收缩

水泥石与 CO_2 作用产生的收缩称为碳化收缩。空气中 CO_2 含量虽然很低(仅占0.03%),但如果有一定的湿度,水泥石中的氢氧化钙与 CO_2 作用,生成碳酸钙和水,出现不可逆的碳化收缩。

相对湿度较小时,碳化收缩减小,有资料表明,相对湿度小于 25%,CO_2 与水化物之间的反应几乎停止。因此,适当的湿度将导致产生最大的碳化收缩。

(4)徐变(蠕变)

徐变(蠕变)是指在恒定荷载作用下,变形随着时间的增长而增大。

水泥石的徐变与下述结构因素有关:一是与水泥石凝聚—结晶结构网接触点的性质有关。以分子力互相作用的接触点,在应力作用下容易产生位移和偏转,因而表现出较大的徐变值。因此,一般来说,发达的晶体结构有较小的徐变值。二是与硬化水泥浆体中的晶体与凝胶的比值有关,晶胶比越大,徐变值越小,因为凝胶在应力作用下容易产生缓慢的流变。此外,水泥石中的水在应力作用下,由高应力区向低应力区转移,这种转移也会引起水泥石的变形。Power 认为,徐变主要与凝胶水的转移有关。如果水泥石处于饱和状态,当应力消除后,水分可以复原,这时,由于水分转移引起的变形也可以恢复。但是,如果水泥石处于干燥状态,水分蒸发,则变形就不能恢复,这时,徐变和干燥收缩互相联系起来,互相促进,加大了水泥石的变形。而 Feldmann 等人则认为徐变主要与水化硅酸钙的层间水的转移有关。

三、抗冻性及抗渗性

1.抗冻性

在寒区使用水泥时,其耐久性在很大程度上取决于抵抗冻融循环的能力。

硬化水泥石的抗冻性主要与水泥石中水分(可以是水泥石中的固有水分)、由水泥石外通过渗透而进入水泥石的水分的结冰及由此而产生的体积变化有关。水在结冰时,体积约增加9%,因此硬化水泥浆体中的水结冰会使孔壁承受一定的膨胀应力,如其超过浆体的抗拉强度,就会引起微裂等不可逆的结构变化,从而在冰融化后不能完全复原,所产生的膨胀仍有部分残留。

有关结冰时的破坏机理主要有静水压和渗透压两种理论。静水压理论认为:毛细孔内结冰并不直接使浆体胀坏,而是由于水结冰体积增加时,未冻水被迫向外流动,从而产生危害性的静水压力,导致水泥石破坏。而渗透压理论则认为:凝胶水要渗透入正在结冰的毛细孔内,是引起冻融破坏的原因。当毛细孔水部分结冰时,水中所含的碱以及其他物质等溶质的浓度会增大,但在凝胶孔内的水并不结冰,溶液浓度不变。因而产生浓度差,促使凝胶孔内的水向毛细孔扩散,其结果产生渗透压,造成一定的膨胀压力。另外,类似于土壤中冰棱镜的形成,毛细管效应也是多孔体膨胀的主要原因。按照 Litvan 发展的理论,水泥浆体中 C-S-H 中层间和凝胶孔中吸附的水在 0℃时不能结冰,据估计凝胶孔中的水在 −78℃以上不会结冰,因此,当水泥石浆体处于结冰环境时,凝胶孔中的水以过冷态的液态水存在,从而使毛细管中处于低能状态结冰的水与凝胶孔中处于高能状态的过冷水之间形成热力学不平衡。冰和过冷水两者熵的差别迫使后者迁入低能位置,使其结冰,这个过程会产生内部压力和系统膨胀。

水泥石的抗冻性与水泥石的毛细孔有关,毛细孔越细,则抗冻性越好。

2. 抗渗性

水泥石的抗渗性指抵抗各种有害介质进入内部的能力。抗渗性是评价耐久性的重要指标之一。

水泥石的抗渗性主要与孔结构有关。水泥石是一个多孔体,多孔体的渗水量可用达西公式进行计算。水泥石的抗渗性可用渗透系数来表示。当试件尺寸和两侧压力一定时,渗水速率与渗透系数成正比。

渗透系数随水灰比的增大而提高。当水灰比较小时,水泥石中的毛细孔常被水泥凝胶所堵隔,不易连通,因此渗透系数较小。当水灰比较大时,不仅使总孔隙率提高,而且可使毛细孔径增大并基本连通,从而使渗透系数显著提高。因此,降低毛细孔的数量(特别是连通的毛细孔)是提高水泥石抗渗性的最有效的措施。

渗透系数除了与孔结构、水灰比有关外,它还与水泥浆体硬化龄期、水化程度有关。随着水化反应龄期增长、水化产物的增多,毛细管系统变得更加细小曲折,致使渗透系数随龄期增长而变小。

四、抗腐蚀性

由于水介质与水泥石的互相作用,会发生一系列的化学、物理及物理化学的变化,这种作用有时会使水泥石遭受破坏。水介质对水泥的侵蚀作用可以分为三类:溶出性侵蚀,离子交换侵蚀,硫酸盐侵蚀。

1. 溶出性侵蚀

雨水、雪水以及多数河水和湖水均属于软水(重碳酸盐含量低的水,以 CaO 计含量 10mg/L 为一暂时硬度)。当水泥石与这些水长期接触时,水泥石中的氢氧化钙将很快溶解,每升水可达 1.3g。在静水及无水压情况下,由于周围的水易为氢氧化钙所饱和,使溶解作用中止。但在流水及压力水作用下,氢氧化钙将不断溶解流失,不但使水泥石变得疏松,而且使水泥石的碱度降低。而水泥水化物(水化硅酸钙、水化铝酸钙等)只有在一定的碱度环境中才能稳定存在,所以氢氧化钙的不断溶出又导致了其他水化产物的分解溶蚀,最终使水泥石破坏。

2. 离子交换侵蚀

溶解于水中的酸类和盐类可以与水泥石中的氢氧化钙起置换反应,生成易溶性盐或无胶结力的物质,使水泥石结构破坏。最常见的有碳酸、盐酸和镁盐的侵蚀。

3. 硫酸盐侵蚀

当水泥石与含硫酸或硫酸盐的水接触时,会生成二水石膏。二水石膏不但可在水泥石中结晶产生膨胀,也可以和水泥石中的水化铝酸钙反应生成水化硫铝酸钙(膨胀性更大)。生成物水化硫铝酸钙,由于含有大量结晶水,体积膨胀 1.5 倍左右,对水泥石具有严重破坏作用。

综上所述,水泥石腐蚀的主要原因为:侵蚀性介质以液相形式与水泥石接触,并具有一定浓度和数量;水泥石中存在有引起腐蚀的组分氢氧化钙和水化铝酸钙;水泥石本身结构不致密,有一些可供侵蚀介质渗入的毛细通道。

第四节　水泥混凝土

普通水泥混凝土是以通用水泥为胶结物,用普通砂石材料为集料,并以普通水为原材料,按专门的配合比,经搅拌、成型、养护而得到的复合材料。现代水泥混凝土中,为了调节和改善其工艺性能和力学性能,还加入各种化学外加剂和磨细矿质掺合料。

一、普通水泥混凝土的材料组成

1. 品种和强度等级的选择

配制普通水泥混凝土用水泥,一般可采用硅酸盐水泥、普通水泥、矿渣水泥、火山灰水泥或粉煤灰水泥,有特殊需要时可采用快硬水泥、抗硫酸盐水泥、大坝水泥或其他水泥。选用水泥时,应注意其特性对混凝土结构强度和使用条件是否有不利影响。

选用水泥强度等级时,应以能使所配的混凝土强度达到要求、收缩小、和易性好和节约水泥为原则,以其软练胶砂强度(MPa)表示时,对于C30以下的混凝土宜为混凝土强度等级的1.2~2.2倍;对于C30以上的混凝土宜为混凝土强度等级的1.0~1.5倍。如果用高强度等级水泥配制低强度等级的混凝土,从强度考虑,少量水泥就能满足要求,但为满足和易性和耐久性的要求,就要额外增加水泥用量,造成水泥的浪费。如果用低强度等级水泥配制高强度等级混凝土,一方面会加大水泥用量造成浪费,另一方面需要减少用水量以保证混凝土的强度,给施工造成困难。因此必须正确选用水泥强度等级。

2. 细集料

粒径在0.16~5mm之间的集料为细集料,混凝土用细集料一般应采用级配良好、质地坚硬、颗粒洁净的河砂或海砂,河砂和海砂不易得到时,也可用山砂或用硬质岩石加工的机制砂。各类砂应分批检验,各项指标合格时方可采用。

(1)有害杂质

集料中含有妨碍水泥水化,或能降低集料与水泥石黏附性,以及能与水泥水化产物产生不良化学反应的各种物质,称为有害杂质。砂中常含有的有害杂质,主要有泥土和泥块、云母、轻物质、硫酸盐和硫化物以及有机质等。

(2)砂的粗细程度和颗粒级配

砂的粗细程度和颗粒级配应使所配制混凝土达到保证设计强度等级,并节约水泥。

砂的粗细程度是指不同粒径的砂粒,混合在一起后的总体的粗细程度。在相同重量条件下,粗砂的表面积较小,细砂的表面积较大,在混凝土中,砂的表面需由水泥浆包裹,砂的表面积越小,则需要包裹砂粒表面的水泥浆越少,从而在保证混凝土质量的前提下节省水泥,因此配制混凝土用粗砂比用细砂节省水泥。

砂的颗粒级配,表示砂的大小颗粒搭配的情况。在混凝土中砂粒之间的空隙是由水泥浆所填充,为了达到节约水泥和提高强度的目的,就应当尽量减小砂粒之间的空隙。

砂的粗细程度和颗粒级配常用筛分析的方法进行测定。用细度模数表示砂的粗细,用级配区表示砂的颗粒级配。

(3)压碎值和坚固性

采用机制砂或山砂时,或所采用河砂或海砂的软弱颗粒较多时,应进行压碎指标试验。对C30以上的混凝土和要求抗冻、抗渗的混凝土,砂的压碎指标不应大于35%;对C30以下的混凝土,砂的压碎指标不应大于50%。

当对河砂或海砂的坚固性有怀疑时,应用硫酸钠进行坚固性试验,试验时循环5次,砂的总质量损失不应大于10%。

3. 粗集料

粒径大于5mm的集料称为粗集料。普通混凝土常用的粗集料有卵石(砾石)和碎石。卵石是由自然条件的作用而形成的,根据产源可分为河卵石、海卵石及山卵石。碎石是将天然岩石或大卵石破碎、筛分而得的,表面粗糙且带棱角,与水泥石黏结比较牢固。

(1)强度和坚固性

为保证混凝土的强度要求,粗集料必须具有足够的强度。对于碎石和卵石的强度采用岩石立方强度和压碎指标两种方式表示。

当对粗集料石质抗压强度有争议或有严格要求时,应进行石质抗压强度试验。对于经常性的生产质量控制则用压碎指标值检验较为方便。碎石或卵石的岩石试件(边长为5cm的立方体或直径与高均为5cm的圆柱体)在含水饱和状态下的抗压极限强度与混凝土设计强度等级之比,对于大于或等于C30的混凝土,不应小于2;对于小于C30的混凝土,不应小于1.5。同时,在一般情况下,火成岩试件的抗压极限强度不宜低于80MPa,变质岩不宜低于60MPa,水成岩不宜低于30MPa。

为保证混凝土的耐久性,用作混凝土的粗集料应具有足够的坚固性,以抵抗冻融和自然因素的风化作用。混凝土用粗集料的坚固性用硫酸钠溶液法检验,试样经5次循环后,其质量损失应符合标准中的规定值。

(2)有害杂质含量

粗集料中常含有一些有害杂质,如黏土、淤泥、硫酸盐及硫化物和有机物等,它们的危害作用与在细集料中相同。

(3)最大粒径与颗粒级配

粗集料中公称粒级的上限称为该粒级的最大粒径。集料的粒径越大,其表面积相应减少,因此所需的水泥浆量相应减少,在一定的和易性和水泥用量条件下,则能减少用水量而提高混凝土强度。

粗集料最大粒径对混凝土强度的影响还与混凝土的水泥用量等因素有关,当混凝土的水泥用量小于170kg/m^{3}时,采用较大粒径的集料对混凝土强度有利,尤其在大体积混凝土中,采用大粒径集料对于减少水泥用量,降低水泥水化热也有明显的意义。但对于普通配合比的结构混凝土,尤其是高强混凝土,当粗集料的最大粒径超过40mm后,由于减少用水获得的强度提高被较少的黏结面积及大粒径集料造成的不均性的不利影响所抵消,因而并没有什么好处。

粗集料应具有良好的颗粒级配,以减少空隙率,增强密实性,从而可以节约水泥,保证混凝土拌和物的和易性及混凝土的强度。特别是配制高强混凝土,粗集料级配尤为重要。

粗集料的颗粒级配,可采用连续级配或连续级配与单粒级配合使用。在特殊情况下,通过试验证明混凝土无离析现象时,也可采用单粒级。连续级配矿质集料的要求级配范围,可按级配理论计算,亦可参考标准规定的连续粒级的矿质混合料。当连续粒级不能配合成满意的混合料时,可掺加单粒级集料配合。连续级配矿质混合料的优点是所配制的新拌混凝土较为密实,特别是具有优良的工作性,不易产生离析,故为经常采月的级配。但连续级配与间断级配矿质混合料相比较,配制相同强度的混凝土所需要的水泥用量较高。

间断级配矿质混合料的级配要求,可根据粒子理论计算,亦可参考各种经验的级配。间断级配矿质混合料的最大优点是它的空隙率低,可以制成密实高强的混凝土,而且水泥用量小,但是间断级配混凝土拌和物容易产生离析现象,适宜于配制稠硬性拌和物,并须采用强力振捣。

(4)颗粒形状及表面特征

粗集料的颗粒形状大致可以分为蛋圆形、棱角形、针状及片状。一般来说,比较理想的颗粒形状是接近球形或立方体形,而针状、片状颗粒较差,当针状、片状颗粒含量超过一定界限时,集料空隙增加,不仅使混凝土拌和物和易性变差,而且会使混凝土的强度降低。所以混凝土粗集料中针状、片状颗粒含量应有限制,应当符合规范中的规定。

集料表面特征主要指集料表面的粗糙程度及孔隙特征等。集料的表面特征主要影响集料与水泥石之间的黏结性能,从而影响混凝土的强度,尤其是抗弯拉强度,这对高强混凝土更为明显。一般情况下,碎石表面粗糙并且具有吸收水泥浆的孔隙特征,所以它与水泥石的黏结能力较强;卵石表面圆润光滑,因此与水泥石的黏结能力较差,但混凝土拌和物的和易性较好。当混凝土的水泥用量与用水量相同时,一般来说碎石混凝土的强度比卵石混凝土的强度高10%左右。

(5)碱活性检验

当水泥混凝土中碱含量较高时,应采用下列方法鉴定集料与碱发生潜在有害反应的可能性,即发生水泥混凝土碱—硅酸盐反应和碱—硅酸反应的可能性等。

①用岩相法检验(T 0321—1994)确定哪些集料可能与水泥中的碱发生反应。当集料中下列材料含量为1%或更少时即有可能成为有害反应的集料,这些材料包括下列形式的二氧化硅:蛋白石、玉髓、鳞石英、方石英;在流纹岩、安山岩或英安岩中可能存在的中性重酸性(富硅)的火山玻璃,某些沸石和千枚岩等。

②用砂浆长度法检验(JTG E42—2005)集料产生有害反应的可能性。如果用高碱硅酸盐水泥制成的砂浆长度膨胀率3个月低于0.05%或者6个月低于0.10%即可判定为非活性集料。超过上述数值时,应通过混凝土试验结果做出最后评定。

(6)混合材料

混合材料包括粉煤灰、火山灰质材料、粒化高炉矿渣等,应由生产单位专门加工、进行产品检验并出具产品合格证书,其技术条件应分别符合有关技术标准。

4.水

水是混凝土的主要组成材料之一,拌和用的水质不纯,可能产生多种有害作用,最常见的有:影响混凝土的凝结;有损于混凝土强度发展;降低混凝土的耐久性、加快钢筋的腐蚀和导致预应力钢筋的脆断;使混凝土表面出现污斑等。为保证混凝土的质量和耐久性,必须使用合格的水拌制混凝土。

符合国家标准的生活用水,可以用来拌制混凝土,不需再进行检验。地表水或地下水,首次使用,必须进行适用性检验,检验合格才能使用。海水只允许用来拌制素混凝土,不宜用于拌制有饰面要求的混凝土、耐久性要求高的混凝土、大体积混凝土和特种混凝土。工业废水必须经过检验,经处理合格后方可使用。

二、普通水泥混凝土的性质

混凝土在未凝结硬化以前,称为混凝土拌和物。它必须具有良好的和易性,便于施工,以保证能获得良好的浇灌质量;混凝土拌和物凝结硬化以后,应具有足够的强度,以保证建筑物能安全地承受设计荷载,并应具有必要的耐久性。

1. 混凝土拌和物的和易性

和易性是指混凝土拌和物易于施工操作(搅拌、运输、浇筑、捣实),并能获得质量均匀、成型密实的性能。和易性是一项综合的技术性质,包括流动性、黏聚性和保水性等三方面的含义。

流动性是指混凝土拌和物在自重或施工机械振捣的作用下,能产生流动,并均匀密实地填满模板的性能。流动性的大小主要取决于单位用水量或水泥浆量的多少。单位用水量或水泥浆量越多,混凝土拌和物的流动性越大,浇筑时容易填满模型。

黏聚性是指混凝土拌和物在施工过程中其组成材料之间有一定的黏聚力,不致产生分层和离析的现象。混凝土拌和物是由密度不同,颗粒大小不同的固体材料和水组成的混合物,在外力作用下,各组成材料移动的倾向性不同,如果各组成材料配合得不适当,很容易发生分层和离析现象,使硬化后的混凝土成分不均匀,甚至产生"蜂窝""麻面"等质量事故。

保水性是指混凝土拌和物在施工过程中,具有一定的保水能力,不致产生严重的泌水现象,混凝土拌和物在施工过程中,随着较重的集料颗粒下沉,水分因密度比集料小;因而被迫逐渐上升到混凝土拌和物的表面,这种现象叫作泌水。泌水会在混凝土内部形成泌水通道,使混凝土的密实性变差,降低混凝土的质量。

由此可见,混凝土拌和物的流动性、黏聚性和保水性有其各自的内容,它们三者之间既互相联系,又存在着矛盾。因此,和易性就是这三方面性质在某种具体条件下矛盾统一的概念。

(1)和易性的指标

目前,尚没有能够全面反映混凝土拌和物和易性的测定方法。在工地的试验室,通常是测定拌和物的流动性,并辅以直观经验评定黏聚性和保水性。

测定流动性的方法是:将混凝土拌和物按规定方法装入标准圆锥坍落度筒(无底)内,装满刮平后,垂直向上将筒提起,移到一旁,混凝土拌和物由于自重将会产生坍落现象。然后量出向下坍的尺寸(mm),就叫作坍落度,坍落度越大表示流动性越大。

在作坍落度试验的同时,应观察混凝土拌和物的黏聚性、保水性及含砂等情况,以更全面地评定混凝土的和易性。

根据坍落度的不同,可将混凝土拌和物分为:流态的(坍落度大于80mm),流动性的(坍落度为30~80mm),低流动性的(坍落度为10~30mm)及干硬性的(坍落度小于10mm)。坍落度试验只适用于骨料最大粒径不大于40mm,坍落度值不小于10mm的混凝土拌和物。对于干硬性混凝土拌和物,通常采用维勃稠度仪测定其稠度。

(2)影响和易性的主要因素

影响混凝土拌和物和易性的因素,如图 8-2 所示。

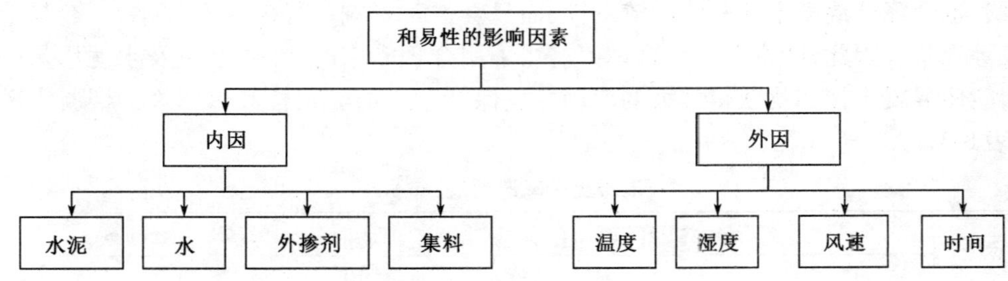

图 8-2　影响混凝土拌和物和易性的因素

①单位用水量

根据混合料的黏度及固体粒子形状、大小、化学组成及掺量等的函数可推导出坍落度与单位用水量之间的关系。

$$y = KW^n \tag{8-10}$$

式中:y——混合料的坍落度(cm);

K——由材料特性、搅拌方法等确定的常数;

W——单位用水量(kg/m^3);

n——由流动性试验方法而定的仪器常数,若以坍落度表示流动性时,$n=10$。

可见,随着单位用水量的增加,混凝土坍落度呈上升的趋势。

②水泥浆的数量

混凝土拌和物的水泥浆赋予混凝土拌和物一定的流动性。在水灰比不变的情况下,单位体积拌和物内,如果水泥浆越多,则拌和物的流动性越大。但若水泥浆过多,将会出现流浆现象,使拌和物的黏聚性变差,同时对混凝土耐久性也会产生一定影响,且水泥用量也大。水泥浆过少,不能填满空隙或不能很好包裹骨料表面时,就会产生崩坍现象,黏聚性变差。混凝土拌和物水泥浆的含量应以满足流动性要求为度,不宜过量。

③水泥浆的稠度

水泥浆的稠度是由水灰比所决定的。在水泥用量不变的情况下,水灰比越小,水泥浆就越稠,混凝土拌和物的流动便越小。当水灰比过小时,水泥浆干稠,混凝土拌和物的流动性过低,会使施工困难,不能保证混凝土的密实性。增加水灰比会使流动性加大,如果水灰比过大,又会造成混凝土拌和物的黏聚性和保水性不良,而产生流浆、离析现象,并严重影响混凝土的强度。所以水灰比不能过大和过小。一般应根据混凝土强度和耐久性要求合理地选用。

对混凝土流动性起决定作用的是用水量的多少。因为无论是提高水灰比或增加水泥浆用量最终都表现为混凝土用水量的增加。一般是根据选定的坍落度,参考有关规范选取混凝土的用水量。

④砂率

砂率是指混凝土中砂的质量占砂、石总质量的百分率。砂率的变动会使骨料的空隙率和骨料的表面积显著改变,因而对混凝土拌和物的和易性产生显著影响。

砂率过大，骨料的总表面积及孔隙率都会增大，在水泥浆含量不变的情况下，会减弱水泥的润滑作用，而使混凝土拌和物的流动性减小。如砂率过小，又不能保证在粗集料之间有足够的砂浆层，也会降低混凝土拌和物的流动性，而且会严重影响其黏聚性和保水性，容易造成离析、流浆等现象。因此，砂率有一个合理值。当采用合理砂率时，在用水量及水泥用量一定的情况下，能使混凝土拌和物获得最大的流动性且保持良好的黏聚性和保水性。混凝土砂率的选取见表8-3。

混凝土砂率选用表（%） 表8-3

水灰比（W/C）	碎石最大粒径（mm）			卵石最大粒径（mm）		
	15	20	40	10	20	40
0.40	30～35	29～32	27～32	26～32	25～31	24～30
0.50	33～38	32～37	30～35	30～35	29～34	28～33
0.60	36～41	35～40	33～38	33～38	32～37	31～26
0.70	39～44	38～43	36～41	36～41	35～40	34～39

⑤水泥的品种和细度

水泥对和易性的影响主要表现在水泥的需水性上。需水性大的水泥，达到同样的坍落度，需要较多的用水量。一般来说，常用水泥中以普通硅酸盐水泥所配制的混凝土拌和物的流动性和保水性较好。矿渣、火山灰质混合材对需水性都有影响，矿渣水泥所配制的混凝土拌和物流动性较大，但黏聚性差，易泌水。火山灰水泥需水性大，在相同加水量条件下，流动性显著降低，其黏聚性和保水性较好。

水泥颗粒越细，则比表面积越大，为了获得一定的流动性，其需水量也要相应地增加，混凝土拌和物的黏聚性和保水性也相应改善。

⑥集料

集料级配良好，其空隙率小，在水泥浆量相同的情况下，填充集料空隙的水泥浆越少，则包裹集料表面的水泥浆层越厚，从而改善了混凝土拌和物的和易性。集料中粒径小于10mm、大于0.3mm的中等颗粒对和易性的影响更大，如果中等颗粒很多，则会导致混凝土拌和物粗涩、松散、和易性差。反之，会使混凝土拌和物离析，同样导致和易性变差。

⑦外加剂

用级配好的集料，并有足够的水泥用量和正确用水量的混凝土拌和物，具有良好的和易性，但是级配不良，颗粒形状不好的集料和水泥用量不足引起的贫混凝土和粗涩的混凝土拌和物，掺加外加剂可以使和易性得到改善。

掺加引气剂或减水剂，可以增加混凝土的和易性，减少混凝土的离析和泌水。引气剂产生的大量的不连通的微细气泡，对新拌混凝土的和易性有良好的改善作用，可增加混凝土拌和物的黏性，减少泌水，减少离析并易于抹面。对于贫混凝土及用级配不良的集料或易于泌水的水泥拌制的混凝土，掺加引气剂则更为有利，例如，对于贫混凝土不仅可以改善和易性，还可增加强度。矿渣水泥混凝土泌水严重，掺加引气剂后，混凝土拌和物的黏聚性得到改善，浇筑完毕的混凝土表面的泌水现象亦减少到最小。

掺加粉煤灰可以改善混凝土的和易性，粉煤灰的球形颗粒以及无论是采用超量取代或是等量取代都可使混凝土拌和物中胶凝浆体增加，使混凝土拌和物更具有黏性且易于捣实。

⑧时间和温度

混凝土搅拌完毕后，混凝土拌和物的坍落度随时间的推移逐渐减小，导致这种原因有水的水化反应、骨料吸收水分、水分的蒸发等，这些因素的作用随着温度的升高而加剧。由于拌和物流动性的这种变化，在施工中为了保证一定的和易性，必须注意环境温度的变化，采取相应的措施。

粗集料的最大粒径较大时，其表面积较小，在同样水泥砂浆量的条件下，可获得较大的流动性。

砂石颗粒圆整，表面光滑，混凝土拌和物的流动性较大；而集料表面粗糙，呈棱角状，就会增加混凝土拌和物的内摩擦力，从而降低了混凝土拌和物的流动性。因此卵石混凝土比碎石混凝土的流动性好。

2. 混凝土拌和物的物理性质

(1)密实度

普通混凝土具有毛细管—孔隙结构的特点，它与混凝土的一系列物理性质有着密切的关系。这些毛细管—孔隙包括混凝土成型时残留下来的气泡，水泥石中的毛细管孔腔和凝胶孔，以及水泥石和集料接触处的孔穴等。此外，还可能存在着由于水泥石的干燥收缩和温度变形而引起的微裂缝。

混凝土的密实度表示在一定体积的混凝土中，固体物质的填充程度。

混凝土的密实度几乎与混凝土的所有主要技术性能，例如强度、抗冻性、不透水性、耐久性、传声和传热性能等都有密切的联系。但必须指出，混凝土的密实度或孔隙率还不能完全说明混凝土的结构，因为它们还不能反映混凝土中孔隙的特征，如孔隙大小、形状、分布及其封闭程度，而孔隙的这些特征是直接影响上述性能的因素。

(2)体积稳定性

混凝土在施工及使用过程中会产生非荷载作用下的变形，即化学收缩、碳化收缩、干湿变形及温度变形。

①化学收缩

由于水泥水化生成物的体积比反应前物质总体积小，从而引起混凝土的收缩，称化学收缩，又称自身收缩。其收缩量随混凝土龄期的延长而增加，其数量大致与时间的对数成正比。混凝土成型后的40d内收缩增加较快，以后的收缩逐渐减小并趋于稳定。这种收缩是不可恢复的，它对结构物没有破坏作用，但在混凝土内部可产生微裂缝，对大体积混凝土影响较明显。温度较高、水泥用量较大和水泥细度较细时，其值亦增大。混凝土化学收缩值为$(4\sim100)\times10^{-6}$mm/mm。

②干湿变形

混凝土处于干燥环境中时，混凝土内部吸附在胶体颗粒上的水分蒸发，引起胶体失水产生收缩；另外，在混凝土毛细管内游离水分蒸发，毛细管内负压增大，也使混凝土产生收缩。这种收缩称为干燥收缩。一般条件下，混凝土的极限干缩值为$(50\sim90)\times10^{-5}$，即收缩系数为0.5～0.9mm/m。但实际工程中，混凝土并不处于完全干燥环境，所以设计时，混凝土的线收缩值采用$(1.5\sim2.0)\times10^{-4}$，即收缩值为0.15～0.20mm/m。

混凝土的干缩变形进行得很慢，而且是由表面向内部逐渐进行，因此会产生表面收缩大而内部收缩小，导致混凝土表面受到拉力作用，当拉应力超过混凝土的抗拉强度时，在混凝土表面将产生裂缝。此外，在混凝土干缩过程中，集料并不产生收缩，因而在集料与水泥石界面上产生微裂缝，对混凝土强度及耐久性产生不利影响，尤其是对大体积混凝土工程危害更大。混凝土的湿胀变形远比干缩变形小，一般对混凝土没有不良影响。

③温度变形

混凝土与其他材料一样，也具有热胀冷缩的性质，这种变形叫作温度变形。在一般温度变化范围内，混凝土长度的变化，可用下式求解。

$$\Delta L = \alpha L \Delta t \tag{8-11}$$

式中：ΔL——混凝土结构长度变化(m)；

L——混凝土结构长度(m)；

Δt——温差(℃)；

α——混凝土温度变形系数。

为了减少由于温度变形造成的危害，在纵长的混凝土及钢筋混凝土结构物中，每隔一段长度设置温度伸缩缝，在结构物中设置温度钢筋。在大体积混凝土或钢筋混凝土中，采用低热水泥或人工降温措施等。

(3)渗透性

混凝土的抗渗性可用抗渗等级或渗透系数来表示，我国目前沿用的表示方法是抗渗等级。混凝土的抗渗等级是以28d龄期的标准试件，在标准渗透仪上，逐级加水压，从0.2MPa开始，每隔8h增加水压0.1MPa，并随时注意观察试件端面情况，一直加至6个试件中有3个试件表面发现渗水，混凝土的抗渗等级即以每组6个试件中4个未发现有渗水现象的最大水压力表示。

混凝土渗水的主要原因是由于内部的孔隙形成连通的渗水通道。这些孔道除产生于施工振捣不密实外，主要来源于水泥浆中多余水分的蒸发而留下的气孔、水泥浆泌水所形成的毛细管孔道以及粗集料下部界面聚积的水膜。这些渗水通道的多少，主要与水灰比大小有关，因此水灰比是影响抗渗性的一个主要因素。试验表明，随着水灰比的增大，抗渗性逐渐变差，当水灰比大于0.6时，抗渗性急剧下降。

提高混凝土抗渗性，可以通过多条途径。如掺用引气剂等化学外加剂，在内部产生不连通的气泡，改变了混凝土的孔隙特征，截断了渗水的通道，从而可以显著地提高混凝土的抗渗性。此外，减小水灰比、选择合适的水泥品种、保证施工质量及养护条件等均对提高抗渗性有重要作用。

(4)热性能

①比热

将1kg混凝土材料的温度提高或降低1K所吸收或放出的热量称为混凝土的比热。

普通混凝土的比热一般为840～1 170J/(kg·K)。混凝土的比热随着含水率的增加而显著增加。水的比热为4.18×10^3J/(kg·K)，集料的比热为710～840J/(kg·K)。

集料对混凝土比热的影响可表示为：

$$C = C_p(1 - W_a) + C_a W_a \tag{8-12}$$

式中：C——混凝土的比热[J/(kg·K)]；

C_p——水泥石的比热[J/(kg·K)]；

C_a——集料的比热[J/(kg·K)]；

W_a——混凝土集料的重量比。

②导热系数

单位面积($1m^2$)的混凝土材料当其厚度(1m)的两侧温度差为1K时，通过该材料的热量(W)，称为该材料的导热系数(λ)，单位为W/(m·K)。

导热系数是混凝土材料的一种非常重要的热物理指标。它表明材料传递热量的一种能力。导热系数值越小，则混凝土的绝热保温性能越好。普通混凝土及其各组分的导热系数见表8-4。

混凝土及其各组分的导热系数　表8-4

组成材料名称	导热系数[W/(m·K)]	组成材料名称	导热系数[W/(m·K)]
空气	0.026	集料	1.71～3.14
拌和用水	0.605	普通混凝土	2.3～3.49

影响混凝土导热系数的主要因素是集料种类、集料用量、混凝土的温度及其含水率。

③导温系数

混凝土的导温系数是表示混凝土在冷却或加热过程中，各点达到同样温度的速度。导温系数越大，则各点达到同样温度的速度越快。

导温系数与导热系数成正比，与比热成反比，即：

$$\alpha = \frac{\lambda}{C\gamma} \tag{8-13}$$

式中：α——混凝土的导温系数(m^2/h)；

λ——混凝土的导热系数[W/(m·K)]；

C——混凝土的比热[J/(kg·K)]；

γ——混凝土的密度(kg/m^3)。

影响混凝土导热系数及比热的因素，同样也影响混凝土的导温系数。水泥净浆、砂浆及混凝土的导温系数见表8-5。

水泥净浆、砂浆、混凝土导温系数比较　表8-5

项目	水泥净浆	水泥砂浆	混凝土
水灰比	0.30	0.65	0.65
导温系数(m^2/h)	0.0012	0.0023	0.0034

④热膨胀系数

混凝土的体积随着温度的变化而发生热胀和冷缩。混凝土的体积膨胀率为线膨胀率的3倍。普通混凝土的热膨胀一般为10×10^{-6}/℃左右，变化范围为$(6 \sim 13) \times 10^{-6}$/℃。

混凝土是一种多孔材料，其受热膨胀性不仅取决于水泥石和集料，还取决于孔隙中的含水状态。混凝土热膨胀系数可用下式表示：

$$\alpha_c = \frac{\alpha_p E_p V_p + \alpha_a E_a V_a}{E_p V_p + E_a V_a} \tag{8-14}$$

式中：α_c——混凝土的热膨胀系数；

α_p——水泥石的热膨胀系数；

α_a——集料的热膨胀系数；

E_p——水泥石的弹性模量；

E_a——集料的弹性模量；

V_p——水泥石的体积比；

V_a——集料的体积比，$V_a = 1 - V_p$。

不同水泥品种对混凝土热膨胀系数的影响见表8-6。

不同水泥品种的净浆与混凝土热膨胀系数 表8-6

水泥品种	水泥净浆（$\times 10^{-6}$/℃）		混凝土(1:6)（$\times 10^{-6}$/℃）	
	气干状态	含水状态	气干状态	含水状态
普通硅酸盐水泥	22.6	14.7	13.1	12.2
矿渣水泥	23.2	18.2	14.2	12.4
高铝水泥	14.2	12.0	13.5	10.6
中热水泥	—	—	—	8.8~9.4

不同集料对混凝土热膨胀系数的影响见表8-7。

不同集料的混凝土热膨胀系数（$\times 10^{-6}$/℃） 表8-7

粗集料类型	石英岩	砂岩	砂石	花岗岩	玄武岩	石灰岩
水泥混凝土热膨胀系数	11.88	11.70	10.80	9.54	8.64	6.84

三、水泥混凝土的力学性能

1.混凝土受力变形及破坏过程

硬化后的混凝土在受外力作用之前，由于水泥水化造成的化学收缩和物理收缩引起砂浆体积的变化，在粗集料与砂浆界面上产生了分布极不均匀的拉应力。它足以破坏粗集料与砂浆的界面，形成许多分布很乱的界面裂缝。另外还因为混凝土成型后的泌水作用，某些上升的水分为粗集料颗粒所阻止，因而聚积于粗集料的下缘，混凝土硬化后就成为界面裂缝。混凝土受外力作用时，其内部产生了拉应力，这种拉应力很容易在具有几何形状为楔形的裂缝顶部形成应力集中，随着拉应力的逐渐增大，导致微裂缝的进一步延伸、汇合、扩大，最后形成几何等可见的裂缝。试件就随着这些裂缝破坏。以混凝土单轴受压为例，绘出的静力受压时的荷载—变形曲线的典型形式如图8-3所示。通过显微镜观察混凝土内部裂缝的发展可分为如图8-3所示的四个阶段。当荷载到达“比例极限”（约为极限荷载的30%）以前，界面裂缝无明显变化。此时，荷载与变形比较接近直接关系（曲线OA段）。荷载超过“比例极限”以后，界面裂缝的数量、长度和宽度都不断增大，界面借摩擦阻力继续承担荷载，但尚无明显的砂浆裂缝。此时,变形增大的速度超过荷载增长的速度,荷载与变形之间不再接近直线(曲线 *AB* 段)。荷载超过"临界荷载"为极限荷载的 70% ~90% 以后,在界面裂缝继续发展的同时,开始出现砂浆裂缝,并将邻近的界面裂缝连接起来成为连续裂缝。此时,变形增大的速度进一步加快,荷载—变形曲线明显地弯向变形轴方向(曲线 *BC* 段)。超过极限荷载以后,连续裂缝急速地发展。此时混凝土的承载能力下降,荷载减小而变形迅速增大,以至完全破坏。荷载—变形曲线逐渐下降而最后结束(曲线 *CD* 段)。

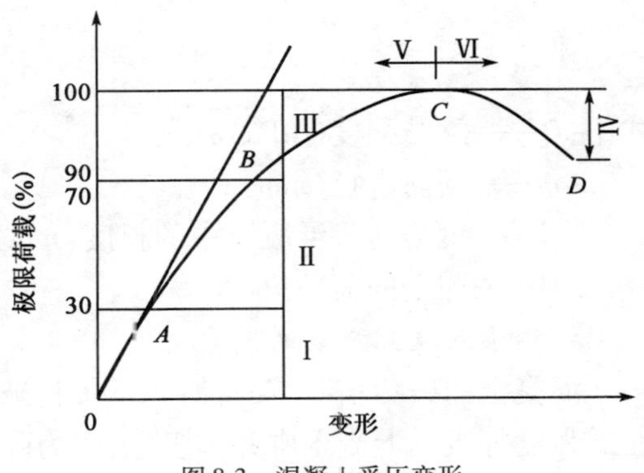

图 8-3　混凝土受压变形

由此可见,荷载与变形的关系,是内部微裂缝发展规律的体现。混凝土在外力作用下的变形和破坏过程,也就是内部裂缝的发生和发展过程,它是一个从量变到质变的过程。只有当混凝土内部的微观破坏发展到一定数量级时才能使混凝土的整体遭到破坏。

2. 混凝土的抗弯拉强度

混凝土在直接受拉时,只要有很小的变形就会开裂,它在断裂前没有残余变形,是一种脆性破坏。混凝土的抗拉强度只有抗压强度的 1/20 ~1/10。机场道面或道路路面用水泥混凝土,以抗弯拉强度(或称抗折强度)为主要强度指标,抗压强度作为参考强度指标。

3. 劈裂抗拉强度

抗拉强度指标不能以试件直接受拉求得,因为纯拉试验极其困难。我国采用劈裂抗拉强度试验法间接地得出混凝土的抗拉强度,此强度称为劈裂抗拉强度,简称劈拉强度。

该方法的原理是在试件的两个相对的表面竖线上,作用着均匀分布的压力,这样就能在外力作用的竖向平面内产生均布拉伸应力,该应力可以根据弹性理论计算得出。这个方法大大地简化了抗拉试件的制作,并且较正确地反映了试件的抗拉强度。

4. 混凝土与钢筋的黏结强度(握裹强度)

混凝土与钢筋的黏结强度主要是由于混凝土与钢筋之间的摩擦力、钢筋与水泥石之间的黏结力及变形钢筋的表面机械啮合力引起的,混凝土相对于钢筋的收缩也有影响。一般来说,黏结强度与混凝土质量有关,在抗压强度小于 20MPa 时,黏结强度与抗压强度成正比,随着抗压强度的提高,黏结强度增加值逐渐减小。此外,黏结强度还受其他许多因素的影响,如钢筋尺寸及变形钢筋种类,钢筋在混凝土中的位置(水平钢筋或垂直钢筋),加载类型(受拉钢筋或受压钢筋),以及干湿变化、温度变化等都会影响黏结强度值。

目前还没有一种适当的标准试验能准确测定混凝土的黏结强度。为了对比不同混凝土的黏结强度,美国材料试验学会(ASTM C234)提出了一种拔出试验方法,混凝土试件为边长 150mm 的立方体,其中埋入 ϕ19mm 的标准变形钢筋,试件采用标准方法制作。试验时以不超过 34MPa/min 的速度对钢筋施加拉力,直到钢筋发生屈服,或混凝土劈开,或加荷端钢筋滑移超过 2.5mm。记录出现上述三种任一情况时的荷载值 F,用式(8-15)求混凝土与钢筋的黏结强度。

$$f_a = \frac{F}{\pi d l} \tag{8-15}$$

式中：f_a——黏结强度（MPa）；

d——钢筋直径（mm）；

l——钢筋埋入混凝土中的长度（mm）；

F——测定的荷载值（N）。

5. 影响混凝土强度的因素

混凝土的破坏情况有三种：一是集料破坏，多见于高强混凝土；二是水泥石破坏，这种情形在低强度等级的混凝土中并不多见，因为配制混凝土的水泥强度等级大于混凝土的强度等级；三是集料与水泥石的黏结界面破坏，这是最常见的破坏形式。所以混凝土强度主要决定于水泥石强度及其与集料的黏结强度。而水泥石强度及其与集料的黏结强度又与水泥强度、水灰比、集料性质、浆集比等有密切关系，此外，还受到施工质量、养护条件及龄期的影响。

（1）水灰比和水泥强度等级

决定混凝土强度等级的主要因素是水泥，它是混凝土中活性组分，其强度的大小直接影响混凝土强度等级的高低。在配合比相同的条件下，所用的水泥强度等级越高，制成的混凝土强度也越高。当用一种水泥（品种及强度等级相同）时，混凝土的强度主要取决于水灰比。因为水泥水化所需要的水，一般只占水泥质量的23%左右，但在拌制混凝土拌和物时，为了获得必要的流动性，需用较多的水（占水泥质量的40%～70%），也即较大的水灰比。当混凝土硬化后，多余水分残留在混凝土中形成水泡或蒸发后形成气孔，大大减少了混凝土抵抗荷载的实际有效断面，而且可能在孔隙周围产生应力集中。因此，可以认为，在水泥强度等级相同的情况下，水灰比越小，水泥石的强度越高，与骨料黏结力也越大，混凝土的强度就越高。但应说明：如果加水太少（水灰比太小），拌和物过于干硬，在一定的捣实成型条件下，无法保证浇灌质量，混凝土中将出现较多的蜂窝、孔洞，强度也将下降。试验证明，混凝土强度随水灰比的增大而降低，呈曲线关系。

（2）温度和湿度

混凝土所处的环境温度和湿度等，都是影响混凝土强度的重要因素，它们都是通过对水泥化过程所产生的影响而起作用的。

混凝土的硬化，原因在于水泥的水化作用。周围环境的温度对水化作用进行的速度有显著的影响；温度升高，水泥水化速度加快，因而混凝土强度发展也就加快。反之，温度降低，水泥水化速度降低，混凝土强度发展将相应迟缓。当温度降到冰点以下时，混凝土的强度停止发展，而且由于孔隙内水分结冰而引起的膨胀产生相当大的压力，作用在孔隙、毛细管内壁，将使凝土的内结构遭受破坏，使已获得的强度受到损失。但气温如再升高时，冰又开始融化了。如此反复冻融，混凝土内部的微缝逐渐增长、扩大，混凝土强度逐渐降低，表面开始剥落，甚至全崩溃。混凝土早期强度低，更容易冻坏。所以，应当特别防止混凝土早期受冻。

周围环境的湿度对水泥的水化作用能否正常进行有显著影响；湿度适当，水泥水化便能顺利进行，使混凝土强度得到充分发展。如果湿度不够，混凝土会失水干燥而影响水泥水化作用正常进行，甚至停止水化。这不仅严重降低混凝土的强度，而且因水化作用未能完成，使混凝土结构疏松，渗水性增大，或形成干缩裂缝，从而影响耐久性。

(3)龄期

混凝土在正常养护条件下,其强度将随着龄期的增加而增长。最初 7 ~ 14d 内,强度增长较快,28d 以后增长缓慢,但龄期延续很久,其强度仍有所增长。

6. 混凝土的变形性能

(1)化学收缩

由于水泥水化生成物的体积比反应前物质的总体积小,而使混凝土收缩,这种收缩,称为化学收缩。其收缩量是随硬化龄期的延长而增加的,大致与时间的对数成正比,一般在混凝土成型后 40 多天内增长较快,以后就渐趋稳定。化学收缩是不能恢复的。

(2)干湿变形

干湿变形取决于周围环境的湿度变化。混凝土"干缩"的原因是由于混凝土内部吸附水蒸发而引起凝胶体失水产生紧缩,以及毛细管水蒸发而使混凝土系统内的颗粒受到毛细管压力作用的体积收缩。这种收缩是可以恢复的,即重吸水又产生膨胀。

(3)温度变形

混凝土的温度变形包括两个方面:一是当环境温度变化时,硬化混凝土也具有热胀冷缩的性质。混凝土的温度膨胀系数约为 $10 \times 10^{-6}/℃$,环境的温度每升高 1℃,每 1m 膨胀0.01mm。温度变形对大体积混凝土及大面积混凝土工程极为不利。二是混凝土硬化初期,水泥水化放出较多的热量,混凝土又是热的不良导体,散热较慢,因此在大体积混凝土内部的温度较外部高,有时温差可达 50 ~ 70℃。这将使内部混凝土的体积产生较大的膨胀,而外部混凝土却随气温降低而收缩。内部膨胀和外部收缩互相制约,在混凝土外表将产生很大拉应力,严重时使混凝土产生裂缝。

(4)在荷载作用下的变形

①在短期荷载作用下的变形

混凝土内部结构中含有砂石骨料、水泥石、游离水和气泡,这就决定了混凝土本身的不匀质性。它不是一种完全的弹性体,而是一种弹塑性体。它在受力时,既会产生可以恢复的弹性变形,又会产生不可恢复的塑性变形,其应力与应变之间的关系不是直线而是曲线,如图 8-3 所示。

②徐变

混凝土在长期荷载作用下,沿着作用力方向的变形会随时间不断增长,即荷载不变而变形仍随时间增大,一般要延续 2 ~ 3 年才逐渐趋于稳定。这种在长期荷载作用下产生的变形,通常称为徐变。

根据已有的研究认为,徐变是由于水泥浆体中凝胶在外力作用下,黏滞流变和凝胶粒子间的滑移而产生的变形,并与水泥浆体内部吸附水的迁移等有关。

混凝土的徐变与许多因素有关,首先是混凝土的龄期,随龄期的增长,徐变减小;在混凝土组成中,减小水灰比,增加集料用量,减少水泥用量,可使混凝土徐变减少。混凝土不论是受压、受拉或受弯时,均有徐变现象。在预应力钢筋混凝土桥梁构件中,由于混凝土的徐变,可使钢筋的预加应力受到损失,因此徐变是预应力混凝土结构极为关注的问题。但是,徐变也能消除钢筋混凝土内的部分应力集中,使应力较均匀地重新分布。对于大体积混凝土,能消除一部分由于温度变形所产生的破坏应力。

四、水泥混凝土的耐久性

混凝土应具有适当的强度,除能安全地承受设计荷载外,还应根据其周围的自然环境以及在使用上的特殊要求,兼有各种特殊性能。例如,承受压力水作用的混凝土,需要具有一定的抗渗性能;遭受反复冰冻作用的混凝土,需要有一定的抗冻性能;遭受环境水侵蚀作用的混凝土,需要具有与之相适应的抗侵蚀性能;处于高温环境中的混凝土,则需要具有较好的耐热性能等。这些性能决定着混凝土经久耐用的程度,所以统称为耐久性。

1.抗渗性

抗渗性是指混凝土抵抗水、油等液体在压力作用下渗透的性能。它直接影响混凝土抗冻性和抗侵蚀性。混凝土的抗渗性主要与其密实度及内部孔隙的大小和构造有关。混凝土的抗渗性用抗渗强度等级表示。

2.抗冻性

混凝土的抗冻性是指混凝土在饱和水状态下,能经受多次冰融循环作用而不破坏,同时也不严重降低强度的性能。在寒冷地区,特别是在接触水又受冻环境下的混凝土,要求具有较高的抗冻性能。混凝土密实度、孔隙构造和数量、孔隙的充水程度是决定抗冻性的重要因素。密实的混凝土和具有封闭孔的混凝土(如引气混凝土),抗冻性较高。

3.混凝土的碳化(中性化)

混凝土的碳化作用是二氧化碳与水泥中的氢氧化钙作用,生成碳酸钙和水。碳化过程是二氧化碳由表及里向混凝土内部逐渐扩散的过程。因此,气体扩散规律决定了碳化速度的快慢。碳化引起水泥石化学组成及组织结构的变化,从而对混凝土的化学性能和物理力学性能有明显的影响,主要是碱度、强度和收缩的影响。

碳化使混凝土碱度降低,减弱了对钢筋的保护作用,可能导致钢筋锈蚀。

4.耐磨性

水泥混凝土的磨损是一个复杂的物理力学过程。当混凝土表面受到移动物体的推压力作用时,混凝土所承受的最大法向正应力虽然在表面上,但最大剪应力却发生在表面以下的次表面层。就通常的车辆磨损条件而言,路面混凝土的主要磨损形式是疲劳磨损和磨粒磨损。就混凝土材料组成而言,普通混凝土的耐磨损能力主要与水泥品种、水泥强度及其与骨料的黏结能力、骨料硬度有关。在硅酸盐水泥的主要矿物中,C_3S 具有最大的抗磨损能力,C_2S 较差,而 C_3A、C_4AF 则很差。道路水泥与同强度等级水泥相比,其磨损量低20% ~40%,从而可延长道路混凝土的使用寿命,提高行车的安全性。

混凝土耐磨性评价,以试件磨损面上单位面积的磨损量作为评定混凝土耐磨性的相对指标。

提高混凝土抗磨损能力的措施,应是提高混凝土的断裂韧性,降低脆性,减少原生缺陷,提高硬度及降低弹性模量。

5.提高混凝土耐久性的措施

混凝土在遭受压力水、冰冻或侵蚀作用时的破坏过程,虽然各不相同,但对提高混凝土的耐久性的措施来说,却有很多共同之处。除原材料的选择外,混凝土的密实是提高混凝土耐久性的一个重要环节。一般提高混凝土耐久性有以下几个方面：

(1)合理选择水泥品种。

(2)适当控制混凝土的水灰比及水泥用量。水灰比的大小是决定混凝土密实性的主要因素，它不但影响混凝土的强度，而且也严重影响其耐久性，故必须严格控制水灰比。保证足够的水泥用量，同样可以起到提高混凝土密实性和耐久性的作用。

(3)选择较好的砂、石集料。质量良好、技术条件合格的砂、石集料，是保证混凝土耐久性的重要条件。

(4)掺用引气剂或减水剂。掺用引气剂对提高抗渗、抗冻等性能有良好的作用，在某些情况下，还能节约水泥。

(5)改善混凝土的施工操作方法。在混凝土施工中，应当搅拌均匀、浇灌和振捣密实及加强养护，以保证混凝土的施工质量。

第五节　水泥混凝土道面的疲劳特性

水泥混凝土面层承受飞机荷载及温度和湿度变化所产生应力的反复作用。材料在承受反复应力作用时，会在低于静载一次作用下的极限强度值时出现破坏。材料强度的这种降低现象称作疲劳。混凝土出现疲劳损坏，是由于材料内部存在瑕疵或微裂隙，荷载作用下在该处发生应力集中而超出其强度，从而出现新的微裂隙或使已有裂隙扩展；应力的反复作用使微裂隙逐步增多和扩展，不断减少有效的应力承受面积，终于在反复作用一定次数后导致混凝土的开裂破坏。混凝土出现疲劳损坏时所能经受的反复应力重复作用次数，称作混凝土的疲劳寿命。

疲劳寿命随反复应力的增大而减小。不同疲劳寿命时混凝土能承受的反复应力大小，称作混凝土的疲劳强度。

一、疲劳方程

1.单应力疲劳方程

混凝土疲劳特性的研究，大多是在试验室内进行的。通过对混凝土试件施加固定变化幅度的反复应力(压缩、拉伸或弯曲)，测定试件出现断裂破坏时的反复应力作用次数，由此建立不同反复应力级位同相应的疲劳寿命之间的经验关系。通常，都以反复应力最大值同该试件在一次荷载作用下的极限强度的比值S(简称应力比)来表示反复应力级位，这时它同疲劳寿命N之间可以建立较有规律的经验统计关系式。许多研究者进行过大量的疲劳试验，他们大多采用下述半对数形式的关系式来整理其试验结果，通常N在$10^2 \sim 10^7$范围内得出线性疲劳方程：

$$S = \frac{\sigma_{max}}{f_r} = \alpha - \beta \lg N \tag{8-16}$$

式中：σ_{max}——反复应力最大值；

f_r——混凝土的弯拉强度；

α、β——疲劳试验确定的系数。

Darter 在汇总了 Kesler、Raithby 和 Galloway 以及 Ballingen 的梁试件弯拉疲劳试验结果后，整理得出了失效概率为 50% 时的回归系数为 $\alpha=1.0$，$\beta=0.0568$。而比利时的 Veverka 等得出的试验结果为 $\alpha=1.0$，$\beta=0.05$。我国军用机场水泥混凝土道面设计规范中的疲劳方程式采用的是公路的试验结果，$\alpha=0.944$，$\beta=0.077$。我国《民用航空运输机场水泥混凝土道面设计规范》（MH/T 5004—2010）则采用 $\alpha=0.9293$，$\beta=0.0662$。

2. 低、高应力的疲劳方程

混凝土面层承受飞机荷载和温度两方面的反复作用。飞机荷载不作用时，面层会受到幅度变化的温度应力的反复作用，它构成了混凝土所承受的反复应力的低应力。而同时作用有飞机荷载时，则面层承受荷载和温度的综合反复作用，此综合应力构成了反复应力的高应力。因而，混凝土面层受到的是低应力变化的反复应力的作用。为了考虑这种加荷情况对混凝土疲劳寿命的影响，一些研究者进行了探讨和试验。挪威的 Aas-Jacobson 首先提出了在式（8-16）中引入一项低应力与高应力之比的系数 R，采用下述形式的疲劳方程：

$$S=\frac{\sigma_{max}}{f_r}=\alpha-\beta(1-R)\lg N \tag{8-17}$$

式中：$R=\sigma_{min}/\sigma_{max}$，$\sigma_{min}$ 为反复应力的低应力，σ_{max} 为反复应力的高应力。

这个关系式反映了混凝土的疲劳寿命随低应力的提高而增加并呈线性关系的规律。Aas-Jacobson 通过试验得到的系数值为：$\alpha=1.0$，$\beta=0.064$。Tepfers 等采用不同的低应力进行了混凝土试件受拉（劈裂）和受压的疲劳试验，也证实了上述关系式，并得出在 $S<0.80$ 时，$\alpha=1.0$，$\beta=0.0685$；而在 $S\geqslant0.80$ 时，试验结果的离散性很大。西班亚的 Farragi 等得出的试验系数为 $\alpha=1.0$，$\beta=0.091$。同济大学采用不同低应力进行了混凝土的弯曲疲劳试验。运用回归分析方法，对试验数值进行统计分析，可得如式（8-17）形式的半对数疲劳方程中的系数：$\alpha=0.999$，$\beta=0.724$（失效概率为 $P_f=50\%$）。同时，也可整理得到相关性很好的双对数形式的疲劳方程如下。

$$\lg S=\lg A-0.0422(1-R)\lg N \tag{8-18}$$

式中：A——回归系数。

为了便于进行分析，疲劳方程还可以用式（8-19）的形式表示。

$$\lg\left(\frac{\sigma_p}{f_r-\sigma_t}\right)=\lg a-b\lg N \tag{8-19}$$

式中：σ_p——荷载作用产生的应力（MPa）；

σ_t——温度产生的应力（MPa）；

f_r——水泥混凝土弯拉强度（MPa）；

a、b——回归系数；

N——荷载重复作用次数。

我国公路水泥混凝土路面设计规范中采用 $a=1.0$，$b=0.057$，则式（8-19）可改写成：

$$\frac{\sigma_p}{f_r-\sigma_t}=\frac{1}{N^{0.057}} \tag{8-20}$$

我国《军用机场水泥混凝土道面设计规范》(GJB 1278A—2009)则采用 $a=1.25$，$b=0.024$。

二、道面板疲劳特性

上述疲劳方程都是在室内小梁试件上进行疲劳试验后得到的。室内试验条件同水泥混凝土道面的野外实际工作状况有很大出入。这表现在：小梁试件承受单向反复弯曲应力，而面层板承受双向反复应力；小梁试件底面除了支点外没有其他支承，试件出现开裂后迅速断裂，而面层板底面承受基、垫层和土基的支承，出现初始裂缝后还能继续承受数倍甚至数十倍初裂作用次数才断裂；作用在试件上的反复荷载是以一定的频率连续施加的，而作用在道面板上的飞机荷载具有间歇性，其间存在不同时间的休止期，使混凝土的疲劳损伤可有一定程度的恢复；等等。这些差异会使面层板的疲劳寿命大于室内小梁试件的疲劳寿命。另一方面，面层板的材料性质和几何尺寸的变异性要大于小梁试件；温度和湿度梯度作用产生的面层板翘曲变形及基层支承条件因水的作用而产生的变化，使面层板的受力状况较小梁试件复杂；这些差异会使面层板的疲劳寿命低于小梁试件的疲劳寿命。

1. 荷载作用在道面板不同位置时的疲劳强度

表 8-8 为相同荷载作用在板不同位置时的疲劳寿命。从表 8-8 可知，板中的疲劳寿命最高，板边中点次之，板角的最低，且板中的疲劳寿命远高于板边中点和板角的疲劳寿命。

在板中，当道面板底部出现微裂缝时，由于板的挠度增大，使得基础对板的作用影响增大，板内的应力会重新分布，其结果会使得板中的最大应力减少，该微裂缝的扩展速度大为减慢，可承受荷载几十万次的作用而不发生破坏。并且板中可以承受按照现有弹性半空间地基上无限大板计算出的最大静载的 2～3 倍而不发生断裂。

荷载作用不同位置时道面板的疲劳强度　　表 8-8

加载位置	混凝土抗弯拉强度(MPa)	混凝土抗弯拉弹性模量(MPa)	板厚(m)	基层计算回弹模量(MPa)	最大脉动荷载(kN)	加载频率(Hz)	疲劳寿命(次数)
板中	4.51	34 200	0.18	287	229	60	381 012
板边中点	4.51	34 200	0.18	287	229	60	702
板角	4.51	34 200	0.18	287	229	60	430

当荷载作用于板边中点时，其最大弯拉应力的位置受基层类型和接缝条件的影响而不同。相对于板中而言，基层与板之间的相互作用的影响减弱。在重复荷载作用下，裂缝的扩展速度加快，易引起道面板的断裂。所以，板边中点的疲劳寿命较板中的低。

当荷载作用于板角时，板角的挠度较大。在重复荷载作用下，板角的基础会产生累积变形，易出现脱空，基础对道面板的影响减弱，道面板易产生断裂，故板角的疲劳寿命最低。

由于道面板板中和板边中点的疲劳强度远高于板角的疲劳强度，所以，道面板的疲劳强度宜采用板角的疲劳强度。

2. 道面板的疲劳方程

为了研究道面板的疲劳强度，在室内共进行了四组基层类型道面板的疲劳试验。基层的

回弹模量 E_0 采用在基层顶面进行承载板试验得到的综合回弹模量。接缝传荷系数 T_w 用不受荷处板缝挠度 W_2 与受荷板缝处挠度 W_1 之比表示。板角的接缝传荷系数取相邻两边接缝传荷系数之和的平均值。应力比表示最大脉动荷载时的应力 σ_{max} 与水泥混凝土的抗弯拉强度之比。低、高应力比表示最小脉动荷载时的应力 σ_{min} 与最大脉动荷载时的应力 σ_{max} 之比。通过结试验数据的回归,可以得到考虑基层顶面综合回弹模量 E_0 和板的接缝传荷系数 T_w 的道面板疲劳强度,见式(8-21)。

$$\frac{\sigma_{max}}{f_r} = 0.948\,01 - 0.073\,08(1 - R)$$

$$(\lg N + 8.177\,28T_w - 0.331\,70 \times 10^{-2}E_0 - 4.100\,47) \tag{8-21}$$

式中的符号意义与式(8-16)和式(8-17)相同。

从式(8-21)可以得出:板的接缝传荷能力越高,道面板的疲劳强度就越高。因此,提高板的接缝传荷能力对提高道面板的疲劳强度具有重要意义。基层顶面回弹模量的降低会使道面板的疲劳强度略有提高。但在同样的荷载作用下,基层顶面回弹模量的降低会导致应力比的增高,总的结果使得道面板的疲劳强度降低。

思 考 题

1. 水泥有哪些种类?机场水泥混凝土道面应采用何种水泥?
2. 水泥的特性如何表述?
3. 水泥石的强度和变形有何特性?
4. 水泥混凝土的耐久性包括哪些方面?
5. 如何描述水泥混凝土的强度特性?
6. 道面板的疲劳强度有何特点?与小梁试件的疲劳强度有什么区别?

第九章　机场水泥混凝土道面板应力计算方法

机场水泥混凝土道面板在飞机荷载和环境温度作用下，道面板内会产生应力。该应力包括荷载应力和温度应力。当该应力超过板的强度时，就会引起道面板的破坏，最后导致整个道面结构的损坏。对于道面板在荷载作用下的应力计算，一般是把道面板视作弹性地基上的薄板。弹性地基目前主要采用两种地基模型，一是文克勒地基模型，二是弹性半空间模型。对于温度作用下产生的应力可分为伸缩应力和翘曲应力。分析的方法主要有弹性地基上无限大板理论、威斯特卡德计算法（H. M. Westergaard）和有限元法等。下面对这些方法分别进行介绍。

第一节　弹性地基上无限大板理论

一、基本假设和弹性曲面微分方程

机场水泥混凝土道面结构可以视作弹性地基上的薄板，由于在荷载作用下，道面板产生的挠度通常小于1mm，较其厚度相比，可以认为是小挠度。因此，把道面板视作小挠度薄板。对于小挠度薄板，按照弹性力学理论，有以下三个假设：

（1）垂直于中面方向的应力和应变同其他应力和应变相比很小，可以忽略不计。

（2）垂直于中面的法线，在弯曲变形前后均保持为直线并垂直于中面，即无横向剪应变。

（3）中面上各点都没有平等于中面的位移。

根据假设（1），可以得挠度 w。

$$w = w(x,y) \tag{9-1}$$

根据假设（2），即应力分量 τ_{zx}、τ_{zy} 和 σ_z 可以忽略不计，可以得到：

$$\frac{\partial u}{\partial z} = -\frac{\partial w}{\partial x},\frac{\partial v}{\partial z} = -\frac{\partial w}{\partial y} \tag{9-2}$$

以及板的物理方程：

$$\begin{cases} \varepsilon_x = \dfrac{1}{E}(\sigma_x - \mu\sigma_y) \\ \varepsilon_y = \dfrac{1}{E}(\sigma_y - \mu\sigma_x) \\ \gamma_{xy} = \dfrac{2(1+\mu)}{E}\tau_{xy} \end{cases} \tag{9-3}$$

根据式(9-2)积分后可得：

$$u = -z\frac{\partial w}{\partial x} + C_1$$

$$v = -z\frac{\partial w}{\partial y} + C_2$$

由假设(3)$u|_{z=0} = v|_{z=0} = 0$，可得：$C_1 = C_2 = 0$，则有：

$$\begin{cases} u = -z\dfrac{\partial w}{\partial x} \\ v = -z\dfrac{\partial w}{\partial y} \end{cases} \tag{9-4}$$

由此可得到板的几何方程：

$$\begin{cases} \varepsilon_x = \dfrac{\partial u}{\partial x} = -z\dfrac{\partial^2 w}{\partial x^2} \\ \varepsilon_y = \dfrac{\partial v}{\partial y} = -z\dfrac{\partial^2 w}{\partial y^2} \\ \gamma_{xy} = \dfrac{\partial v}{\partial x} + \dfrac{\partial u}{\partial y} = -2z\dfrac{\partial^2 w}{\partial x \partial y} \end{cases} \tag{9-5}$$

对板的物理方程式(9-3)改写为应力的表达式，并把式(9-5)代入，可得：

$$\begin{cases} \sigma_x = \dfrac{E}{1-\mu^2}(\varepsilon_x - \mu\varepsilon_y) = \dfrac{Ez}{1-\mu^2}\left(\dfrac{\partial^2 w}{\partial x^2} + \mu\dfrac{\partial^2 w}{\partial y^2}\right) \\ \sigma_y = \dfrac{E}{1-\mu^2}(\varepsilon_y - \mu\varepsilon_x) = \dfrac{Ez}{1-\mu^2}\left(\dfrac{\partial^2 w}{\partial y^2} + \mu\dfrac{\partial^2 w}{\partial x^2}\right) \\ \tau_{xy} = \dfrac{E}{2(1+\mu)}\gamma_{xy} = \dfrac{Ez}{(1+\mu)}\dfrac{\partial^2 w}{\partial x \partial y} \end{cases} \tag{9-6}$$

式中：E——水泥混凝土的弯曲弹性模量。

由式(9-6)可知，σ_x、σ_y、τ_{xy}与z成正比，并且是z的奇函数。因此，在板的全厚度上，它们的总和各自等于零，只能合成绕板截面中心轴的弯矩和扭矩，其在单位宽度上的弯矩和扭矩如下式所示。

$$\begin{cases} M_x = \int_{-\frac{h}{2}}^{\frac{h}{2}} z\sigma_x \mathrm{d}z = -D\left(\dfrac{\partial^2 w}{\partial x^2} + \mu\dfrac{\partial^2 w}{\partial y^2}\right) \\ M_y = \int_{-\frac{h}{2}}^{\frac{h}{2}} z\sigma_y \mathrm{d}z = -D\left(\dfrac{\partial^2 w}{\partial y^2} + \mu\dfrac{\partial^2 w}{\partial x^2}\right) \\ M_{xy} = \int_{-\frac{h}{2}}^{\frac{h}{2}} z\,\tau_{xy} \mathrm{d}z = -D(1-\mu)\dfrac{\partial^2 w}{\partial x \partial y} \end{cases} \tag{9-7}$$

式中：μ——水泥混凝土的泊松比；

h——板厚度；

D——板的弯曲刚度。

$$D = \frac{Eh^3}{12(1-\mu^2)}$$

这样，道面板截面上任一点的应力可以用截面上的弯矩或扭矩表示，其表达式如下：

$$\begin{cases} \sigma_x = \dfrac{12M_x}{h^3}z \\ \sigma_y = \dfrac{12M_y}{h^3}z \\ \tau_{xy} = \dfrac{12M_{xy}}{h^3}z \end{cases} \tag{9-8}$$

当 $z=\pm h/2$（即板底或板顶，正负号表示应力是拉应力或压应力）时，板截面上的应力达到最大值，其表达式如下：

$$\begin{cases} \sigma_x = \dfrac{6M_x}{h^2} \\ \sigma_y = \dfrac{6M_y}{h^2} \\ \tau_{xy} = \dfrac{6M_{xy}}{h^2} \end{cases} \tag{9-9}$$

根据板的基本假设及内力和荷载 q 的平衡条件，可以求得弹性曲面的微分方程。作用在微分单元体上的内力和荷载如图 9-1 所示。其平衡条件为 $\sum z=0$，$\sum M_x=0$，$\sum M_y=0$，略去高阶微分量后，可以得内力与荷载之间的关系式。

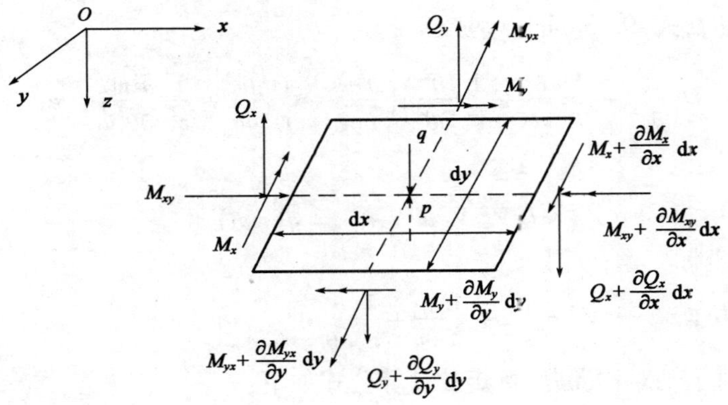

图 9-1　微分单元体上的内力和荷载

力矩的平衡方程,经简化后可得:

$$\begin{cases} Q_x = \dfrac{\partial M_x}{\partial x} + \dfrac{\partial M_{yx}}{\partial y} \\ Q_y = \dfrac{\partial M_y}{\partial y} + \dfrac{\partial M_{xy}}{\partial x} \end{cases} \tag{9-10}$$

z 方向上的平衡方程,经简化后可得:

$$\frac{\partial Q_x}{\partial x} + \frac{\partial Q_y}{\partial y} + q = 0 \tag{9-11}$$

将式(9-10)代入式(9-11),因 $M_{yx} = M_{xy}$,则可得:

$$\frac{\partial^2 M_x}{\partial x^2} + 2\frac{\partial^2 M_{yx}}{\partial x \partial y} + \frac{\partial^2 M_y}{\partial y^2} + q = 0 \tag{9-12}$$

将式(9-7)代入式(9-12)后,即可得板的弹性曲面微分方程:

$$D\left(\frac{\partial^4 w}{\partial x^4} + 2\frac{\partial^4 w}{\partial x^2 \partial y^2} + \frac{\partial^4 w}{\partial y^4}\right) = q \tag{9-13}$$

或

$$D\,\nabla^2\,\nabla^2 \mathrm{w} = q \tag{9-14}$$

式中:q——作用在板表面上的垂直荷载;

∇^2——拉普拉斯算子,$\nabla^2 = \dfrac{\partial^2}{\partial x^2} + \dfrac{\partial^2}{\partial y^2}$。

板截面上横向剪力可由式(9-10)和式(9-7)得到:

$$\begin{cases} Q_x = -D\dfrac{\partial}{\partial x}\nabla^2 w \\ Q_y = -D\dfrac{\partial}{\partial y}\nabla^2 w \end{cases} \tag{9-15}$$

采用圆柱坐标时,式(9-13)可以写成:

$$D\left(\frac{\partial^2}{\partial r^2} + \frac{1}{r}\frac{\partial}{\partial r} + \frac{1}{r^2}\frac{\partial^2}{\partial \theta^2}\right)\left(\frac{\partial^2 w}{\partial r^2} + \frac{1}{r}\frac{\partial w}{\partial r} + \frac{1}{r^2}\frac{\partial^2 w}{\partial \theta^2}\right) = q \tag{9-16a}$$

或

$$D\,\nabla^2\,\nabla^2 w(r,\theta) = q(r,\theta) \tag{9-16b}$$

式中:r、θ——圆柱坐标变量;

∇^2——拉普拉斯算子,$\nabla^2 = \dfrac{\partial^2}{\partial r^2} + \dfrac{1}{r}\dfrac{\partial}{\partial r} + \dfrac{1}{r^2}\dfrac{\partial^2}{\partial \theta^2}$。

则在圆柱坐标中,对于轴对称课题,弯矩的计算公式如下:

$$M_{\mathrm{r}} = -D\left(\frac{\mathrm{d}^2 w}{\mathrm{d}r^2} + \frac{\mu}{r}\frac{\mathrm{d}w}{\mathrm{d}r}\right) \tag{9-17a}$$

$$M_\theta = -D\left(\mu \frac{d^2 w}{dr^2} + \frac{1}{r}\frac{dw}{dr}\right) \tag{9-17b}$$

弹性地基板是指板与地基的共同作用,需要对板与地基之间的相互作用做出以下两项假设。

(1)在变形过程中,板与地基的接触面始终是紧密接触的。因此,板底面与地基表面的垂直位移是相同的。

(2)板与地基的接触面上没有摩阻力,即在接触面上的剪应力等于零,板与地基只有垂直方向的相互作用。

对于地基与板相互作用,可以看作是作用在板的外部荷载。因此,板承受荷载和地基反力的共同作用,这两种力作用方向相反。故弹性地基板的曲面微分方程为:

$$D\nabla^2\nabla^2 w = q - p \tag{9-18}$$

式中:p——地基对板的反力。

地基反力的计算与所选择的地基模型有关,不同的地基模型的地基反力是不同的,因而方程的解也是不同的。目前,广泛采用两种地基模型:一是文克勒地基模型,二是弹性半空间地基模型。

当采用圆柱坐标时,式(9-18)可表示为:

$$D\nabla^2\nabla^2 w(r,\theta) = q(r,\theta) - p(r,\theta) \tag{9-19}$$

二、文克勒地基上无限大板的荷载应力

按照文克勒地基假定地基上单位面积上承受的压力与该点的垂直位移成正比,而与其他点无关,则有:

$$p = kw \tag{9-20}$$

式中:k——地基反应模量。

将式(9-20)代入式(9-19),则可得:

$$D\nabla^2\nabla^2 w(r,\theta) + kw(r,\theta) = q(r,\theta) \tag{9-21}$$

由于文克勒地基上无限大板的结构是轴对称的,若作用在道面上的荷载是轴对称荷载时,则文克勒地基上无限大板的荷载应力分析属于轴对称课题。对于轴对称课题采用圆柱求解弹性曲面微分方程较为方便。此时,式(9-21)变为:

$$D\nabla^2\nabla^2 w(r) + kw(r) = q(r) \tag{9-22}$$

式中的拉普拉斯算子$\nabla^2 = \frac{d^2}{dr^2} + \frac{1}{r}\frac{d}{dr}$。

对于文克勒地基上无限大板作用轴对称荷载的应力分析,可以采用积分变换法进行求解。对式(9-22)两端做零阶亨格尔变换,可得:

$$D\xi^4\overline{w}(\xi) + k\overline{w}(\xi) = \overline{q}(\xi) \tag{9-23}$$

式中：$\overline{w}(\xi)$——板挠度 $w(\xi)$ 的零阶亨格尔变换；

$\overline{q}(\xi)$——荷载 $q(\xi)$ 的零阶亨格尔变换。

由式(9-23)解得：

$$\overline{w}(\xi) = \frac{\overline{q}(\xi)}{k + D\xi^4} \tag{9-24}$$

对式(9-24)做反演，并令 $l^4 = D/k$，得到板的挠度表达式为：

$$w(r) = \frac{1}{k}\int_0^\infty \frac{\overline{q}(\xi) J_0(\xi r)}{1 + l^4\xi^4}\mathrm{d}\xi \tag{9-25}$$

将式(9-25)代入式(9-17)，得到板的径向弯矩 M_{t_r} 和切向弯矩 M_θ 为：

$$\begin{cases} M_{t_r} = l^4\int_0^\infty \dfrac{\overline{q}(\xi)}{1 + l^4\xi^4}\left[\xi J_0(\xi r) - \dfrac{1-\mu}{r}J_1(\xi r)\right]\xi^2\mathrm{d}\xi \\ M_\theta = l^4\int_0^\infty \dfrac{\overline{q}(\xi)}{1 + l^4\xi^4}\left[\mu\xi J_0(\xi r) + \dfrac{1-\mu}{r}J_1(\xi r)\right]\xi^2\mathrm{d}\xi \end{cases} \tag{9-26}$$

1. 集中荷载作用下的解

当板表面作用集中荷载 Q 时，其亨格尔变换为：

$$\overline{q}(\xi) = \frac{Q}{2\pi} \tag{9-27}$$

将式(9-27)代入式(9-25)和式(9-26)中，可分别得到挠度和弯矩的计算公式。

$$w(r) = \frac{Q}{2\pi k}\int_0^\infty \frac{J_0(\xi r)\xi}{1 + l^4\xi^4}\mathrm{d}\xi \tag{9-28}$$

$$\begin{cases} M_{t_r} = \dfrac{Ql^4}{2\pi}\int_0^\infty \dfrac{1}{1 + l^4\xi^4}\left[\xi J_0(\xi r) - \dfrac{1-\mu}{r}J_1(\xi r)\right]\xi^2\mathrm{d}\xi \\ M_\theta = \dfrac{Ql^4}{2\pi}\int_0^\infty \dfrac{1}{1 + l^4\xi^4}\left[\mu\xi J_0(\xi r) + \dfrac{1-\mu}{r}J_1(\xi r)\right]\xi^2\mathrm{d}\xi \end{cases} \tag{9-29}$$

为了便于数值积分，引入新的积分参数，即令：

$$\xi = \frac{t}{l} \tag{9-30}$$

将式(9-30)代入式(9-28)和式(9-29)中，可得：

$$w(r) = \frac{Q}{2\pi k l^2}\int_0^\infty \frac{J_0\left(\frac{r}{l}t\right)t}{1 + t^4}\mathrm{d}t \tag{9-31}$$

$$\begin{cases} M_{t_r} = \dfrac{Q}{2\pi}\displaystyle\int_0^{\infty} \dfrac{1}{1+t^4}\left[tJ_0\left(\dfrac{r}{l}t\right) - \dfrac{(1-\mu)l}{r}J_1\left(\dfrac{r}{l}t\right)\right]t^2\mathrm{d}t \\ M_{\theta} = \dfrac{Q}{2\pi}\displaystyle\int_0^{\infty} \dfrac{1}{1+t^4}\left[\mu tJ_0\left(\dfrac{r}{l}t\right) + \dfrac{(1-\mu)l}{r}J_1\left(\dfrac{r}{l}t\right)\right]t^2\mathrm{d}t \end{cases} \tag{9-32}$$

式中：r——计算点的径向坐标；

Q——集中力的大小；

t——积分参数；

l——相对刚度半径。

2. 圆形均布荷载作用下的解

当板表面作用半径为 a 的圆形均布荷载集度 q 时，该荷载的亨格尔变换为：

$$\overline{q}(\xi) = \frac{qaJ_1(\xi a)}{\xi} \tag{9-33}$$

将式(9-33)代入式(9-25)和式(9-26)中，可分别得到挠度和弯矩的计算公式：

$$w(r) = \frac{qa}{k}\int_0^{\infty} \frac{J_0(\xi r)J_1(\xi a)}{1+l^4\xi^4}\mathrm{d}\xi \tag{9-34}$$

$$\begin{cases} M_{t_r} = qal^4\displaystyle\int_0^{\infty} \dfrac{J_1(\xi a)}{1+l^4\xi^4}\left[\xi J_0(\xi r) - \dfrac{1-\mu}{r}J_1(\xi r)\right]\xi\mathrm{d}\xi \\ M_{\theta} = qal^4\displaystyle\int_0^{\infty} \dfrac{J_1(\xi a)}{1+l^4\xi^4}\left[\mu\xi J_0(\xi r) + \dfrac{1-\mu}{r}J_1(\xi r)\right]\xi\mathrm{d}\xi \end{cases} \tag{9-35}$$

同样，为了便于数值积分，引入新的积分参数如式(9-30)所示，式(9-30)代入式(9-34)和式(9-35)中，可得：

$$w(r) = \frac{qa}{kl}\int_0^{\infty} \frac{J_0\left(\dfrac{r}{l}t\right)J_1\left(\dfrac{a}{l}t\right)}{1+t^4}\mathrm{d}t \tag{9-36}$$

$$\begin{cases} M_{t_r} = qal\displaystyle\int_0^{\infty} \dfrac{J_1\left(\dfrac{a}{l}t\right)}{1+t^4}\left[tJ_0\left(\dfrac{r}{l}t\right) - \dfrac{(1-\mu)l}{r}J_1\left(\dfrac{r}{l}t\right)\right]t\mathrm{d}t \\ M_{\theta} = qal\displaystyle\int_0^{\infty} \dfrac{J_1\left(\dfrac{a}{l}t\right)}{1+t^4}\left[\mu tJ_0\left(\dfrac{r}{l}t\right) + \dfrac{(1-\mu)l}{r}J_1\left(\dfrac{r}{l}t\right)\right]t\mathrm{d}t \end{cases} \tag{9-37}$$

式中：q——圆形均布荷载的集度。

三、弹性半空间地基上无限大板的荷载应力

为了求解弹性半空间地基上无限大板作用轴对称荷载时的解，将板与地基分成两个隔离体来研究。对于板，在表面作用已知轴对称荷载 $q(r)$，在板底作用未知的轴对称反力 $p(r)$；而

对于地基来说，则在其表面作用由板传递下来的轴对称荷载 $p(r)$，它与作用在板底的荷载大小相等，方向相反，如图 9-2 所示。

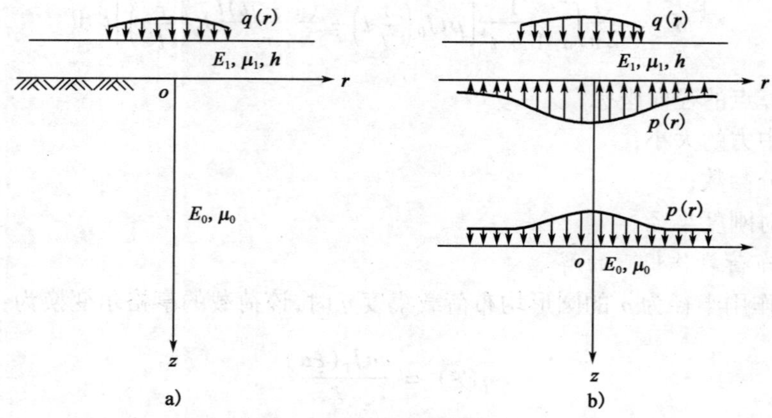

图 9-2 作用在板上的荷载和地基反力

由于结构和荷载都是轴对称的，它是属于轴对称课题，则式(9-19)可表示为；

$$D\nabla^2\nabla^2 w(r) = q(r) - p(r) \tag{9-38}$$

由于式(9-38)中，$w(r)$ 和 $p(r)$ 都是未知函数，因此，需要建立 $w(r)$ 与 $p(r)$ 之间的关系，才能求解出 $w(r)$。对于地基，由于把它视为弹性半空间体，可以通过弹性半空间体表面作用垂直荷载作用下，表面产生的垂直位移来建立 $w(r)$ 与 $p(r)$ 之间的关系。地基表面的垂直位移 $w(r)$ 可以表示为：

$$w(r) = \frac{2(1-\mu_0^2)}{E_0}\int_0^\infty \bar{p}(\xi) J_0(\xi r)\,\mathrm{d}\xi \tag{9-39}$$

式中：$\bar{p}(\xi)$——$p(r)$ 的零阶亨格尔变换式。

对式(9-38)两边进行零阶亨格尔变换，可得：

$$D\xi^4 \bar{w}(\xi) = \bar{q}(\xi) - \bar{p}(\xi) \tag{9-40}$$

移项可得：

$$\bar{p}(\xi) = \bar{q}(\xi) - D\xi^4 \bar{w}(\xi) \tag{9-41}$$

将式(9-41)代入式(9-39)，可得：

$$w(r) = \frac{2(1-\mu_0^2)}{E_0}\int_0^\infty [\bar{q}(\xi) - D\xi^4 \bar{w}(\xi)] J_0(\xi r)\,\mathrm{d}\xi \tag{9-42}$$

由亨格尔反演定理，可知：

$$w(r) = \int_0^\infty \bar{w}(\xi) J_0(\xi r)\,\mathrm{d}\xi \tag{9-43}$$

对比式(9-42)和式(9-43)，可得：

$$\bar{w}(\xi) = \frac{2(1-\mu_0^2)\bar{q}(\xi)}{E_0} \frac{1}{\xi\left[1 + D\frac{2(1-\mu_0^2)}{E_0}\xi^3\right]} \tag{9-44}$$

若令：

$$l = \sqrt[3]{\frac{2D(1-\mu_0^2)}{E_0}} = h\sqrt[3]{\frac{E_c(1-\mu_0^2)}{6E_0(1-\mu^2)}} \tag{9-45}$$

式中：E_c——水泥混凝土的弯拉弹性模量；

E_0——地基的弹性模量；

μ——水泥混凝土的泊松比；

μ_0——地基的泊松比；

h——水泥混凝土板厚度；

l——板的刚度半径。

对式(9-44)进行反演，则得到弹性地基板的挠度：

$$w(r) = \frac{2(1-\mu_0^2)}{E_0}\int_0^{\infty}\frac{\bar{q}(\xi)J_0(\xi r)}{1+l^3\xi^3}\mathrm{d}\xi \tag{9-46}$$

将式(9-44)代入式(9-41)，可得地基反力的亨格尔变换式：

$$\bar{p}(\xi) = \frac{\bar{q}(\xi)}{1+l^3\xi^3} \tag{9-47}$$

反演后，可得地基反力的计算公式：

$$p(r) = \int_0^{\infty}\frac{\bar{q}(\xi)J_0(\xi r)\xi}{1+l^3\xi^3}\mathrm{d}\xi \tag{9-48}$$

将式(9-46)代入式(9-17)，可得弯矩计算公式：

$$\begin{cases} M_{t_r} = \int_0^{\infty}\frac{\bar{q}(\xi)}{l^{-3}+\xi^3}\left[\xi J_0(\xi r) - \frac{1-\mu}{r}J_1(\xi r)\right]\mathrm{d}\xi \\ M_{\theta} = \int_0^{\infty}\frac{\bar{q}(\xi)}{l^{-3}+\xi^3}\left[\mu\xi J_0(\xi r) + \frac{1-\mu}{r}J_1(\xi r)\right]\mathrm{d}\xi \end{cases} \tag{9-49}$$

1. 集中荷载作用下的解

当板表面作用集中荷载 Q 时，其亨格尔变换如式(9-27)所示。将它代入式(9-46)、式(9-48)和式(9-49)，可得弹性地基上板的挠度、反力和弯矩的计算公式：

$$w(r) = \frac{(1-\mu_0^2)Q}{\pi E_0}\int_0^{\infty}\frac{J_0(\xi r)}{1+l^3\xi^3}\mathrm{d}\xi \tag{9-50}$$

$$p(r) = \frac{Q}{2\pi}\int_0^{\infty}\frac{J_0(\xi r)\xi}{1+l^3\xi^3}\mathrm{d}\xi \tag{9-51}$$

$$
\begin{cases}
M_{t_r} = \dfrac{Q}{2\pi}\displaystyle\int_0^{\infty} \dfrac{\xi}{l^{-3} + \xi^3}\left[\xi J_0(\xi r) - \dfrac{1-\mu}{r}J_1(\xi r)\right]\mathrm{d}\xi \\
M_\theta = \dfrac{Q}{2\pi}\displaystyle\int_0^{\infty} \dfrac{\xi}{l^{-3} + \xi^3}\left[\mu\xi J_0(\xi r) + \dfrac{1-\mu}{r}J_1(\xi r)\right]\mathrm{d}\xi
\end{cases}
\tag{9-52}
$$

同样,为了便于数值积分,引入新的积分参数如式(9-30)所示,则式(9-50)、式(9-51)和式(9-52)可表示为:

$$
w(r) = \frac{(1-\mu_0^2)Q}{\pi E_0 l}\int_0^{\infty} \frac{J_0\left(\frac{r}{l}t\right)}{1+t^3}\mathrm{d}t \tag{9-53}
$$

$$
p(r) = \frac{Q}{2\pi l^2}\int_0^{\infty} \frac{J_0\left(\frac{r}{l}t\right)t}{1+t^3}\mathrm{d}t \tag{9-54}
$$

$$
\begin{cases}
M_{t_r} = \dfrac{Q}{2\pi}\displaystyle\int_0^{\infty} \dfrac{t}{1+t^3}\left[tJ_0\left(\dfrac{r}{l}t\right) - \dfrac{(1-\mu)l}{r}J_1\left(\dfrac{r}{l}t\right)\right]\mathrm{d}t \\
M_\theta = \dfrac{Q}{2\pi}\displaystyle\int_0^{\infty} \dfrac{t}{1+t^3}\left[\mu tJ_0\left(\dfrac{r}{l}t\right) + \dfrac{(1-\mu)l}{r}J_1\left(\dfrac{r}{l}t\right)\right]\mathrm{d}t
\end{cases}
\tag{9-55}
$$

2. 圆形均布荷载作用下的解

当板表面作用半径为 a 的圆形均布荷载集度 q 时,该荷载可表示为:

$$
q(r) = \begin{cases}
\dfrac{Q}{\pi a^2} & (0 \leqslant r \leqslant a) \\
0 & (r > a)
\end{cases}
\tag{9-56}
$$

式(9-56)的亨格尔变换式为:

$$
\bar{q}(\xi) = \frac{QJ_1(\xi a)}{\pi a \xi} \tag{9-57}
$$

式中:Q——圆形均布荷载的合力。

将式(9-57)代入式(9-46)、式(9-48)和式(9-49),可得在圆形均布荷载作用下,弹性地基上板的挠度、反力和弯矩的计算公式。

$$
w(r) = \frac{(1-\mu_0^2)Q}{\pi a E_0}\int_0^{\infty} \frac{J_0(\xi r)J_1(\xi a)}{\xi(1+l^3\xi^3)}\mathrm{d}\xi \tag{9-58}
$$

$$
p(r) = \frac{Q}{\pi a}\int_0^{\infty} \frac{J_0(\xi r)J_1(\xi a)}{1+l^3\xi^3}\mathrm{d}\xi \tag{9-59}
$$

$$
\begin{cases}
M_{t_r} = \dfrac{Q}{\pi a}\displaystyle\int_0^{\infty} \dfrac{J_1(\xi a)}{l^{-3} + \xi^3}\left[\xi J_0(\xi r) - \dfrac{1-\mu}{r}J_1(\xi r)\right]\mathrm{d}\xi \\
M_\theta = \dfrac{Q}{\pi a}\displaystyle\int_0^{\infty} \dfrac{J_1(\xi a)}{l^{-3} + \xi^3}\left[\mu\xi J_0(\xi r) + \dfrac{1-\mu}{r}J_1(\xi r)\right]\mathrm{d}\xi
\end{cases}
\tag{9-60}
$$

同样，为了便于数值积分，引入新的积分参数如式(9-30)所示，则式(9-58)、式(9-59)和式(9-60)可表示为：

$$w(r) = \frac{2(1-\mu_0^2)Q}{\pi a E_0}\int_0^\infty \frac{J_0\left(\frac{r}{l}t\right)J_1\left(\frac{a}{l}t\right)}{t(1+t^3)}\mathrm{d}t \tag{9-61}$$

$$p(r) = \frac{Q}{\pi a l}\int_0^\infty \frac{J_0\left(\frac{r}{l}t\right)J_1\left(\frac{a}{l}t\right)}{1+t^3}\mathrm{d}t \tag{9-62}$$

$$\begin{cases} M_{t_r} = \dfrac{Ql}{\pi a}\displaystyle\int_0^\infty \frac{J_1\left(\frac{a}{l}t\right)}{1+t^3}\left[tJ_0\left(\frac{r}{l}t\right) - \frac{(1-\mu)l}{r}J_1\left(\frac{r}{l}t\right)\right]\mathrm{d}t \\ M_\theta = \dfrac{Ql}{\pi a}\displaystyle\int_0^\infty \frac{J_1\left(\frac{a}{l}t\right)}{1+t^3}\left[\mu t J_0\left(\frac{r}{l}t\right) + \frac{(1-\mu)l}{r}J_1\left(\frac{r}{l}t\right)\right]\mathrm{d}t \end{cases} \tag{9-63}$$

第二节　威斯德卡德计算法

威斯特卡德(Westergaard)采用文克勒地基假设(图9-3)，即将基层和土基用一系列弹簧来代替，用反应模量 k 表示。k 定义为土基承受的压力与弯沉值关系的比例常数。

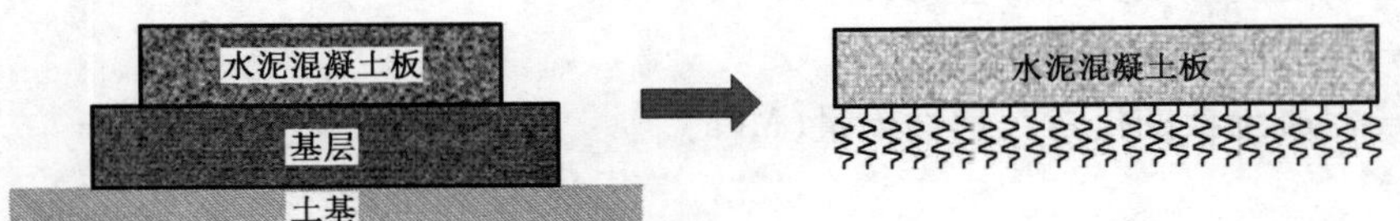

图9-3　文克勒地基假设

可以计算三种单个机轮轮载作用位置(图9-4)下最大挠度和应力的计算。

(1)轮载作用于无限大板的中央，压力均布于半径为 a 的圆面积内。

(2)轮载作用于受一直线边限制的半无限大板的边缘，压力均布于半径为 a 的半圆面积内。

(3)轮载作用于受两条相互垂直的直线边限制的大板角隅处，压力均布于半径为 a 的圆面积内，其圆心距角隅顶点为 $a_1 = a\sqrt{2}$。

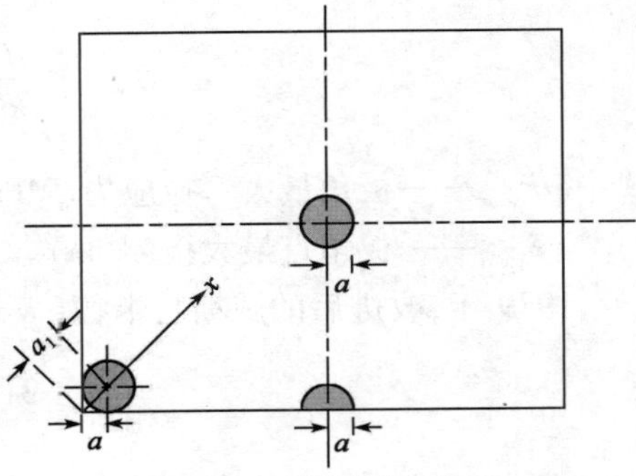

图9-4　三种荷载作用位置

1926年，威斯特卡德(Westergaard)建立了板中、板边中点和板角最大应力和挠长的计算公式。

1. 板中

$$\sigma_{i\max} = \frac{3P(1+\mu)}{2\pi h^2}\left(\ln\frac{2l}{b} + 0.5 - \gamma\right) + \frac{3P(1+\mu)}{64h^2}\cdot\frac{b}{l} \tag{9-64}$$

$$\delta_{\text{imax}} = \frac{P}{8kl^2}\left[1 + \frac{a^2}{2\pi l}\left(\ln\frac{a}{2l} + \gamma - 1.25\right)\right] \tag{9-65}$$

式中：σ_{imax}——板中最大弯拉应力（MPa）；

δ_{imax}——板中最大挠度（m）；

P——作用的总荷载（MPa）；

μ——混凝土板的泊松比；

k——地基反应模量（MN/m^3）；

γ——欧拉（Euler）常数，=0.577 216。

$$\begin{cases} b = (1.6a^2 + h^2)^{0.5} - 0.657h & (a < 1.724h) \\ b = a & (a \geqslant 1.724h) \end{cases} \tag{9-66}$$

2. 板边中点

$$\sigma_{\text{emax}} = \frac{3P(1+\mu)}{\pi(3+\mu)h^2}\left[\ln\frac{Eh^3}{100ka^4} + 1.18\frac{a}{l}(1+2\mu) + 2.34 - \frac{11}{6}\mu\right] \tag{9-67}$$

$$\delta_{\text{emax}} = \frac{P}{8kl^2}\left[1 + \frac{a^2}{2\pi l}\left(\ln\frac{a}{2l} + \gamma - 1.25\right)\right] \tag{9-68}$$

式中：σ_{emax}——板边中点最大弯拉应力（MPa）；

δ_{emax}——板边中点最大挠度（m）；

E——混凝土板的抗弯拉弹性模量（MPa）。

3. 板角

$$\sigma_{\text{cmax}} = \frac{3P}{h^2}\left[1 - \left(\frac{1.414\,2a}{l}\right)^{0.6}\right] \tag{9-69}$$

$$\delta_{\text{cmax}} = \frac{P}{kl^2}\left[1.1 - 0.88 \cdot \frac{1.414\,2a}{l}\right] \tag{9-70}$$

式中：σ_{cmax}——板角最大弯拉应力（MPa）；

δ_{cmax}——板角点最大挠度（m）。

1939 年，改进后的威斯特卡德（Westergaard）的计算公式如下：

$$\sigma_{\text{imax}} = \frac{3(1+\mu)P}{2\pi h^2}\left(\ln\frac{l}{b} + 0.615\,9\right) \tag{9-71}$$

当 $\mu = 0.15$ 时，

$$\sigma_{\text{imax}} = \frac{0.316P}{2\pi h^2}\left(4\lg\frac{l}{b} + 1.069\right) \tag{9-72}$$

$$\delta_{\text{imax}} = \frac{P}{8kl^2}\left[1 + \frac{1}{2\pi}\left(\ln\frac{a}{2l} - 0.673\right)\left(\frac{a}{l}\right)^2\right] \tag{9-73}$$

$$\sigma_{\mathrm{emax}} = \frac{0.803P}{h^2}\left(4\lg\frac{l}{a} + 0.666\lg\frac{c}{l} - 0.034\right) \tag{9-74}$$

$$\delta_{\mathrm{emax}} = \frac{\sqrt{2 + 1.2\mu P}}{\sqrt{Eh^3k}}\left(1 - \frac{0.76 + 0.4\mu}{l}\right) \tag{9-75}$$

$$\sigma_{\mathrm{cmax}} = \frac{3P}{h^2}\left[1 - \left(\frac{a\sqrt{2}}{l}\right)^{0.6}\right] \tag{9-76}$$

$$\delta_{\mathrm{cmax}} = \frac{P}{kl^2}\left(1.1 - 0.88 \cdot \frac{a\sqrt{2}}{l}\right) \tag{9-77}$$

由于板边荷载作用位置是道面结构设计最主要的部位。1948 年,建立了新的计算公式。板边荷载作用位置分为两种情况:一是圆形荷载,二是半圆形荷载(图 9-5)。

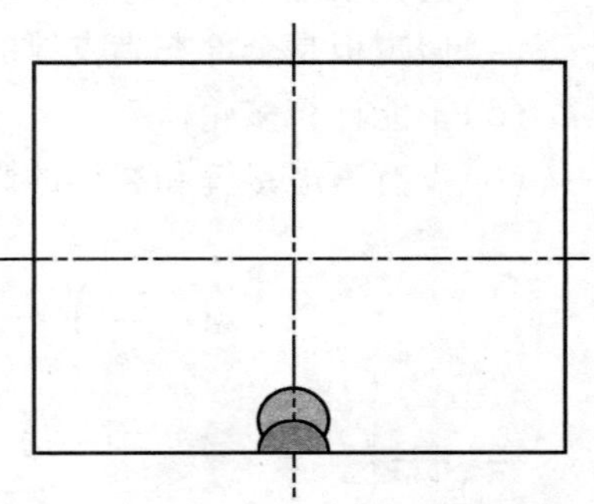

图 9-5　板边荷载作用位置图

圆形荷载面积:

$$\sigma_{\mathrm{emax}} = \frac{3(1 + \mu)P}{\pi(3 + \mu)h^2}\left[\ln\frac{Eh^3}{100ka^4} + 1.84 - \frac{4}{3}\mu + \frac{1 - \mu}{2} + 1.18(1 + 2\mu)\frac{a}{l}\right] \tag{9-78}$$

$$\delta_{\mathrm{emax}} = \frac{\sqrt{2 + 1.2\mu P}}{\sqrt{Eh^3k}}\left[1 - (0.76 + 0.4\mu)\left(\frac{a}{l}\right)\right] \tag{9-79}$$

半圆形荷载面积:

$$\sigma_{\mathrm{emax}} = \frac{3(1 + \mu)P}{\pi(3 + \mu)h^2}\left[\ln\frac{Eh^3}{100ka_2^4} + 3.84 - \frac{4}{3}\mu + 0.50(1 + 2\mu)\frac{a_2}{l}\right] \tag{9-80}$$

$$\delta_{\mathrm{emax}} = \frac{\sqrt{2 + 1.2\mu P}}{\sqrt{Eh^3k}}\left[1 - (0.323 + 0.17\mu)\left(\frac{a_2}{l}\right)\right] \tag{9-81}$$

式中:a_2——半圆形荷载面积的半径(m),$a_2 = \sqrt{\frac{2P}{\pi q}}$,其中,$q$ 为机轮的胎压(MPa)。

1985 年,Ioannides et al. 应用有限元方法对威斯特卡德(Westergaard)荷载作用在板角的计算进行了修正,其表达式为:

$$\sigma_{\mathrm{cmax}} = \frac{3P}{h^2}\left[1 - \left(\frac{c}{l}\right)^{0.72}\right] \tag{9-82}$$

$$\delta_{\mathrm{cmax}} = \frac{3P}{kl^2}\left[1.205 - 0.69\left(\frac{c}{l}\right)\right] \tag{9-83}$$

式中:c——正方形荷载面积的边长。最大应力的位置距板角 $1.80c^{0.32}l^{0.59}$。当正方形荷载面积与圆形面积相等，则：

$$c = 1.772a \tag{9-84}$$

从上述公式中可以看出，单块道面板的最大弯拉应力主要取决于单个机轮荷载的大小和道面板厚度，其他因素则影响较小。道面板的尺寸在计算公式中没有考虑，这是因为道面板足够大，其水平方向的尺寸可达 $8l$ 以上。

采用威斯特卡德的计算公式主要存在以下问题：

(1)只能计算板中、板边中点和板角的应力和变形。

(2)在道面板表面的剪切和摩擦力是不能忽略的。

(3)文克勒地基(Winkler)只适应于板边。

(4)假定板是全部充满支撑的。

(5)不能计算多轮荷载。

(6)没有考虑接缝和裂缝的影响。

第三节　弹性地基板的有限元分析

一、概述

有限元是一种近似的数值计算方法。对于固体力学而言，这种方法是将一个固体连续介质分割成若干个有限的离散元素，并组成集合体。在每个元素内，假设位移或应力场，应用变分原理建立起代数方程，以节点处的广义位移或应力作为未知量进行求解。根据不同的模型和所采用的不同能量原理，有限元法可以分为以下几类。

(1)位移法：利用最小势能原理建立的协调模型。假定整个连续体上的位移是连续的，以节点的广义位移作为未知量，通过变分原理建立起来的有限元法称为位移法。

(2)力法：利用最小余能原理建立的协调模型。这种模型建立在平衡应力场的基础上，以节点的广义力作为未知量，通过变分原理建立起来的有限元法称为力法。

(3)杂交法：基于修正的余能原理，在每个元素内部假设有平衡的应力场，而在沿着各个元素的边界，假设有协调的位移函数，通过变分原理建立的有限元法称为杂交法。

(4)混合法：基于赖斯纳(Reissner)变分原理，假设整个固体连续体上有连续的位移场，而在每一个元素内部有平衡的应力场，既有节点广义位移作为未知量，又有节点广义力作为未变知量，通过变分原理建立的有限元法称为混合法。

有限元法与解析法相比，具有如下特点：

(1)可以按板块的实际尺寸来进行求解，消除了解析法只能求解某些特定的板块形状(如无限大板，圆板等)所带来的局限。

(2)可以计算各种荷载(包括荷载组合和荷载位置)作用下道面板的应力和位移。而不像解析法那样只限于某些特定位置(如板中、板边、板角等)。因此，可以求得符合荷载实际情况的应力分析。

(3)可以根据道面板的实际边界条件进行计算，如接缝传荷能力、板与地基脱空(不紧密接触)等。

(4)用有限元法可以求得整个道面板的位移场和应力场,从而可以更全面地分析板的受力状况。

由于有限元具有以上的特点,广泛应用于工程中的应力分析。目前,机场和公路的水泥混凝土道面的设计方法中,就是采用有限元法进行道面板的应力分析,并作为道面结构设计的理论基础。

对于机场水泥混凝土道面板的有限元分析,广泛采用的是位移法,其步骤如下:

(1)建立道面结构的力学模型,即把水泥混凝土道面板视为弹性地基上的薄板,符合弹性力学中的薄板假设。

(2)将板和地基划分成有限个矩形单元体,板的各个单元之间以及板单元与地基单元之间仅在节点处相互连接起来。

(3)选择单元的位移函数,并用单元节点的位移来表示该位移函数。

(4)根据所选定的位移函数,确定出单元体内各点的应变,并且用节点位移表示出来。

(5)应用虚功原理或最小势能原理求得联系单元节点力和单元节点位移的单元刚度矩阵。

(6)将板上所受到的外力(包括机轮荷载和地基反力)按静力等效原则转化成作用在单元节点上的广义集中力。

(7)根据各节点的平衡条件,集合板的各单元的刚度矩阵,并与地基的刚度矩阵叠加,形成弹性地基板体系的总刚度矩阵,建立起整个结构的平衡方程。这一方程是以节点位移作为未知量的多元线性代数方程,通常称为有限元的基本方程。

(8)引入几何边界条件后,求解基本方程,即得各节点的位移值。

(9)求得各节点位移值后,即可求得板中各节点的应力和弯矩,从而建立起整个道面板的位移场和应力场。

二、弹性地基薄板的有限元分析

1. 位移函数

按照弹性力学中的薄板假设可知,道面板内的位移、应变和应力状态完全由挠度函数 w 来确定。因此,单元的位移函数的选择就是挠度 w 取什么样的函数(坐标 x 和 y 的函数)。对于水泥混凝土道面板采用矩形单元。这些矩形单元只在节点处相连,如图 9-6 所示。每个节点处可选择位移 w 及沿 x 轴转角 θ_x($\theta_x=-\dfrac{\partial w}{\partial y}$)和沿 y 轴的转角 θ_y($\theta_y=\dfrac{\partial w}{\partial x}$)作为节点的位移向量。这样,一个单元共有 4 个节点和 12 个自由度,如图 9-6 所示。因此,挠度函数 w 可选择包含两个 4 次项的 12 项多项式作为位移函数。

$$w=\alpha_1+\alpha_2x+\alpha_3y+\alpha_4x^2+\alpha_5xy+\alpha_6y^2+\alpha_7x^3+\alpha_8x^2y+\alpha_9xy^2+\alpha_{10}y^3+\alpha_{11}x^3y+\alpha_{12}xy^3 \tag{9-85}$$

单元的节点位移可用列阵表示为:

$$\{\delta\}^e=[w_i\quad\theta_{xi}\quad\theta_{yi}\quad w_j\quad\theta_{xj}\quad\theta_{yi}\quad w_m\quad\theta_{xm}\quad\theta_{ym}\quad w_p\quad\theta_{xp}\quad\theta_{yp}] \tag{9-86}$$

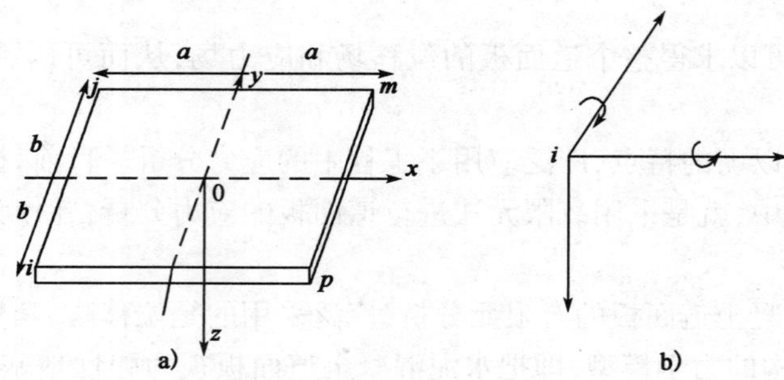

图 9-6 矩形单元

如对于节点 $i(-a,-b)$ 处位移列阵的分量为：

$$w_i = \alpha_1 - a\alpha_2 - b\alpha_3 + a^2\alpha_4 + ab\alpha_5 + b^2\alpha_6 - a^3\alpha_7 - a^2b\alpha_8 - ab^2\alpha_9 - b^3\alpha_{10} + a^3b\alpha_{11} + ab^3\alpha_{12} \tag{9-87}$$

$$\theta_{xi} = -\left(\frac{\partial w}{\partial y}\right)_i = -(\alpha_3 - \alpha_5 - 2b\alpha_6 + a^2\alpha_8 + 2ab\alpha_9 + 3b^2\alpha_{10} - a^3\alpha_{11} - 3ab^2\alpha_{12}) \tag{9-88}$$

$$\theta_{yi} = \left(\frac{\partial w}{\partial x}\right)_i = \alpha_2 - 2a\alpha_4 - b\alpha_5 + 3a^2\alpha_7 + 2ab\alpha_8 + b^2\alpha_9 - 3a^2b\alpha_{11} - b^3\alpha_{12} \tag{9-89}$$

类似在对节点 j、m、p 可以得出与式(9-87)、式(9-88)和式(9-89)相类似的三个方程，总共有 12 个联立方程。通过对这 12 个方程的求解，可以得出 $\alpha_1,\alpha_2,\cdots,\alpha_{12}$。这 12 个联立方程写成矩阵形式如下：

$$\{\delta\}^e = [C]\{\alpha\} \tag{9-90}$$

对式(9-90)求逆，可得：

$$\{\alpha\} = [C]^{-1}\{\delta\}^e \tag{9-91}$$

式(9-85)可以写成：

$$w = [p]\{\alpha\} \tag{9-92}$$

将式(9-91)代入式(9-92)，可得：

$$w = [p][C]^{-1}\{\delta\}^e = [N]\{\delta\}^e \tag{9-93}$$

式中：$[N] = [N_i \quad N_{xi} \quad N_{vi} \quad N_j \quad N_{xj} \quad N_{vj} \quad N_m \quad N_{xm} \quad N_{ym} \quad N_{\mathrm{p}} \quad N_{\mathrm{xp}} \quad N_{\mathrm{vp}}]$ 称为形函数矩阵。

式(9-93)是以结点位移 $\{\delta\}^e$ 表示的位移函数。现考察单元之间的连续性问题。若以 jm 边为例，此时 $y=b$ 是常量，w 是 x^3 的表达式，由 w_j、w_m、θ_{yj}、θ_{ym} 就可确定 w 的表达式。这样，两个单元的共同边就有一个完全的三次曲线，保证 w 和 θ_y 沿 jm 是连续的。但是 $\theta_x = \dfrac{\partial w}{\partial y}$ 也是 x^3 的表达式，也需要用 4 个条件才能完全确定。此时，只有 $\theta_{xj} = \left(\dfrac{\partial w}{\partial y}\right)_j$、$\theta_{xm} = \left(\dfrac{\partial w}{\partial y}\right)_{\mathrm{m}}$ 两个参数，只能做部分限制。因而 θ_{xj} 有一定的不确定性。沿 jm 边界，两侧单元的 θ_x 是不连续的。像这种

由于位移函数的选取使单元之间具有不连续性,称这种单元为不协调单元。这种不连续性会影响计算的精度,但当单元逐步取小时,其结果可以收敛到正确解。

2. 单元的内力矩阵

单元内的应变可以用矩阵表示为:

$$\{\varepsilon\} = \begin{Bmatrix} \varepsilon_x \\ \varepsilon_y \\ \gamma_{xy} \end{Bmatrix} = Z\begin{Bmatrix} -\dfrac{\partial^2 w}{\partial x^2} \\ -\dfrac{\partial^2 w}{\partial y^2} \\ -2\dfrac{\partial^2 w}{\partial x \partial y} \end{Bmatrix} = Z\{\chi\} \tag{9-94}$$

式中:$\{\chi\}$称为薄板的曲率矩阵。

式(9-7)可以写成矩阵形式:

$$\{M\} = \begin{Bmatrix} M_x \\ M_y \\ M_{xy} \end{Bmatrix} = [D]\begin{Bmatrix} -\dfrac{\partial^2 w}{\partial x^2} \\ -\dfrac{\partial^2 w}{\partial y^2} \\ -2\dfrac{\partial^2 w}{\partial x \partial y} \end{Bmatrix} = [D]\{\chi\} \tag{9-95}$$

将薄板的曲率矩阵用结点位移表示为:

$$\{\chi\} = [B]\{\delta\}^e \tag{9-96}$$

再将式(9-96)代入式(9-95),得:

$$\{M\} = [D][B]\{\delta\}^e = [S]\{\delta\}^e \tag{9-97}$$

3. 单元刚度矩阵

利用虚功原理求薄板的刚度矩阵。设薄板单元产生结点虚位移$\{\delta^*\}^e$,则板内各点相应的虚应变为:

$$\{\varepsilon^*\} = Z\{\chi^*\} = Z[B]\{\delta^*\}^e \tag{9-98}$$

单元体积内应力$\{\sigma\}$所做的虚功为$\{\varepsilon^*\}^T\{\sigma\}$,在整个单元内应力对虚位移所做的虚功应等于结点力$\{F\}^e$对虚位移所做的虚功,即:

$$(\{\delta^*\}^e)^{\mathrm{T}}\{F\}^e = \iint \{\chi^*\}^{\mathrm{T}}\{M\}\,\mathrm{d}x\mathrm{d}y \tag{9-99}$$

又因:

$$\{\chi^*\} = [B]\{\delta^*\}^e$$

$$[M] = [D][B]\{\delta\}^e$$

则

$$\{F\}^e = \iint [B]^{\mathrm{T}}[D][B]\,\mathrm{d}x\mathrm{d}y\{\delta\}^e \tag{9-100}$$

或

$$\{F\}^e=[K_c]^e\{\delta\}^e$$

式中：$[K_c]^e=\iint[B]^T[D][B]\mathrm{d}x\mathrm{d}y$ 称为单元的刚度矩阵。

4. 地基刚度矩阵

地基对于道面板的支承，可以看作是作用于板底的外荷载。通常假定此反力由若干矩形反力面积所组成，每个矩形面积上的反力是均布的，其重心同它上面道面板矩形单元的节点相重合。这些由地基反力所形成的节点反力荷载，也是通过地基刚度矩阵和有关的节点位移（垂直位移）相联系的。因此，弹性地基板的总刚度矩阵是由板的刚度矩阵和地基刚度矩阵叠加而成的。对于机场水泥混凝土道面板通常采用文克勒地基和弹性半空间地基两种地基模型。对于不同的地基，其刚度矩阵是不同的。

(1)文克勒地基

对于文克勒地基，由于某点的地基反力只与该点和垂直位移有关，故一个地基单元的反力与位移与其他单元的反力与位移无关。

对于文克勒地基，可采用简化的处理方法。在薄板划分单元后，把每个节点范围内的地基当作弹性支柱，并且以节点处的挠度作为支柱的压缩量，如图 9-7 所示。则地基反力来源于假定的弹性支柱，其反力施加于四个节点，用矩阵表示如式(9-101)所示。

$$\{p\}^e=\begin{Bmatrix}p_i\\p_j\\p_m\\p_p\end{Bmatrix}=kab\begin{Bmatrix}w_i\\w_j\\w_m\\w_p\end{Bmatrix}=[K_a]^e\{\delta\}^e \tag{9-101}$$

式中：$\{p\}^e$——地基单元的结点反力；

$\{\delta\}^e$——地基单元的结点位移；

$[K_a]^e$——地基单元的刚度矩阵，其表达式见式(9-102)。

$$[K_a]^e=kab\begin{bmatrix}L&&&\\&L&&\\&&L&\\&&&L\end{bmatrix} \tag{9-102}$$

式中：k——地基反应模量；

a、b——是单元的半宽；

L——子阵，其表达式如下：

$$L=\begin{bmatrix}1&&\\&0&\\&&0\end{bmatrix}$$

这种处理方法比较简单，对于边界不受约束的弹性地基板，在挠度比较均匀的情况下，不致产生过大的误差。但是，对于地基支承不均匀，特别是边界受约束的弹性地基板，则误差较大，应采用更为严密的方法。

较为严密的文克勒地基刚度矩阵的建立，仍可采用虚功原理，如图 9-8 所示。取一薄板单

元 $ijmp$,它除了承受节点力 $\{F\}^e$ 之外,还承受地基反力。在单元内任一点的垂直位移为 w,则作用于该点的地基反力为 $kw\mathrm{d}x\mathrm{d}y$。假设单元发生虚位移 $\{w^*\}$,节点处相应的节点虚位移为 $\{\delta^*\}^e$,单元内的虚应变为 $\{x^*\}$,则:

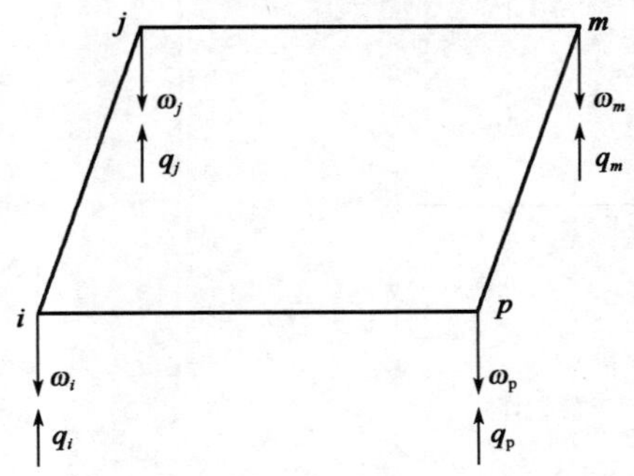

图 9-7　单元结点沉降与反力

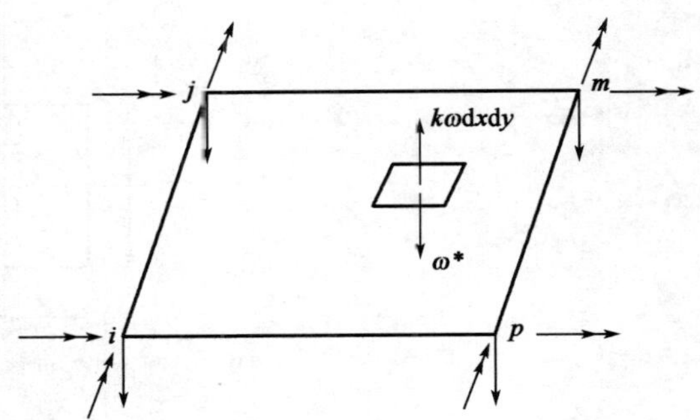

图 9-8　地基反力与相应的虚位移

$$(\{\delta^*\}^e)^{\mathrm{T}}\{F\}^e - \iint\{w^*\}^{\mathrm{T}}K\{w\}\mathrm{d}x\mathrm{d}y = \iint\{\chi^*\}^{\mathrm{T}}\{M\}\mathrm{d}x\mathrm{d}y \tag{9-103}$$

因为 $\{w\} = [N]\{\delta\}^e$,$\{w^*\} = [N]\{\delta^*\}^e$,$\{\chi^*\} = [B]\{\delta^*\}^e$,$\{M\} = [D][B]\{\delta\}^e$ 代入式(9-103),则得:

$$(\{\delta^*\}^e)^{\mathrm{T}}\{F\}^e - K\iint([N]\{\delta^*\}^e)^{\mathrm{T}}[N]\{\delta\}^e\mathrm{d}x\mathrm{d}y = \iint([B]\{\delta^*\}^e)^{\mathrm{T}}[D][B]\{\delta\}^e\mathrm{d}x\mathrm{d}y$$

应用矩阵乘积的逆序法则,且 $\{\delta\}^e$、$\{\delta^*\}^e$ 都不是坐标的函数,因此可得:

$$\{F\}^e = \left(\iint[B]^{\mathrm{T}}[D][B]\{\delta\}^e\mathrm{d}x\mathrm{d}y + K\iint[N]^{\mathrm{T}}[N]\mathrm{d}x\mathrm{d}y\right)\{\delta\}^e$$

可简写成:

$$\{F\}^e = ([K_{\mathrm{c}}] + [K_{\mathrm{a}}])\{\delta\}^e \tag{9-104}$$

式中:$[K_{\mathrm{a}}] = K\iint[N]^{\mathrm{T}}[N]\mathrm{d}x\mathrm{d}y$ 为地基刚度矩阵,将 $[N]$ 代入,就可得到地基刚度矩阵 $[K_{\mathrm{a}}]$。

(2)弹性半空间体地基

弹性半空间体地基由于荷载作用在某一施力面积上,不仅施力面积下地基发生沉陷,而且施力面范围以外的某一区域的地基也发生沉陷,也即地基上各点的挠度不仅与该点受到的压力有关,也与其他点作用的压力有关。

对于 $2a\times 2b$ 的等矩形单元划分,在围绕每一节点 i 的 $2a\times 2b$ 的矩形面积内,地基反力假定是均匀分布的,其值为 $P_i/4ab$。根据布辛涅斯克公式在任一节点 i 作用一垂直力 P_i 时,在另一节点 n 处产生的挠度为:

$$w_{ni} = \frac{P_i(1-\mu_0^2)}{\pi E_0 r_{ni}} \tag{9-105}$$

式中:r_{ni}——点 n 和点 i 间的距离。

矩形均匀荷载 q_i($q_i = P_i/4ab$)作用下在 n 点处[该点的坐标为 (x,y)]产生的挠度可通过对式(9-105)积分求得,如图 9-9 所示。

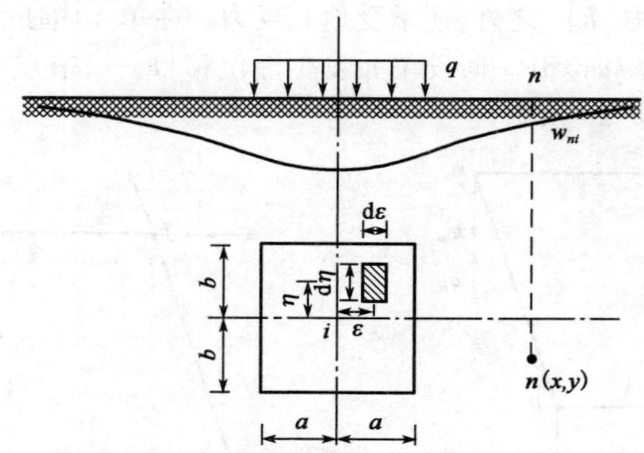

图 9-9　弹性半空间体地基受均布荷载作用

$$w_{ni} = \int_{-a}^{a}\int_{-b}^{b}\frac{P_i(1-\mu_0^2)\mathrm{d}\xi\mathrm{d}\eta}{4ab\pi E_0\sqrt{(x-\xi)^2+(y-\eta)^2}} = \frac{P_i(1-\mu_0^2)}{4ab\pi E_0}F_{ni} \tag{9-106}$$

式中：

$$\begin{aligned}F_{ni} = {} & (x+a)\ln\frac{\sqrt{(x+a)^2+(y+b)^2}+(y+b)}{\sqrt{(x+a)^2+(y-b)^2}+(y-b)} - \\ & (x-a)\ln\frac{\sqrt{(x-a)^2+(y+b)^2}+(y+b)}{\sqrt{(x-a)^2+(y-b)^2}+(y-b)} + \\ & (y+b)\ln\frac{\sqrt{(x+a)^2+(y+b)^2}+(x+a)}{\sqrt{(x-a)^2+(y+b)^2}+(x-a)} - \\ & (y-b)\ln\frac{\sqrt{(x+a)^2+(y-b)^2}+(x+a)}{\sqrt{(x-a)^2+(y-b)^2}+(x-a)}\end{aligned} \tag{9-107}$$

当荷载作用于面积中心处($x=y=0$)时，其挠度为：

$$w_{ii} = \frac{P_i(1-\mu_0^2)}{4ab\pi E_0}F_{ii} \tag{9-108}$$

式中：$F_{ii}=2\frac{a}{b}\ln\left(\sqrt{1+\frac{b^2}{a^2}}+\frac{b}{a}\right)+2\ln\left(\sqrt{1+\frac{a^2}{b^2}}+\frac{a}{b}\right)$。

对于荷载面积以外的各点，其挠度 w_{ni} 可以进行同样的积分求得。但为了计算简便起见，可近似地把均匀荷载当作作用于节点的集中荷载按式(9-105)计算。

于是地基上各矩形单元中心处的挠度$\{w\}$和反力$\{p\}$关系如下：

$$\{w\} = [F_s]\{p\} \tag{9-109}$$

式中：$[F_s]$——地基的柔度矩阵，它是一个 $n\times n$ 阶(n 为节点数)的对称正定的满矩阵，其对角线元素按式(9-108)计算，非对角线元素按式(9-105)计算。

地基对板反力，可通过对式(9-109)求逆解得：

$$\{p\} = [F_s]^{-1}\{w\} = [K_s]\{w\} \tag{9-110}$$

式中：$[K_s]$——弹性半空间体地基的刚度矩阵，与文克勒地基不同的是，弹性半空间体地基的刚度矩阵是对全体节点形成的，而不能形成单元刚度矩阵。

5. 荷载列阵

作用在薄板单元上的机轮荷载，需转化为作用在单元节点上的静力等效荷载。

转化的方法仍采用虚位移原理。设节点的虚位移为$\{\delta^*\}^e$，则单元上压力强度为 q 的荷载处也产生相应的虚位移$\{w^*\}=[N]\{\delta^*\}^e$。如单元等效节点荷载为$\{Q\}^e$，则有：

$$(\{\delta^*\}^e)^{\mathrm{T}}\{Q\}^e=\iint\{w^*\}^{\mathrm{T}}q\mathrm{d}x\mathrm{d}y=(\{\delta^*\}^e)^{\mathrm{T}}\iint[N]^Tq\mathrm{d}x\mathrm{d}y \tag{9-111}$$

因为虚位移$\{\delta^*\}^e$是任意的，于是有：

$$\{Q\}^e=\iint[N]^Tq\mathrm{d}x\mathrm{d}y \tag{9-112}$$

式中：$\{Q\}^e$——单元节点的荷载列阵，它是由每个节点法向荷载 Z_i 和力矩 T_{xi}、T_{yi}组成，即：

$$\{Q\}^e=[Z_i\quad T_{xi}\quad T_{yi}\quad Z_j\quad T_{xj}\quad T_{yj}\quad Z_m\quad T_{xm}\quad T_{ym}\quad Z_{\mathrm{p}}\quad T_{x\mathrm{p}}\quad T_{y\mathrm{p}}] \tag{9-113}$$

若有集中荷载作用于单元上的某点(x_0,y_0)，则此集中力向节点移置的等效节点力为：

$$\{Q\}^e=\frac{P}{8}[2\quad -b\quad a\quad 2\quad b\quad a\quad 2\quad b\quad -a\quad 2\quad -b\quad -a]^{\mathrm{T}} \tag{9-114}$$

当圆形均匀荷载作用于单元中心时，则有：

$$\begin{aligned}\{Q\}^e=\frac{q\pi r^2}{8}[2\quad &\frac{r^2}{4b}-b\quad a-\frac{r^2}{4a}\quad 2\quad b-\frac{r^2}{4b}\quad a-\frac{r^2}{4a}\quad 2\\ &b-\frac{r^2}{4b}\quad \frac{r^2}{4a}-a\quad 2\quad \frac{r^2}{4b}-b\quad \frac{r^2}{4a}-a]^{\mathrm{T}}\end{aligned} \tag{9-115}$$

式中：q——均匀荷载集度；

r——圆形均匀荷载半径。

6. 基本方程的形成与求解

(1)单元的平衡方程

确定了板单元刚度矩阵、地基刚度矩阵和荷载列阵之后，便可建立单元的平衡方程：

$$[K_{\mathrm{c}}]^e\{\delta\}^e=\{Q\}^e-\{p\}^e \tag{9-116}$$

对于文克勒地基板，可将板的单元刚度矩阵$[K_{\mathrm{c}}]^e$和地基的单元刚度矩阵$[K_{\mathrm{a}}]^e$叠加，成为单元的总刚度矩阵$[K]^e$，即：

$$[K_{\mathrm{c}}]^e\{\delta\}^e=\{Q\}^e-[K_{\mathrm{a}}]^e\{\delta\}^e$$

$$([K_{\mathrm{c}}]^e+[K_{\mathrm{a}}]^e)\{\delta\}^e=\{Q\}^e$$

$$[K]^e\{\delta\}^e=\{Q\}^e \tag{9-117}$$

对于弹性半空间地基，则应先将板的单元刚度$[K_{\mathrm{c}}]^e$集合成板的总刚度矩阵$[K_{\mathrm{c}}]$，然后与地基的总刚度矩阵$[K_s]$相叠加，组成集合体的总刚度矩阵$[K]$。

(2)集合体平衡方程

整个弹性地基板实为若干个离散单元的集合体，因此，在作单元分析之后，需将各单元集合成整体,进行整体分析。由于集合体的各个单元必须在节点处协调地连接起来,也即所有与某节点相接的单元在节点处必须具有相同的位移。所以,可根据各节点的平衡条件,把同该节点有关的各单元的刚度系数及荷载向量相叠加,从而形成节点的平衡方程组。

各单元及单元节点相应地编号。将各单元分别求得的刚度矩阵系数和荷载列阵,按编号相应填充到总刚度矩阵和总荷载列阵的相应位置上。叠加各节点的刚度系数和荷载列阵,就得到总刚度矩阵和荷载列阵。这样,便组成了集合体的平衡方程组:

$$(\sum_{e=1}^{E}[K]^{e})\{\delta\} = \sum_{e=1}^{E}\{Q\}^{e} \tag{9-118}$$

式中:E——集合体内的单元总数。

(3)边界条件

在有限元分析的位移法中,仅需规定几何边界条件,而力边界条件则已归入荷载列阵$\{Q\}$中。几何边界条件由支承或位移约束条件构成。如对于边缘为简支的板,可规定边缘上竖向位移分量等于零。在形成弹性地基板有限元的基本方程时,采用形成边处理几何边界的方法。即不形成位移为零的方程,因而得到的方程是降阶的。如有 n 个节点,有 m 个位移为零的几何边界条件,形成的基本方程有 $3n-m$ 个方程。

(4)求解

对平衡方程做了考虑边界条件的修正后,即可求解方程组,求出节点位移。求出节点位移后,可按有关公式计算出内力,进而算出应力。

7. 机场水泥混凝土道面板有限元分析

对于机场水泥混凝土道面板有限元分析,当机轮荷载作用于某块板时,应考虑其周围的板块对该板的影响。若把周围所有的板都考虑,则有九块共同作用。九块共同作用时的单元划分如图 9-10 所示。

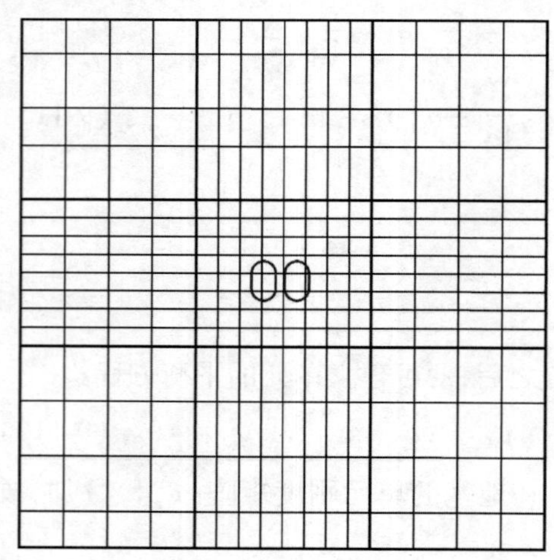

图 9-10　九块板单元划分

当考虑九块板共同作用时,由于板与板之间存在着接缝,板与板相邻单元上的相邻节点的位移分量是相关的。根据道面板的接缝形式,主要表现为三种力学特性,下面分别介绍。

(1)传力杆接缝

当采用传力杆传递剪力时,沿接缝处,中心板的挠度与边板的挠度是不同的,挠度差 W_d 是由于传力杆的剪切变形 ΔS 和传力杆下混凝土变形 ΔC 引起的,如图 9-11 所示。

中心板与边板的挠度差:

$$W_d = \Delta S + 2\Delta C \tag{9-119}$$

式中:ΔC——混凝土板下在传力杆的压迫下产生的变形(m);

ΔS——传力杆本身产生的变形(m);其表达式见式(9-120):

$$\Delta S = \frac{Pd}{GA} \tag{9-120}$$

P——被传递的荷载(MN);

d——接缝宽度(m);

A——传力杆截面积(m^2);

G——传力杆剪切模量(MPa)。

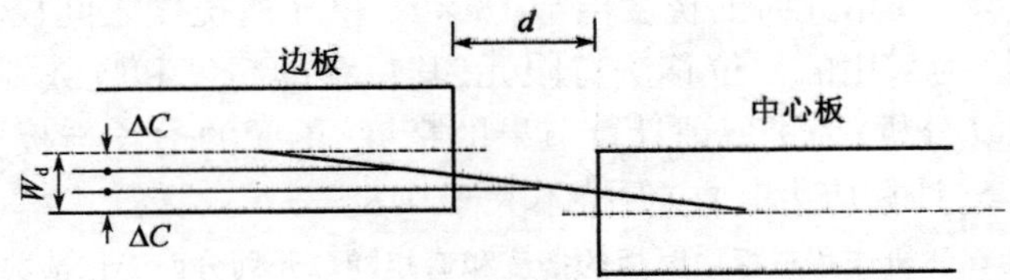

图 9-11　传力杆接缝处的挠度之差示意图

计算传力杆下混凝土的变形,可假定传力杆为一根梁,而混凝土为一弹性地基,则根据铁摩辛科的相关性地基板理论,可得:

$$\Delta C = \frac{P}{4\beta^3 EI}(2 + \beta d) \tag{9-121}$$

式中: E——传力杆的弹性模量(MPa);

I——传力杆的惯性矩(m^4);

d——传力杆的直径(m);

$\beta = \sqrt[4]{\frac{Kb}{EI}}$——插入混凝土内的传力杆的相对刚度(1/m);其中 K 为混凝土的反应模量。

传力杆本身的剪切变形 ΔS 可近似地按材料力学的剪切变形计算公式计算。由于 P 是从受荷板由传力杆传递给未受荷板的剪力,定义传力杆系数 C_w 为:

$$C_w = \frac{P}{w_d} = \frac{1}{\frac{d}{GA} + \frac{2 + \beta d}{2\beta^3 EI}} \tag{9-122}$$

对于给定的传力杆和混凝土面板,C_w 为一常数。

(2)企口缝或依靠骨料嵌销传递荷载

企口缝或假缝是靠接缝两侧的混凝土面直接接触来完成的。因此,影响因素较多,目前采用两种形式表示。

①弹簧常数分配法

由沿接缝处单位长度上的剪力 P_u 与接缝两侧的挠度差 W_d 之比表示。

$$C_s = \frac{P_u}{W_d} \tag{9-123}$$

式中:C_s——弹性常数。

②剪切传递效率法

假定沿缝两侧的每一对节点之间的挠度比值为一常数,即:

$$e = \frac{W_2}{W_1} \tag{9-124}$$

式中：W_2——未受荷板边挠度；

W_1——受荷板边挠度。

有限元的解算精度，同单元划分的粗细程度有关。表9-1为轰6飞机作用在板中时，道面板的挠度和弯矩随板单元划分所计算的结果。弯矩的收敛值介于8×8和10×10单元之间；挠度的收敛性较好，16×16单元时的挠度值与18×18单元的挠度之间仅相差0.000 02，相对误差小于1%。这是因为采用的是位移法有限元，其位移的精度和收敛性均要好于应力的精度和收敛性。经过计算分析，为了保证计算节果的精度，单元的边长与板厚的比值，在计算挠度时应保持不大于1.5，计算应力时，应保持不大于0.8。

轰6飞机作用在板中时板的挠度和弯矩随单元划分而变化情况 表9-1

单元划分	挠度(cm)	弯矩(MN·m/m)	
		M_x	M_y
8×8	0.031 479	12.502 7	13.829 6
10×10	0.031 633	14.252 9	14.832 3
12×12	0.031 709	15.110 8	15.198 1
14×14	0.031 757	15.457 4	15.210 8
16×16	0.031 792	15.523 1	15.034 2
18×18	0.031 818	15.440 5	14.776 9

注：计算条件：E_c=28 000MPa，μ_c=0.167，h_c=22cm；E_0=500MPa，μ_0=0.3；板尺寸为4m×4m；胎压0.9MPa。

第四节　水泥混凝土道面板温度应力分析

水泥混凝土道面板内部不同深度处的温度，随着所处环境的气温呈周期性的变化。这种温度的变化使水泥混凝土板出现变形。当板的变形受阻时，应会在水泥混凝土板中出现温度应力。板的这种变形可以分为伸缩变形和翘曲变形，由此产生的温度应力可分为伸缩应力和翘曲应力。

一、伸缩应力

混凝土板的平均温度是随气温的变化而变化的，这种变化分为日变化和年变化，这使得板的长度也呈现出日变化和年变化。当变形受到约束时，便会在板内产生伸缩应力。这种约束主要来自板基础之间的摩阻力，此外还有邻板之间的相互约束。当板平均温度下降时，板内则会出现拉应力；反之则出现压应力。

1. 完全受阻时的温度应力

现考察一块长度和宽度均很大的板，忽略其在垂直方向的应力作用，则属于平面问题，只有两个方向出现应力。当板的平均温度发生变化时，则板内任一点的应变为：

$$\begin{cases} \varepsilon_x = \dfrac{1}{E}(\sigma_x - \mu\sigma_y) + \alpha\Delta T \\ \varepsilon_y = \dfrac{1}{E}(\sigma_y - \mu\sigma_x) + \alpha\Delta T \end{cases} \tag{9-125}$$

式中：α——线膨胀系数；

E——混凝土的弹性模量；

ΔT——板的平均温度变化（℃），为后一瞬时温度减去前一瞬时温度。

在板中部，由于受到板和基层之间摩阻力的完全约束，在温度变化时，板不能变形（即 $\varepsilon_x=0,\varepsilon_y=0$）。以此代入式（9-125），可求伸缩完全受阻时产生的应力。

$$\sigma_x=\sigma_y=-\frac{E\alpha\Delta t}{1-\mu} \tag{9-126}$$

对于板边缘中部或窄长板，令其长边平行于 x 轴，则 $\varepsilon_x=0,\sigma_y=0$，此时，伸缩应力的计算公式为：

$$\sigma_x=-E\alpha\Delta t \tag{9-127}$$

由于温度是长时间作用的，不同于荷载的短时间的作用。在荷载的长时间作用下，混凝土的应变会随时间而增大，因而约束作用逐渐松弛。因此，在用式（9-126）和式（9-127）计算时，混凝土的弹性模量要采用考虑徐影响后的弹性模量。考虑徐变影响后的弹性模量 E_{cc} 可按式（9-128）计算。

$$E_{cc}=\frac{E_c}{1+C_t} \tag{9-128}$$

式中：E_c——水泥混凝土的弹性模量；

C_t——系数，按式（9-129）计算。

$$C_t=\frac{t^{0.6}}{b+t^{0.6}}C_{ult} \tag{9-129}$$

式中：t——时间（d）；

b——常数，混凝土在受荷前龄期大于7d时，可取为1.0；

C_{ult}——极限徐变系数，随混凝土受荷龄期、空气相对湿度和混凝土强度而变，其值范围在1.30～4.15之间。

2. 由板与基层之间摩阻作用而产生的应力

由于水泥混凝土道面板是直接浇筑在基层上的，其板与基层之间的摩阻力较大，成为产生伸缩应力的主要约束。仅考虑摩阻力影响的伸缩应力计算模型如图9-12所示。

若选取板端为坐标原点，则距板端为 x' 范围内单位宽度上长度为 x' 的板底摩阻力为：

$$T_x=rx'hf \tag{9-130}$$

式中：T_x——x' 长度上的摩阻力（MN/m）；

r——水泥混凝土的重度（MN/m^3）；

h——水泥混凝土板厚度（m）；

f——摩阻系数；

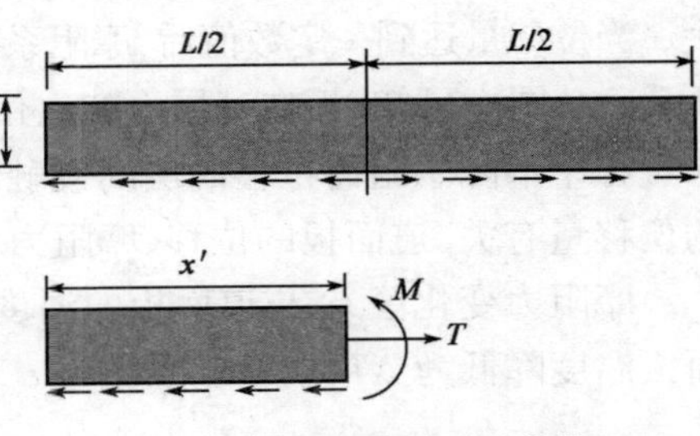

图9-12　道面板伸缩应力计算模型

x'——距板端的距离(m)。

作用在道面板底的摩阻力相当于作用于板底部的偏心力，将其移至板中点时，则产生拉(压)应力和弯矩(图9-12)。在此拉(压)应力和弯矩作用下，在距板端 x' 的道面板底产生最大拉应力 σ_{ts} 如下：

拉(压)力 F：

$$F = T_x = rhx'f \tag{9-131}$$

弯矩 M：

$$M = T_x \frac{h}{2} = \frac{1}{2}rh^2x'f \tag{9-132}$$

则在拉(压)力 F 和弯矩 M 共同作用下，混凝土板中某一点的应力为：

$$\sigma_{ts} = \frac{F}{h} + \frac{M}{W} = 4x'rf \tag{9-133}$$

当 $x' = \frac{L}{2}$ 时(即板中)，在混凝土道面板内产生摩阻应力达到最大，其值为：

$$\sigma_{tsmax} = 2Lrf \tag{9-134}$$

当混凝土板收缩时，因混凝土道面板摩阻应力最大值不应超过道面板完全受阻时的应力。当摩阻应力超过道面板完全受阻时的应力时，板的位置是保持不变的，则在道面板中部的伸缩应力是保持不变的，四周同时向中部收缩。

完全受阻时的混凝土道面应力计算公式为：

板中：

$$\sigma_{tsh} = \sigma_x = \sigma_y = -\frac{E\alpha\Delta T}{1-\mu} \tag{9-135}$$

板边缘中点(x 方向)：

$$\sigma_{tsb} = \sigma_x = -E\alpha\Delta T \tag{9-136}$$

当混凝土板和外部温度确定后，在板内产生的伸缩应力主要与板与基础之间的摩阻系数有关。摩阻系数的大小与板底的基层类型、板的伸缩量和伸缩位移的反复等因素有关。板在基层上开始滑动前，先与基层一起发生弹性变形，随后，随着位移量的增大，摩阻系数也相应增大。当位移量达到一定数值后，摩阻系数达到最大值。摩阻系数与位移量之间的关系如图9-13所示。从图中可知，板在基层上初次位移具有较高的摩阻系数；而在往复位移时，由于初次位移过程中消除了阻碍位移的层间接触面的不平整度，摩阻系数下降得很多。由于摩阻力与板的位移量有关，道面板的位移、摩阻力和摩阻应力的分布如图9-14所示。

摩阻力变化区 x_0 与道面板的温度变化和道面板与基层摩阻力随位移量变化有关。设道面板温度降低为 ΔT，线膨胀系数为 α，则距板中心 x 的点，其自由伸缩位移 Δu 为：

$$\Delta u = \alpha\Delta Tx \tag{9-137}$$

当 Δu 的位移量等于最大摩阻力的位移量时，可求得 x_0。设最大摩阻力的位移量为 w_0，则有：

$$x_0 = \frac{\omega_0}{\alpha \Delta T} \tag{9-138}$$

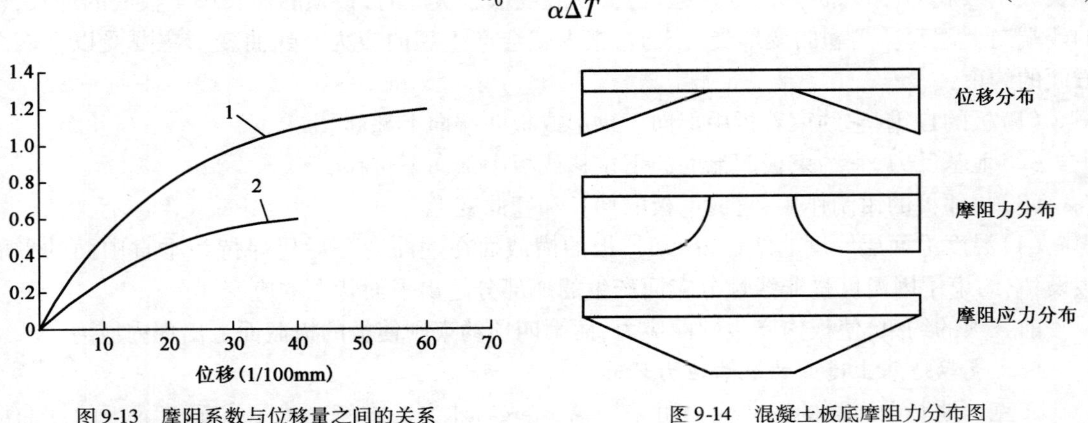

图 9-13　摩阻系数与位移量之间的关系
1-初位移；2-往复位移

图 9-14　混凝土板底摩阻力分布图

由于板中的摩阻力最大，对道面板产生的危害最大。考虑摩阻系数与位移量大小相关，由可得出板中的伸缩应力计算公式。板中摩阻力由以下两部分组成(坐标原点选取在板中点)。

当 $x \geqslant x_0$ 时，

$$F_{L1} = rhf_{max}\left(\frac{L}{2} - x_0\right) \tag{9-139}$$

式中：f_{max}——最大摩阻系数；

L——板长。

当 $x < x_0$ 时，

$$F_{L2} = \frac{2rhf_{max}w_0}{3\alpha \Delta T} \tag{9-140}$$

则板中的最大摩阻力 F_L 为：

$$F_L = F_{L1} + F_{L2} = rhf_{max}\left(\frac{L}{2} - \frac{w_0}{3\alpha \Delta T}\right) \tag{9-141}$$

则伸缩应力为：

$$\sigma_{tsmax} = \frac{F_L}{h} + \frac{F_L \frac{h}{2}}{W} = \frac{F_L}{h} + \frac{F_L \frac{h}{2}}{\frac{h^2}{6}} = 4rf_{max}\left(\frac{L}{2} - \frac{w_0}{3\alpha \Delta T}\right) \tag{9-142}$$

当 $\sigma_{tsmax} \geqslant \sigma_{tsh}$ 时，则摩阻应力 $\sigma_{tsmax} = \sigma_{tsh}$，即最大摩阻应力不能超过其完全受阻时产生的应力。

二、翘曲应力

当道面板内部的温度分布不均匀时，板将产生翘曲变形。如板顶温度高于板底时，板顶的伸长大于板底的伸长，板则向上拱起；当板顶温度低于板底时，板顶的伸长小于板底的伸长，板的四端向上翘起。当翘曲变形受约束时，板内就会产生翘曲应力。翘曲变形主要受以下四个方面的约束：

(1)板的自重，它约束着板中部向上拱起或板四端向上翘起。

(2)地基反力，它约束板四端的向下位移或板中部向下位移。

(3)相邻板的钳制作用，它约束板的伸长和翘曲变形。

(4)温度沿面层厚度非线性分布时，板的横截面在翘曲变形后仍保持为垂直中面的平面假设，它约束了因温度呈非线性分布而产生的那部分超出平面状态的应变。

前三项的约束，使板内产生翘曲应力，而第四项约束则使板的横截面上出现内应力。

1. 文克勒地基上道面的翘曲应力计算

文克勒地基上道面的翘曲应力可采用 Westergaard 方法求解。为了求解道面板的翘曲应力，做出如下假设：

①板与地基始终保持接触。

②温度沿板截面呈线性变化，ΔT 在板内各点相同。

③翘曲应力是由地基反力的约束引起的。

④板的自重忽略不计。

(1)无限大板中的温度应力计算公式

当考虑变温影响时，板内任一点的物理方程为：

$$\begin{cases} \varepsilon_x = \dfrac{1}{E}(\sigma_x + \mu\sigma_y) + \alpha T \\ \varepsilon_y = \dfrac{1}{E}(\sigma_y + \mu\sigma_x) + \alpha T \\ \gamma_{xy} = \dfrac{2(1+\mu)}{E}\tau_{xy} \end{cases} \tag{9-143}$$

式中：α——线膨胀系数；

T——板内某一点的变温。

由式(9-143)可求得：

$$\begin{cases} \sigma_x = \dfrac{E}{1-\mu^2}(\varepsilon_x + \mu\varepsilon_y) - \dfrac{E\alpha T}{1-\mu} = -\dfrac{Ez}{1-\mu^2}\left(\dfrac{\partial^2 w}{\partial x^2} + \mu\dfrac{\partial^2 w}{\partial y^2}\right) - \dfrac{E\alpha T}{1-\mu} \\ \sigma_y = \dfrac{E}{1-\mu^2}(\varepsilon_y + \mu\varepsilon_x) - \dfrac{E\alpha T}{1-\mu} = -\dfrac{Ez}{1-\mu^2}\left(\dfrac{\partial^2 w}{\partial y^2} + \mu\dfrac{\partial^2 w}{\partial x^2}\right) - \dfrac{E\alpha T}{1-\mu} \\ \tau_{xy} = \dfrac{E}{2(1+\mu)}\gamma_{xy} = -\dfrac{Ez}{1+\mu}\dfrac{\partial^2 w}{\partial x \partial y} \end{cases} \tag{9-144}$$

则板截面上的弯矩及扭矩的计算公式为：

$$\begin{cases} M_x = -D\left(\dfrac{\partial^2 w}{\partial x^2}+\mu\dfrac{\partial^2 w}{\partial y^2}\right)-\dfrac{E\alpha}{1-\mu}\displaystyle\int_{-h/2}^{h/2}Tz\mathrm{d}z = -D\left(\dfrac{\partial^2 w}{\partial x^2}+\mu\dfrac{\partial^2 w}{\partial y^2}\right)+M_{\mathrm{T}} \\ M_y = -D\left(\dfrac{\partial^2 w}{\partial y^2}+\mu\dfrac{\partial^2 w}{\partial x^2}\right)-\dfrac{E\alpha}{1-\mu}\displaystyle\int_{-h/2}^{h/2}Tz\mathrm{d}z = -D\left(\dfrac{\partial^2 w}{\partial y^2}+\mu\dfrac{\partial^2 w}{\partial x^2}\right)+M_{\mathrm{T}} \\ M_{xy} = -D(1-\mu)\dfrac{\partial^2 w}{\partial x\partial y} \end{cases} \tag{9-145}$$

由于假定板温度沿 z 方向呈线性变化，当板上、下表面的温度分别为 T_1、T_2 时，则距中面 z 处的温度为：

$$T = \frac{1}{2}(T_1+T_2)-\frac{z}{h}(T_1-T_2)$$

则可得

$$M_T = -\frac{E\alpha}{1-\mu}\int_{-h/2}^{h/2}\left[\frac{1}{2}(T_1+T_2)-\frac{z}{h}(T_1-T_2)\right]z\mathrm{d}z = D(1+\mu)\frac{\alpha\Delta T}{h} \tag{9-146}$$

将该式(9-146)代入式(9-145)得：

$$\begin{aligned} M_x &= -D\left[\frac{\partial^2 w}{\partial x^2}+\mu\frac{\partial^2 w}{\partial y^2}+(1+\mu)\frac{\alpha\Delta T}{h}\right] \\ M_y &= -D\left[\frac{\partial^2 w}{\partial y^2}+\mu\frac{\partial^2 w}{\partial x^2}+(1+\mu)\frac{\alpha\Delta T}{h}\right] \end{aligned} \tag{9-147}$$

上述式中：E——混凝土弹性模量(MPa)；

α——混凝土线膨胀系数；

$\Delta T = T_1 - T_2$。

由于无限大板的板中受到完全约束，不会产生翘曲变形，即 $w=0$，则有：

$$M_x = M_y = \frac{\alpha E\Delta T h^2}{12(1-\mu)} \tag{9-148}$$

相应产生的应力为：

$$\sigma_x = \sigma_y = \frac{\alpha E\Delta T}{2(1-\mu)} \tag{9-149}$$

(2)半无限板的温度应力

对一宽度为 B 的板，板长平行于 x 轴无限延伸，则板沿长度方向无翘曲变形，即板的挠度 w 只与 y 轴有关，则有 $\dfrac{\partial^2 w}{\partial x^2}=0$。以此代入式(9-146)中的 M_y 式，可得：

$$M_y = -D\left[\frac{\partial^2 w}{\partial y^2}+(1+\mu)\frac{\alpha\Delta T}{h}\right] \tag{9-150}$$

作用在板上的唯一外力是地基反力，根据文克勒地基假设 $q=kw$。对于板内任一微分单元体的平衡方程，则有：

$$\frac{d^2 M_y}{dy^2} = kw \tag{9-151}$$

将式(9-150)代入式(9-151),可得:

$$D\frac{d^4 w}{dy^4} + kw = 0 \tag{9-152}$$

式(9-152)也可表示成:

$$l^4\frac{d^4 w}{dy^4} + kw = 0 \tag{9-153}$$

式中:l——相对刚度半径。

式(9-152)的解为:

$$w = e^{\frac{y}{\sqrt{2}l}}\left(A_1\cos\frac{y}{\sqrt{2}l} + A_2\sin\frac{y}{\sqrt{2}l}\right) + e^{-\frac{y}{\sqrt{2}l}}\left(A_3\cos\frac{y}{\sqrt{2}l} + A_4\sin\frac{y}{\sqrt{2}l}\right) \tag{9-154}$$

根据边界条件,在板边缘处,弯矩和剪力等于零,即:

$$y = \pm\frac{B}{2}\text{时},M_y = 0,\frac{dM_y}{dy} = 0$$

将此边界条件代入式(9-154),可得:

$$w = w_0\frac{2\cos B_l \text{ch} B_l}{\sin 2B_l \text{sh} B_l}\Big[(-\tan B_l + \text{th} B_l)\cos\frac{y}{\sqrt{2}l}\text{ch}\frac{y}{\sqrt{2}l} + (\tan B_l + \text{th} B_l)\sin\frac{y}{\sqrt{2}l}\text{sh}\frac{y}{\sqrt{2}l}\Big] \tag{9-155}$$

式中:$B_l = \frac{B}{l\sqrt{8}}$;

$w_0 = \frac{(1+\mu)\alpha\Delta T l^2}{h}$。

代入弯矩计算公式,可得板顶 y 方向的翘曲应力:

$$\sigma_{ty} = \sigma_0\left\{1 - \frac{2\cos B_l \text{ch} B_l}{\sin B_l + \text{sh} 2B_l}\Big[(\tan B_l + \text{th} B_l)\cos\frac{y}{\sqrt{2}l}\text{ch}\frac{y}{\sqrt{2}l} + (\tan B_l - \text{th} B_l)\sin\frac{y}{\sqrt{2}l}\text{sh}\frac{y}{\sqrt{2}l}\Big]\right\} \tag{9-156}$$

式中:$\sigma_0 = \frac{\alpha E\Delta T}{2(1-\mu)}$。

同理,可得板顶 x 方向的翘曲应力:

$$\sigma_{tx} = \sigma_0\left\{1 - \mu\frac{2\cos B_l \text{ch} B_l}{\sin B_l + \text{sh} 2B_l}\Big[(\tan B_l + \text{th} B_l)\cos\frac{y}{\sqrt{2}l}\text{ch}\frac{y}{\sqrt{2}l} + (\tan B_l - \text{th} B_l)\sin\frac{y}{\sqrt{2}l}\text{sh}\frac{y}{\sqrt{2}l}\Big]\right\} \tag{9-157}$$

(3)有限尺寸板的温度应力计算

对于长度为 L、宽度为 B 的有限尺寸板,可采用近似方法求解。求解时,板的近似挠度 w 由 $w(x)$ 和 $w(y)$ 两部分组成,即:

$$w = w(x) + w(y) \tag{9-158}$$

式中,$w(x)$ 是 L 为有限值,$B\to\infty$ 时板条的挠度;$w(y)$ 是 B 为有限值,$L\to\infty$ 时板条的挠度。$w(x)$ 和 $w(y)$ 的计算式可参见式(9-154)。

根据弯矩公式和边界条件,可求得板内任一点的温度应力计算公式。

$$\begin{cases} \sigma_{tx} = \dfrac{E\alpha\Delta T}{2}\left(\dfrac{C_x + \mu C_y}{1-\mu^2}\right) \\ \sigma_{ty} = \dfrac{E\alpha\Delta T}{2}\left(\dfrac{C_y + \mu C_x}{1-\mu^2}\right) \end{cases} \tag{9-159}$$

式中:C_x 和 C_y——翘曲应力系数,其计算公式见式(9-160):

$$\begin{cases} C_x = 1 - \dfrac{2\cos A_l \text{ch} A_l}{\sin 2A_l + \text{sh}2A_l}\Big[(\tan A_l + thA_l)\cos\dfrac{x}{\sqrt{2}l}\text{ch}\dfrac{x}{\sqrt{2}l} + \\ \qquad (\tan A_l - \text{th}A_l)\sin\dfrac{x}{\sqrt{2}l}\text{sh}\dfrac{x}{\sqrt{2}l}\Big] \\ C_y = 1 - \dfrac{2\cos B_l \text{ch} B_l}{\sin 2B_l + \text{sh}2B_l}\Big[(\tan B_l + \text{th}B_l)\cos\dfrac{y}{\sqrt{2}l}\text{ch}\dfrac{y}{\sqrt{2}l} + \\ \qquad (\tan B_l - \text{th}B_l)\sin\dfrac{y}{\sqrt{2}l}\text{sh}\dfrac{y}{\sqrt{2}l}\Big] \end{cases} \tag{9-160}$$

式中:$A_l = \dfrac{L}{l\sqrt{8}}$;

$B_l = \dfrac{B}{l\sqrt{8}}$。

最大翘曲应力产生于板中,其计算公式为:

$$C_x = 1 - \frac{2\cos A_l \text{ch} A_l}{\sin 2A_l + \text{sh}2A_l}(\tan A_l + \text{th}A_l) \tag{9-161}$$

$$C_y = 1 - \frac{2\cos B_l \text{ch} B_l}{\sin 2B_l + \text{sh}2B_l}(\tan B_l + \text{th}B_l) \tag{9-162}$$

板边缘中点的最大翘曲应力为:

$$\sigma_{tx} = \frac{E\alpha\Delta T}{2}C_x \text{或} \ \sigma_{ty} = \frac{E\alpha\Delta T}{2}C_y \tag{9-163}$$

对不同的板长,可计算出不同位置的翘曲应力,其数值见表 9-2 和表 9-3。从表中的数值可以得出,随着板的长度的增大,翘曲应力最大值的位置发生变化,板长为 8m 时,翘曲应力的最大值位置在板中,随着板长度的增加,翘曲应力的最大值位置逐渐向板边缘移动。当板长达到 15m 时,翘曲应力最大值的位置为距板中 4m 处(表 9-2 和表 9-3 的计算条件为:水泥混凝土的弹性模量 $E = 30\ 000\text{MPa}$,板厚 $h = 0.30\text{m}$,地基反应模量 $k = 250\text{MPa}$,板的温度梯度 $\Delta T = 0.5℃/\text{cm}$,膨胀系数 $\alpha = 1 \times 10^{-5}/℃$,$Y$ 方向的板长为 5m,X 方向的板长见表 9-2 和表 9-3 中数字,上面为 σ_x,下面为 σ_y;应力单位为 MPa;坐标原点选在板中)。

翘曲应力变化情况(X 方向板长为 8m)　　表 9-2

Y(m) \ X(m)	0	1	2	3
0	1.570	1.525	1.253	0.529
	1.442	10414	1.370	1.250
1	1.506	1.461	1.189	0.465
	1.035	1.310	0.983	0.863
2	1.355	1.310	1.039	0.314
	0.121	0.113	0.068	0.051

翘曲应力变化情况(X 方向板长为 15m)　　表 9-3

Y(m) \ X(m)	0	1	2	3	4	5	6	7
0	1.447	1.449	1.460	1.492	1.522	1.425	0.951	0.079
	1.402	1.402	1.404	1.409	1.414	1.398	1.320	1.176
1	1.383	1.385	1.397	1.428	1.458	1.362	0.887	0.015
	1.015	1.015	1.017	1.022	1.027	1.011	0.933	0.789
2	1.232	1.234	1.246	1.277	1.307	1.211	0.736	-0.136
	0.100	0.101	0.102	0.108	0.113	0.097	0.018	-0.125

2. 弹性半空间地基上板的翘曲应力计算

迄今为止,尚无弹性半空间地基上板的翘曲应力的解析解。对于弹性半空间地基上板的翘曲应力,可采用有限元法进行分析和求解。

采用有限元法分析弹性半空间地基上板的翘曲应力,既可方便地考虑正或负温度梯度作用下地基反力和板自重约束对板内翘曲应力的影响,也可进一步分析板翘曲变形时同地基的接触情况,并考虑板与地基脱空对翘曲应力的影响。

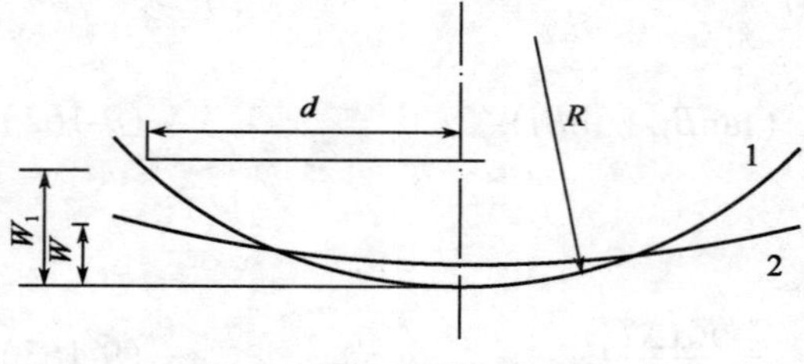

图 9-15　道面板的翘曲变形

1-自由翘曲时的位移;2-实际产生的位移

首先把道面板看作是支撑于弹性地基上的四周自由的矩形薄板。在顶面和底面出现温度坡差的情况下,道面板产生翘曲变形,如图 9-15 所示。假设温度坡差呈线性变化。如果翘曲变形不受约束,则其曲率可按下式确定。

$$\rho = \frac{\alpha \Delta T}{h} \tag{9-164}$$

若以板中心为原点,则距离原点为 d 处板因翘曲而产生的竖向位移 W_1 可按几何关系由下式确定:

$$w_1 = \frac{d^2}{2R} = \frac{\alpha \Delta T d^2}{2h} \tag{9-165}$$

式中:ΔT——板顶与板底的温差(℃),当顶面温度比底面温度高时取负值,反之,取正值;

R——曲率半径(m);

h——道面板厚度(cm)。

板受到地基反力与自重约束而实际产生的竖向位移为 W,则板受约束产生的竖向位移为 $W-W_1$,而地基的竖向位移也为 $W-W_1$,这部分位移量构成了使板产生翘曲应力的地基反力。

板划分为矩形单元,建立各单元的广义节点力和节点平衡方程(见本章第三节),可得到:

$$[K_c]\{\delta\} = \{Q\} - [K_s]\{\delta'\} \tag{9-166}$$

又 $\{\delta'\} = \{\delta\} - \{\delta'_1\}$,得到:

$$([K_c] + [K_s])\{\delta\} = \{Q\} + [K_s]\{\delta'_1\} \tag{9-167}$$

式中:$[K_c]$、$[K_s]$——板和地基的刚度矩阵;

$\{Q\}$——荷载或自重引起的节点力;

$$\{\delta\}\text{——节点位移,}\{\delta\}_i = \begin{Bmatrix} u \\ v \\ w \end{Bmatrix}; \tag{9-168}$$

$$\{\delta'\}\text{——地基的位移,}\{\delta'\}_i = \begin{Bmatrix} 0 \\ 0 \\ w - w_1 \end{Bmatrix}; \tag{9-169}$$

$$\{\delta'_1\}\text{——板自由翘曲时的位移,}\{\delta'_1\}_i = \begin{Bmatrix} 0 \\ 0 \\ w_1 \end{Bmatrix}。 \tag{9-170}$$

求解上述方程,即可得到各节点的位移和应力。

用有限元法对弹性半空间地基板在不同结构参数和温度梯度下的翘曲应力进行广泛的计算。计算所得的应力值,也可按式(9-159)和式(9-163)的形式表示出来,由此整理出板中点和板边缘的翘曲应力系数 C_x(或 C_y)与板的相对长度 L/l(或相对宽度 B/l)的关系曲线(l 为弹性半空间地基板的相对刚度半径),见式(9-45)。翘曲应力系数如图 9-16 所示。

对图 9-16 所示的弹性半空间地基板的板中翘曲应力系数 C_x(或 C_y),可将曲线公式化,得到式(9-171)。

$$\begin{cases} C_x = 1 - 1.55 \times \dfrac{\cos A_l \operatorname{ch} A_l}{\sin \dfrac{A_l}{2} + \operatorname{sh}(2.2A_l)} [\tan A_l + \operatorname{th}(1.07A_l)] \\ C_y = 1 - 1.55 \times \dfrac{\cos B_l \operatorname{ch} B_l}{\sin \dfrac{B_l}{2} + \operatorname{sh}(2.2B_l)} [\tan B_l + \operatorname{th}(1.07B_l)] \end{cases} \tag{9-171}$$

3. 考虑内应力影响的翘曲应力计算

水泥混凝土道面板温度沿厚度的分布,在大多数发情况下是呈非线性分布的,并且非线性分布的程度随着面层厚度的增加而越加显著。温度呈非线性分布时,面层不同深度处各层材料的变形也相应地具有出现非线性分布的倾向。然而,由于各层材料层间的相互制约,面层截面在非线性温度分布作用下产生变形后,仍保持为一垂直于中面的平面。因而,面层不同深度处的材料层便相应地受到拉伸或压缩的内应力作用。

将坐标原点位于板表面处,坐标方向向下,如图 9-17 所示。则温度的非线性分布所引起的内应力可按式(9-172)计算。

$$\sigma_{iz} = \frac{E\alpha}{1-\mu}\left[-T_z + \frac{1}{h}\int_0^h T_z \mathrm{d}z + \frac{12\left(\frac{h}{2}-z\right)}{h^3}\int_0^h T_z\left(\frac{h}{2}-z\right)\mathrm{d}z\right] \tag{9-172}$$

式中:σ_{iz}——距道面板表面 z 处的内应力(MPa);

T_z——距板表面 z 处的温度值(℃);

h——板厚(m);

E——水泥混凝土的弹性模量(MPa);

α——水泥混凝土的线膨胀系数,可取 1×10^{-5}/℃;

μ——水泥混凝土的泊松比,可取 0.15。

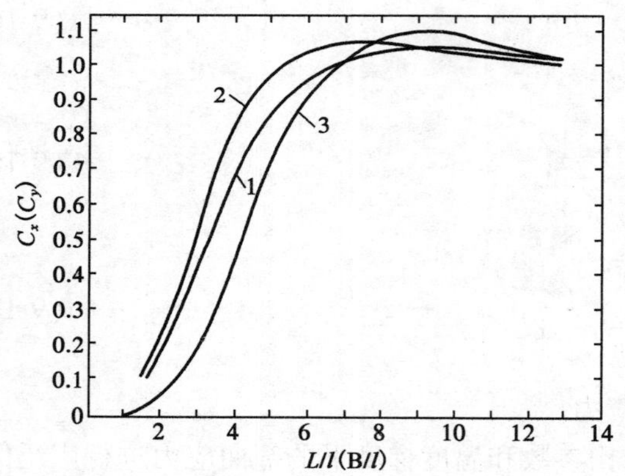

图 9-16　温度翘曲应力系数值

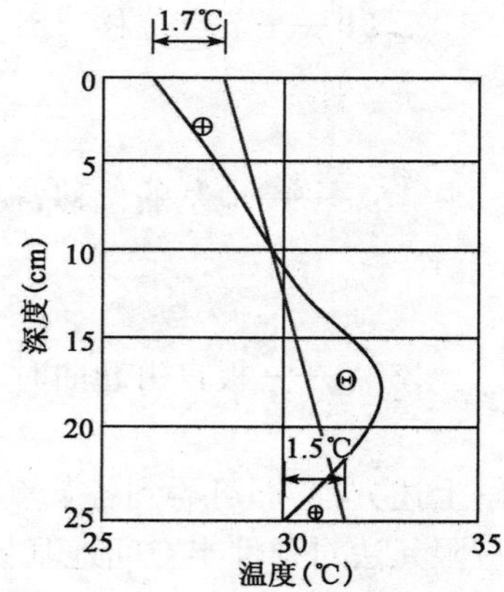

图 9-17　温度非线性分布时面层内的应力分布

式(9-172)便是面层板在不受任何约束情况下,由于温度的非线性分布所引起的温度内应力。当温度为直线分布时,其产生的内应力等于零。式(9-172)中右端的第三项表示自由翘曲时的情况,当板的翘曲变形完全受阻时,则除去此项而得到翘曲受阻时的温度内应力。式(9-172)中右端的第二项表示自由伸缩时的情况,当板的伸缩变形完全受阻时,则除去此项而得到伸缩受阻时的温度内应力。当板的伸缩和翘曲变形完全受阻时,则第二和第三项可除去,而得到板完全受阻时的温度内应力。

由于温度所引起的内应力和翘曲应力是随着温度的变化而变化的。图 9-18 为内应力和翘曲应力的日变化曲线。可以看出,出现最大温度翘曲应力和最大温度内应力的时刻不同。因而,考虑内应力影响的温度翘曲应力最大值,不能简单地把各自的最大值相加,而应在不同时刻通过叠加相应的翘曲应力和内应力得到的温度应力后,从中取得最大值。此最大温度应力值可表示为：

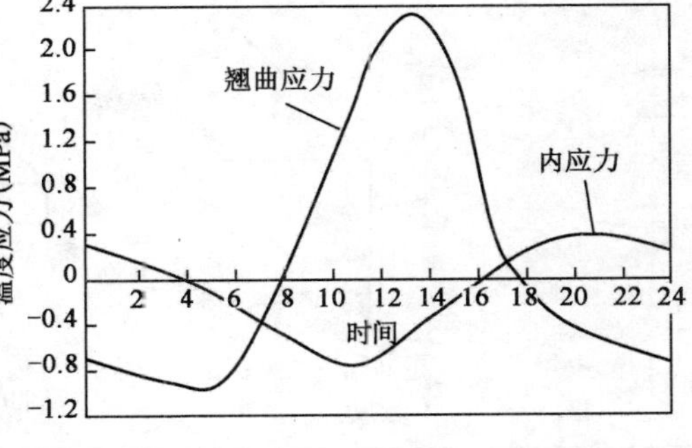

图 9-18　翘曲应力与内应力变化曲线

板中部：

$$\sigma_{\text{tqx}} = \frac{E\alpha\Delta T}{2(1-\mu^2)}\left(\frac{D_x+\mu D_y}{1+\mu}\right) \quad (9\text{-}173)$$

板边缘中部：

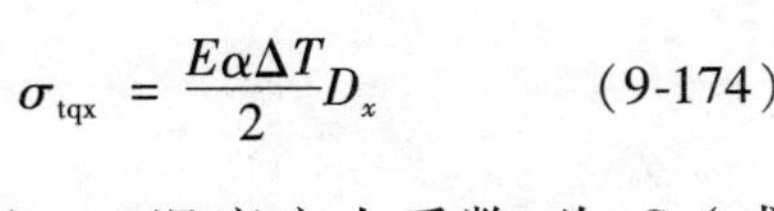

$$\sigma_{\text{tqx}} = \frac{E\alpha\Delta T}{2}D_x \quad (9\text{-}174)$$

式中：D_x（或 D_y）——温度应力系数，为 C_x（或 C_y）、α_h 和温度应力相位角的函数，它随 C_x（或 C_y）的增大而增大，但随板厚的增大而减少，其计算公式见式(9-175)：

$$D_x = 2.08C_x\mathrm{e}^{-0.0448h} - 0.154(1-C_x) \quad (9\text{-}175)$$

h——水泥混凝土道面板厚(cm)。

下标 x 表示沿板长度 L 方向，若沿板宽 B 方向，下标改为 y。

第五节　考虑夹层作用的双层道面板的计算方法

对于分离式双层道面板的计算，由于隔离层(即夹层)的存在，隔离层材料是可变形体，因此实际上、下板各相应点的挠度是不同的。只有当上层板直接直铺筑在下层板上时，上、下各点挠度才相等。一般情况下，上板的挠度大于下板的挠度。对于有夹层作用的双层道面板的应力分析，可以采用有限元方法，考虑双层板和地基的共同作用，并在上、下板之间增加一个夹层单元。

一、夹层单元刚度矩阵

对于弹性薄板，可以采用本章第三节中弹性地基板的有限元分析，即单元采用十二自由度矩形单元。下面推导夹层单元刚度矩阵。

图 9-19 所示为一夹层单元。单元 X 方向的长度为 $2a$、Y 方向的长度为 $2b$。夹层单元有 8 个节点，分别为 i、j、m、p 和 i'、j'、m'、p'。

上板节点位移为 w_i、$\theta_{xi}=\left(\frac{\partial w}{\partial y}\right)_i$、$\theta_{yi}=-\left(\frac{\partial w}{\partial x}\right)_i\cdots$

下板节点位移为 $w_{i'}$、$\theta_{xi'}=\left(\frac{\partial w}{\partial y}\right)_{i'}$、$\theta_{yi'}=-\left(\frac{\partial w}{\partial x}\right)_{i'}\cdots$

夹层单元的节点位移为：

$$\{\delta\}^e = [w_i \quad \theta_{xi} \quad \theta_{yi} \quad w_{i'} \quad \theta_{xi'} \quad \theta_{yi'}\cdots]^{\mathrm{T}} \quad (9\text{-}176)$$

夹层单元的节点力为

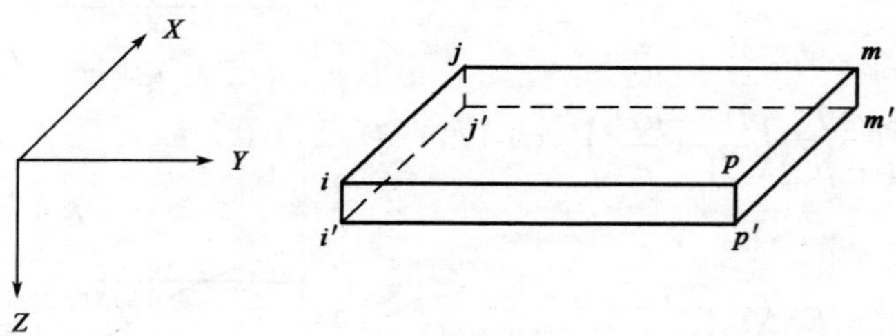

图 9-19 夹层单元

$$\{F\}^e = [\overline{W}_i \quad M_{\theta xi} \quad M_{\theta yi} \quad \overline{W}_{i'} \quad M_{\theta xi'} \quad M_{\theta yi'} \cdots]^{\mathrm{T}} \tag{9-177}$$

夹层单元上、下面的任意点的位移，根据薄板有限元理论，分别是上、下板各节点位移的函数，即：

$$w_{上} = N_i w_i + N_{xi}\theta_{xi} + N_{yi}\theta_{yi} + N_j w_j + N_{xj}\theta_{xj} + N_{yj}\theta_{yj} + N_m w_m + N_{xm}\theta_{xm} + N_{ym}\theta_{ym} + N_{\mathrm{p}} w_{\mathrm{p}} + N_{x\mathrm{p}}\theta_{x\mathrm{p}} + N_{y\mathrm{p}}\theta_{y\mathrm{p}} \tag{9-178}$$

$$w_{下} = N_i w_{i'} + N_{xi}\theta_{xi'} + N_{yi}\theta_{yi'} + N_j w_{j'} + N_{xj}\theta_{xj'} + N_{yj}\theta_{yj'} + N_m w_{m'} + N_{xm}\theta_{xm'} + N_{ym}\theta_{ym'} + N_{\mathrm{p}} w_{\mathrm{p}'} + N_{x\mathrm{p}}\theta_{x\mathrm{p}'} + N_{y\mathrm{p}}\theta_{y\mathrm{p}'} \tag{9-179}$$

式中：N_i、N_{xi}、N_{yi}…为板单元形函数，见式(9-93)。

双层道面的夹层厚度一般很小。假设夹层单元的法向力 σ_{n} 与垂直位移差 Δw 成正比，剪应力$\tau_{\mathrm{s}x}$、$\tau_{\mathrm{s}y}$分别与 X 和 Y 方向的位移差 Δu 和 Δv 成正比，即：

$$\begin{cases} \sigma_{\mathrm{n}} = \lambda_{\mathrm{n}}\Delta w \\ \tau_{\mathrm{s}x} = \lambda_{\mathrm{s}}\Delta u \\ \tau_{\mathrm{s}y} = \lambda_{\mathrm{s}}\Delta v \end{cases} \tag{9-180}$$

式中：λ_{n}——夹层材料的法向劲度系数；

λ_{s}——夹层材料的切向劲度系数。

如令

$$\{\sigma\} = \begin{Bmatrix} \sigma_n \\ \tau_{sx} \\ \tau_{sy} \end{Bmatrix}, [\lambda] = \begin{bmatrix} \lambda_{\mathrm{n}} & 0 & 0 \\ 0 & \lambda_{\mathrm{s}} & 0 \\ 0 & 0 & \lambda_{\mathrm{s}} \end{bmatrix}, \{\Delta\} = \begin{Bmatrix} \Delta w \\ \Delta u \\ \Delta v \end{Bmatrix} \tag{9-181}$$

则式(9-181)可写成：

$$\{\sigma\} = [\lambda]\{\Delta\} \tag{9-182}$$

若上板厚度为 $h_{上}$，由上板下表面的水平位移为：

$$u_{上} = -\frac{h_{上}}{2}\frac{\partial w_{上}}{\partial x}$$

$$v_{上} = -\frac{h_{上}}{2}\frac{\partial w_{上}}{\partial y} \tag{9-183}$$

同样,下板上表面的水平位移为:

$$\begin{cases} u_{下} = \dfrac{h_{下}}{2}\dfrac{\partial w_{下}}{\partial x} \\ v_{下} = \dfrac{h_{下}}{2}\dfrac{\partial w_{下}}{\partial y} \end{cases} \tag{9-184}$$

因此,夹层单元上、下相应点的垂直位移及水平位移差为:

$$\begin{cases} \Delta w = w_{上} - w_{下} \\ \Delta u = u_{上} - u_{下} \\ \Delta v = v_{上} - v_{下} \end{cases} \tag{9-185}$$

将式(9-178)、式(9-179)代入式(9-183)~式(9-185),整理后得:

$$\{\Delta\} = [M]\{\delta\}^{e} \tag{9-186}$$

式中:$[M]$——含形函数及其一阶导数的 3×24 阶矩阵。

利用虚功原理,得夹层单元的刚度矩阵为:

$$\{K\}_{夹}^{e} = \int_{-a}^{a}\int_{-b}^{b}[M]^{T}[\lambda][M]\mathrm{d}x\mathrm{d}y \tag{9-187}$$

双层板单元系由上、下板单元及夹层单元组成。夹层单元的刚度矩阵是 24×24 阶矩阵,而上、下板单元的刚度矩阵均是 12×12 阶矩阵。形成双层单元矩阵时,需将上、下板的单元刚度矩阵扩大成 24×24 阶矩阵,才能与夹层单元刚度矩阵叠加。

二、夹层的劲度系数

计算夹层的单元刚度矩阵时,要用到夹层的法向劲度系数 λ_n 和切向劲度系数 λ_s。这些系数根据试验求得。对具有夹层的双层道面进行荷载—位移试验,按下面的计算公式计算夹层劲度系数。

$$\begin{cases} \lambda_n = \dfrac{\partial \sigma}{\partial w} \\ \lambda_s = \dfrac{\partial \tau}{\partial u}\left(或\dfrac{\partial \tau}{\partial y}\right) \end{cases} \tag{9-188}$$

式中:w、u(或 y)——分别是夹层上、下面的垂直和水平位移。

由试验得出不同夹层材料的劲度系数如表 9-4 所示。

不同夹层材料的劲度系数　表 9-4

夹层材料	法向劲度系数 λ_n（MN/m^3）	切向劲度系数 λ_s（MN/m^3）
2cm 厚或石屑	50	4
2cm 砂石或石屑加塑料薄膜	50	2
5cm 厚砂或石屑	30	1
10cm 厚砂或石屑	30	0.5
一毡一油	1 000	20
一毡二油	1 000	10
无夹层（直接式）	1 000	50
无夹层（结合式）	1 000	100

三、计算结果分析

为了说明夹层的存在会给分离式双层道面的应力分布产生较大的影响，下面举例说明分离式双层道面和考虑夹层的双层道面在应力上的差别。

当上板厚度为 10cm，下板厚度为 15cm，板的尺寸为 300cm × 300cm，上板混凝土的弹性模量 $E_2 = 34\,000$MPa，下板弹性模量 $E_1 = 28\,000$MPa，土基弹性模量 $E_0 = 350$MPa，夹层为 2cm 砂时，承受荷载为 40kN（圆形接触面积为直径 30cm 的承载板）的情况下，板中内力实测值与计算值的对比情况如表 9-5 所示。

板中内力实测值与计算值的对比情况　表 9-5

部位	实测板中内力（MN · m）	按分离式等刚度原理计算内力（MN · m）	按考虑夹层作用理论计算内力（MN · m）
上板	4.952×10^{-5}	1.599×10^{-5}	4.422×10^{-5}
下板	2.622×10^{-5}	4.441×10^{-5}	2.465×10^{-5}

注：计算条件为 $\lambda_n = 30MN/m^3$，$\lambda_s = 4MN/m^3$。

按照分离式等刚度原理的理论，上、下板中的内力之比，应等于上、下板刚度（Eh^3）之比，为 0.36。实测所得上板内力要比下板大得多，上、下板内力之比为 1.9。按照考虑夹层作用的理论计算，上、直板的内力之比为 1.8，无论从内力的绝对值或上、下板内力的比值考虑夹层作用理论的计算结果都比较接近实测值。该例说明了由于夹层的存在，上板的挠度大于下板的挠度，上板的内力明显增大。如果仍按上、下挠度相等的分离式理论计算，结果是偏于危险的。

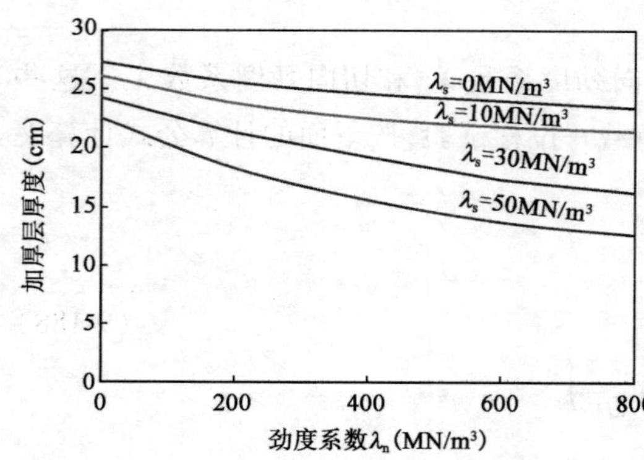

图 9-20　劲度系数 λ_n 值对加厚层厚度的影响

夹层材料的劲度系数对加厚层的影响如图 9-20所示。由图可见，随着劲度系数 λ_n 和 λ_s 值的增加，加厚层厚度减少。因此，在荷载相同的条件下，增大夹层材料的劲度系数 λ_n 和 λ_s 值，可以减薄加厚层的厚度。反之，如果采用 λ_n 和 λ_s 较小的软夹层，上层板在荷载作用下产生较大的挠度，内力因之增加，所需加厚层的厚度增加。

思 考 题

1. 小挠度弹性薄板理论的基本假设是什么?
2. 什么是轴对称课题?
3. 文克勒地基上无限大板的荷载应力如何计算?
4. 弹性半空间地基上无限大板的荷载应力如何计算?
5. 道面板伸缩应力如何计算?
6. 道面板翘曲应力如何计算?
7. 道面板的内应力是如何产生的? 如何进行计算?
8. 如何表示双层水泥混凝土道面夹层材料的力学特性。
9. 简述弹性地基上薄板有限元分析的基本原理和步骤。
10. 在弹性地基上薄板有限元分析中地基刚度矩阵与薄板刚度矩阵是如何进行叠加的?

第十章　沥青道面的荷载应力计算理论

沥青道面结构一般为层状体系。因此,研究沥青道面结构在荷载作用下的应力计算,采用的力学模型为层状体系理论。层状体系理论自 20 世纪 40 年代以来,逐步发展并取得了很大的进展。在层状体系的理论研究方面有英国的 L. Fox 和 W. E. A. Acum,苏联的科岗,法国的 G. Jeuffroy)等。随着计算机的快速发展和力学、数值计算的研究成果,用亨格尔(Hankel)变换式和反演法已编制出计算 n 层体系任一点的应力和位移的计算机程序。计算机程序主要有美国加利福尼亚(California)研究院的 ELSYM 程序,切夫隆(Chevron)研究公司的 CHEV-5L 程序,壳牌的 BISAR 程序和澳大利亚联邦科学与工业研究院的 GCP-1 程序等。这些成果为机场沥青道面的设计方法建立在以力学模型为基础的理论设计方法提供了理论依据,国内军用机场沥青道面的设计方法、美国地沥青学会和壳牌的沥青道面设计方法都是以层状体系理论为基础建立起来的。

第一节　弹性层状体系理论

道面结构一般由支撑在压实土基上的面层、基层、底基层等多个层次构成,组成沥青道面各层材料,其应力—应变关系大多都呈非线性,在机轮荷载作用下,会产生弹—黏—塑性变形。因此,沥青道面结构具有弹—黏—塑性性质。弹性性质说明道面结构产生可恢复的变形;黏性性质表示变形随时间发生变化;塑性性质表示荷载卸除后仍有残余变形。由于机场道面具有较高的结构强度,在飞机荷载作用下产生的塑性变形很小,加之飞机荷载作用的瞬时性,因此,可以把沥青道面结构视作弹性体系,将道面结构用弹性多层体系表示,采用弹性层状体系理论分析沥青道面各结构层的应力和位移。

一、计算模型与基本假设

弹性层状体系是指在弹性半空间体上有一层或多层厚度有限的弹性层,其力学计算模型如图 10-1 所示。

应用弹性力学方法求解弹性层状体系的应力、应变和位移等分量时,做出如下假设:

(1)各结构层内部是连续的,材料是均质的、各向同性的,是完全连续的弹性体,其弹性特征用弹性模量和泊松比表征。

(2)道面各层有确定的厚度,水平方向假定,土基在水平和深度方向都是无限大的,其上各层在水平方向是无限延伸的,但垂直方向具有一定厚度。

(3)道面结构在受机轮荷载作用以前,初应力为零,不考虑道面自重对应力的影响。

(4)道面和土基水平方向无限远处,应力、应变和位移等于零;土基无限深处,应力、应变和位移等于零。

(5)层与层之间的接触面假定为完全连续，或部分连续，或完全滑动。完全连续是指各层界面上的应变和位移完全连续；完全滑动时，仅竖向的应力和位移连续，而层间的剪应力等于零。

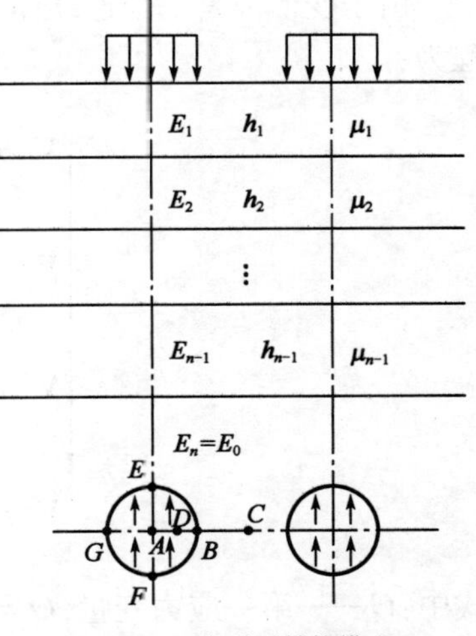

图 10-1　沥青道面结构模型

道面表面承受着机轮的垂直荷载以及飞机起飞、着陆、滑跑和制动过程中产生的水平荷载。对每个机轮采用圆形均布荷载表示，其表达式如下：

$$\begin{cases} p(r) = p & (r \leq a) \\ p(r) = 0 & (r > a) \end{cases} \tag{10-1}$$

式中：a——荷载圆半径。

二、应力与位移的求解

当飞机在道面上滑行时，除作用在垂直荷载外，还有水平荷载。对于垂直荷载作用下的层状体系是属于轴对称弹性空间课题，而对于水平荷载作用下的层状体系是属于非轴对称弹性空间课题。

对于层状体系的应力与位移的求解采用的是圆柱坐标体系，其微分体的受力状况如图 10-2所示。

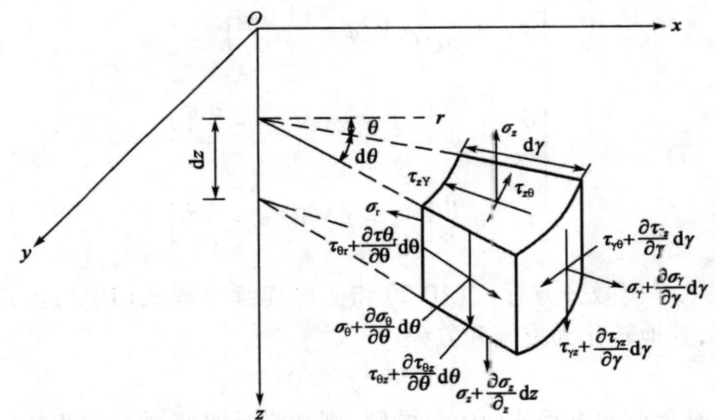

图 10-2　圆柱坐标系中微分单元受力分析图

1. 轴对称弹性空间课题的一般解

承受圆形均布垂直荷载作用的多层弹性体系，其 4 个应力分量为 σ_r、σ_θ、σ_z、τ_{zr}，2 个位移分量为 u、w。

根据弹性理论，不计体积力的平衡微分方程为：

$$\begin{cases} \dfrac{\partial\sigma_r}{\partial r} + \dfrac{\partial\tau_{zr}}{\partial z} + \dfrac{\sigma_r - \sigma_\theta}{r} = 0 \\[2ex] \dfrac{\partial\sigma_{zr}}{\partial z} + \dfrac{\partial\tau_{zr}}{\partial r} + \dfrac{\tau_{zr}}{r} = 0 \end{cases} \tag{10-2}$$

由于变形前是一个连续体,变形后也应是一个连续体,应满足变形连续方程。变形连续方程为:

$$\begin{cases}\nabla^2\sigma_r - \dfrac{2}{r^2}(\sigma_r - \sigma_\theta) + \dfrac{1}{1+\mu}\dfrac{\partial^2\Theta}{\partial r^2} = 0 \\ \nabla^2\sigma_\theta - \dfrac{2}{r^2}(\sigma_r - \sigma_\theta) + \dfrac{1}{1+\mu}\dfrac{1}{r}\dfrac{\partial\Theta}{\partial r} = 0 \\ \nabla^2\sigma_r + \dfrac{1}{1+\mu}\dfrac{\partial^2\Theta}{\partial z^2} = 0 \\ \nabla^2\tau_{zr} - \dfrac{\tau_{zr}}{r^2} + \dfrac{1}{1+\mu}\dfrac{\partial^2\Theta}{\partial r\partial z} = 0\end{cases} \tag{10-3}$$

式中:Θ——第一应力变量,$\Theta = \sigma_r + \sigma_\theta + \sigma_z$。

采用应力函数求解轴对称弹性空间课题主要有 Love 函数法和 Southwell 函数法。这里只介绍 Love 函数法。

设应力函数 $\varphi = \varphi(r,z)$,并将应力函数表示成:

$$\begin{cases}\sigma_r = \dfrac{\partial}{\partial z}\left(\mu\nabla^2\varphi - \dfrac{\partial^2\varphi}{\partial r^2}\right) \\ \sigma_\theta = \dfrac{\partial}{\partial z}\left(\mu\nabla^2\varphi - \dfrac{1}{r}\dfrac{\partial\varphi}{\partial r}\right) \\ \sigma_z = \dfrac{\partial}{\partial z}\left[(2-\mu)\nabla^2\varphi - \dfrac{\partial^2\varphi}{\partial r^2}\right] \\ \tau_{zr} = \dfrac{\partial}{\partial r}\left[(1-\mu)\nabla^2\varphi - \dfrac{\partial^2\varphi}{\partial z^2}\right]\end{cases} \tag{10-4}$$

将式(10-4)代入平衡微分方程式(10-2)和变形连续方程式(10-3)。式(10-2)方程中的第一个式恒等于零,其他转化为重调和方程。

$$\nabla^2\nabla^2\varphi = 0 \tag{10-5}$$

即若应力函数是重调和方程式(10-5)的解,则能满足平衡微分方程式(10-2)和变形连续方程式(10-3),并可由式(10-4)求出应力分量,再由物理方程求得应变分量;而位移分量则可由下式求得。

$$\begin{cases}u = -\dfrac{1+\mu}{E}\dfrac{\partial^2\varphi}{\partial r\partial z} \\ w = \dfrac{1+\mu}{E}\left[2(1-\mu)\nabla^2\varphi - \dfrac{\partial^2\varphi}{\partial z^2}\right]\end{cases} \tag{10-6}$$

对于重调和方程的求解可采用分离变量法或亨格尔积分变换法进行求解。下面介绍亨格尔积分变换法。

根据亨格尔积分变换法理论,可得:

$$\int_0^\infty r\,\boldsymbol{\nabla}^4\varphi(r,z)J_0(\xi r)\mathrm{d}r = \int_0^\infty r\,\boldsymbol{\nabla}^2[\boldsymbol{\nabla}^2\varphi(r,z)]J_0(\xi r)\mathrm{d}r$$

$$=\left(\frac{\mathrm{d}^2}{\mathrm{d}z^2}-\xi^2\right)\int_0^\infty r\,\boldsymbol{\nabla}^2\varphi(r,z)J_0(\xi r)\mathrm{d}r$$

$$=\left(\frac{\mathrm{d}^2}{\mathrm{d}z^2}-\xi^2\right)^2\int_0^\infty r\varphi(r,z)J_0(\xi r)\mathrm{d}r$$

$$=\left(\frac{\mathrm{d}^2}{\mathrm{d}z^2}-\xi^2\right)^2\bar{\varphi}(\xi,z) \tag{10-7}$$

由于 $\varphi(r,z)$ 满足重调和方程，即：

$$\boldsymbol{\nabla}^2\,\boldsymbol{\nabla}^2\varphi = 0 \tag{10-8}$$

则有：

$$\left(\frac{\mathrm{d}^2}{\mathrm{d}z^2}-\xi^2\right)^2\bar{\varphi}(\xi,z) = 0 \tag{10-9}$$

式中：$\bar{\varphi}(\xi,z)$——$\varphi(r,z)$ 的零阶亨格尔积分变换式，见式(10-10)。

$$\bar{\varphi}(\xi,z) = \int_0^\infty r\varphi(r,z)J_0(\xi r)\mathrm{d}r \tag{10-10}$$

通过上述亨格尔积分变换，将重调和方程转化为常微分方程，可采用一般的积分法求得其解为：

$$\varphi(r,z) = \int_0^\infty \xi[(A_\xi + B_\xi z)\mathrm{e}^{-\xi z} + (C_\xi + D_\xi z)\mathrm{e}^{\xi z}]J_0(\xi r)\mathrm{d}\xi \tag{10-11}$$

式中：　　ξ——积分变量；

A_ξ、B_ξ、C_ξ、D_ξ——均为 ξ 的函数，其值由边界条件和层间结合条件来确定。

将应力函数式(10-11)代入式(10-4)、物理方程和式(10-6)可得应力、应变和位移的计算公式。

$$\sigma_r = -\int_0^\infty \xi F_1 J_0(\xi r)\mathrm{d}\xi + \frac{1}{r}\int_0^\infty (F_1 + F_6)J_1(\xi r)\mathrm{d}\xi \tag{10-12a}$$

$$\sigma_\theta = \int_0^\infty \xi F_6 J_0(\xi r)\mathrm{d}\xi - \frac{1}{r}\int_0^\infty (F_1 + F_6)J_1(\xi r)\mathrm{d}\xi \tag{10-12b}$$

$$\sigma_z = \int_0^\infty \xi F_2 J_1(\xi r)\mathrm{d}\xi \tag{10-12c}$$

$$\tau_{zr} = \int_0^\infty \xi F_4 J_1(\xi r)\mathrm{d}\xi \tag{10-12d}$$

$$u = -\frac{1+\mu}{E}\int_0^\infty (F_1 + F_6)J_1(\xi r)\mathrm{d}\xi \tag{10-12e}$$

$$w = -\frac{1+\mu}{E}\int_0^\infty F_5 J_0(\xi r)\mathrm{d}\xi \tag{10-12f}$$

各式中 $F_i(i=1,2,\cdots,8)$ 因子式如下：

$$F_1 = [A-(1+2\mu-\xi z)B]\mathrm{e}^{-\xi z} - [C+(1-2\mu+\xi z)D]\mathrm{e}^{\xi z} \tag{10-13a}$$

$$F_2 = [A+(1-2\mu+\xi z)B]\mathrm{e}^{-\xi z} - [C-(1-2\mu-\xi z)D]\mathrm{e}^{\xi z} \tag{10-13b}$$

$$F_3 = [A-(1-\xi z)B]\mathrm{e}^{-\xi z} - [C+(1+\xi z)D]\mathrm{e}^{\xi z} \tag{10-13c}$$

$$F_4 = [A-(2\mu-\xi z)B]\mathrm{e}^{-\xi z} + [C+(2\mu+\xi z)D]\mathrm{e}^{\xi z} \tag{10-13d}$$

$$F_5 = [A+(2-4\mu+\xi z)B]\mathrm{e}^{-\xi z} + [C-(2-4\mu-\xi z)D]\mathrm{e}^{\xi z} \tag{10-13e}$$

$$F_6 = 2\mu B\mathrm{e}^{-\xi z} + 2\mu D\mathrm{e}^{\xi z} \tag{10-13f}$$

$$F_7 = E\mathrm{e}^{-\xi z} + F\mathrm{e}^{\xi z} \tag{10-13g}$$

$$F_8 = E\mathrm{e}^{-\xi z} - F\mathrm{e}^{\xi z} \tag{10-13h}$$

2. 非轴对称弹性空间课题的一般解

承受圆形均布水平荷载作用的多层弹性体系，其6个应力分量为 σ_r、σ_θ、σ_z、$\tau_{r\theta}$、$\tau_{\theta z}$、τ_{zr}，3个位移分量为 u、v、w。

根据弹性理论，不计体积力的平衡微分方程为：

$$\begin{cases} \dfrac{\partial\sigma_r}{\partial r} + \dfrac{1}{r}\dfrac{\partial\tau_{r\theta}}{\partial\theta}\dfrac{\partial\tau_{zr}}{\partial z} + \dfrac{\sigma_r-\sigma_\theta}{r} = 0 \\ \dfrac{\partial\tau_{r\theta}}{\partial r} + \dfrac{1}{r}\dfrac{\partial\sigma_\theta}{\partial\theta} + \dfrac{\partial\tau_{\theta z}}{\partial z} + \dfrac{2}{r}\tau_{r\theta} = 0 \\ \dfrac{\partial\tau_{zr}}{\partial r} + \dfrac{1}{r}\dfrac{\partial\tau_{\theta z}}{\partial\theta} + \dfrac{\partial\sigma_z}{\partial z} + \dfrac{1}{r}\tau_{zr} = 0 \end{cases} \tag{10-14}$$

由于变形前是一个连续体，变形后也应是一个连续体，应满足变形连续方程。变形连续方程为：

$$\begin{cases} \nabla^2\sigma_r - \dfrac{2}{r}(\sigma_r-\sigma_\theta) - \dfrac{4}{r^2}\dfrac{\partial\tau_{r\theta}}{\partial\theta} + \dfrac{1}{1+\mu}\dfrac{\partial^2\Theta}{\partial r^2} = 0 \\ \nabla^2\sigma_\theta + \dfrac{2}{r}(\sigma_r-\sigma_\theta) + \dfrac{4}{r^2}\dfrac{\partial\tau_{r\theta}}{\partial\theta} + \dfrac{1}{1+\mu}\left(\dfrac{1}{r}\dfrac{\partial\Theta}{\partial r} + \dfrac{1}{r^2}\dfrac{\partial^2\Theta}{\partial\theta^2}\right) = 0 \\ \nabla^2\sigma_z + \dfrac{1}{1+\mu}\dfrac{\partial^2\Theta}{\partial z^2} = 0 \\ \nabla^2\tau_{r\theta} + \dfrac{2}{r^2}\dfrac{\partial}{\partial\theta}(\sigma_r-\sigma_\theta) - \dfrac{4}{r^4}\tau_{r\theta} + \dfrac{1}{1+\mu}\dfrac{1}{r}\dfrac{\partial}{\partial\theta}\left(\dfrac{\partial\Theta}{\partial r} - \dfrac{1}{r}\Theta\right) = 0 \\ \nabla^2\tau_{\theta z} - \dfrac{\tau_{\theta z}}{r^2} + \dfrac{2}{r^2}\dfrac{\partial\tau_{zr}}{\partial\theta} + \dfrac{1}{1+\mu}\dfrac{1}{r}\dfrac{\partial^2\Theta}{\partial\theta\partial z} = 0 \\ \nabla^2\tau_{zr} - \dfrac{\tau_{zr}}{r^2} - \dfrac{2}{r^2}\dfrac{\partial\tau_{\theta z}}{\partial\theta} + \dfrac{1}{1+\mu}\dfrac{\partial^2\Theta}{\partial r\partial z} = 0 \end{cases} \tag{10-15}$$

式中：$\boldsymbol{\Theta}$——第一应力变量，$\boldsymbol{\Theta}=\sigma_r+\sigma_\theta+\sigma_z$；

$\boldsymbol{\nabla}^2$——非轴对称弹性空间课题的拉普拉斯算子，即：

$$\boldsymbol{\nabla}^2=\frac{\partial^2}{\partial r^2}+\frac{1}{r}\frac{\partial}{\partial r}+\frac{1}{r^2}\frac{\partial^2}{\partial\theta}+\frac{\partial^2}{\partial z^2}$$

设应力函数为：

$$\begin{cases}\boldsymbol{\Phi}=\boldsymbol{\Phi}(r,\theta,z)\\ \boldsymbol{\Psi}=\boldsymbol{\Psi}(r,\theta,z)\end{cases}\tag{10-16}$$

并给定：

$$\begin{cases}\sigma_r=\dfrac{\partial}{\partial z}\left(\mu\boldsymbol{\nabla}^2\boldsymbol{\Phi}-\dfrac{\partial^2\boldsymbol{\Phi}}{\partial r^2}\right)+\dfrac{2}{r}\dfrac{\partial}{\partial\theta}\left(\dfrac{\partial\boldsymbol{\Psi}}{\partial r}-\dfrac{\boldsymbol{\Psi}}{r}\right)\\ \sigma_\theta=\dfrac{\partial}{\partial z}\left(\mu\boldsymbol{\nabla}^2\boldsymbol{\Phi}-\dfrac{1}{r}\dfrac{\partial\boldsymbol{\Phi}}{\partial r}-\dfrac{1}{r^2}\dfrac{\partial^2\boldsymbol{\Phi}}{\partial\theta^2}\right)\\ \sigma_z=\dfrac{\partial}{\partial z}\left[(2-\mu)\boldsymbol{\nabla}^2\boldsymbol{\Phi}-\dfrac{\partial^2\boldsymbol{\Phi}}{\partial z^2}\right]\\ \tau_{r\theta}=\dfrac{1}{r}\dfrac{\partial^2}{\partial\theta\partial z}\left(\dfrac{\boldsymbol{\Phi}}{r}-\dfrac{\partial\boldsymbol{\Phi}}{\partial r}\right)-2\dfrac{\partial^2\boldsymbol{\Psi}}{\partial r^2}-\dfrac{\partial^2\boldsymbol{\Psi}}{\partial z^2}\\ \tau_{\theta z}=\dfrac{1}{r}\dfrac{\partial}{\partial\theta}\left[(1-\mu)\boldsymbol{\nabla}^2\boldsymbol{\Phi}-\dfrac{\partial^2\boldsymbol{\Phi}}{\partial z^2}\right]-\dfrac{\partial^2\boldsymbol{\Psi}}{\partial r\partial z}\\ \tau_{zr}=\dfrac{\partial}{\partial r}\left[(1-\mu)\boldsymbol{\nabla}^2\varphi-\dfrac{\partial^2\varphi}{\partial z^2}\right]+\dfrac{1}{r}\dfrac{\partial^2\psi}{\partial\theta\partial z}\end{cases}\tag{10-17}$$

将式(10-17)代入平衡微分方程式(10-14)和变形连续方程式(10-15)，则全部结果化为：

$$\begin{cases}\boldsymbol{\nabla}^4\boldsymbol{\Phi}=0\\ \boldsymbol{\nabla}^2\boldsymbol{\Psi}=0\end{cases}\tag{10-18}$$

式中：$\boldsymbol{\nabla}^4$——非轴对称弹性空间课题的重拉普拉斯算子，它等于两个非轴对称弹性空间课题的拉普拉斯算子的乘积，见式(10-19)。

$$\boldsymbol{\nabla}^4=\left(\frac{\partial^2}{\partial r^2}+\frac{1}{r}\frac{\partial}{\partial r}+\frac{1}{r^2}\frac{\partial^2}{\partial\theta}+\frac{\partial^2}{\partial z^2}\right)^2\tag{10-19}$$

这就是说，如果 $\boldsymbol{\Phi}=\boldsymbol{\Phi}(r,\theta,z)$ 是重调和方程的解，$\boldsymbol{\Psi}=\boldsymbol{\Psi}(r,\theta,z)$ 是调和方程的解，则式(10-14)和式(10-15)均可满足。因此，问题的解变成求解给定边界条件和层间结合条件的重调和方程和调和方程，求出应力函数 $\boldsymbol{\Phi}=\boldsymbol{\Phi}(r,\theta,z)$ 和 $\boldsymbol{\Psi}=\boldsymbol{\Psi}(r,\theta,z)$ 后，代入式(10-17)求得应力，进而根据广义虎克定律式(10-20)求得应变，并按式(10-21)求出位移分量。

$$\begin{cases}\varepsilon_{r} = \dfrac{1}{E}[\sigma_{r} - \mu(\sigma_{\theta} + \sigma_{z})] \\ \varepsilon_{\theta} = \dfrac{1}{E}[\sigma_{\theta} - \mu(\sigma_{r} + \sigma_{z})] \\ \varepsilon_{z} = \dfrac{1}{E}[\sigma_{z} - \mu(\sigma_{\theta} + \sigma_{r})] \\ \gamma_{r\theta} = \dfrac{1}{G}\tau_{r\theta} \\ \gamma_{\theta z} = \dfrac{1}{G}\tau_{\theta z} \\ \gamma_{zr} = \dfrac{1}{G}\tau_{zr}\end{cases} \tag{10-20}$$

$$\begin{cases}u = -\dfrac{1+\mu}{E}\left(\dfrac{\partial^2 \Phi}{\partial r \partial z} + \dfrac{2}{r}\dfrac{\partial \Psi}{\partial \theta}\right) \\ v = -\dfrac{1+\mu}{E}\left(\dfrac{1}{r}\dfrac{\partial^2 \Phi}{\partial \theta \partial z} + 2\dfrac{\partial \Psi}{\partial r}\right) \\ w = \dfrac{1+\mu}{E}\left(2(1-\mu)\nabla^2 \Phi - \dfrac{\partial^2 \Phi}{\partial z^2}\right)\end{cases} \tag{10-21}$$

求解重调和方程和调和方程,采用亨格尔积分变换法进行求解。将应力函数展开成如下的级数:

$$\begin{cases}\Phi(r,\theta,z) = \sum\limits_{k=0}^{\infty}\Phi_k(r,z)\cos k\theta_k \\ \Psi(r,\theta,z) = \sum\limits_{k=0}^{\infty}\Psi_k(r,z)\sin k\theta_k\end{cases} \tag{10-22}$$

若 $k=0$,则有:

$$\begin{cases}\Phi(r,\theta,z) = \Phi_0(r,z) \\ \Psi(r,\theta,z) = \Psi_0(r,z)\end{cases} \tag{10-23}$$

即,当式(10-22)中只有 $k=0$ 一项时,则非轴对称的应力函数转化为与极角无关的轴对称的应力函数。

将式(10-22)代入式(10-18),则可得如下的关系式。

$$\begin{cases}\nabla_k^4 \Phi_k = \left(\dfrac{\partial^2}{\partial r^2} + \dfrac{1}{r}\dfrac{\partial}{\partial r} + \dfrac{1}{r^2}\dfrac{\partial^2}{\partial \theta} + \dfrac{\partial^2}{\partial z^2}\right)^2 \Phi_k = 0 \\ \nabla_k^4 \Psi_k = \left(\dfrac{\partial^2}{\partial r^2} + \dfrac{1}{r}\dfrac{\partial}{\partial r} + \dfrac{1}{r^2}\dfrac{\partial^2}{\partial \theta} + \dfrac{\partial^2}{\partial z^2}\right)^2 \Psi_k = 0\end{cases} \tag{10-24}$$

根据亨格尔积分变换法,则

$$\begin{cases} \int_0^\infty r\,\nabla_k^4 \Phi_k J_k(\xi r)\,\mathrm{d}r = \left(\frac{\mathrm{d}^2}{\mathrm{d}z^2} - \xi^2\right)^2 \overline{\Phi}_k = 0 \\ \int_0^\infty r\,\nabla_k^2 \Psi_k J_k(\xi r)\,\mathrm{d}r = \left(\frac{\mathrm{d}^2}{\mathrm{d}z^2} - \xi^2\right)^2 \overline{\Psi}_k = 0 \end{cases} \tag{10-25}$$

式中:$\overline{\Phi}_k = \int_0^\infty r\Phi_k J_k(\xi r)\,\mathrm{d}r$;$\overline{\Psi}_k = \int_0^\infty r\Psi_k J_k(\xi r)\,\mathrm{d}r$ 。

通过上述变换,重调和方程与调和方程均转化为常微分方程,其解为:

$$\begin{cases} \overline{\Phi}_k = (A_\xi + B_\xi z)\mathrm{e}^{-\xi z} + (C_\xi + D_\xi z)\mathrm{e}^{\xi z} \\ \overline{\Psi}_k = E_\xi \mathrm{e}^{-\xi z} + F_\xi \mathrm{e}^{\xi z} \end{cases} \tag{10-26}$$

对式(10-26)进行亨格尔积分变换的反变换,可得:

$$\begin{cases} \Phi_k = \int_0^\infty \xi[(A_\xi + B_\xi z)\mathrm{e}^{-\xi z} + (C_\xi + D_\xi z)\mathrm{e}^{\xi z}]J_k(\xi r)\,\mathrm{d}\xi \\ \Psi_k = \int_0^\infty \xi(E_\xi \mathrm{e}^{-\xi z} + F_\xi \mathrm{e}^{\xi z})J_k(\xi r)\,\mathrm{d}\xi \end{cases} \tag{10-27}$$

根据式(10-27),则应力函数可表示为:

$$\begin{cases} \Phi(r,\theta,z) = \sum_{k=0}^{\infty}\int_0^\infty \xi \overline{\Phi}_k J_k(\xi r)\cos k\theta_k\,\mathrm{d}\xi \\ \Psi(r,\theta,z) = \sum_{k=0}^{\infty}\int_0^\infty \xi \overline{\Psi}_k J_k(\xi r)\sin k\theta_k\,\mathrm{d}\xi \end{cases} \tag{10-28}$$

式中:

$$\begin{cases} \overline{\Phi}_k = (A_\xi + B_\xi z)\mathrm{e}^{-\xi z} + (C_\xi + D_\xi z)\mathrm{e}^{\xi z} \\ \overline{\Psi}_k = E_\xi \mathrm{e}^{-\xi z} + F_\xi \mathrm{e}^{\xi z} \end{cases}$$

利用贝塞尔的微分关系:

$$\begin{cases} \frac{\mathrm{d}}{\mathrm{d}r}J_k(\xi r) = \frac{\xi}{2}[J_{k-1}(\xi r) - J_{k+1}(\xi r)] \\ \frac{\mathrm{d}^2}{\mathrm{d}r^2}J_k(\xi r) = \frac{\xi}{4}[J_{k-2}(\xi r) - 2J_k(\xi r) + J_{k+2}(\xi r)] \end{cases} \tag{10-29}$$

和递推公式:

$$J_{n+1}(x) = \frac{2n}{x}J_n(x) - J_{n-1}(x) \tag{10-30}$$

经过推导可得6个应力分量和3个位移分量的一般表达式如下：

$$
\begin{cases}
\sigma_r = -\sum\limits_{k=0}^{\infty}\int_0^{\infty}\xi\Big\{\left[A-(1+2\mu-\xi z)B\right]e^{-\xi z}- \\
\qquad \left[C+(1+2\mu+\xi z)D\right]e^{\xi z}\Big\}J_k(\xi r)\cos k\theta_k \mathrm{d}\xi + U - V \\
\sigma_\theta = 2\mu\sum\limits_{k=0}^{\infty}\int_0^{\infty}\xi(Be^{-\xi z}+De^{\xi z})J_k(\xi r)\cos k\theta_k \mathrm{d}\xi - U + V
\end{cases}
\tag{10-31}
$$

式(10-31)中：

$$
U = \sum_{k=0}^{\infty}\int_0^{\infty}\Big\{\left[A-(1-\xi z)B\right]e^{-\xi z}-\left[C+(1+\xi z)D\right]e^{\xi z}\Big\}
\left[\frac{k+1}{2r}J_{k+1}(\xi r)+\frac{k-1}{2r}J_{k-1}(\xi r)\right]\cos k\theta_k \mathrm{d}\xi
$$

$$
V = \sum_{k=0}^{\infty}\int_0^{\infty}(Ee^{-\xi z}+Fe^{\xi z})\left[\frac{k+1}{r}J_{k+1}(\xi r)-\frac{k-1}{r}J_{k-1}(\xi r)\right]\cos k\theta_k \mathrm{d}\xi
$$

$$
\begin{cases}
\sigma_z = \sum\limits_{k=0}^{\infty}\int_0^{\infty}\xi\Big\{\left[A+(1-2\mu+\xi z)B\right]e^{-\xi z}-\left[C-(1-2\mu-\xi z)D\right]e^{\xi z}\Big\} \\
\qquad J_k(\xi r)\cos k\theta_k \mathrm{d}\xi \\
\tau_{\theta z} = \dfrac{1}{2}\sum\limits_{k=0}^{\infty}\int_0^{\infty}\xi\Big\{\left[A-(2\mu-\xi z)B\right]e^{-\xi z}+\left[C+(2\mu+\xi z)D\right]e^{\xi z}\Big\} \\
\qquad \left[J_{k+1}(\xi r)+J_{k-1}(\xi r)\right]\sin k\theta_k \mathrm{d}\xi - \dfrac{1}{2}\sum\limits_{k=0}^{\infty}\int_0^{\infty}\xi(Ee^{-\xi z}-Fe^{\xi z}) \\
\qquad \left[J_{k+1}(\xi r)-J_{k-1}(\xi r)\right]\sin k\theta_k \mathrm{d}\xi \\
\tau_{zr} = \dfrac{1}{2}\sum\limits_{k=0}^{\infty}\int_0^{\infty}\xi\Big\{\left[A-(2\mu-\xi z)B\right]e^{-\xi z}+\left[C+(2\mu+\xi z)D\right]e^{\xi z}\Big\} \\
\qquad \left[J_{k+1}(\xi r)-J_{k-1}(\xi r)\right]\cos k\theta_k \mathrm{d}\xi - \dfrac{1}{2}\sum\limits_{k=0}^{\infty}\int_0^{\infty}\xi(Ee^{-\xi z}-Fe^{\xi z}) \\
\qquad \left[J_{k+1}(\xi r)+J_{k-1}(\xi r)\right]\cos k\theta_k \mathrm{d}\xi \\
\tau_{r\theta} = \sum\limits_{k=0}^{\infty}\int_0^{\infty}\xi(Ee^{-\xi z}+Fe^{\xi z})J_k(\xi r)\sin k\theta_k \mathrm{d}\xi + \sum\limits_{k=0}^{\infty}\int_0^{\infty}\Big\{\left[A-(1-\xi z)B\right] \\
\qquad e^{-\xi z}-\left[C+(1+\xi z)\right]e^{\xi z}\Big\}\left[\dfrac{k+1}{2r}J_{k+1}(\xi r)-\dfrac{k-1}{2r}J_{k-1}(\xi r)\right]\sin k\theta_k \mathrm{d}\xi - \\
\qquad \sum\limits_{k=0}^{\infty}\int_0^{\infty}(Ee^{-\xi z}+Fe^{\xi z})\left[\dfrac{k+1}{r}J_{k+1}(\xi r)+\dfrac{k-1}{r}J_{k-1}(\xi r)\right]\sin k\theta_k \mathrm{d}\xi
\end{cases}
\tag{10-32}
$$

3. 积分常数的确定

对于 n 层结构体系，无论是轴对称弹性空间课题和非轴对称弹性空间课题一般解的表达式中的参数 A_i、B_i、C_i、$D_i\cdots(i=1,2,3,\cdots,n)$ 等应按结构的表面边界条件和层间结合条件确定。

表面的边界条件可根据荷载作用的形式来确定。

表面仅作用圆形均布垂直荷载时，可列出两个边界条件，即：

$$\begin{cases}(\sigma_z)_{z=0} = \begin{cases}-p & (r \leqslant a)\\ 0 & (r > a)\end{cases}\\ (\tau_{zr})_{z=0} = 0\end{cases} \tag{10-33}$$

表面仅作用圆形均布水平荷载时，可列出三个边界条件，即

$$(\sigma_z)_{z=0} = 0$$

$$(\tau_{\theta z})_{z=0} = \begin{cases}-q(r)\sin\theta & (r \leqslant a)\\ 0 & (r > a)\end{cases}$$

$$(\tau_{zr})_{z=0} = \begin{cases}-q(r)\cos\theta & (r \leqslant a)\\ 0 & (r > a)\end{cases}$$

在第 j 层与第 $j+1$ 层之间的结合面上，若这两层是完全连续的，则有下列连续条件：

$$\begin{cases}(\sigma_z)_j = (\sigma_z)_{j+1}\\ (\tau_{zr})_j = (\tau_{zr})_{j+1}\\ (\tau_{\theta z})_j = (\tau_{\theta z})_{j+1}\\ (u)_j = (v)_{j+1}\\ (v)_j = (v)_{j+1}\\ (w)_j = (w)_{j+1}\end{cases} \tag{10-34}$$

对于只有垂直荷载作用时，由于轴对称的关系，式(10-34)中的第 2 项和第 5 项无效。

在第 j 层与第 $j+1$ 层之间的结合面上，若这两层是完全滑动的，则有下列连续条件：

$$\begin{cases}(\sigma_z)_j = (\sigma_z)_{j+1}\\ (\tau_{zr})_j = (\tau_{zr})_{j+1} = 0\\ (w)_j = (w)_{j+1}\end{cases} \tag{10-35}$$

对于第 n 层，可按无限深处($z\to\infty$)由荷载产生的应力和变形为零，即：

$$(\sigma_{\mathrm{r}}, \sigma_\theta, \sigma_z, \tau_{\theta z}, \tau_{zr}, \tau_{r\theta})_{z\to\infty} = 0 \tag{10-36}$$

可得：$C_n = D_n = F_n = 0$。

对于 n 层体系，当仅有垂直荷载作用时，可以列出 $4n-2$ 个方程；当仅有水平荷载作用时，可以列出 $6n-3$ 个方程。

当道面表面作用多个垂直和水平综合荷载时，先进行坐标变换，然后进行应力叠加即可。

第二节　流变材料的黏弹性特性

从普遍意义上说，组成沥青道面材料均为非弹性体，且在其实际工作范围内主要表现为黏弹性。材料的黏弹性的力学特征主要表面在以下三个方面。

(1)黏弹性材料的力学特征与激励速率有关。随着加载速度的增加,材料的强度和刚度均会提高。

(2)弹性材料的力学特征与其温度有关。随着温度的提高,材料的物理特征表面为变软,材料的强度和刚度均会变小。

(3)材料具有十分明显的松弛和徐变现象。

对于沥青道面材料的黏弹性可采用流变学理论进行研究。

材料的黏弹性可用弹簧和阻尼器的不同组合来表示。

材料的弹性用弹簧来表示,如图 10-3 所示,它服从虎克定律,即应力与应变成正比。

$$\sigma = E\varepsilon \tag{10-37}$$

式中:σ——材料所承受的应力;

ε——材料所产生的应变;

E——材料的弹性模量。

材料的黏性用阻尼器来表示,如图 10-4 所示。它代表的是牛顿液体,服从于牛顿黏性定律,即应力与应变速率成正比。

$$\sigma = \lambda \frac{\partial \varepsilon}{\partial t} \tag{10-38}$$

式中:λ——黏滞系数(Pa·s)。

在应力保持不变的情况下,经积分可得:

$$\varepsilon = \frac{\sigma t}{\lambda} \tag{10-39}$$

1. 麦克斯威尔(Maxwell)模型

麦克斯威尔模型是由一个弹簧和一个阻尼器串联组成,也称为串联模型(图 10-5)。它的本构方程可根据截面应力相等的原则建立起来,即弹簧和阻尼器承受相等的应力。若弹簧的应变为 ε_e,阻尼器的应变为 ε_n,则麦克斯威尔模型总应变 ε 为弹簧的应变 ε_e 和阻尼器的应变 ε_n 之和。

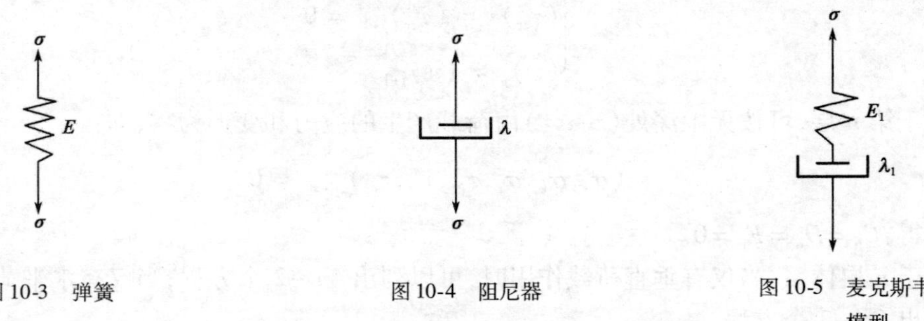

图 10-3 弹簧　　图 10-4 阻尼器　　图 10-5 麦克斯韦模型

$$\varepsilon = \varepsilon_e + \varepsilon_n \tag{10-40}$$

对式(10-40)两边对时间 t 求导,可得:

$$\begin{cases} \dot{\varepsilon}_e = \dfrac{\dot{\sigma}}{E_1} \\ \dot{\varepsilon}_n = \dfrac{\sigma}{\lambda_1} \end{cases} \tag{10-41}$$

即有：

$$\dot{\varepsilon} = \dot{\varepsilon}_e + \dot{\varepsilon}_n = \frac{\dot{\sigma}}{E_1} + \frac{\sigma}{\lambda_1} \tag{10-42}$$

麦克斯威尔模型的本构方程为：

$$\sigma + \frac{\lambda_1}{E_1}\dot{\sigma} = \lambda_1\dot{\varepsilon} \tag{10-43}$$

在常应力作用下，当 $t=0$ 时，则有 $\sigma=\sigma_0, \dot{\sigma}=0$，式(10-43)的解为：

$$\varepsilon(t) = \sigma_0\left(\frac{1}{E_1} + \frac{t}{\lambda_1}\right) \tag{10-44}$$

从式(10-44)可以得出，当时间无限延长时，即在任意小的应力作用下，变形也将无限增大。

在应变为常数时，当 $t=0$ 时，则有 $\varepsilon=\varepsilon_0, \dot{\varepsilon}=0$，式(10-43)的解为：

$$\sigma(t) = \sigma_0 e^{-\frac{t}{p_1}} \tag{10-45}$$

式中：$p_1=\frac{\lambda_1}{E_1}$可称松弛时间，它是应力降到初始值36.8%所需的时间。

当时间无限延长时，应变不变，而应力趋向于零。

在麦克斯威尔模型的本构方程中，若 $E_0\to\infty$，则弹簧为刚体，麦克斯威尔模型转化为牛顿体；若 $\lambda_0\to\infty$，则阻尼器成为刚体，麦克斯威尔模型转化为虎克体。

2. 开尔文(Kelvin)模型

开尔文模型是一个弹簧和一个阻尼器并联组成，也称延迟弹性模型，或称为非松弛模量，如图10-6所示。在这种并联连接下，弹簧和阻尼器具有相同的应变，即应变相等，而总应力等于两者应力之和。

若弹簧的应力为 σ_e，阻尼器的应力为 σ_n，则开尔文模型总应力 σ 为弹簧的应力 σ_e 和阻尼器的应力 σ_n 之和。

$$\sigma = \sigma_e + \sigma_n \tag{10-46}$$

将式(10-37)和式(10-38)代入式(10-46)，可得：

$$\sigma = E_2\varepsilon + \lambda_2\dot{\varepsilon} \tag{10-47}$$

在常应力作用下，当 $t=0$ 时，则有 $\sigma=\sigma_0, \dot{\sigma}=0$，式(10-47)的解为：

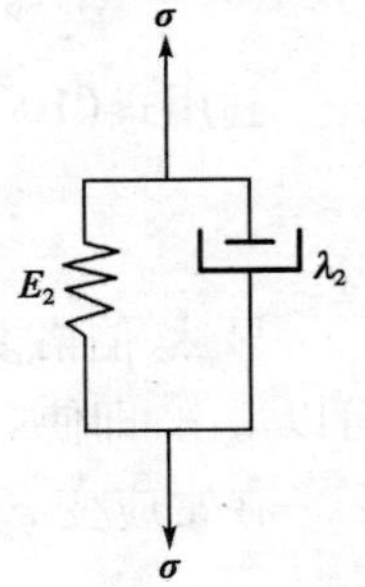

$$\varepsilon(t) = \frac{\sigma_0}{E_2}(1 - e^{-\frac{t}{p_2}}) \tag{10-48}$$

图10-6　开尔文模型

式中：$p_2=\frac{\lambda_2}{E_2}$。

由式(10-48)可知，当 $t=0$，则 $\varepsilon=0$；当 $t\to\infty$，则 $\varepsilon=\frac{\sigma}{E_2}$，即弹簧完全伸长达到总滞后应变；当 $t=p_2$ 时，则 $\varepsilon=0.632\frac{\sigma}{E_2}$。这样开尔文模型的滞后时间 p_2 是达到总滞后应变的63.2%所需的时间。如果在开尔文模型中没有并联的阻尼器，而只有弹簧，则当常应力 σ_0 作用时，应变 ε 即可达到$\frac{\sigma}{E_2}$。因此，阻尼器的存在，使得应变推迟“产生”。正因为这样开尔文模型又称延迟弹性模型。

3. 伯格(Burgers)模型

伯格模型是一个麦克斯威尔模型和一个开尔文模型的串联组成,如图 10-7 所示。在应力作用下,麦克斯威尔模型和开尔文模型的应力相等,均为 σ,其应变分别是 ε_1 和 ε_2,总应变 ε 为两者之和,即:

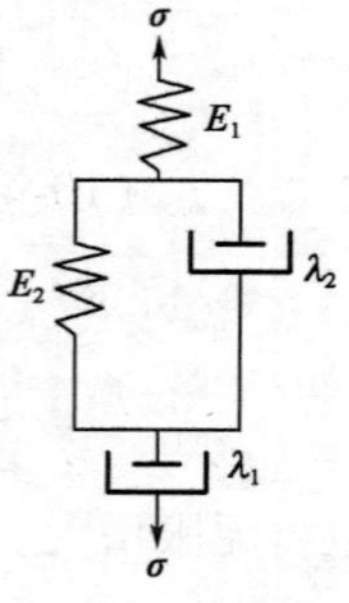

$$\varepsilon = \varepsilon_1 + \varepsilon_2 \tag{10-49}$$

根据式(10-43)和式(10-47),得:

$$\begin{cases} \dot{\varepsilon}_1 = \dfrac{\sigma}{\lambda_1} + \dfrac{1}{E_1}\dot{\sigma} \\ \dot{\varepsilon}_2 + \dfrac{E_2}{\lambda_2}\varepsilon_2 = \dfrac{\sigma}{\lambda_2} \end{cases} \tag{10-50}$$

图 10-7　伯格模型

由式(10-49)和式(10-50),消去 ε_1 和 ε_2,可得伯格模型的本构关系如下式所示。

$$\sigma + p_1\dot{\sigma} + p_2\ddot{\sigma} = q_1\dot{\varepsilon} + q_2\ddot{\varepsilon} \tag{10-51}$$

式中:$p_1 = \dfrac{\lambda_1}{E_1} + \dfrac{\lambda_1 + \lambda_2}{E_2}$;

$p_2 = \dfrac{\lambda_1\lambda_2}{E_1E_2}$;

$q_1 = \lambda_1$;

$q_2 = \dfrac{\lambda_1\lambda_2}{E_2}$。

利用式(10-44)、式(10-48)和式(10-49),可得蠕变方程。

$$\varepsilon(t) = \sigma_0\left[\frac{1}{E_1} + \frac{1}{\lambda_1}t + \frac{1}{E_2}\left(1 - e^{-\frac{E_2}{\lambda_2}t}\right)\right] \tag{10-52}$$

显然,伯格模型的蠕变方程为麦克斯威尔模型与开尔文模型的蠕变方程之和。从式(10-52)可以得出,即使应力 σ_0 很小,应变 ε 也会无限增加,故伯格模型本质上是液体模型。

在常应变 $\varepsilon = \varepsilon_0$ 作用下,当 $t > 0$ 时,则有 $\dot{\varepsilon} = \ddot{\varepsilon} = 0$,式(10-51)变为:

$$\sigma + p_1\dot{\sigma} + p_2\ddot{\sigma} = 0 \tag{10-53}$$

解此方程,可得应力松弛方程:

$$\sigma = \frac{q_2}{p_2}\frac{\varepsilon_0}{\alpha - \beta}\left[\left(\frac{q_1}{q_2} - \beta\right)e^{-\beta t} - \left(\left(\frac{q_1}{q_2} - \alpha\right)e^{-\alpha t}\right)\right] \tag{10-54}$$

式中:$\alpha = \dfrac{p_1 + \sqrt{p_1^2 - 4p_2}}{2p_2}$;

$\beta = \dfrac{p_1 - \sqrt{p_1^2 - 4p_2}}{2p_2}$。

从式(10-54)可以得出,当 $t = 0$ 时,伯格模型立即产生瞬时应力 $E_1\varepsilon_0$,随后应力逐渐衰减,直至时间无限大时应力完全松弛,残留应力趋向于零。

从以上几种模型分析可以得出如下结论:

(1)黏弹性模型的微分型本构方程,其最高阶数等于黏性元件的个数。

(2)如果模型中串联有单个弹性元件,则模型具有瞬时弹性。

(3)如果模型中只串联有黏性元件,则本构方程中仅包含应变对时间的导数,模型在无限大时刻的变形只产生黏性流动,变形可无限发展,且应力能够完全松弛。

思 考 题

1. 弹性层状体系理论的基本假设是什么?
2. 弹性层状体系理论有何适用条件?
3. 流变材料的黏弹性模型有几种? 各自有何特点?

第十一章　道面结构可靠度设计理论和方法

可靠性设计方法是采用结构的可靠概率(或失效概率)来度量结构的可靠性。长期以来结构设计均采用定值设计方法,如允许应力法、极限状态法等。这些方法或者将设计参数都看作是一成不变的定值,或者在荷载和材料强度取值上部分考虑了统计变异性,但它们都没有脱离以经验为主来估计结构可靠度的范畴。定值设计法常使人们误认为只要结构设计满足规定的安全系数要求,结构就会百分之百可靠。事实上,由于荷载效应和结构抗力受各种偶然因素的影响,都是随时间或空间而变的随机函数,定值设计法无法正确反映结构可靠性的本质,缺乏科学性。

1984 年原国家建委颁布了国家标准《建筑结构设计统一标准》(GBJ 68—1984),规定在各类结构设计中必须采用基于可靠性理论的设计方法,以取代传统的定值设计方法,实现建筑结构设计方法的更新换代。可靠性设计方法将设计、施工和管理水平有机结合在一起,能反映出施工技术和管理水平对道面设计的影响,可以促使施工单位采用先进的施工技术和管理方法。可靠性设计方法设计出的道面结构比用定值设计方法设计的道面结构更合理。

第一节　可靠度理论的基本概念

一、可靠性

一个结构具有安全、适用和耐久性等性能,就可以认为它是可靠的。结构设计要解决的根本问题是:在结构的可靠与经济之间选择一种合理的平衡,力求以最经济的途径,使建造的结构物能满足各种预定功能的要求。

结构的可靠问题,可以用可靠性来描述。结构可靠性定义为:"结构在规定的时间内,在规定的条件下,完成预定功能的能力"。一般来说,结构应满足下列各项功能的要求:

(1)能承受在正常施工和正常使用期间可能出现的各种作用(荷载)。

(2)在正常使用时,结构及其组成构件具有良好的工作性能。

(3)在正常维护下具有足够的耐久性。

(4)在发生规定的偶然事件情况下,结构能保持必要的整体稳定性。

上述第(1)、(4)两项的要求,符合性能指标中的安全性;第(2)项的要求符合适用性;第(3)项的要求符合耐久性。结构的安全性、适用性、耐久性总称为结构的可靠性。

二、可靠度

结构的可靠性数量度量指标用可靠度来描述。结构可靠度定义为:"结构在规定的时间内,在规定的条件下,完成预定功能的概率"。

“规定的时间”是指分析结构可靠度时考虑各项基本变量与时间关系所取用的时间参数，称为设计基准期。它的作用是计算结构可靠度时的参考时间坐标，即在这个时间域内所计算的可靠度结果有效，也可以说是在这个时间域内所计算的完成预定功能的概率不会改变。因此，设计基准期与结构的使用寿命有一定的联系，但不能简单地把两者等同起来。若结构的使用时间超过了设计基准期，只是说明所计算的完成预定功能的概率改变了，但是，并不等于结构丧失了功能或不能使用了。设计基准期是根据结构的重要性和使用情况等因素综合而定。

“规定的条件”是指结构设计时所确定的正常设计、正常施工和正常使用的条件。

“预定功能”是指上述的四项功能。完成各项功能的标志用“极限状态”来衡量。

上述结构可靠度定义是从统计数学观点出发的，因而在各种随机因素的影响下，结构完成预定功能的能力不能事先确定，只能用既科学又能定量的概率来描述。

三、极限状态

结构功能的极限状态定义为：“整个结构或结构的一部分超过某一特定状态就不能满足设计规定的某一功能要求，此特定状态称为该功能的极限状态”。极限状态实质上就是结构可靠（有效）或不可靠（失效）的界限。对于结构的各种极限状态，均应该规定明确的标志及限值。

我国的《工程结构可靠度设计统一标准》（GB 50153—2008）和《公路工程结构可靠度设计统一标准》（GB/T 50283—1999）将极限状态划分为承载能力极限状态和正常使用极限状态两类。承载能力极限状态关系到结构的破坏和安全问题，例如桥梁结构整体或局部是否失稳，构件或连接是否破坏，路面是否疲劳断裂等，是设计必须解决的结构的主要问题。正常使用极限状态仅涉及结构的工作条件和性能，例如桥梁结构的变形或振动是否过大，构件裂缝是否过宽，路面的不平整度是否过大等。这些现象并不引起结构的破坏，不造成生命和国家财产的严重损失。因此，结构的正常使用极限状态设计，其可靠度水平一般要低于承载能力极限状态设计。

四、极限状态方程

在结构可靠度分析中，结构的功能通常以“极限状态”作为标志。在进行结构分析时，针对所要求的结构各种功能，把这些有关因素均作为“基本变量”$X_1,X_2,\cdots,X_n$ 来考虑，建立极限状态方程。

$$Z = g(X_1,X_2,\cdots,X_n) = 0 \tag{11-1}$$

式中：Z 或 $g(\cdot)$ 为结构的功能函数。

“基本变量”$X_1,X_2,\cdots,X_n$ 是指结构上的各种作用或作用效应、材料性能、几何尺寸等。也可以将若干个基本变量组成综合变量，例如将作用方面的基本变量组合成综合作用效应 S，抗力方面的基本变量组合成综合抗力 R，则结构的极限状态方程变为：

$$Z = g(R,S) = R - S = 0 \tag{11-2}$$

若 $Z=R-S>0$，表明结构处于可靠状态。

若 $Z=R-S<0$,表明结构已失效或破坏。

若 $Z=R-S=0$,表明结构处于极限状态。

显然,不同的设计问题,功能函数及相应的极限状态方程的形式和内容均不相同。只要对作用效应 S 和综合抗力 R 赋予不同的意义,各类极限状态方程仍可用通式 $Z=R-S=0$ 表示。

五、失效概率

结构或结构构件完成预定功能($Z\geqslant 0$)的概率称为可靠概率,亦称可靠度(p_s);不能完成预定功能($Z\leqslant 0$)的概率,称为失效概率(p_f)。

假定极限状态功能函数的基本变量只有两个变量。

设功能函数仅与作用效应 S(由结构上的作用而引起的各种内力、变形等)和结构抗力 R(结构抵抗破坏或变形等的能力,如极限内力、极限强度、刚度以及抗滑力、抗倾覆力矩等)两个基本变量有关,则结构承载能力的功能函数为:

$$Z = g(R,S) = R - S \tag{11-3}$$

相应的极限状态方程为:

$$Z = R - S = 0 \tag{11-4}$$

根据 R、S 的概率分布为正态分布阐述失效概率。

已知 R、S 均服从正态分布,且相互独立,其均值和标准差为 μ_R、μ_S 和 σ_R、σ_S,而功能函数 Z 是 R、S 两个随机变量联合组成的新函数。由概率论可知 Z 也服从正态分布,其平均值和标准值分别为 $\mu_Z=\mu_R-\mu_S$ 及 $\sigma_Z=\sqrt{\sigma_R^2+\sigma_S^2}$。$Z$ 的概率密度函数为:

$$f_Z(Z) = \frac{1}{\sqrt{2}\pi\sigma_Z}\exp\left[-\frac{1}{2}\left(\frac{Z-\mu_Z}{\sigma_Z}\right)^2\right] \quad (-\infty < Z < \infty) \tag{11-5}$$

根据失效概率的定义得:

$$p_f = P(Z<0) = \int_{-\infty}^{0} f_Z(Z)\,dZ = \int_{-\infty}^{0}\frac{1}{\sqrt{2\pi}\sigma_Z}\exp\left[-\frac{1}{2}\left(\frac{Z-\mu_Z}{\sigma_Z}\right)^2\right]dZ \tag{11-6}$$

结构可靠度为:

$$p_S = P(Z>0) = \int_{0}^{\infty} f_Z(Z)\,dZ = \int_{0}^{\infty}\frac{1}{\sqrt{2\pi}\sigma_Z}\exp\left[-\frac{1}{2}\left(\frac{Z-\mu_Z}{\sigma_Z}\right)^2\right]dZ \tag{11-7}$$

根据概率论,可靠概率与失效概率之和为1,即:

$$P(Z>0) + P(Z<0) = 1 \tag{11-8}$$

故结构的失效概率为:

$$p_f = 1 - p_S \tag{11-9}$$

式(11-9)说明可靠概率 p_s 越大,失效概率 p_f 越小。因此,可以用结构的失效概率 p_f 来描述结构的可靠度。

六、可靠指标

用失效概率描述结构的可靠度,当极限状态功能函数中的各基本变量的真实概率难以确定时,所建立的失效概率 p_f 的计算公式只是理论上的解。因此,必须寻求近似或简化的方法,使可靠度分析达到实用的目的。可靠指标可以直接反映结构的可靠程度,与失效概率有直接的联系。下面举例说明两者的关系。

(1)已知 R、S 均服从正态分布,且相互独立。

假设相应的统计参数平均值、标准差均已知,结构的失效状态为:

$$Z = R - S < 0 \tag{11-10}$$

则失效概率 p_f 为:

$$p_f = P(Z < 0) = \int_{-\infty}^{0} f_Z(Z)\mathrm{d}Z = \int_{-\infty}^{0} \frac{1}{\sqrt{2\pi}\sigma_Z}\exp\left[-\frac{1}{2}\left(\frac{Z-\mu_Z}{\sigma_Z}\right)^2\right]\mathrm{d}Z \tag{11-11}$$

式(11-11)通过标准化的变换,即将 Z 的正态分布 $N(\mu_Z,\sigma_Z)$ 转换为标准正态分布 $N(0,1)$。令 $t=\frac{Z-\mu_Z}{\sigma_Z}$,则有 $\mathrm{d}Z=\sigma_Z\mathrm{d}t$,以及 $Z\to\infty$ 时,$t\to\infty$ 和 $Z=0$,$t=-\frac{\mu_Z}{\sigma_Z}$,代入式(11-11)后得:

$$p_f = \int_{-\infty}^{-\frac{\mu_Z}{\sigma_Z}} \frac{1}{\sqrt{2\pi}}\exp\left[-\frac{t^2}{2}\right]\mathrm{d}Z = \Phi\left(-\frac{\mu_Z}{\sigma_Z}\right) = \Phi(-\beta) \tag{11-12}$$

由于

$$p_f = \Phi(-\beta) = 1 - \Phi(\beta) \tag{11-13}$$

所以

$$\beta = \Phi^{-1}(1 - p_f) \tag{11-14}$$

式中,$\Phi(\cdot)$为标准正态分布函数,$\Phi^{-1}(\cdot)$为其反函数。

$$\beta = \frac{\mu_Z}{\sigma_Z} = \frac{\mu_R - \mu_S}{\sqrt{\sigma_R^2 + \sigma_S^2}} \tag{11-15}$$

β 称为结构可靠指标,它与失效概率 p_f 一样可以描述结构可靠度,还可以用大于零的无量纲的数字来描述结构可靠度。式(11-13)和式(11-14)表示 β 与 p_f 的对应关系,其量值的对应关系如表 11-1 所示。

β 与 p_f 的对应关系　　表 11-1

β	p_f	β	p_f	β	p_f
1.0	1.59×10^{-1}	2.5	6.21×10^{-3}	4.0	3.17×10^{-5}
1.5	6.68×10^{-2}	3.0	1.35×10^{-3}	4.5	3.40×10^{-6}
2.0	2.28×10^{-2}	3.5	2.33×10^{-4}	5.0	2.90×10^{-7}

β 之所示称为可靠指标,其原因为:

①β 是失效概率的度量指标。β 越大,失效概率 p_f 越小,可靠度 p_S 越大。

②由 $\beta=\frac{\mu_Z}{\sigma_Z}$知,当 σ_Z 为常量时,β 仅随 μ_Z 变化。而当 β 增加时,会使概率密度曲线由于 μ_Z 的增加而向右移动(用虚线表示),使图中阴影部分面积减少,即 p_f 减少,变为 p_f',从而可使 p_S 增大(图 11-1)。

通过上述分析,可以看出,结构的可靠度 p_s 既可用失效概率 p_f 表示,也可用可靠度指标 β 来表示。工程上目前多用可靠度指标 β 表示结构的可靠度。

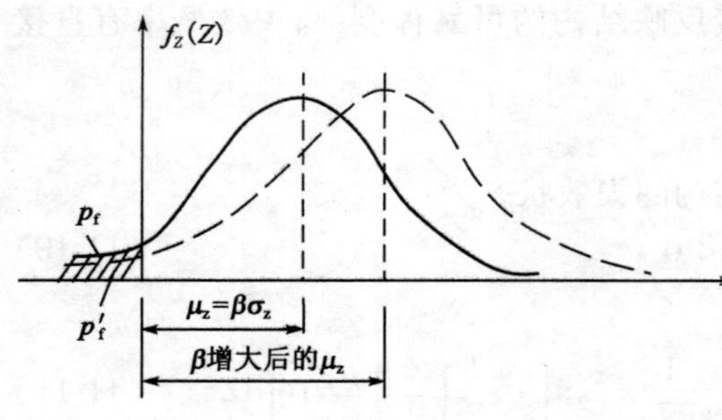

图 11-1 β 与 p_f 的关系图

(2)已知 R、S 均服从对数正态分布，且相互独立。

其功能函数为：

$$Z = \ln R - \ln S \tag{11-16}$$

其均值和标准差为：

$$\mu_Z = \mu_{\ln R} - \mu_{\ln S} \tag{11-17}$$

$$\sigma_Z = \sqrt{\sigma_{\ln R}^2 + \sigma_{\ln S}^2} \tag{11-18}$$

根据可靠度指标 β 的定义有：

$$\beta = \frac{\mu_Z}{\sigma_Z} = \frac{\mu_{\ln R} - \mu_{\ln S}}{\sqrt{\sigma_{\ln R}^2 + \sigma_{\ln S}^2}} \tag{11-19}$$

根据概率论可知：

$$\begin{cases} \mu_{\ln R} = \ln\mu_R - \ln(1+\delta_R^2)^{\frac{1}{2}} \\ \mu_{\ln S} = \ln\mu_S - \ln(1+\delta_S^2)^{\frac{1}{2}} \\ \sigma_{\ln R} = \sqrt{\ln(1+\delta_R^2)} \\ \sigma_{\ln S} = \sqrt{\ln(1+\delta_S^2)} \end{cases} \tag{11-20}$$

式中，μ_R、δ_R 和 μ_S、δ_S 分别为 R 和 S 的均值和变异系数，从而有：

$$\mu_Z = \ln\frac{\mu_R(1+\delta_S^2)^{\frac{1}{2}}}{\mu_S(1+\delta_R^2)^{\frac{1}{2}}} \tag{11-21}$$

$$\sigma_Z = \{\ln[(1+\delta_R^2)(1+\delta_S^2)]\}^{\frac{1}{2}} \tag{11-22}$$

当 δ_R 和 δ_S 均小于 0.3 时，可近似取 $\ln(1+\delta_R^2)\approx\delta_R^2$，$\ln(1+\delta_S^2)\approx\delta_S^2$，其误差一般小于 2%；又当 δ_R 和 δ_S 很小或接近相等时，有：

$$\ln\left(\frac{1+\delta_S^2}{1+\delta_R^2}\right)^{\frac{1}{2}} \approx \ln 1 = 0 \tag{11-23}$$

从而可得 R、S 均为对数正态分布时的可靠度指标 β 的近似计算公式。

$$\beta = \frac{\ln\mu_R - \ln\mu_S}{\sqrt{\delta_R^2 + \delta_S^2}} \tag{11-24}$$

【例 11-1】 设某结构构件中的某截面抗力(强度)为 R，荷载效应(应力)为 S；已知 R 和 S 的均值和标准差分别为 $(\mu_R,\sigma_R) = (685.40, 64.31)$ MPa，$(\mu_S,\sigma_S) = (372.89, 41.30)$ MPa，求其可靠度。

解：根据式(11-15)可得：

$$\beta = \frac{\mu_Z}{\sigma_Z} = \frac{\mu_R - \mu_S}{\sqrt{\sigma_R^2 + \sigma_S^2}} = \frac{685.40 - 372.89}{\sqrt{64.31^2 + 41.30^2}} = 4.09$$

相应的可靠度为：$p_S = \Phi(4.09) = 99.99\%$。

【例 11-2】 某结构构件的强度 R 和效应 S 分别为：

R：$(\mu_R,\sigma_R) = (135.06, 12.895)$ MPa，为对数正态分布；

$S:(\mu_S,\sigma_S)=(58.94,17.964)$ MPa,为对数正态分布。

试求其可靠度。

解:

$$\delta_R=\frac{\sigma_R}{\mu_R}=0.0955,\delta_S=\frac{\sigma_S}{\mu_S}=0.3048$$

根据式(11-15)可得:

$$\beta=\frac{\ln\left[\frac{\mu_R}{\mu_S}\sqrt{\frac{1+\delta_S^2}{1+\delta_R^2}}\right]}{\sqrt{\ln[(1+\delta_R^2)(1+\delta_S^2)]}}=\frac{\ln\left[\frac{135.06}{58.94}\sqrt{\frac{1+0.3048^2}{1+0.0955^2}}\right]}{\sqrt{\ln[(1+0.0955^2)(1+0.3048^2)]}}=2.777$$

相对应的可靠度为:

$$p_S=\Phi(\beta)=\Phi(2.777)=99.72\%$$

若根据近似公式(11-24),可得:

$$\beta=\frac{\ln\mu_R-\ln\mu_S}{\sqrt{\delta_R^2+\delta_S^2}}=\frac{\ln135.06-\ln58.64}{\sqrt{0.0955^2+0.3048^2}}=2.596$$

相对应的可靠度为:

$$p_S=\Phi(\beta)=\Phi(2.596)=99.52\%$$

七、分项系数

在结构设计规范中,一般规定用分项系数的设计表达式,而不采用单一的安全系数设计表达式。例如,当仅有恒载和活载作用时,其设计表达式为:

$$\gamma_R\mu_R\geqslant\gamma_G\mu_R+\gamma_Q\mu_R \tag{11-25}$$

式中:γ_R——抗力分项系数;

γ_G——恒载分项系数;

γ_Q——活载分项系数。

分项系数是利用分离函数得到的。分离函数的作用是将其与可靠指标联系起来,把安全系数加以分离,使其表达为分项系数的形式。这样做可以同现行设计方法相配合,从而使基于可靠度的设计方法更加实用化。

1. 林德的0.75线性分离法

设 x_1、x_2 为任意两个随机变量,令:

$$\delta_1=\frac{x_1}{x_2} \tag{11-26}$$

$$\Phi_1=\frac{\sqrt{x_1^2+x_2^2}}{x_1+x_2}=\frac{\sqrt{1+\delta_1^2}}{1+\delta_1} \tag{11-27}$$

林德指出,当$\frac{1}{3}\leqslant\delta_1\leqslant3$时,取 $\Phi_1=0.75$,相对误差不超过6%,因而有:

$$\sqrt{x_1^2+x_2^2}=\Phi(x_1+x_2)\approx0.75(x_1+x_2) \tag{11-28}$$

这个分离并线性化的公式,可用于将基于可靠度设计式表达为分项函数的形式。

设计抗力 R 和作用效应 S 均为正态分布,且满足$\frac{1}{3}\leqslant\frac{\sigma_R}{\sigma_S}\leqslant 3$ 条件时,可得:

$$\mu_R - \mu_S = \beta\sqrt{\sigma_R^2 + \sigma_S^2} \approx 0.75(\sigma_R + \sigma_S)\beta \tag{11-29}$$

将式中的标准差用变异系数表示,移项后整理得:

$$(1 - 0.75\delta_R\beta)\mu_R = (1 + 0.75\delta_S\beta)\mu_S \tag{11-30}$$

令:

$$\begin{aligned}\gamma_R &= 1 - 0.75\delta_R\beta \\ \gamma_S &= 1 + 0.75\delta_S\beta\end{aligned} \tag{11-31}$$

则设计表达式为:

$$\gamma_R\mu_R \geqslant \gamma_S\mu_S \tag{11-32}$$

式中:γ_R——抗力分项系数;

γ_S——荷载分项系数。

这里 γ_R、γ_S 已隐含了可靠指标 β(相应于失效概率 p_f)。

林德的 0.75 线性分离法的优点是 γ_R 只与 δ_R 和 β 有关,与 δ_S 无关,而 γ_S 只与 δ_S 和 β 有关,与 δ_R 无关,这就简化了分项系数的计算。

如果作用效应 S 是由恒载和活载 Q 的效应组成的,即 $S = G + Q$,而且$\frac{1}{3}\leqslant\frac{\sigma_G}{\sigma_Q}\leqslant 3$,同理可进行下面分离:

$$\mu_R - \mu_S = \beta\sqrt{\sigma_R^2 + \sigma_S^2} \approx 0.75(\sigma_R + \sigma_S)\beta \tag{11-33}$$

或

$$\mu_R - (\mu_G + \mu_Q) = 0.75(\sigma_R + \sqrt{\sigma_G^2 + \sigma_Q^2})\beta \tag{11-34}$$

再做一次分离,可得:

$$\mu_R - 0.75\delta_R\beta\mu_R = \mu_G + 0.75^2\delta_G\beta\mu_G + \mu_Q + 0.75^2\delta_Q\beta\mu_Q \tag{11-35}$$

从而有:

$$\begin{cases}\gamma_G = 1 + 0.75^2\delta_G\beta \\ \gamma_Q = 1 + 0.75^2\delta_Q\beta \\ \gamma_R = 1 - 0.75\delta_R\beta\end{cases} \tag{11-36}$$

相应的设计表达式为:

$$\gamma_R\mu_R \geqslant \gamma_G\mu_G + \gamma_Q\mu_Q \tag{11-37}$$

式中:γ_G——恒载效应分项系数;

γ_Q——活载效应分项系数。

由上述公式可以看出,在基于可靠度设计方法中抗力与作用效应的分布和参数确定的重要性。

2. 一般分离法

一般分离法是通过一定的数学变换,定义分离函数 Φ_i,然后进行分离。该方法适用范围广,不仅可以用于两个变量的情况,而且容易推广到多个非正态变量的情况。

设两个任意变量 x_i、x_j,令:

$$\begin{cases} \Phi_i = \dfrac{x_i}{\sqrt{x_i^2 + x_j^2}} = \dfrac{x_i}{x} \\ \Phi_j = \dfrac{x_j}{\sqrt{x_i^2 + x_j^2}} = \dfrac{x_j}{x} \end{cases} \tag{11-38}$$

Φ_i、Φ_j 称为分离函数,是小于 1 的数,从而有:

$$\sqrt{x_i^2 + x_j^2} = \frac{x_i^2 + x_j^2}{\sqrt{x_i^2 + x_j^2}} = \Phi_i x_i + \Phi_j x_j \tag{11-39}$$

对于 n 个变量 $x_i(i=1,2,\cdots,n)$,分离函数变为:

$$\Phi_i = \frac{x_i}{\sqrt{\sum_{i=1}^{n} x_i^2}} \tag{11-40}$$

同时

$$\sqrt{\sum_{i=1}^{n} x_i^2} = \frac{\sum_{i=1}^{n} x_i^2}{\sqrt{\sum_{i=1}^{n} x_i^2}} = \sum_{i=1}^{n} \Phi_i x_i \tag{11-41}$$

例如,对于两个随机变量 R 和 S 均为正态分布,有:

$$\mu_R - \mu_S = \beta\sqrt{\sigma_R^2 + \sigma_S^2} = \beta\Phi_R\sigma_R + \beta\Phi_S\sigma_S \tag{11-42}$$

将 $\sigma_R = \delta_R\mu_R$、$\sigma_S = \delta_S\mu_S$ 代入上式,移项整理后得:

$$(1 - \beta\Phi_R\delta_R)\mu_R = (1 + \beta\Phi_S\delta_S)\mu_S \tag{11-43}$$

令

$$\begin{cases} \gamma_R = 1 - \beta\Phi_R\delta_R \\ \gamma_S = 1 + \beta\Phi_S\delta_S \end{cases} \tag{11-44}$$

相应的表达式为:

$$\gamma_R\mu_R \geqslant \gamma_S\mu_S \tag{11-45}$$

同理,做两次分离后,可得到恒载 G 和活载 Q 产生效应下的分项系数为:

$$\begin{cases} \gamma_R = 1 - \beta\Phi_R\delta_R \\ \gamma_Q = 1 + \beta\Phi_Q\delta_Q \\ \gamma_G = 1 + \beta\Phi_G\delta_G \end{cases} \tag{11-46}$$

设计表达式为：

$$\gamma_R\mu_R \geqslant \gamma_G\mu_G + \gamma_Q\mu_Q \tag{11-47}$$

相应的分离函数为：

$$\begin{cases} \Phi_R = \dfrac{\sigma_R}{\sqrt{\sigma_R^2 + \sigma_S^2}} = \dfrac{\sigma_R}{\sigma_Z} \\ \Phi_G = \dfrac{\sigma_G}{\sigma_Z} \\ \Phi_S = \dfrac{\sigma_S}{\sigma_Z} \\ \Phi_Q = \dfrac{\sigma_Q}{\sigma_Z} \end{cases} \tag{11-48}$$

第二节　可靠度的计算方法

现代的结构可靠度理论是以概率论和数理统计学为基础发展起来的，要解决的中心问题是围绕着怎样描述和分析可靠度，以及研究影响可靠度各基本变量的概率模型。

结构可靠度计算方法分精确法和近似法两种。所谓精确法，是指前节的求解结构的失效概率 p_f 的方法，通常称为全概率法。所谓近似法，是指一次二阶矩计算方法和蒙特卡洛法等，虽然是近似的，但仍属概率法。

一、蒙特卡洛法

蒙特卡洛法（简称 MC 法）是一种随机抽样技术，它可以在计算机上模拟各种随机变量的概率分布模型，按照要求的参数（如数学期望、标准差等）产生随机数。在可靠度分析中，MC 法不受功能函数复杂程度的随机变量分布类型的限制，并可适用于截尾分布的随机变量；它可以不考虑随机变量间的相关性，却能自然满足相关性要求。用 MC 法求解失效概率，其精度与精确解十分接近。

设有统计独立的随机变量 $X_1, X_2, \cdots, X_m$，其对应的概率密度函数为 $f_{x_1}, f_{x_2}, \cdots, f_{x_m}$，功能函数公式为：

$$Z = g(X_1, X_2, \cdots, X_m) \tag{11-49}$$

MC 法求解失效概率的步骤为：

(1)用随机抽样分别获得各随机变量的随机数($X_1, X_2, \cdots, X_m$)。

(2)计算功能函数 Z_i。

$$Z_i = g(X_{1i}, X_{2i}, \cdots, X_{mi}) \tag{11-50}$$

(3)设抽样次数为 n，$Z_i \leqslant 0$ 的次数为 n_f，则失效概率可按下式计算。

$$P_f = \frac{n_f}{n} \tag{11-51}$$

即失效概率就是失效次数在总抽样次数中的频率。

用 MC 法求某给定概率分布随机变量的随机数时，如随机变量服从均匀分布，其随机数可直接利用计算机的标准函数产生;如不服从均匀分布,则可通过均匀分布变换实现。

设欲求任意分布随机变量的概率密度函数为 $F_X(X)$,其反函数为 $F_X^{-1}(X)$,而(0,1)均匀分布的随机数为 u_i,将均匀分布随机数作为 $F_X(X)$的值,则得到此随机变量的随机数为:

$$X_i = F_X^{-1}(u_i) \tag{11-52}$$

二、一次二阶矩理论的中心点法的基本原理

一次二阶矩中心点法不考虑基本变量的实际分布,因此,基本变量经过统计与分析,当它的概率分布很难确定时,可用各基本变量统计的平均值和标准差计算可靠度,并将极限状态功能函数选在平均值处(即中心点上),用泰勒级数展开,使之线性化,然后求解可靠度,这就是一次二阶矩理论中心点法的基本原理。

设有 n 个随机变量影响结构可靠度(即在功能函数中有 n 个基本变量),功能函数表示为:

$$Z = g(X_1, X_2, \cdots, X_n) \tag{11-53}$$

式中,$X_1, X_2, \cdots, X_n$ 表示基本变量 $X_i (i=1,2,\cdots,n)$。

1. 当 Z 为线性函数时

$$Z = \sum_{i=1}^{n} a_i X_i \tag{11-54}$$

式中,$a_i (i=1,2,\cdots,n)$为已知常数。

假定所有基本变量均服从正态分布,且统计独立,则 Z 的平均值和标准差为:

$$\mu_Z = \sum_{i=1}^{n} a_i \mu_{X_i} \tag{11-55}$$

$$\sigma_Z = \sqrt{\sum_{i=1}^{n} (a_i \sigma_{X_i})^2} \tag{11-56}$$

结构的失效概率为:

$$p_f = \Phi(-\beta) \tag{11-57}$$

其中可靠指标 β 为:

$$\beta = \frac{\mu_Z}{\sigma_Z} = \frac{\sum_{i=1}^{n} a_i \mu_{X_i}}{\sqrt{\sum_{i=1}^{n} (a_i \sigma_{X_i})^2}} \tag{11-58}$$

若 Z 不为正态分布时,判断能否仍用 β 来度量结构可靠度,可先讨论一下 β 在基本变量空间中的几何意义。

若将 X 空间按下述关系表示:

$$\hat{X}_i = \frac{X_i - \mu_{Xi}}{\sigma_{X_i}} \tag{11-59}$$

将其变换到 $\hat{X}$ 空间,则 $\hat{X}$ 空间的原点就是在 X 空间中。以基本变量平均值为坐标的中心点,而功能函数 Z 变换为:

$$Z = \sum_{i=1}^{n} a_i \mu_{X_i} + \sum_{i=1}^{n} a_i \sigma_{X_i} \hat{X}_i \tag{11-60}$$

$Z=0$ 相当于达到极限状态,因此

$$\sum_{i=1}^{n} a_i \mu_{X_i} + \sum_{i=1}^{n} a_i \sigma_{X_i} \hat{X}_i = 0 \tag{11-61}$$

就是在 $\hat{X}$ 空间中与极限状态相应的一个超平面。

原点(中心点)M 到该超平面的距离,可由几何学得出:

$$\overline{MP} = \frac{\sum_{i=1}^{n} a_i \mu_{X_i}}{\sqrt{\sum_{i=1}^{n} (a_i \sigma_{X_i})^2}} \tag{11-62}$$

从前面 β 计算公式与 MP 的计算表达式的比较可知,在几何意义上,是指在经标准化变换后的空间中,从中心点到极限状态超平面的距离。中心点应在安全区内,它离开极限状态超平面越远,表明结构越可靠。因此,当不能确定 Z 的分布类型时,在不可能用概率来度量结构可靠性的前提下,具有上述几何性质的 β 值仍不失为度量可靠性的良好指标。

2. 当 Z 为非线性函数时

对非线性的功能函数 Z,一般的做法就是将 Z 在某点上展开为泰勒级数,并近似取线性项。中心点方法就是指在中心点处将 Z 展开为泰勒级数,具体为:

$$Z = Z' = g(\mu_{X_1}, \mu_{X_2}, \cdots, \mu_{X_n}) + \sum_{i=1}^{n} \left.\frac{\partial g}{\partial X_i}\right|_{\mu_X} (X_i - \mu_{X_i}) \tag{11-63}$$

则极限状态方程为:

$$Z' = g(\mu_{X_1}, \mu_{X_2}, \cdots, \mu_{X_n}) + \sum_{i=1}^{n} \left.\frac{\partial g}{\partial X_i}\right|_{\mu_X} (X_i - \mu_{X_i}) = 0 \tag{11-64}$$

因此,Z'的平均值和标准差为:

$$\mu_{Z'} = g(\mu_{X_1}, \mu_{X_2}, \cdots, \mu_{Xn}) \tag{11-65}$$

$$\sigma_{Z'} = \sqrt{\sum_{i=1}^{n} \left[\left.\frac{\partial g}{\partial X_i}\right|_{\mu_X} \sigma_{X_i} \right]^2} \tag{11-66}$$

若近似取 $\mu_Z \approx \mu_{Z'}, \sigma_Z \approx \sigma_{Z'}$,则在非线性问题中,可近似按下式确定可靠指标:

$$\beta = \frac{\mu_Z}{\sigma_Z} \approx \frac{g(\mu_{X_1}, \mu_{X_2}, \cdots, \mu_{X_n})}{\sqrt{\sum_{i=1}^{n} \left[\left.\frac{\partial g}{\partial X_i}\right|_{\mu_X} \sigma_{X_i} \right]^2}} \tag{11-67}$$

在这里,功能函数 $Z = g(X_1, X_2, \cdots, X_m)$ 是表示在 $n+1$ 维空间($Z, X_1, X_2, , \cdots, X_n$)中的一个超曲面 Z,若 $Z=0$ 则表示在 n 维空间($X_1, X_2, \cdots, X_n$)中的一个极限状态超曲面。经展开后的功能函数式则是指通过超曲面 Z 上的中心点的超切平面 Z',相应的 $Z'=0$ 是超切平面 Z'在 n 维的 X 空间中相交的极限状态超平面,所谓的一次近似,就是用这个 $Z'=0$ 的极限状态超平面来近似极限状态超曲面 $Z=0$。

类似地将 X 空间变换到 $\hat{X}$ 空间,得近似的极限状态超平面为:

$$Z' = g(\mu_{X_1}, \mu_{X_2}, \cdots, \mu_{X_n}) + \sum_{i=1}^{n} \left.\frac{\partial g}{\partial X_i}\right|_{\mu_X} \sigma_{X_i} \hat{X}_i = 0 \tag{11-68}$$

而从 $\hat{X}$ 空间的原点,即中心点 M 到该超平面的距离为:

$$\overline{MP} = \frac{g(\mu_{X_1}, \mu_{X_2}, \cdots, \mu_{X_n})}{\sqrt{\sum_{i=1}^{n} \left[\left.\frac{\partial g}{\partial X_i}\right|_{\mu_X} \sigma_{X_i} \right]^2}} \tag{11-69}$$

因此,经近似处理后所得的可靠指标 β 值是指在经标准化变换后的 $\hat{X}$ 空间中,从中心点到近似的极限状态超平面 $Z'=0$ 的距离。β 的合理程度,还要取决于 $Z'=0$ 与极限状态超曲面 $Z=0$ 的近似程度。

三、一次二阶矩理论的验算点法基本原理

一次二阶矩理论的中心点法没有考虑有关基本变量分布类型的信息,因而严格地说,除了极少数的特殊情况外,它不能用"概率"这个合理的指标来度量结构的可靠程度,而实际上变量的分布类型对结构的可靠度是有影响的。因此,当对基本变量的分布类型有所了解时,中心点法就不能充分利用这个信息。

当功能函数为非线性时,由于该法是在中心点处取线性近似,因此,所得的 β 值也是近似的,其近似程度取决于近似的极限状态超平面 $Z'=0$ 与真正的极限状态超曲面 $Z=0$ 之间的差异程度。一般来说,中心点离失效边界 $Z=0$ 的距离越近,则差别越小。但遗憾的是由于结构可靠度的要求,中心点总得离开 $Z=0$ 有相当的距离(图 11-2),因此,对非线性问题的误差较大。

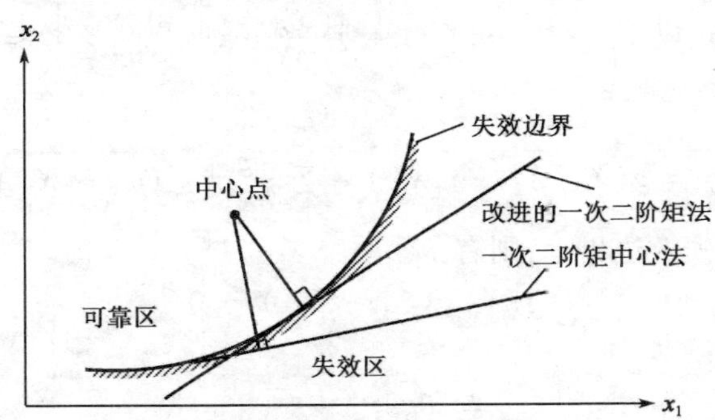

图 11-2　失效边界与中心点关系图

针对一次二阶矩理论的中心点法的主要缺点,提出了考虑基本变量实际概率分布的验算点法,一次二阶矩理论的验算点法主要有以下特点:

(1)当功能函数 Z 为非线性时,不以通过中心点的超切平面作为线性近似,而是将线性化点选在失效的边界 $Z=0$ 上,而且,选在与结构最大可能失效概率对应的点 $P^*(X_1^*,X_2^*,\cdots,X_n^*)$上。当有两个基本变量时,极限状态方程 $Z=g(R,S)=R-S$,此式在 ROS 坐标系中是一条直线,如图 11-3 所示。P^* 的位置见图 11-4。然后在 P^* 点上用泰勒级数展开,使之线性化,求解结构的可靠指标 β 值,以避免中心点法中的误差。

(2)当基本变量 X_i 具有分布类型的信息时,将 X_i 的分布在失效边界上的 $P^*(X_1^*,X_2^*,\cdots,X_n^*)$点上,以与正态分布等价的条件,变换为当量正态分布,因为可靠指标 β 值是在标准正态空间定义的,这样就可使所得的 β 与失效概率之间有一个明确的对应关系,从而在 β 中合理反映了分布类型的影响。

以上就是验算点法的基本原理,将 $P^*(X_1^*,X_2^*,\cdots,X_n^*)$点称之为验算点(图 11-3)。

$$R'=\frac{R}{\sigma_R}\quad \overline{R}=\frac{R-N_R}{\sigma_R}$$

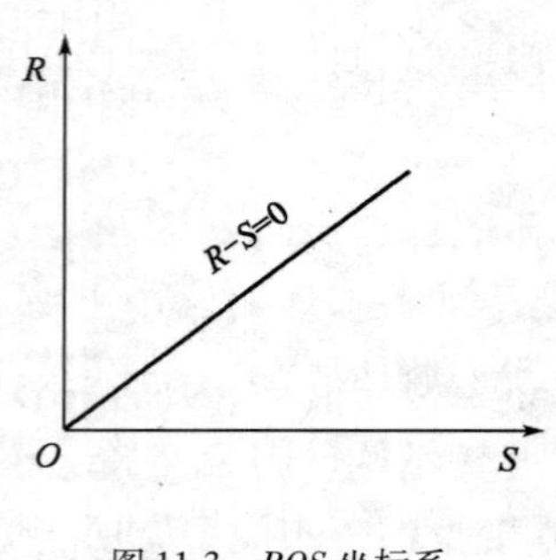

图 11-3　*ROS* 坐标系

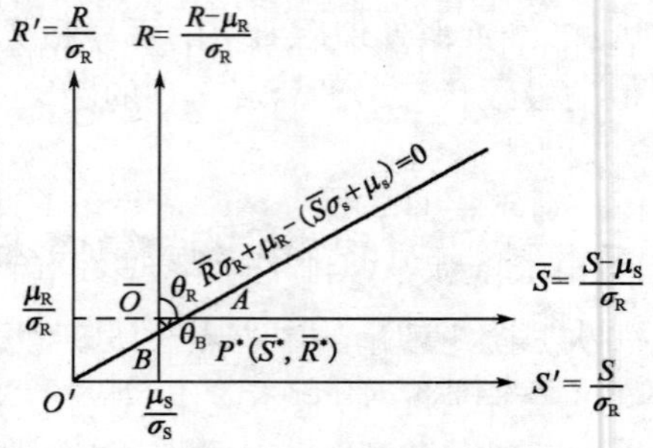

图 11-4　P^* 的位置

根据上述基本原理用数学模式表达为：

设 $X_1, X_2, \cdots, X_n$ 为基本变量，且相互独立，则极限状态功能函数为：

$$Z = g(X_1, X_2, \cdots, X_m) \tag{11-70}$$

当选择设计验算点 P^*，将其坐标点 X_i^* $(i=1,2,\cdots,n)$ 作为线性化点，即将极限状态功能函数用泰勒级数在 X_i^* 点上展开，近似地取一阶项，可得极限状态方程为：

$$Z = g(X_1^*, X_2^*, \cdots, X_n^*) + \sum_{i=1}^{n} \left.\frac{\partial g}{\partial X_i}\right|_{P^*} (X_i - X_i^*) = 0 \tag{11-71}$$

Z 的平均值为：

$$\mu_Z = g(X_1^*, X_2^*, \cdots, X_n^*) + \sum_{i=1}^{n} \left.\frac{\partial g}{\partial X_i}\right|_{P^*} (\mu_{X_i} - X_i^*) \tag{11-72}$$

由于设计验算点就是在失效边界上，则有：

$$g(X_1^*, X_2^*, \cdots, X_n^*) = 0 \tag{11-73}$$

因此，式(11-72)可写为：

$$\mu_Z = \sum_{i=1}^{n} \left.\frac{\partial g}{\partial X_i}\right|_{P^*} (\mu_{X_i} - X_i^*) \tag{11-74}$$

由于基本变量相互独立，按式(11-66)的原则可得 Z 的标准差为：

$$\sigma_Z = \sqrt{\left(\sum_{i=1}^{n} \left.\frac{\partial g}{\partial X_i}\right|_{P^*} \sigma_{X_i}\right)^2} \tag{11-75}$$

则可靠指标 β 为：

$$\beta = \frac{\mu_Z}{\sigma_Z} = \frac{\sum_{i=1}^{n} \left.\frac{\partial g}{\partial X_i}\right|_{P^*} (\mu_{X_i} - X_i^*)}{\left[\sum_{i=1}^{n}\left(\left.\frac{\partial g}{\partial X_i}\right|_{P^*} \sigma_{X_i}\right)^2\right]^{\frac{1}{2}}} \tag{11-76}$$

上式为验算点法求解可靠指标 β 值的一般公式，但在式中设计验算点 X_i^* 是未知数，可采用迭代法求解。

四、可靠度分析步骤

可靠度分析步骤是指分析和计算可靠指标 β 的主要过程，其主要过程归纳如下。

1. 随机变量概率型与随机过程概率型的可靠度模式

在分析可靠度的极限状态功能函数中的基本变量时，一般视为随机变量。随机变量规律性的描述有三种：一是用随机变量概率模型；二是用随机过程概率模型；三是用随机场概率模型。随机场概率模型目前还没有在可靠度指标分析中得到应用。

(1)随机变量概率型的可靠度模式

假如极限状态功能函数中基本变量视为与时间无关，可用随机变量的概率模型来分析可靠度，称为随机变量概率型的可靠度模式。如前面所述的 $Z=R-S$ 这种模式，被称为 $R\text{-}S$ 模式。

(2)随机过程概率型的可靠度模式

假如极限状态功能函数中基本变量都随时间则变化，描述它们的规律性用随机过程概率模型更为客观，这种模型称为随机过程概率型的可靠度模式，其设计表达式为：

$$Z(t) = R(t) - S(t) \quad t \in (0, T) \tag{11-77}$$

式中：$(0,T)$为结构设计基准期。

式(11-77)中，因 $R(t)$是一个随机过程，$S(t)$也是一个随机过程，它们建立起来的极限状态功能函数将是一个随机过程，这是一种全过程随机过程概率型模式。

在分析极限状态功能函数基本变量时，结构抗力 R 随时间的变化一般不大，可忽略随时间变化的因素，采用随机变量概率模型；而结构上的作用效应 S 随时间的变化极为明显，不能忽略，应采用随机过程概率模型，极限状态功能函数表示如下：

$$Z(t) = R - S(t) \quad t \in (0, T) \tag{11-78}$$

由上式组成的 $Z(t)$同样是一个随机过程，这种模式称为半随机过程概率型模式，又称 $R\text{-}S(t)$ 模式。

2. 各基本变量数据搜集

结构极限状态功能函数的基本变量可分为两大类：一类是结构作用或作用效应，如结构的重力、飞机制动力、温度等；另一类是结构的抗力，如各种材料的性能、结构几何尺寸和结构抗力计算模式等。

各基本变量数据的搜集，应满足分析和计算的需要，并对各类数据认真审核，保证各类数据的正确性和可靠性，其具体要求如下。

(1)数据的一致性

各基本变量是利用已有的数据来进行统计，以统计规律推断今后的变化规律，因此，在分析同一系列中的所有数据，必须是同一类型和同样条件下产生的，不能把不同类型和性质不同的数据混在一起。

(2)数据的代表性

各基本变量的数据，在客观实际情况中搜不到母体，只能从母体中取得一部分数据，这部分数据称为子样，也就是通常所说的随机抽样方法取得的子样数据。在分析各基本变量规律性时，是以子样推求母体。因此，要求各基本变量数据的数量上要适当多一些。一般情况下各类数据的数量应大于 20 个，这样就可以用常规的数据统计方法来分析。若有些数据实在难以搜集，其数量又小，也可用小子样的统计分析法。另外，还要考虑不同地区、不同条件下数据的比例情况。

(3)数据的独立性

在分析各基本变量数据时，视为相互独立，同时，在同一系列中的所有数据也必须是相互独立的。因此,不能把彼此有关联的数据合并在一起。

(4)数据的完整性

不管是否采用随机变量概率型还是随机过程概率型描述其规律,在搜集数据时,都应满足分析这些概率模型所需要的一套完整齐全的数据。

(5)数据的可靠性

各个数据的可靠程度直接影响统计计算结果。因此,必须认真检查、反复核对。

3. 分析各基本变量的概率模型及统计参数

随机变量分为离散型和连续型。

离散型随机变量用分布列来描述。常用的有二项分布、几何分布和泊松分布等。

连续型随机变量用概率密度函数或概率分布函数来描述,常用的有均匀分布、正态分布、对数正态分布、指数分布、韦伯分布和极值分布等。

当某些随机问题,需要用两个或两个以上随机变量来描述时,称为二维随机变量或二维随机向量、多维随机变量或多维随机向量。这种概率模型是由二维或多维随机变量所构成的联合分布来描述。

随机过程的概率模型常用的有:平稳二项随机过程、平稳正态泊松随机过程、滤过泊松随机过程、泊松方波随机过程、更新方波随机过程和等待更新方波随机过程。

统计参数有:均值、标准差和变异系数等。

4. 分析结构构件的作用效应

可用作用的概率模型和作用效应的概率模型来描述。一般先研究作用的概率模型,然后分析作用效应的概率模型。

5. 结构构件的抗力分析

影响结构构件抗力的主要因素有构件的材料性能、几何性质、计算模式的精确度等。它们一般是独立随机变量,且与时间无关。所以,常用随机变量来描述。

6. 通过作用和作用效应与抗力建立结构的极限状态方程

所谓的极限状态方程是极限状态功能函数等于零的状态。如 $R-S=0$ 的这种状态。在结构可靠指标分析中,无论各基本变量数量有多少,都应建立极限状态方程,因为它是结构可靠与失效的重要标志。

7. 计算可靠度

采用本节相关的计算公式计算结构的可靠度。

第三节　机场水泥混凝土道面可靠度设计方法

一、可靠度的定义

军用机场水泥混凝土道面结构设计是以飞机荷载和温度作用产生的疲劳断裂为设计标准,即飞机荷载产生的疲劳应力 σ_{pr} 和温度梯度作用产生的疲劳应力 σ_{tr} 之和 $\sigma_{pr}+\sigma_{tr}$ 不超过弯拉强度 f_r,其极限状态表达式为:

$$\sigma_{pr}+\sigma_{tr}\leqslant f_r \tag{11-79}$$

按式(11-79)的混凝土道面结构极限状态表达式,机场水泥混凝土道面结构可靠度可定义为:在设计基准期内,道面板在飞机荷载和温度梯度综合作用下不产生疲劳断裂的概率,即:

$$P_s = P\left\{\sigma_{pr} + \sigma_{tr} < f_r\right\} \tag{11-80}$$

由于 $\sigma_{pr}+\sigma_{tr}$ 和 f_r 不相互独立,式(11-80)求解起来很困难,为了解决这一问题,可在保持控制失效模式的实质不变的前提下,采用道面结构所能承受的设计飞机轮载作用次数 N 大于设计基准期内设计飞机荷载累计重复作用次数 $n(N>n)$ 作为道面结构的极限状态函数。因此,道面结构可靠度定义可改写为:道面结构疲劳寿命 N 大于设计基准期内设计飞机轮载作用次数 n 的概率。其表达式为:

$$P_s = P(N > n) \tag{11-81}$$

按照式(11-81)给出的机场水泥混凝土道面结构可靠度的定义,道面结构极限状态方程可表示为:

$$Z = g(N,n) = N - n = 0 \tag{11-82}$$

采用式(11-81)的道面可靠度和式(11-82)极限状态函数的表达式,不仅解决了无法直接求解可靠度的难题,而且能将道面结构参数(如厚度、强度、模量等)变异性的影响与飞机荷载参数变异性的影响分开来,使不同道面类型可靠度计算值具有可比性,有利于道面结构方案的比较和选择。

二、道面结构参数的变异性

在机场道面结构诸多的设计参数中,变异性较大且对道面疲劳寿命 N 影响较大的结构参数包括板厚 h,混凝土弯拉强度 f_r,弹性模量 E_c 和基层顶层当量回弹模量 E_t。其中,除混凝土强度 f_r 与弹性模量 E_c 具有一定的相关性之外,其余两两独立。其他设计参数对 N 的变异性很小,可视为一般的常量。故道面结构的疲劳寿命可近表示为:

$$N = f(h,f_r,E_c,E_t) \tag{11-83}$$

测试道面选用40多个典型的、目前国内正在使用的军用机场,这些机场是在20世纪80年代以后修建的,反映了我国军用机场道面的技术水平。测试参数包括板厚 h、水泥混凝土劈拉强度 R_p 和基层顶面反应模量 K。

测定板厚和水泥混凝土劈拉强度采用钻孔法,量取样芯的高度作为道面板板厚,对样芯做水泥混凝土劈拉试验,并用式(11-84)和式(11-85)计算混凝土的弯拉强度和弯拉弹性模量。

$$f_r = 0.612R_p + 2.64 \tag{11-84}$$

$$E_c = \frac{1\times 10^4}{0.0915 + \dfrac{0.9634}{f_r}} \tag{11-85}$$

测定基层顶面反应模量采用JG—道面弯沉测试车,并用式(11-86)计算基层顶层当量回弹模量。

$$E_t = (1-\mu_0^2)\sqrt[4]{\frac{4E_c h^3 K^3}{3(1-\mu^2)}} \tag{11-86}$$

式中:μ——水泥混凝土板的泊松比,通常 $\mu=0.15$;

μ_0——弹性半空间地基的泊松比。

以一个机场的道面作为一个样本，经过大量的数据统计，得到了实测机场道面结构参数的变异范围，汇总如表11-2所示。这些结构参数的变异性反映了目前的施工技术和管理水平，是目前施工所能达的变异水平。过低的变异系数则会增加施工难度，使现有的施工技术难以达到；若变异系数增大，在相同的目标可靠度条件下，则要求增加道面强度，如增加板的厚度，导致工程造价的增加。因此，变异系数的分级以实测道面的参数为准，再分析不同道面结构参数的变异对道面可靠度的影响程度，综合考虑这两方面的影响后，将结构参数的变异水平划分为两个等级，如表11-3所示，作为道面结构参数变异水平的分级值。

道面结构参数变异系数的变化范围 表11-2

项目	板厚	弯拉强度	弹性模量	基层顶面当量回弹模量
变化范围	0.03 ~ 0.12	0.05 ~ 0.16	0.01 ~ 0.10	0.03 ~ 0.55
平均值	0.073	0.10	0.04	0.18

道面结构参数变异水平分级 表11-3

变异水平	板厚的变异系数 $C_v(h)(\%)$	弯拉强度的变异系数 $C_v(f_r)(\%)$	弹性模量的变异系数 $C_v(E_c)(\%)$	基层顶面当量回弹模量的变异系数 $C_v(E_t)(\%)$
低	≤4	≤9	≤9	≤30
高	4 ~ 7	9 ~ 15	9 ~ 15	30 ~ 50

由于军用机场分级是按照使用飞机的类型进划分的，共划分为一级、二级、三级和四级机场。这种分级方式从一定程度上反映了机场的重要性。由于二级、三级、四级机场同为作战使用机场，其重要性是相同的。一级机场是供轻型运输机使用，其要求可以比二级、三级、四级机场降低。因此，按照重要性原则，不同等级机场需要控制的参数变异性等级应符合表11-4的要求。

不同等级机场的参数变异性等级 表11-4

机场等级	参数变异性分级	机场等级	参数变异性分级
一	低 ~ 高	三	低
二	低	四	低

三、目标可靠度

机场道面的可靠度是指机场道面在规定的时间内，在规定的条件下完成预定功能的概率，规定的时间是指设计机场道面所选用的设计基准期。机场水泥混凝土道面的设计基准期按照现行规范规定，如表11-5所示。

水泥混凝土道面设计基准期 表11-5

机场等级	设计基准期(年)	机场等级	设计基准期(年)
一级	20 ~ 30	四级	30 ~ 40
二级、三级	25 ~ 35		

军用机场目标可靠度采用校准法确定，它能较好地继承现行道面设计方法。校准法是通过对现行设计方法在不同的设计条件下隐含可靠度的反算，由于现行规范仅考虑飞机荷载的

疲劳作用，不考虑道面板温度应力的作用，因此现行规范中的道面结构极限状态方程可表示为：

$$Z = g(\sigma_1, \sigma_2) = \sigma_1 - \sigma_2 = 0 \tag{11-87}$$

式中：σ_1、σ_2——分别为飞机的荷载应力及混凝土的疲劳强度。

由表 11-2 确定的道面结构参数变异范围以及表 11-4 规定的不同等级机场的参数变异等级，用蒙特卡洛法计算道面的结构可靠度，计算得到了现行设计方法在不同等级的机场条件下隐含可靠度的范围，如表 11-6 所示。

现行设计方法隐含的可靠度　　表 11-6

机场等级	跑道道面厚度范围（mm）	隐含可靠度（%）
一	160～200	92.2～93.6
二	200～300	96.7～97.3
三	250～340	97.3～98.1
四	≥350	≥98.2

在维持现有规范的可靠度总体水平条件下不变的情况下进行必要的调整，确定道面的目标可靠度。考虑到机场道面的使用特点，按照对结构可靠度的确定要求，并结合现行规范所隐含的可靠度，确定不同等级机场的目标可靠度，如表 11-7 所示。

不同等级机场的目标可靠度　　表 11-7

机 场 等 级	目标可靠度（%）	机 场 等 级	目标可靠度（%）
一级	93	二级、三级、四级	95

四、可靠性设计方法的建立

机场道面结构按承载力极限状态进行设计，机场道面的极限状态是指道面在飞机荷载的重复作用下发生了疲劳断裂而不能继续承载，承载力极限状态设计表达式采用式(11-87)。

$$\gamma_r(\sigma_{pr} + \sigma_{tr}) \leqslant f_r \tag{11-88}$$

式中，γ_r 为道面结构的可靠度系数，其包含了计算模式的不定性。机场道面结构承载力极限状态表达式只采用一个综合的可靠度系数 γ_r，它是从式(11-89)中的可靠度指标计算公式中推演得到的。

$$\beta = \frac{\mu_R - \mu_S}{\sqrt{\sigma_R^2 + \sigma_S^2}} \tag{11-89}$$

式中：μ_R、σ_R——分别为机场道面结构中的混凝土强度的均值和标准差；

μ_S、σ_S——分别为实际的弯拉应力均值和标准差。

由公式(11-90)可得机场道面可靠条件：

$$\mu_R \geqslant \mu_S + \beta\sqrt{\sigma_R^2 + \sigma_S^2} \tag{11-90}$$

令 $\gamma_r = \mu_R/\mu_S$，则式(11-90)可改写为：

$$\beta = \frac{\gamma_r - 1}{\sqrt{\gamma_r^2\delta_R^2 + \delta_S^2}} \tag{11-91}$$

由此可得:

$$\gamma_r = \frac{1 + \beta\sqrt{\delta_S^2 + \delta_R^2 - \beta^2\delta_R^2\delta_S^2}}{1 + \beta^2\delta_R^2} \tag{11-92}$$

式中,δ_R、δ_S 为结构抗力和作用效应的变异系数。可见,可靠度系数是结构可靠度指标、实际的弯拉应力和混凝土强度变异系数的函数,因此可靠度系数是由目标可靠度和道面结构参数变异系数综合确定。

1. 荷载应力和温度疲劳应力的计算

荷载应力 σ_P 采用有限元方法计算结果回归得到的应力简化计算公式进行计算,公式形式见式(11-93)。

$$\sigma_p = (a_1 - b_1 \cdot t_w)\left(\frac{E_c}{E_t}\right)^c (k_r r)^d q h^e \tag{11-93}$$

式中:a_1、b_1、c、k_r、d、e——为与飞机机型相关的常数;

t_w——接缝传荷系数;

E_c——混凝土的弯拉弹性模量;

E_t——基层顶层当量回弹模量;

q——飞机的胎压;

h——道面板的厚度。

温度疲劳应力 σ_{tr} 的计算采用式(11-94)计算。

$$\sigma_{tr} = k_t \sigma_{tm} \tag{11-94}$$

式中:k_t——考虑温度应力累计疲劳作用时的疲劳应力系数;

σ_{tm}——最大温度梯度时混凝土板的温度翘曲应力。

k_t、σ_{tm} 的计算采用文献[22]的计算方法。

2. 机场道面疲劳方程的确定

原规范的疲劳方程采用的是单应力的疲劳方程,即只考虑荷载的作用。当考虑荷载与温度共同作用时,疲劳方程需要采用双应力的疲劳方程,即考虑荷载和温度的作用,其疲劳方程形式为:

$$\lg\left(\frac{\sigma_P}{f_r - \sigma_{tr}}\right) = \lg a - b\lg N_e \tag{11-95}$$

式中:σ_P——荷载应力(MPa);

σ_{tr}——温度疲劳应力(MPa);

N_e——荷载重复作用次数;

a、b——回归系数。

式(11-95)可改写为:

$$\frac{N_e^b}{a}\sigma_p + \sigma_{tr} = f_r \tag{11-96}$$

由此便可定义荷载应力疲劳系数 k_f 为:

$$k_f = \frac{1}{a}N_e^b \tag{11-97}$$

回归系数采用校准法确定，其步骤如下：

(1)大量收集已建成的军用机场道面结构参数。

(2)编制可靠度计算程序。

(3)设定疲劳方程回归系数的初值。

(4)根据表11-3和表11-4规定的不同等级的机场道面结构参数变异分级，计算道面的理论可靠度，不断调整疲劳方程回归系数，直至所计算得出的可靠度符合表11-7规定的不同等级机场目标可靠度的要求。

在对国内30多个军用机场进行大量的计算，通过校准分析得到了疲劳方程的回归系数值，a 和 b 分别为1.25和0.024。

3. 可靠度系数的确定

按照表11-4和表11-7确定的道面结构参数变异水平分级和目标可靠度，针对不同等级的机场、不同的道面结构形式，按照图11-5所示的方法计算可靠度系数，经过大量的计算得到了在不同的道面结构参数变异水平分级和目标可靠度情况下所对应的可靠度系数范围，如表11-8所示。

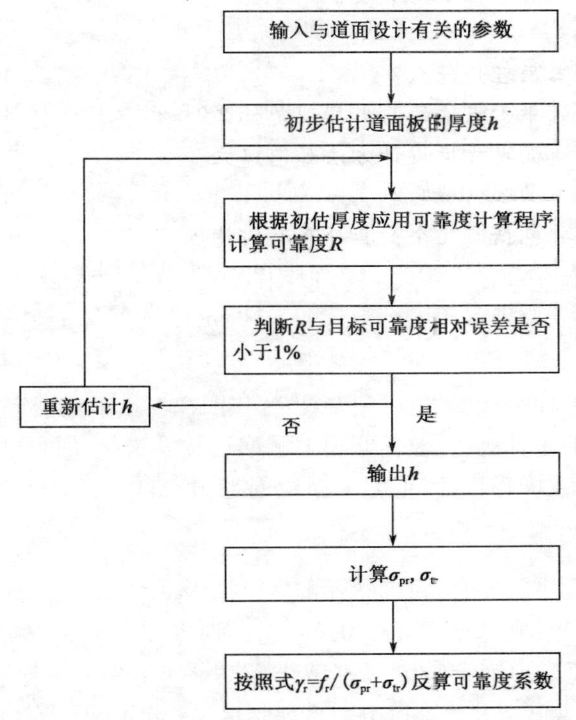

图11-5　反算可靠度系数流程图

可靠度系数 γ_r　　表11-8

变异水平分级	目标可靠度(%)	
	95	93
低	1.14～1.20	1.13～1.18
高		1.19～1.29

五、可靠性设计方法的步骤

(1)根据机场设计任务书,明确机场等级、设计基准期、设计飞机机型、设计飞机年运行次数,收集当地的气象、水文、地质、建筑材料等与机场水泥混凝土道面设计有关的资料和数据。

(2)确定道面的结构层组合设计、平面设计、接缝设计和材料配合比设计。

(3)依据机场等级确定安全等级、设计基准期、目标可靠度、变异水平等级,根据选定的目标可靠度和道面结构参数变异水平等级确定可靠度系数。

(4)计算设计飞机产生的荷载疲劳应力和温度疲劳应力。

(5)当荷载疲劳应力同温度之和与可靠度系数的乘积小于且接近于混凝土弯拉强度标准值时,则初选厚度可作为混凝土板的计算厚度。否则,应改选混凝土板的厚度,重新计算,直到满足式(11-88)为止。

思 考 题

1. 什么是道面结构的可靠性和可靠度?
2. 什么是极限状态?
3. 蒙特卡洛法的基本原理是什么?
4. 一次二阶矩理论的中心点法的基本原理是什么?
5. 机场水泥混凝土道面可靠度设计方法如何建立?
6. 道面结构可靠度系数如何确定?
7. 道面结构参数主要包括哪几个? 其分布有何特性?

参考文献

[1] 国防科学技术工业委员会. GJB 67.4—85 军用飞机强度和刚度规范 地面荷载[S].1985.

[2]《飞机设计手册》总编委会. 飞机设计手册(14)[M]. 北京:航空工业出版社,2002.

[3] 翁兴中,崔树业. 机场道面荷载特性与结构分析方法[M]. 西安:陕西科学技术出版社,2014.

[4] Federal Aviation Administration. Standard Naming Convention for Aircraft Landing Gear Configurations[R]. 2005.

[5] 申爱琴.水泥与水泥混凝土[M].北京:人民交通出版社,2000.

[6] 张登良.沥青路面[M].北京:人民交通出版社,1998.

[7] 翁兴中,吴彰春,冷培义,等.水泥混凝土板与基础共同作用的疲劳特性[J].土木工程学报,1996,29(3).

[8] 郑飞,翁兴中.飞机荷载下水泥混凝土道面板应力计算[J].交通运输工程学报,2010,10(4).

[9] 姚祖康.水泥混凝土路面设计[M].合肥:安徽科学技术出版社,1999.

[10] 孙建斌,翁兴中.军用机场沥青混凝土道面设计指标的确定[J].空军空军工程大学学报,2005,(1).

[11] 翁兴中,孙建斌,杨传喜.军用机场沥青混凝土道面设计方法[J].交通运输工程学报,2007,7(2).

[12] 翁兴中,陈卫星,殷民动. 机场规划建设与场道维修技术[M].西安:陕西科学技术出版社,2011.

[13] 邓学钧.路面设计原理与方法[M]. 北京:人民交通出版社,2001.

[14] 姜乐.适应于新型飞机的水泥混凝土道面特性研究[D].西安:空军工程大学,2015.

[15] 郑飞.基于可靠性理论的军用机场水泥混凝土道面设计方法[D]. 空军工程大学,2009.

[16] 翁兴中,谭麦秋,孔大庆,等.机场水泥混凝土大板接缝设计[J].空军工程大学学报(自然科学版),2002,3(6):4-6.

[17] 翁兴中,谭麦秋,黄小明,等.机场水泥混凝土道面板尺寸的确定方法[J].空军工程大学学报(自然科学版),2003,4(6):11-13.

[18] 刘桂松.机场水泥混凝土道面大板温度应力分析[D].西安:空军工程大学,2002.

[19] 翁兴中,焦明声.军用机场水泥混凝土道面结构参数变异性[J].公路交通科技,2004,21(2).

[20] 孙建斌.军用机场沥青混凝土道面结构设计方法研究[D].西安:空军工程大学,2001.

[21] 吴彰春,冷培义,翁兴中,等.飞机尾喷气流对沥青道面影响分析[J]. 空军工程建设,1991(4).

[22] 中华人民共和国国家军用标准.GJB 1278A—2009 军用机场水泥混凝土道面设计规范[S].2009.

[23] 中华人民共和国国家军用标准. GJB 1112A—2004 军用机场场道工程施工及验收规范[S]. 2004.

[24] 中华人民共和国国家军用标准. GJB 5766—2006 军用机场沥青混凝土道面技术规范[S]. 2006.

[25] 中华人民共和国行业标准. MH/T 5004—2010 民用机场水泥混凝土道面设计规范[S]. 2010.

[26] Federal Aviation Administration. Airport Pavement Design and Evaluation (150/5320-6E)[R]. 2009.

[27] 翁兴中,寇雅楠,颜祥程. 飞机滑行作用下水泥混凝土道面板动响应分析[J]. 振动与冲击,2012,31(14):79-84.

[28] 常伟高,陆春奇,翁兴中. 机场大尺寸水泥混凝土道面板伸缩应力分布[J]. 空军工程大学学报:自然科学版. 2007,8(5):13-16.

[29] 邹天一. 结构可靠度[M]. 北京:人民交通出版社,1998.